Estudios So
La formación de n...

miMundo
INTERACTIVO
5

LEARNING COMPANY

Savvas agradece de manera especial a los maestros que ayudaron a guiar el desarrollo de este programa. Reconocemos con gratitud sus esfuerzos para lograr la enseñanza y aprendizaje de Estudios Sociales en la escuela primaria. Juntos, prepararemos a los estudiantes para los estudios superiores, sus carreras y una vida como ciudadanos.

ISBN-13: 978-0-328-98641-5
ISBN-10:　　0-328-98641-0

Autores del programa

Dr. Linda B. Bennett
Faculty, Social Studies Education
College of Education
University of Missouri
Columbia, MO

Dr. James B. Kracht
Professor Emeritus
Departments of Geography and
 Teaching, Learning, and Culture
Texas A&M University
College Station, TX

Revisores y asesores

Asesores del programa

Asesor de ELL
Jim Cummins Ph.D.

Professor Emeritus,
 Department of
 Curriculum, Teaching,
 and Learning
University of Toronto
Toronto, Canada

Asesora de Enseñanza diferenciada

Kathy Tuchman Glass
President of Glass
 Educational Consulting
Woodside, CA

Asesora de Lectura
Elfrieda H. Hiebert Ph.D.

Founder, President and
 CEO, TextProject, Inc.
University of California
 Santa Cruz

Asesora de Indagación y C3

Dr. Kathy Swan
Professor of Curriculum
 and Instruction
University of Kentucky
Lexington, KY

Revisores académicos

Paul Apodaca, Ph.D.

Associate Professor,
 American Studies
Chapman University
Orange, CA

Warren J. Blumenfeld, Ed.D.

Former Associate
 Professor, Iowa State
 University, School
 of Education
South Hadley, MA

Dr. Albert M. Camarillo

Professor of History,
 Emeritus
Stanford University
Palo Alto, CA

Dr. Shirley A. James Hanshaw

Professor, Department
 of English
Mississippi State
 University
Mississippi State, MS

Xiaojian Zhao

Professor, Department
 of Asian American
 Studies
University of California,
 Santa Barbara
Santa Barbara, CA

Maestros revisores

Mercedes Kirk
First grade teacher
Folsom Cordova USD
Folsom, CA

Julie Martire
Teacher, Grade 5
Flocktown Elementary School
Long Valley, NJ

Kristy H. Spears
K-5 Reading Specialist
Pleasant Knoll Elementary School
Fort Mill, SC

Kristin Sullens
Teacher, Grade 4
Chula Vista ESD
San Diego, CA

Organización asociada al programa

Campaign for the Civic Mission of Schools es una coalición
de más de 70 grupos nacionales de enseñanza de civismo,
educación, compromiso cívico y negocios comprometidos
con mejorar de manera cualitativa y cuantitativa el aprendizaje
cívico en las escuelas de los Estados Unidos.

CAMPAIGN FOR THE CIVIC MISSION OF SCHOOLS
Educating for Democracy

🌐 Manual de destrezas de geografía

✏️ Taller de escritura

🔍 Usar fuentes primarias y secundarias

El eText está disponible en español.

📖 eTEXT

▶ VIDEO

- **Field Trip Video**
  Ancient Farmers:
  Builders in Stone
- **Digital Skill Practice**
  Interpret Cultural Data
  on Maps
  Compare and
  Contrast

🔊 AUDIO

- **Rap About It!**
  lyrics and music

👆 INTERACTIVITY

- **Big Question Activity**
  How does geography
  influence how people
  live?
- **Quest Interactivities**
  Quest Kick Off Quest
  Connections Quest
  Findings
- **Lesson Interactivities**
  Lesson Introduction
  Key Ideas
  Lesson Review

🎮 GAMES

Vocabulary Practice

✅ ASSESSMENT

Lesson Quizzes and
Chapter Tests

Pregunta principal ¿Cómo influye la geografía en el modo de vida de la gente?

Capítulo 2

La era de la exploración

Pregunta principal ¿Por qué exploran las personas?

El eTEXT está disponible en español.

 eTEXT

 VIDEO

- **Field Trip Video** Coronado National Memorial: Searching for Cities of Gold
- **Digital Skill Practice** Sequence Interpret Timelines

 AUDIO

Rap About It! lyrics and music

 INTERACTIVITY

- **Big Question Activity** Why do people explore?
- **Quest Interactivities** Quest Kick Off Quest Connections Quest Findings
- **Lesson Interactivities** Lesson Introduction Key Ideas Lesson Review

 GAMES

Vocabulary Practice

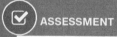 ASSESSMENT

Lesson Quizzes and Chapter Tests

Se establecen las colonias en América del Norte

El eText está disponible en español.

 eTEXT

 VIDEO

- **Field Trip Video** Jamestown Settlement: Three Cultures Meet
- **Digital Skill Practice** Ask and Answer Questions Distinguish Fact From Opinion

 AUDIO

Rap About It! lyrics and music

 INTERACTIVITY

- **Big Question Activity** Why do people leave their homelands?
- **Quest Interactivities** Quest Kick Off Quest Connections Quest Findings
- **Lesson Interactivities** Lesson Introduction Key Ideas Lesson Review

 GAMES

Vocabulary Practice

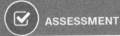 ASSESSMENT

Lesson Quizzes and Chapter Tests

Pregunta principal ¿Por qué dejan las personas su tierra natal?

Capítulo 4
La vida en las colonias

El eText está disponible en español.

 eTEXT

 VIDEO

- **Field Trip Video** Children in Colonial Times
- **Digital Skill Practice** Main Idea and Details Read Circle Graphs

 AUDIO

Rap About It! lyrics and music

 INTERACTIVITY

- **Big Question Activity** What does it take to build a new society?
- **Quest Interactivities** Quest Kick Off Quest Connections Quest Findings
- **Lesson Interactivities** Lesson Introduction Key Ideas Lesson Review

 GAMES

Vocabulary Practice

☑ ASSESSMENT

Lesson Quizzes and Chapter Tests

Pregunta principal ¿Qué se necesita para formar una sociedad nueva?

Capítulo 5 La Guerra de Independencia

El eText está disponible en español.

 eTEXT

 VIDEO

- **Field Trip Video** Battle of Saratoga: A Turning Point
- **Digital Skill Practice** Analyze Images Cause and Effect

 AUDIO

Rap About It! lyrics and music

 INTERACTIVITY

- **Big Question Activity** What is worth fighting for?
- **Quest Interactivities** Quest Kick Off Quest Connections Quest Findings
- **Lesson Interactivities** Lesson Introduction Key Ideas Lesson Review

 GAMES

Vocabulary Practice

☑ ASSESSMENT

Lesson Quizzes and Chapter Tests

Pregunta principal ¿Por qué cosas vale la pena luchar?

El eTexto está disponible en español.

 eTEXT

 VIDEO

- **Field Trip Video** Capitol Visitor Center: At the Nation's Legislature
- **Digital Skill Practice** Summarize Compare Points of View

 AUDIO

Rap About It! lyrics and music

 INTERACTIVITY

- **Big Question Activity** What is the purpose of government?
- **Quest Interactivities** Quest Kick Off Quest Connections Quest Findings
- **Lesson Interactivities** Lesson Introduction Key Ideas Lesson Review

 GAMES

Vocabulary Practice

 ASSESSMENT

Lesson Quizzes and Chapter Tests

Pregunta principal ¿Cuál es el propósito del gobierno?

El eText está disponible en español.

eTEXT

VIDEO

- **Field Trip Video** Cherokee Heritage Center: A Trail of Tears
- **Digital Skill Practice** Draw Inferences Use and Interpret Evidence

AUDIO

Rap About It! lyrics and music

👆 INTERACTIVITY

- **Big Question Activity** How do leaders shape a nation?
- **Quest Interactivities** Quest Kick Off Quest Connections Quest Findings
- **Lesson Interactivities** Lesson Introduction Key Ideas Lesson Review

🎮 GAMES

Vocabulary Practice

☑ ASSESSMENT

Lesson Quizzes and Chapter Tests

Pregunta principal ¿Cómo contribuyen los líderes a la formación de una nación?

Capítulo 8

La expansión hacia el Oeste

El eText está disponible en español.

 eTEXT

 VIDEO

- **Field Trip Video**
  Lowell: An Early Industrial Town
- **Digital Skill Practice**
  Distinguish Fact From Fiction Analyze Costs and Benefits

 AUDIO

Rap About It! lyrics and music

 INTERACTIVITY

- **Big Question Activity**
  What are the costs and benefits of growth?
- **Quest Interactivities**
  Quest Kick Off Quest Connections Quest Findings
- **Lesson Interactivities**
  Lesson Introduction Key Ideas Lesson Review

 GAMES

Vocabulary Practice

ASSESSMENT

Lesson Quizzes and Chapter Tests

Pregunta principal ¿Cuáles son los costos y los beneficios del crecimiento?

Capítulo 9
La Guerra Civil y la Reconstrucción

El eText está disponible en español.

 eTEXT

VIDEO

- **Field Trip Video**
  Gettysburg National Battlefield: Fighting for a Cause
- **Digital Skill Practice**
  Classify and Categorize

 AUDIO

Rap About It!
Lyrics and music

 INTERACTIVITY

- **Big Question Activity**
  What is worth fighting for?
- **Quest Interactivities**
  Quest Kick Off
  Quest Connections
  Quest Findings
- **Lesson Interactivities**
  Lesson Introduction
  Key Ideas
  Lesson Review

 GAMES

Vocabulary Practice

ASSESSMENT

Lesson Quizzes and Chapter Tests

Pregunta principal ¿Por qué cosas vale la pena luchar?

Misiones

Haz preguntas, explora fuentes y cita evidencia para apoyar tu punto de vista.

Mapas

¿Dónde pasó? Encuentra estos mapas en tu libro.

Mapas continuación

Mapas continuación

Gráficas y tablas

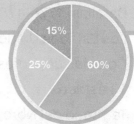

**Halla las siguientes tablas, gráficas y cuadros en
tu libro. Te ayudarán a organizar la información.**

Gráficas y tablas continuación

Gráficas y tablas continuación

Gráficas y tablas continuación

Fuentes primarias

Lee las fuentes primarias para oír las voces del pasado.

Fuentes primarias continuación

Fuentes primarias continuación

Personas que conocerás

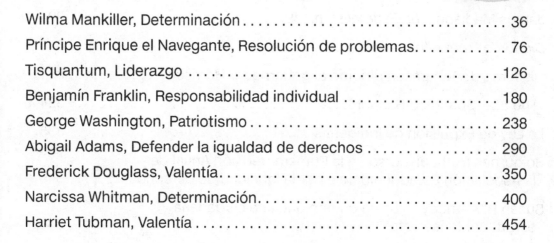

Lee acerca de personas que hicieron historia.

Civismo

Biografías en línea

Disponibles en inglés.

Abigail Adams	Tani Gorre Cantil- Sakauye
John Adams	Chirstopher "Kit" Carson
Samuel Adams	César Chávez
Elsie Allen	Louise Clappe
James Armistead	Thomas Clifford
Benedict Arnold	Cristóbal Colón
Clara Barton	Hernán Cortés
Delilah Beasley	Juan Crespí
James Beckwourth	Charles Crocker
William Bradford	Hallie M. Daggett
Chaz Bono	Juan Bautista de Anza
Sergey Brin	Pedro Menéndez de Avilés
Jerry Brown	Samuel de Champlain
Edmund Burke	Gaspar de Portolá
Juan Rodríguez Cabrillo	Antonio López de Santa Anna

María Angustias de la Guerra

Bartolomeu Dias

John Dickinson

Walt Disney

Frederick Douglass

Ralph Waldo Emerson

William Fargo

Primera dama Pat Nixon

Wong Chin Foo

Benjamín Franklin

John C. Fremont

Eric Garcetti

John Gast

Nathan Hale

Alexander Hamilton

John Hancock

Kamala D. Harris

Patrick Henry

Mark Hopkins

Henry Hudson

Dolores Huerta

Collis P. Huntington

Anne Hutchinson

Daniel Inouye

Joseph James

Thomas Jefferson

Hiram Johnson

Billie Jean King

Martin Luther King, Jr.

Rey Carlos III

Rey Jorge III

Dorothea Lange

Lewis y Clark

Abraham Lincoln

Henry Wadsworth Longfellow

Mary Ludwig Hays

Lord Dunmore

Wilma Mankiller

James Wilson Marshall

John Marshall

Biddy Mason

Fernando de Magallanes

Louis B. Mayer

Sylvia Mendez

Metacom

Harvey Milk

James Monroe

Samuel Morse

John Muir

José Nicolás

Thomas Paine

Charley Parkhurst

William Penn

William Pitt

James K. Polk

Príncipe Enrique el Navegante

Edmund Randolph

Ronald Reagan

Paul Revere

Sally Ride

Personas que conocerás continuación

Jackie Robinson

Eleanor Roosevelt

Sarah Royce

Bernarda Ruiz

Sacagawea

Haym Salomon

Deborah Sampson

José Julio Sarria

Dalip Singh Saund

Junípero Serra

Roger Sherman

Sir Francis Drake

John Drake Sloat

Jedediah Smith

John Smith

Leland Stanford

John Steinbeck

Levi Strauss

John A. Sutter

Mary Tape

Archie Thompson

Tisquantum

Harriet Tubman

Mariano Guadalupe Vallejo

Earl Warren

Mercy Otis Warren

George Washington

Henry Wells

Phillis Wheatley

Narcissa Whitman

Mary Williams

Roger Williams

Sarah Winnemucca

John Winthrop

Jerry Yang

Destrezas

Practica destrezas clave en estas lecciones de destrezas.

Destrezas de lectura

Destrezas de razonamiento crítico

Destrezas de mapas y gráficas

Destrezas continuación

Se descubre oro
en el aserradero
Sutter.

348 1849 1850

Destrezas en línea

Analizar causa y efecto

Analizar costos y beneficios

Analizar imágenes

Hacer y responder preguntas

Clasificar y categorizar

Comparar y contrastar

Comparar puntos de vista

Hacer una investigación

Crear tablas

Hacer una presentación eficaz

Distinguir los hechos de las
opinones

Distinguir los hechos de la ficción

Sacar conclusiones

Hacer inferencias

Evaluar el contenido de los medios
de comunicación

Generalizar

Generar nuevas ideas

Identificar la parcialidad

Identificar la idea principal y los
detalles

Interpretar datos culturales en
mapas

Interpretar datos económicos en
mapas

Interpretar gráficas

Interpretar mapas físicos

Interpretar líneas de tiempo

Tomar decisiones

Predecir consecuencias

Resolver conflictos

Secuencia

Resolver problemas

Resumir

Usar e interpretar evidencia

Usar latitud y longitud

Usar fuentes primarias y
secundarias

Uso seguro de Internet

Trabajar en equipos cooperativos

Conoce tu libro

Tu Cuaderno de trabajo tiene capítulos y lecciones. Cada lección comienza con páginas como las siguientes:

Busca estas palabras al leer.

Las palabras resaltadas con amarillo son importantes para los estudios sociales. La oración que contiene la palabra resaltada te ayudará a comprender su significado.

Lección 2

Los exploradores de España

INTERACTIVITY

Participa en una discusión en clase para darle un vistazo al contenido de esta lección.

Vocabulario

patrocinador
conquistador
expedición
imperio
colonia
epidemia

Vocabulario académico

organizado
demoler

Descifra la
Pregunta principal

Aprenderé por qué España envió exploradores a nuevas tierras.

¡En marcha!

Con un compañero, comenta las razones por las que viajarías a un nuevo lugar. ¿Qué riesgos hay? Haz una lista de las razones y los riesgos y, luego, escoge un ejemplo de cada uno para representarlo ante la clase.

Colón y su tripulación zarparon desde España en 1492 en busca de una nueva ruta a Asia.

58   Capítulo 2 • La era de la exploración

Cristóbal Colón fue un hombre que hizo planes audaces. Era de una región de Italia llamada Génova. Colón quería encontrar una nueva ruta a Asia navegando hacia el oeste por el océano Atlántico. Tenía mucho coraje, pero no tenía mucho dinero para la travesía. Debía encontrar a alguien que pagara ese peligroso viaje.

Cristóbal Colón

Colón le pidió al rey de Portugal que pagara su travesía. El rey rechazó su pedido. Colón no se dio por vencido. Decidió pedírselo a los gobernantes de España. Les dijo que llevaría el cristianismo a la gente de Asia y que llevaría riquezas de regreso a España. Después de varios pedidos, el rey Fernando y la reina Isabel finalmente accedieron a ser los patrocinadores de Colón. Un **patrocinador** aporta dinero para apoyar a otra persona o una causa.

Los gobernantes españoles esperaban ganar dinero con el oro y las especias que Colón quería comerciar en Asia. Necesitaban dinero para pagar una guerra en la que España había luchado hacía poco tiempo. España era un país católico. Fernando e Isabel acababan de restablecer el cristianismo en sus tierras tras la Reconquista. Durante la Reconquista, los españoles habían expulsado a los musulmanes de la parte sur de la península ibérica tras una lucha que duró más de 700 años.

Colón zarpó desde España con alrededor de 90 hombres en tres barcos. Los tripulantes comenzaron muy esperanzados y emocionados por su nueva travesía, pero después de pasar cinco semanas en el mar se cansaron y se debilitaron. Tras viajar cerca de 4,500 millas, vieron tierra y llegaron a la costa el 12 de octubre de 1492. Con la intención de documentar el descubrimiento, Colón escribió:

Fuente primaria

La tripulación [...] vio señales de tierra y una pequeña rama cubierta de bayas. Todos volvieron a respirar y se alegraron ante esas señales.

–Cristóbal Colón, *Diario del primer viaje de Cristóbal Colón*, 1492

INTERACTIVITY

Explora las ideas clave de esta lección.

1. **Revisar la lectura**
Comenta con un compañero por qué crees que Colón escribió que "todos volvieron a respirar y se alegraron". Haz otras preguntas sobre el diario de Colón a tu compañero.

Lección 2 • Los exploradores de España   59

Las actividades de Revisar la lectura ayudarán a asegurar que comprendiste lo que leíste.

Tu turno

Hojea el libro con un compañero.

1. Busca el comienzo de otra lección.
   ¿Qué ves en la página?

Este libro te dará muchas oportunidades de descubrir cosas por tu cuenta. Luego, podrás mostrar lo que descubriste y explicarlo.

Misión: Arranque te dirá el objetivo de la Misión.

Busca Misión: Conexión en todo el capítulo.

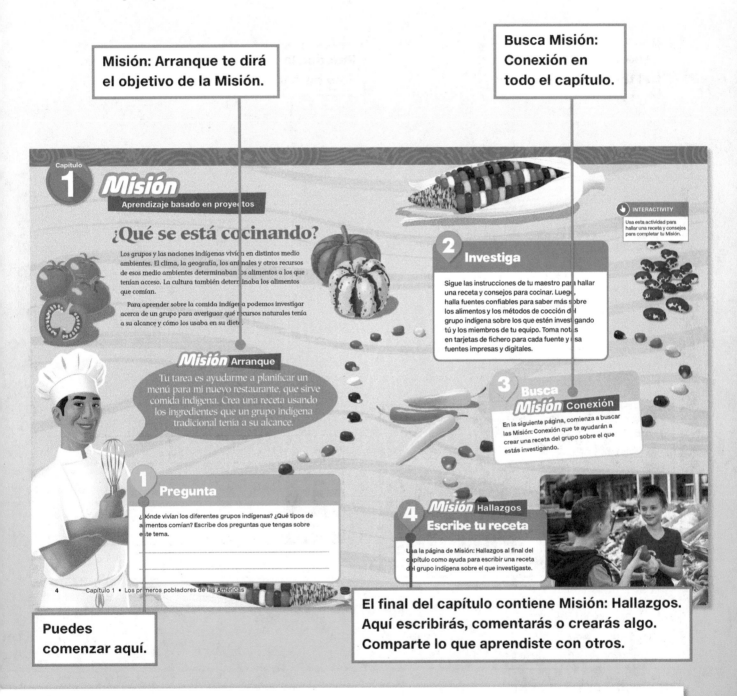

Capítulo

1

Misión

Aprendizaje basado en proyectos

¿Qué se está cocinando?

Los grupos y las naciones indígenas vivían en distintos medio ambientes. El clima, la geografía, los animales y otros recursos de esos medio ambientes determinaban los alimentos a los que tenían acceso. La cultura también determinaba los alimentos que comían.

Para aprender sobre la comida indígena podemos investigar acerca de un grupo para averiguar qué recursos naturales tenía a su alcance y cómo los usaba en su dieta.

INTERACTIVITY

Usa esta actividad para hallar una receta y consejos para completar tu Misión.

2

Investiga

Sigue las instrucciones de tu maestro para hallar una receta y consejos para cocinar. Luego, halla fuentes confiables para saber más sobre los alimentos y los métodos de cocción del grupo indígena sobre los que estén investigando tú y los miembros de tu equipo. Toma notas en tarjetas de fichero para cada fuente y usa fuentes impresas y digitales.

Misión Arranque

Tu tarea es ayudarme a planificar un menú para mi nuevo restaurante, que sirve comida indígena. Crea una receta usando los ingredientes que un grupo indígena tradicional tenía a su alcance.

3

Busca

Misión Conexión

En la siguiente página, comienza a buscar las Misión: Conexión que te ayudarán a crear una receta del grupo sobre el que estás investigando.

1

Pregunta

¿Dónde vivían los diferentes grupos indígenas? ¿Qué tipos de alimentos comían? Escribe dos preguntas que tengas sobre este tema.

4

Misión Hallazgos

Escribe tu receta

Usa la página de Misión: Hallazgos al final del capítulo como ayuda para escribir una receta del grupo indígena sobre el que investigaste.

4   Capítulo 1 • Los primeros pobladores de las Américas

Puedes comenzar aquí.

El final del capítulo contiene Misión: Hallazgos. Aquí escribirás, comentarás o crearás algo. Comparte lo que aprendiste con otros.

2. Halla dos palabras que estén resaltadas con amarillo. ¿En qué página están?

3. Halla otra actividad de Revisar la lectura. ¿Qué te pide que hagas?

4. Halla otra Misión. ¿Cómo se llama?

Aprende a usar destrezas importantes.

> **Lee la explicación. Mira el texto y las imágenes.**

> **Practica la destreza. Debes estar listo para usarla cuando la necesites.**

Destrezas de mapas y gráficas

Interpretar datos culturales en mapas

VIDEO

Mira un video sobre cómo interpretar datos culturales en mapas.

Muchos grupos indígenas diferentes vivían en las Américas antes de que llegaran los europeos a fines del siglo XV. Todos tenían su propia cultura, o modo de vida.

Cuando examinas datos de mapas, miras la leyenda o clave del mapa para que te ayude a entender lo que ves. Los colores y los símbolos de un mapa te ayudan a interpretar, o comprender, la información que este muestra.

¿Qué te indica la leyenda de este mapa? _____

Mira las características geográficas en el mapa. Estas también te pueden ayudar a interpretar la información. Por ejemplo, ¿qué puedes interpretar acerca de los grupos indígenas que vivían en las costas o cerca de los lagos? Podrías indicar que vivir cerca del agua afectaba su modo de vida. Probablemente, eso influía en otros recursos de su ambiente que usaban para sobrevivir.

Grupos culturales indígenas

LEYENDA
- Zona boscosa
- Llanuras
- Noroeste
- Suroeste

Tu turno

1. Ubica y encierra en un círculo estos grupos culturales indígenas en el mapa. Luego, escoge un grupo que haya vivido cerca de una masa de agua y uno que no. Escribe sobre cómo su medio ambiente afectaba el modo en que vivían. Piensa en cómo su medio ambiente afectaba sus relaciones con otros grupos indígenas.

- Pueblo
- Iroquois
- Huron
- Crow

- Navajo
- Creek
- Hopi
- Algonquino

- Lakota (Sioux)
- Chinook
- Nez percé
- Pawnee

_____
_____
_____
_____
_____
_____

2. ¿En qué regiones vivían los grupos indígenas de la lista de la pregunta 1? Completa la tabla.

Zona boscosa			
Grandes Llanuras			
Noroeste del Pacífico			
Suroeste			

Tu turno

Trabaja con un compañero.

1. Halla otra lección de destrezas. ¿Qué destreza aprenderás? Comenta en qué otra situación puedes necesitar esa destreza.

Todos los capítulos tienen páginas de Fuentes primarias. Puedes leer u observar estas fuentes para aprender directamente de las personas del pasado.

Averigua de qué trata esta fuente y quién la escribió.

Estas preguntas te ayudarán a pensar acerca de la fuente.

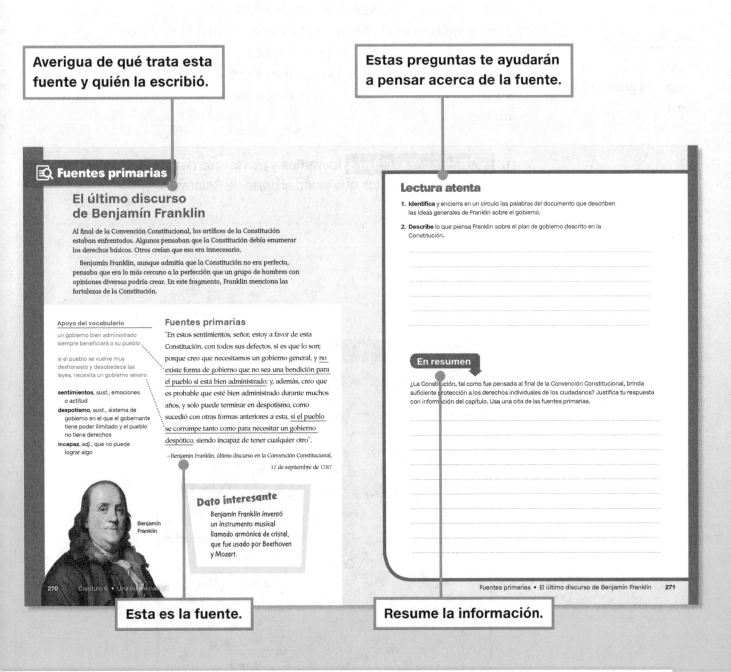

Fuentes primarias

El último discurso de Benjamín Franklin

Al final de la Convención Constitucional, los artífices de la Constitución estaban enfrentados. Algunos pensaban que la Constitución debía enumerar los derechos básicos. Otros creían que eso era innecesario.

Benjamín Franklin, aunque admitía que la Constitución no era perfecta, pensaba que era lo más cercano a la perfección que un grupo de hombres con opiniones diversas podría crear. En este fragmento, Franklin menciona las fortalezas de la Constitución.

Apoyo del vocabulario

un gobierno bien administrado siempre beneficiará a su pueblo

si el pueblo se vuelve muy deshonesto y desobedece las leyes, necesita un gobierno severo

sentimientos, *sust.*, emociones o actitud
despotismo, *sust.*, sistema de gobierno en el que el gobernante tiene poder ilimitado y el pueblo no tiene derechos
incapaz, *adj.*, que no puede lograr algo

Fuentes primarias

"En estos sentimientos, señor, estoy a favor de esta Constitución, con todos sus defectos, si es que lo son; porque creo que necesitamos un gobierno general, y no existe forma de gobierno que no sea una bendición para el pueblo si está bien administrado; y, además, creo que es probable que esté bien administrado durante muchos años, y solo puede terminar en despotismo, como sucedió con otras formas anteriores a esta, si el pueblo se corrompe tanto como para necesitar un gobierno despótico, siendo incapaz de tener cualquier otro".

—Benjamín Franklin, último discurso en la Convención Constitucional, 17 de septiembre de 1787

Dato interesante

Benjamín Franklin inventó un instrumento musical llamado armónica de cristal, que fue usado por Beethoven y Mozart.

Benjamín Franklin

270   Capítulo 6 • Una nueva nación

Lectura atenta

1. **Identifica** y encierra en un círculo las palabras del documento que describen las ideas generales de Franklin sobre el gobierno.

2. **Describe** lo que piensa Franklin sobre el plan de gobierno descrito en la Constitución.

En resumen

¿La Constitución, tal como fue pensada al final de la Convención Constitucional, brinda suficiente protección a los derechos individuales de los ciudadanos? Justifica tu respuesta con información del capítulo. Usa una cita de las fuentes primarias.

Fuentes primarias • El último discurso de Benjamín Franklin   271

Esta es la fuente.

Resume la información.

2. Halla otra fuente primaria en tu libro. ¿Sobre qué trata?

Manual de destrezas de geografía

Los cinco temas de geografía

Vocabulario

región
accidente geográfico
clima

La geografía es el estudio de la Tierra. Se divide en cinco temas: ubicación, lugar, interacción humanos-medio ambiente, desplazamiento y región. Estos temas te ayudan a comprender la gran variedad de lugares que existen. Cada uno revela algo distinto sobre un lugar.

1. ☑ **Revisar la lectura** **Identifica** y usa la rosa de los vientos para nombrar dos estados que estén al norte de Colorado.

_____

_____

¿En qué región del Oeste se encuentra Washington?

Una **región** es una zona donde existen las mismas características físicas o humanas. Washington se halla en el extremo noroeste de la región Oeste. Está sobre la costa del océano Pacífico.

Lugar

Interacción humanos-medio ambiente

¿En qué se diferencia este lugar de otros?

Estados Unidos tiene una gran variedad de accidentes geográficos y masas de agua. Un **accidente geográfico** es una característica natural de la Tierra. Muchas personas disfrutan pasar tiempo en las playas y las zonas costeras, como esta playa en Georgia.

¿De qué manera las personas modificaron el lugar?

En el siglo XVII, se construyeron canales para conectar ciudades con ríos o lagos. Los canales cambiaron el terreno e hicieron más fácil el traslado de las personas y de los bienes. El Canal Central de Indiana ayudó a Indianápolis, Indiana, a crecer. Hoy, los canales también se usan para disfrutar del aire libre.

Desplazamiento

Región

¿De qué manera el desplazamiento modificó la región?

El desplazamiento indica cómo y por qué se mueven las personas. El sistema de autopistas de Nueva York permite que las personas hagan el viaje entre sus casas y sus trabajos. Las autopistas también ayudan a transportar alimentos y otras cosas que las personas necesitan. Generalmente están repletas de carros y camiones.

¿Qué tiene de particular la región?

Las secuoyas de California pueden llegar a medir 320 pies de alto. Son los árboles más altos de la Tierra, y se encuentran cerca de la costa, en la parte norte de California. El clima del norte del estado es fresco y húmedo. El **clima** es el estado del tiempo habitual a lo largo del tiempo en un lugar.

2. ☑ **Revisar la lectura** **Comenta con un compañero** el lugar donde vives. Al comentar, **describe** cada uno de los temas de geografía.

Usar mapas y globos terráqueos

Los globos terráqueos y los mapas sirven para aprender sobre la Tierra. Un **globo terráqueo** es un modelo de la Tierra con forma de esfera. Es útil para ver todo el mundo. Los globos terráqueos muestran los continentes y los océanos con su forma real.

Los mapas como los que aparecen en este libro muestran una imagen distinta de la Tierra. Son menos precisos que los globos terráqueos porque deben estirar algunas partes del mundo para volverlas planas. Esto se conoce como distorsión. De todos modos, los mapas presentan ventajas. Pueden doblarse o colgarse en la pared. También son útiles para observar áreas pequeñas como un país, un estado o un condado específico.

El **ecuador** es la línea imaginaria que atraviesa el centro de la Tierra. Se halla a 0 grado (0°) de latitud. Las líneas de **latitud** están separadas por la misma distancia y atraviesan el globo al norte y al sur del ecuador. Las líneas de **longitud** están separadas por la misma distancia y se extienden de norte a sur entre el Polo Norte y el Polo Sur. El **primer meridiano**, o meridiano principal, es la línea de longitud marcada con 0°. El resto de las líneas de longitud se miden en grados este u oeste a partir del primer meridiano. La longitud y la latitud se usan para ubicar un lugar. La **ubicación absoluta** es la ubicación exacta de un lugar, y no varía. Por ejemplo, Los Ángeles está a 34 grados norte del ecuador y 118 grados oeste del primer meridiano. La ubicación absoluta de Los Ángeles se escribe 34 °N, 118 °O.

El ecuador divide a la Tierra en hemisferio norte y hemisferio sur. El primer meridiano y la línea de longitud de 180° dividen a la Tierra en hemisferio occidental y hemisferio oriental. Cada **hemisferio** es un medio de la Tierra.

La **ubicación relativa** describe dónde está un lugar en relación con otro. Por ejemplo, puedes decir que la biblioteca está pasando la estación de policía. Una ciudad puede crecer gracias a su ubicación relativa respecto de un río o una ruta comercial.

Latitud

Longitud

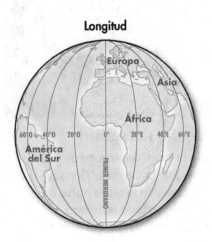

3. 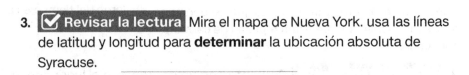 Revisar la lectura Mira el mapa de Nueva York. usa las líneas de latitud y longitud para **determinar** la ubicación absoluta de Syracuse. _____

Los distintos tipos de mapas brindan información diferente. Los distintos tipos de mapas brindan información diferente. Los mapas políticos muestran información como la ubicación de las capitales de los estados u otras ciudades. Mira el mapa político de los Estados Unidos y halla las siguientes partes:

Título: El título indica qué muestra el mapa.

Leyenda de un mapa: La leyenda define los símbolos que se usan en el mapa.

Símbolo: Un símbolo tiene una forma o un color particular que representa algo.

Escala: La escala muestra distancias. Este mapa tiene tres escalas. Piensa por qué.

Rosa de los vientos: La rosa de los vientos muestra los puntos cardinales.

Vocabulario

globo terráqueo

ecuador

latitud

longitud

primer meridiano

ubicación absoluta

hemisferio

ubicación relativa

Estados Unidos de América: Mapa político

4. ☑ **Revisar la lectura** **Ubica** los estados fronterizos con México. Enciérralos en un círculo.

5. ☑ **Revisar la lectura** Trabaja con un compañero. **Háganse preguntas** sobre la ubicación de los 50 estados y los nombres de sus capitales.

Mapas físicos

Un **mapa físico** muestra información como accidentes geográficos y masas de agua. Los **accidentes geográficos** son características físicas como montañas, desiertos o valles. Las masas de agua comprenden ríos, lagos y océanos.

Los mapas físicos también muestran el **relieve** de un área. Se trata de colores y sombras para mostrar la altura de un lugar. La altitud, es decir, la altura de un lugar sobre el nivel del mar, se muesta con un color en el mapa. El sombreado se usa para mostrar accidentes geográficos, como picos de montañas. Una **llanura** es un área de tierras llanas.

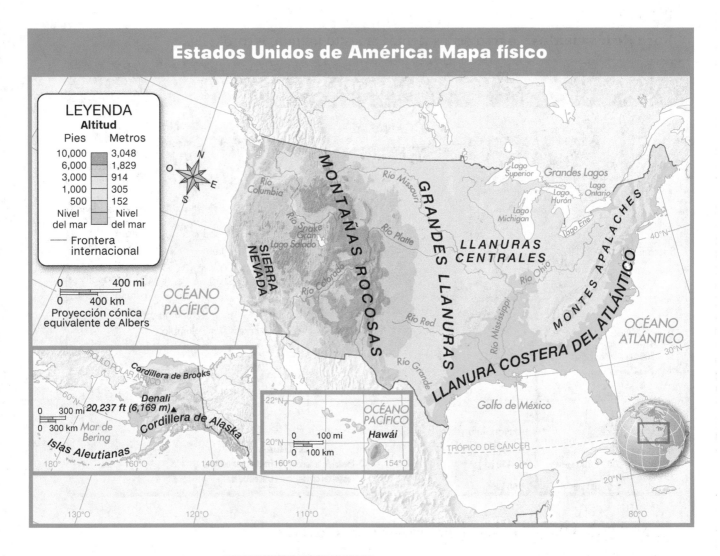

Estados Unidos de América: Mapa físico

6. ✅ **Revisar la lectura** ¿Qué cordillera que muestra el mapa debería atravesar alguien que viaja de las Grandes Llanuras hasta Caliornia?

Mapas de altitud

La **altitud** es la distancia o altura de la tierra sobre el nivel del mar. Un **mapa de altitud** te permite comparar y contrastar las altitudes de diferentes áreas. Por ejemplo, puedes comparar la altitud de una cordillera respecto de la de un valle o una llanura. El siguiente mapa tiene distintos colores para mostrar los cambios de altitud en el estado de Nueva York.

Vocabulario

mapa físico

accidente geográfico

relieve

llanura

altitud

mapa de altitud

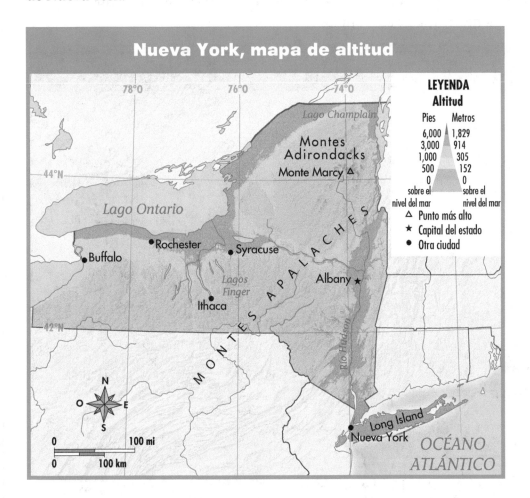

Nueva York, mapa de altitud

LEYENDA
Altitud

Pies	Metros
6,000	1,829
3,000	914
1,000	305
500	152
0	0
sobre el nivel del mar	sobre el nivel del mar

△ Punto más alto
★ Capital del estado
● Otra ciudad

7. ☑ **Revisar la lectura** **Identifica** qué accidente geográfico de Nueva York tiene la mayor altitud. Luego, **identifica** un área del estado que tenga las altitudes más bajas.

_____

_____

Características físicas y humanas de las regiones

Los **mapas de regiones** muestran zonas donde existen las mismas características físicas o humanas. Las regiones pueden definirse a partir de patrones de actividad humana, como población o actividad económica. Pueden ser zonas con características físicas similares, como vegetación, accidentes geográficos o clima. El siguiente mapa muestra las cinco regiones de los Estados Unidos.

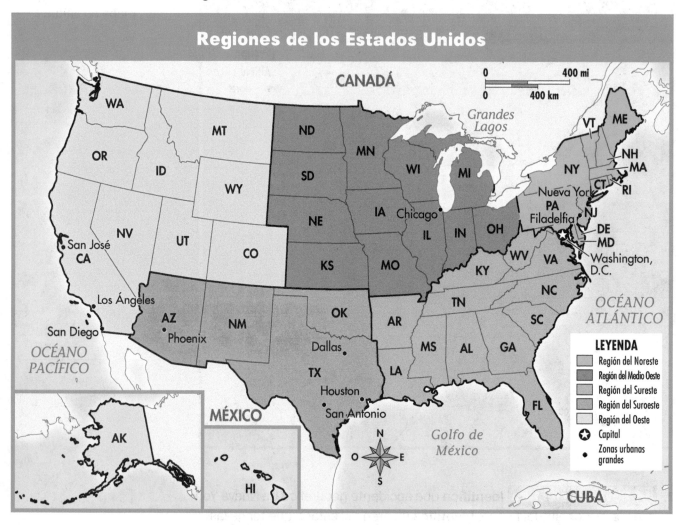

Regiones de los Estados Unidos

LEYENDA
- Región del Noreste
- Región del Medio Oeste
- Región del Sureste
- Región del Suroeste
- Región del Oeste
- ★ Capital
- • Zonas urbanas grandes

8. ☑ Revisar la lectura **Identifica** qué estados se hallan en la misma región que Utah. Enciérralos en un círculo.

9. ☑ Revisar la lectura Haz una lista de las características físicas y humanas que hacen que tu estado sea único.

Mapas históricos

Un **mapa histórico** muestra un momento específico del pasado. Al examinar un mapa histórico es importante observar la fecha o las fechas que aparecen. Los mapas históricos pueden ayudarte a ver cómo cambiaron los lugares a lo largo del tiempo.

Vocabulario

mapa de regiones
mapa histórico

El siguiente mapa muestra a los Estados Unidos en 1850. En esa época, los Estados Unidos se habían expandido desde la costa este hasta la costa oeste. Observa que el mapa también muestra los estados que tenían esclavitud y los que no. El Congreso de los Estados Unidos se hallaba dividido entre los estados que permitían la esclavitud y los que no.

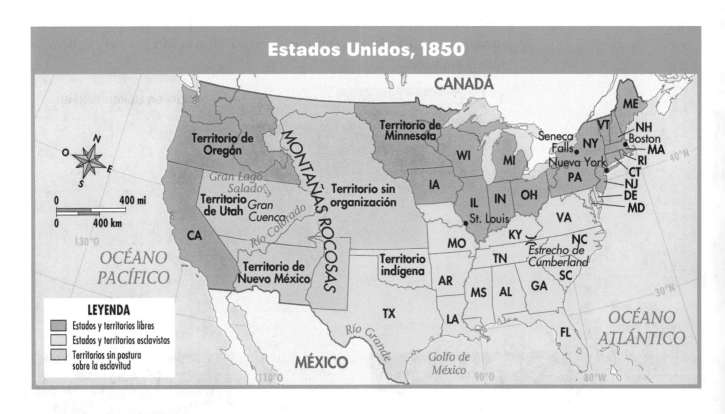

Estados Unidos, 1850

LEYENDA
- Estados y territorios libres
- Estados y territorios esclavistas
- Territorios sin postura sobre la esclavitud

10. ☑ **Revisar la lectura** **Resume** dónde se ubicaban los estados que permitían la esclavitud y los estados que no.

_____

_____

_____

_____

Mapas temáticos

Los mapas temáticos brindan información relacionada con un tema en particular. Por ejemplo, un mapa de sequías, como los mapas de California de esta página, muestra si hay sequía y cuán grave es. Una **sequía** es un período de tiempo largo con poca lluvia o sin lluvia. Durante una sequía, las personas deben tomar medidas para ahorrar agua. Los mapas de sequía se modifican cuando las lluvias aumentan o disminuyen. Los siguientes mapas muestran cómo cambiaron las sequías entre 2006 y 2016.

Un mapa de sequía de 2017 se vería muy distinto del que muestra la sequía en 2016. Durante el invierno de 2017, se precipitaron cantidades inusuales de lluvia en California, lo que causó inundaciones y avalanchas de lodo. Las represas rebalsaron cuando la lluvia llenó los lagos y embalses.

11. ☑ **Revisar la lectura** ¿Cuál fue el nivel de sequía en Bakersfield en 2006? ¿Qué pasó en 2016? ¿Hay cambios?

_____

_____

_____

_____

Algunos mapas temáticos están relacionados con sucesos actuales. Los **sucesos actuales** son los sucesos que están en las noticias. Los resultados de un suceso actual como unas elecciones pueden verse fácilmente en un mapa como el que se muestra abajo. La leyenda del mapa indica qué representan los colores.

Vocabulario

sequía

sucesos actuales

Resultado de las elecciones presidenciales de 2016

LEYENDA
- Votaron por Hillary Clinton
- Votaron por Donald Trump

12. ☑ Revisar la lectura **Resume** qué muestra el mapa de las elecciones.

_____

_____

_____

_____

Taller de escritura

Claves para la buena escritura

Los buenos escritores siguen cinco pasos al escribir.

Planificar	• Piensa cómo escribir sobre un tema. • Busca detalles sobre el tema. • Toma notas a partir de tus fuentes. • Anota cuáles son tus fuentes. • Planifica cómo usarás los detalles.
Hacer un borrador	• Escribe todas tus ideas. • Piensa qué ideas puedes agrupar. • Agrupa las ideas que estén relacionadas. • Escribe una oración para la introducción y otra para la conclusión.
Revisar	• Revisa lo que escribiste. • Comprueba que tus ideas y su organización tengan sentido. • Usa palabras y frases que indican orden y conectores como *porque* y *por ejemplo*. • Haz una lista de otras fuentes que uses.
Corregir	• Comprueba que uses correctamente la gramática y la ortografía. • Escribe la versión final.
Presentar	• Usa tecnología para imprimir o publicar tu trabajo. • Asegúrate de incluir todas tus fuentes en tu lista.

1. 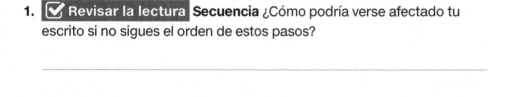 **Revisar la lectura** **Secuencia** ¿Cómo podría verse afectado tu escrito si no sigues el orden de estos pasos?

_____

_____

Existen tres géneros de escritura principales: de opinión, informativa y narrativa. Cada uno tiene un propósito distinto.

Escritura de opinión

En los textos de opinión compartes tu punto de vista sobre un tema. Tu objetivo es que tu punto de vista sea claro. También debes apoyarlo con evidencia o datos. Lee los siguientes pasos y ejemplos de oraciones para saber cómo escribir textos de opinión eficaces.

Cristóbal Colón

1	**Presenta el tema.**
	Cristóbal Colón desembarcó en las Américas en 1492 creyendo que había llegado a Asia.
2	**Enuncia tu opinión.**
	Creo que Colón tomó una buena decisión al salir de España para buscar una ruta que llevara a Asia por el oeste.
3	**Apóyala con razones que incluyan datos y detalles.**
	Las rutas de comercio terrestres eran largas y peligrosas. Colón atravesó el océano Atlántico en 1492 en busca de una ruta hacia Asia más corta.
4	**Asegúrate de que tus ideas sean claras y estén organizadas según tu propósito.**
5	**Apoya tu enunciado de opinión con una conclusión.**
	Colón no encontró la ruta que llevara a Asia por el oeste, pero hizo historia al ser el primer europeo que desembarcó en las Américas.

2. ☑ **Revisar la lectura** **Analizar** Responde esta pregunta con un compañero: ¿Por qué debes usar evidencia para apoyar tu punto de vista en un texto de opinión?

Escritura informativa

La escritura informativa también es llamada escritura explicativa, porque explica un tema a los lectores. En este tipo de escrito es muy importante que uses fuentes confiables. Asegúrate de evitar el plagio. El plagio ocurre cuando usas las palabras de otra persona sin indicarlo. Toma notas a partir de tus fuentes, e incluye quién dijo cada cosa y dónde la hallaste. Ten en cuenta que puede que tus lectores no sepan nada sobre el tema. Escribe con claridad y consistencia. Lee los siguientes pasos y ejemplos de oraciones.

Los peregrinos desembarcan del *Mayflower*.

1	**Presenta el tema.**
	Las 13 colonias británicas fueron creadas por distintos motivos.
2	**Desarrolla tu tema con datos, definiciones y detalles concretos.**
	Las 13 colonias británicas fueron creadas en Norteamérica entre los siglos XVII y XVIII. Una colonia es un asentamiento alejado del país que lo gobierna.
3	**Usa palabras, frases o cláusulas para añadir ejemplos.**
	Algunas colonias fueron fundadas para que las personas tuvieran libertad de culto. Como explicó Willian Penn, "Nadie puede ser verdaderamente feliz [...] si se reduce [achica] la libertad de su conciencia [voz interior]".
4	**Usa lenguaje preciso y palabras de contenido.**
	Otras colonias, en cambio, fueron creadas por motivos económicos. John Rolfe descubrió que se podía cultivar tabaco en el suelo de Virginia y pronto se convirtió en un cultivo comercial de la colonia.
5	**Escribe una conclusión que apoye tu introducción.**
	Las 13 colonias británicas se crearon por motivos religiosos, económicos y políticos.

3. ☑ **Revisar la lectura** **Inferir** Comenta con un compañero por qué es importante usar datos y detalles de fuentes confiables.

Escritura narrativa

Al escribir un texto narrativo, cuentas una historia, ya sea sobre eventos y experiencias reales o inventados. Debes mostrar lo que sucedió en lugar de solo relatarlo. Para lograrlo, puedes usar palabras relacionadas con los sentidos, que describen lo que una persona ve, oye, toca, siente o huele. Debes lograr que el lector visualice, es decir, vea, lo que describes. Los eventos de tu texto narrativo deben ser claros, estar conectados entre sí y desarrollarse de manera fluida. Lee los siguientes pasos y ejemplos de oraciones.

1	**Presenta la historia y los personajes.** *Kai se escondió detrás del sauce y observó cómo los colonos talaban árboles. Corrió de regreso a su pueblo y le contó a su padre lo que vio.*
2	**Usa diálogos y adjetivos.** *Kai le preguntó a su padre: "¿Por qué vinieron los colonos? No comparten la tierra". Los colonos se veían cansados y debilitados, pues habían viajado en carretas destartaladas durante cuatro semanas.*
3	**Mejora tu escritura con palabras relacionadas con los sentidos.** *Kai tomó una bocanada de aire fresco y otoñal y tomó fuerte la pajilla con la que estaba tejiendo la canasta.*
4	**Escribe una conclusión interesante para terminar el relato.** *Kai supo que su vida cambiaría de nuevo cuando los colonos se mudaran a la zona. Por ahora, se concentró en las tradiciones que había aprendido para mantenerlas vivas.*

4. ✓ **Revisar la lectura** **Resumir** Responde esta pregunta con un compañero: ¿Por qué crees que los eventos de un texto narrativo deben desarrollarse de manera fluida?

Usar una mediateca para escribir una investigación

Al escribir una investigación, es útil usar los recursos disponibles en una biblioteca de medios. Para poder aprovecharlos, asegúrate de:

- usar distintos tipos de fuentes impresas y en línea y asegurarte de que sean confiables.

- comparar información que encuentras en fuentes.

- tomar notas en las que resumas o parafrasees el contenido de tus fuentes.

- pedirle ayuda a un bibliotecario si no sabes qué fuentes usar para tu tema.

Sigue estos pasos para escribir una investigación:

1. Anota dos o tres preguntas que te sirvan como guía de tu investigación.

2. Usa fuentes confiables para realizar la investigación y responde las preguntas. Revísalas si es necesario.

3. Usa las respuestas para organizar tu tema. Si tu tema es demasiado amplio, acótalo o enfócate en uno de sus aspectos.

4. Escribe un enunciado de tesis sobre tu tema basado en tu investigación y la evidencia. Esa será tu introducción.

5. Usa evidencia, como detalles, ejemplos y citas, para apoyar tu enunciado de tesis.

6. Usa conectores y cláusulas para unir tus ideas.

7. Escribe una conclusión interesante que retome tu enunciado de tesis.

8. Haz una lista de tus fuentes.

Investigar en Internet

No todos los sitios web sirven para hacer una investigación. Busca sitios que terminen en .org, .edu o .gov, que tienen contenido confiable. El contenido de sitios que terminan en .com puede no ser de confianza. Si los usas, busca además una o dos fuentes de sitios confiables. Debes evaluar la información proveniente de Internet de la misma manera en que buscas fuentes confiables en los libros de una biblioteca.

5. ☑ **Revisar la lectura**

Sacar conclusiones ¿Por qué es importante usar más de una fuente cuando reúnes información para escribir una investigación?

_____

_____

_____

_____

_____

_____

Usar fuentes primarias y secundarias

fuente primaria
autobiografía
artefacto
fuente secundaria
biografía

Fuentes primarias

¿Alguna vez escribiste en un diario algo que viviste? Quizá fuiste a un evento deportivo que te entusiasmó o hiciste un viaje con tu familia. Si escribiste sobre esos eventos o tomaste una foto, creaste una fuente primaria basada en sucesos de tu vida. Lee los párrafos a continuación para aprender qué es una fuente primaria y cómo las usan los historiadores.

Una **fuente primaria** fue hecha o escrita por una persona que estuvo presente en un suceso. Las fuentes primarias nos ayudan a aprender acerca de los sucesos o períodos del pasado a través de las personas que los vivieron. Las fuentes primarias pueden ser escritas, visuales u orales, es decir, habladas.

Un documento histórico, como la Constitución de los Estados Unidos, es un ejemplo de una fuente primaria escrita. Las cartas, los diarios y las fotografías también son fuentes primarias. Una **autobiografía** es el relato la vida de una persona escrito por esa misma persona. Al ser el relato de primera mano hecho por un testigo, las autobiografías también son fuentes primarias.

Las fuentes primarias visuales pueden ser piezas de arte, mapas y arquitectura, que muestran cómo las personas, los lugares y los edificios se veían en el pasado. Los artefactos también son fuentes primarias visuales. Los **artefactos** son objetos hechos y usados por las personas, como el uniforme de un soldado de la Guerra de Independencia, o Revolución Estadounidense. Las fuentes primarias orales pueden ser entrevistas y grabaciones de eventos.

Este uniforme es una fuente primaria. Se trata de un artefacto de la Guerra de Independencia.

1. ✔ **Revisar la lectura** Si alguna vez visitaste un museo, seguramente habrás visto artefactos. **Identifica** un artefacto que hayas visto en un museo.

_____

_____

_____

Fuentes secundarias

¿Escribiste alguna vez un informe de investigación para la escuela? Si es así, es probable que hayas usado fuentes primarias y secundarias. Las **fuentes secundarias** son materiales escritos o creados por alguien que no estuvo presente en un suceso. Una **biografía** es un libro sobre la vida de una persona escrito por otro. Por ejemplo, si un historiador actual escribe una biografía de Abraham Lincoln, ese libro es una fuente secundaria porque el autor no conoció a Lincoln.

Las fuentes secundarias son importantes porque a menudo analizan eventos, a veces mucho después de que ocurrieron. Algunas fuentes secundarias brindan nuevas ideas o hechos a los lectores sobre personas y eventos. Este libro de texto es una fuente secundaria. Las enciclopedias en línea o impresas también son fuentes secundarias. La mayoría de los materiales de consulta, como los diccionarios o los manuales de instrucciones, son fuente secundarias. Los libros y los artículos de revista que no fueron escritos por personas presentes en los sucesos también son fuentes secundarias.

Al igual que con las fuentes primarias, las secundarias pueden ser orales o visuales. Un programa de radio sobre Martin Luther King, Jr. o una película histórica sobre la Guerra de Independencia son fuentes secundarias. Una pintura actual que muesta una batalla de la Guerra de Independencia es una fuente secundaria. Las gráficas y las tablas que interpretan información son fuentes secundarias porque se crearon a partir de hechos que ya ocurrieron.

Las enciclopedias son fuentes secundarias.

2. ☑ Revisar la lectura **Describe** la diferencia entre fuentes primarias y secundarias.

_____

_____

_____

_____

Cómo interpretar fuentes primarias

Una manera de interpretar, es decir, comprender, una fuente primaria es examinar el material u objeto, pensar sobre él y, luego, responder preguntas. También puede ser útil comparar y contrastar fuentes primarias sobre el mismo tema o evento.

El siguiente documento es una fuente primaria porque fue escrito por Hernán Cortés, el explorador español que derrotó al Imperio Azteca y ocupó el área del actual México en nombre de España. Moctezuma era el emperador azteca.

Fuente primaria

> Los habitantes de esta provincia a menudo me alertan [avisan] que no confíe en los vasallos [sirvientes] de Moctezuma porque son traicioneros [...] y quieren alertarme como verdaderos amigos y personas que conocen a esos hombres desde hace tiempo, para que me cuide de ellos.
>
> –Segunda carta de Hernán Cortés al rey Carlos V de España, 1520

Hernán Cortés

3. **Revisar la lectura** ¿Por qué crees que Cortés escribió esta carta? Si Cortés le hubiera escrito a un amigo en lugar de al rey, ¿cómo hubiera sido la carta?

_____

_____

_____

_____

_____

4. **Aplicar** Explica por qué este documento es una fuente primaria y no una secundaria.

_____

_____

_____

El siguiente documento también es una fuente primaria. Bernal Díaz del Castillo fue un soldado del ejército de Cortés que estuvo con él durante la conquista de México. El relato de Díaz del Castillo es considerado una de las descripciones más completas que existen sobre este suceso. A diferencia de las cartas de Cortés, Díaz escribió su libro mucho después, en 1568, cuando tenía 72 años.

Fuente primaria

Respondieron que eran recaudadores de impuestos del gran Moctezuma y que [...] exigían veinte hombres y mujeres en sacrificio a su dios, Huitzilopochtli, para obtener la victoria sobre nosotros, porque dijeron que Moctezuma había confesado que tenía la intención de capturarnos y esclavizarnos.

–Bernal Díaz del Castillo,
Historia verdadera de la conquista de la Nueva España, 1576

5. ☑ Revisar la lectura **Compara** y **contrasta** las semejanzas y las diferencias entre los dos textos.

_____

_____

_____

_____

_____

_____

_____

_____

_____

_____

_____

Cómo interpretar fuentes secundarias

Tu libro de texto contiene información sobre la expedición de Lewis y Clark, pero la información no fue escrita por alguien que estuvo presente en ese momento, como en el caso de Cortés. Esto lo convierte en una fuente secundaria. Los autores no vieron ni vivieron los eventos que describen. Aprendieron sobre ellos al leer los textos de otras personas y fuentes primarias, como fotografías, diarios y artefactos. Al igual que con las fuentes primarias, para interpretar fuentes secundarias puedes hacer y responder preguntas. Lee el siguiente pasaje de tu libro de texto y responde la pregunta.

Lewis y Clark llevaban consigo medallas como esta para regalarles a los indígenas norteamericanos mientras viajaban. La medalla es una fuente primaria.

Poco tiempo después de la Compra de Louisiana, Jefferson finalizó los planes de expedición para explorar nuevas tierras. Le pidió a Meriwether Lewis que liderara la expedición. Lewis había trabajado como secretario de Jefferson. También era explorador y pionero.

Lewis le pidió a otro pionero, William Clark, que lo acompañara. Juntos formaron el Cuerpo de Descubrimiento, un grupo de hombres capaces que harían una travesía de casi dos años hacia el océano Pacífico. Jefferson esperaba que encontraran una ruta fluvial que uniera el río Mississippi con el océano Pacífico. Esa ruta brindaría acceso a la parte occidental de América del Norte. Jefferson también quería que Lewis y Clark averiguaran sobre los indígenas que vivían en el Oeste y que le llevaran información sobre las tierras.

6. ☑ **Revisar la lectura** **Compara** la carta de Cortés de la página anterior con el pasaje extraído del libro de texto. ¿En qué se diferencian?

_____

_____

_____

_____

_____

El eText está disponible en español.

- 📖 eTEXT
- ▶ VIDEO
- 👆 INTERACTIVITY
- 🔊 AUDIO
- 🎮 GAMES
- ☑ ASSESSMENT

Pregunta principal

¿Cómo influye la geografía en el modo de vida de la gente?

▶ VIDEO

¡En marcha!

👆 INTERACTIVITY

Mira por la ventana o camina fuera de la escuela con tu maestro y tus compañeros de clase. Haz una lista de los recursos naturales que veas y de las maneras en que la gente usa cada recurso.

_____

_____

_____

_____

_____

_____

♫ Rapeemos ♫

El poder de la geografía

Dale un vistazo al **vocabulario** del capítulo rapeando:

Los indígenas estaban **distribuidos**,

por todo el gran territorio americano.

Grupos sedentarios vivían en el mismo lugar casi todo
el año,

buscando alimento, pescando y cazando.

Nómadas migraban de un lugar a otro en un mismo año.

Te haré una pregunta que tengo en la mente:

¿Cómo influye la geografía en el modo de vida de la gente?

La tierra y las masas de agua que hay en un lugar

son parte de la **geografía**, que a veces desafíos puede
presentar.

Pero también pueden hacer a las cosas florecer.

Por eso algunos de los indígenas sembraban cultivos para
comer.

Eso es la **agricultura**, sembrar y cosechar.

Todo esto después de años, temporadas y generaciones,
la cuenta te darás,

de que también la geografía influye en las **costumbres** y
tradiciones de las personas de un lugar.

1 Los primeros pobladores de las Américas

NOROESTE
DEL PACÍFICO

Río Missouri

Río Mississippi

DESIERTO
DEL SUROESTE

GRANDES
LLANURAS

Río Ohio

ZONA BOSCOSA
DEL ESTE

¿Dónde vivieron los primeros grupos precolombinos en América del Norte?

Con el paso del tiempo, los pueblos indígenas se asentaron en distintas regiones de América del Norte, o Norteamérica. La geografía y el clima influyeron en su modo de vida.

Ubica el río Mississippi e identifica qué regiones indígenas atraviesa.

¿Qué pasó y cuándo?

Lee la línea de tiempo para aprender acerca de la historia de algunas naciones y civilizaciones indígenas americanas.

2000 A.C.

1000 A.C.

2000 A.C.
La civilización maya surge en América Central.

1000 A.C.
El pueblo constructor de montículos vive cerca de los ríos Ohio y Mississippi.

EN LA ACTUALIDAD
Puedes aprender sobre los primeros grupos indígenas en el Museo Nacional de los Indígenas Americanos en Washington, D.C.

¿A quién conocerás?

Pobladores del Suroeste
La agricultura en el desierto seco del Suroeste era un desafío.

Pobladores del Noroeste
La pesca en los mares y ríos cercanos y la caza en los bosques proporcionaban alimentos.

Pobladores de las Grandes Llanuras
Como en las Grandes Llanuras cazaban búfalos, estos grupos indígenas solían vivir en tipis.

Pobladores de la zona boscosa
Los bosques brindaban alimento y refugio, ya que estos indígenas hacían casas con corteza de árbol.

 INTERACTIVITY

Completa la actividad digital del mapa interactivo.

---

100 D.C.   ## 1000 D.C.   ## 2000 D.C.

100 D.C.
Los ancestrales indígenas pueblo viven en lo que hoy es el Suroeste.

EN LA ACTUALIDAD
Puedes ver las antiguas casas de los indígenas pueblo en el Parque Nacional Mesa Verde, en Colorado.

1000 D.C.
La civilización azteca surge en lo que hoy es la ciudad de México.

1500 D.C.
La Liga de los Iroquois puede haber sido la primera en usar una constitución en América del Norte.

Misión

Aprendizaje basado en proyectos

¿Qué se está cocinando?

Los grupos y las naciones indígenas vivían en distintos medio ambientes. El clima, la geografía, los animales y otros recursos de esos medio ambientes determinaban los alimentos a los que tenían acceso. La cultura también determinaba los alimentos que comían.

Para aprender sobre la comida indígena podemos investigar acerca de un grupo para averiguar qué recursos naturales tenía a su alcance y cómo los usaba en su dieta.

Misión Arranque

Tu tarea es ayudarme a planificar un menú para mi nuevo restaurante, que sirve comida indígena. Crea una receta usando los ingredientes que un grupo indígena tradicional tenía a su alcance.

1 Pregunta

¿Dónde vivían los diferentes grupos indígenas? ¿Qué tipos de alimentos comían? Escribe dos preguntas que tengas sobre este tema.

....

....

👆 **INTERACTIVITY**

Usa esta actividad para hallar una receta y consejos para completar tu Misión.

2 Investiga

Sigue las instrucciones de tu maestro para hallar una receta y consejos para cocinar. Luego, halla fuentes confiables para saber más sobre los alimentos y los métodos de cocción del grupo indígena sobre los que estén investigando tú y los miembros de tu equipo. Toma notas en tarjetas de fichero para cada fuente y usa fuentes impresas y digitales.

3 Busca
Misión Conexión

En la siguiente página, comienza a buscar las Misión: Conexión que te ayudarán a crear una receta del grupo sobre el que estás investigando.

4 *Misión* Hallazgos
Escribe tu receta

Usa la página de Misión: Hallazgos al final del capítulo como ayuda para escribir una receta del grupo indígena sobre el que investigaste.

Misión   5

Las antiguas civilizaciones indígenas americanas

Vocabulario

migrar
cazador-recolector
geografía
clima
nómada
agricultura
tecnología
irrigación
civilización

Vocabulario académico

influir
distribuir

Descifra la
Pregunta principal

Aprenderé cómo la geografía y el clima influyeron en el modo de vida de diferentes naciones indígenas en América del Norte, o Norteamérica.

¡En marcha!

En grupos pequeños, comenten y armen un *sketch* corto que muestre cómo sería cruzar un desierto, una montaña, un río o un lago. Mientras leen esta lección, piensen cómo los grupos indígenas usaban las cualidades de la tierra y del agua del lugar donde vivían.

En los continentes de América del Norte y América del Sur, o Sudamérica, vive gente hace miles de años. Los científicos y los historiadores no coinciden en la fecha en que llegaron los primeros pobladores. Siguen estudiando el pasado para aprender más sobre eso. Sin embargo, muchos creen que los primeros pobladores viajaron desde Asia hasta América del Norte hace aproximadamente 15,000 años.

Los antiguos pobladores cruzaron por tierra desde Asia hasta América del Norte.

Los primeros pobladores llegan a las Américas

Muchos científicos e historiadores coinciden en que los primeros pobladores llegaron a América del Norte y América del Sur en diferentes momentos y en varios grupos grandes. Hallaron evidencia de que los primeros en llegar **migraron**, o se trasladaron, a las Américas de varias maneras. Algunos viajaron en barco, mientras que otros viajaron por tierra. Es posible que muchos de los primeros pobladores hayan cruzado hasta América del Norte desde Asia por lo que hoy se conoce como el estrecho de Bering. Un estrecho es una masa de agua angosta.

El estrecho de Bering no era una masa de agua hace miles de años, cuando tal vez lo hayan cruzado algunos de los primeros pobladores. Era un puente de tierra seco, al que hoy llamamos Beringia.

Hace miles de años, las temperaturas eran muy frías, mucho más que en la actualidad. Había capas de hielo gruesas que cubrían gran parte de la tierra. Muchos científicos e historiadores creen que los primeros pobladores cruzaron el puente de tierra desde Asia porque estaban siguiendo animales para cazarlos. Vivían en América del Norte como **cazadores-recolectores** y viajaban de un lugar a otro para cazar animales, pescar peces y recolectar frutas y frutos secos.

INTERACTIVITY

Explora las ideas clave de esta lección.

1. ☑ **Revisar la lectura** Mira el mapa. **Describe** las direcciones de las rutas y **analiza** por qué los pobladores podrían haber migrado en esas direcciones.

_____

_____

_____

_____

_____

_____

Posibles rutas de los primeros pobladores desde Asia hasta las Américas

ASIA

Estrecho de Bering

Puente de tierra Beringia

AMÉRICA DEL NORTE

OCÉANO ATLÁNTICO

OCÉANO PACÍFICO

N
O   E
S

AMÉRICA DEL SUR

0   2,000 mi
0   2,000 km

LEYENDA
- Tierra seca
- Casquete glaciar
- ➤ Ruta de los primeros pobladores

Cómo usar los recursos para vivir

Durante miles de años, los pobladores se trasladaron a diferentes áreas de América del Norte y América del Sur para vivir allí. Descubrieron que la **geografía**, o la tierra y las masas de agua de un lugar, variaban. El **clima**, es decir, el estado del tiempo de un lugar, también era distinto en cada región. A menudo, la geografía y el clima **influían** en el lugar donde los pobladores decidían asentarse y en la manera en que usaban los recursos de un área. Los recursos están **distribuidos** de diferentes maneras por todos los continentes, y también afectan el modo de vida de las personas: lo que usan para construir sus casas, lo que comen, la ropa que visten y las herramientas que construyen.

Las áreas con montañas suelen ser más frías y más húmedas que las áreas bajas donde hay desiertos secos y calurosos. Esas dos áreas tienen recursos diferentes, pero ambas presentan distintos desafíos para la supervivencia. Los pobladores tuvieron que adaptarse, o acomodarse, a su medio ambiente para vivir en él. Algunas veces, debieron modificarlo, o cambiarlo. Los primeros pobladores eran cazadores-recolectores y solían deambular por una región en busca de alimento. Eran **nómadas**, personas que viajaban por una región específica para seguir grupos de animales o recoger comida.

Cuando los pobladores comenzaron a practicar la **agricultura**, hace aproximadamente 10,000 años, modificaron su medio ambiente. La agricultura es la práctica de plantar y cultivar alimentos. Los pobladores que en ese entonces vivían en lo que hoy es México fueron los primeros agricultores de América del Norte. El área donde vivían era seca y calurosa. Necesitaban llevar agua de los ríos cercanos a sus cultivos. Ese tipo de **tecnología**, es decir, el uso de conocimiento científico o instrumentos para hacer un trabajo, se llama **irrigación**. Los grupos agrícolas permanecían en un lugar. Los grupos indígenas que estaban en el Suroeste y en el este del Mississippi construían asentamientos permanentes y a menudo construían sus aldeas en áreas cercanas al agua.

Los grupos que estaban asentados en el Noroeste del Pacífico casi no necesitaban de la agricultura. Vivían en una zona costera, entre los territorios que hoy son California y Alaska. Los mares y los ríos de la región proporcionaban peces. Los grupos cazaban venados y recolectaban frutos secos y bayas en los bosques.

Vocabulario académico

influir • *v.*, ayudar a producir un efecto

distribuir • *v.*, dispersar

Fuente primaria

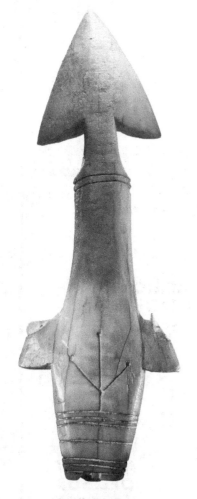

Los pueblos inuits del Noroeste usaban arpones de marfil o huesos tallados a mano para cazar mamíferos marinos.

Algunos grupos que vivían en los pastizales amplios y planos de las Grandes Llanuras eran nómadas, mientras que otros montaban aldeas y cultivaban el rico suelo cerca de los ríos. Todos los grupos de las Llanuras dependían del búfalo, su fuente de alimento principal.

Estilo de vida de los pueblos antiguos de las Américas

Nómada	Sedentario
caza y recolección	agricultura
agricultura limitada	caza y recolección limitada
pesca limitada	pesca
sin irrigación	irrigación

2. ☑ Revisar la lectura **Explica** cómo la geografía y el clima afectaban los recursos que los grupos indígenas usaban.

_____

_____

_____

_____

_____

Civilizaciones mayas y aztecas

Dondequiera que se desarrollara, la agricultura ayudaba a alimentar a más personas y las poblaciones comenzaron a crecer. Los asentamientos, que eran cada vez más grandes, requerían reglas para convivir y tomar decisiones que afectaban a todos. Con el tiempo, surgieron las **civilizaciones**. En las civilizaciones, hay sistemas organizados de gobierno, religión y enseñanza.

Los "jardines flotantes" aztecas, llamados chinampas, proporcionaban la mayor parte del alimento para el pueblo de Tenochtitlán.

3. ☑ **Revisar la lectura** **Describe** a un compañero de qué manera la imagen de los "jardines flotantes" aztecas muestra gente que está modificando el medio ambiente.

América Central fue el hogar de civilizaciones avanzadas, como la maya y más tarde la azteca. Los mayas surgieron hace aproximadamente 3,500 años. Desarrollaron un sistema de escritura, hicieron un calendario muy preciso, trazaron los movimientos de la Luna y las estrellas y crearon un sistema de matemáticas avanzado. Sin embargo, la civilización maya desapareció alrededor del año 900.

La civilización azteca comenzó a prosperar en todo el sur de México y en América Central. Los aztecas construyeron el principal centro de la ciudad en el lugar que hoy es la ciudad de México. Se llamaba Tenochtitlán. En un momento, cientos de miles de personas vivieron allí.

Los aztecas modificaban su medio ambiente para vivir. Las camas estaban hechas de junco, hierbas altas que crecen en los lagos. Construían "jardines flotantes" para sembrar sus cultivos en las orillas de los lagos, lejos de la tierra seca de Tenochtitlán.

Otros grupos de América del Norte

Otras culturas indígenas surgieron en América del Norte hace miles de años. Estas incluían a los inuits, los constructores de montículos y los ancestrales indígenas pueblo. Vivían en climas muy distintos y tenían varios recursos a su alcance.

Los inuits viven en la parte lejana del norte de América del Norte, donde hace mucho frío gran parte del año. Tuvieron que adaptarse a un medio ambiente difícil, donde hay pocas plantas y animales terrestres. Los inuits dependían del mar para cazar ballenas, focas y otros animales marinos. Crearon y usaron el kayak, una pequeña canoa sellada, para pescar en el mar. Construían casas con bloques de nieve.

Hace aproximadamente 3,000 años, los constructores de montículos crearon una civilización que comenzó alrededor del río Ohio. Tenían recursos para la construcción, como árboles y tierra. Construyeron grandes montículos hechos con tierra. Algunos científicos creen que usaban los montículos para ceremonias religiosas o como tumbas. Tras cavar en los montículos, saben que los constructores de montículos comerciaban con otros grupos, porque encontraron materiales que no estaban a su alcance en el medio ambiente donde se construyeron los montículos.

Los ancestrales indígenas pueblo aparecieron por primera vez hace alrededor de 2,000 años. Vivían en el Desierto del Suroeste, que incluye el territorio que hoy está conformado por los estados de Arizona, Colorado, Nuevo México y Utah. Los indígenas pueblo vivían en un medio ambiente seco, pero eran buenos agricultores porque usaban la irrigación. Cavaron canales para regar cultivos, como maíz, frijoles y calabazas.

Las viviendas en los acantilados, que dejaron los ancestrales indígenas pueblo, son un ejemplo de su gran habilidad para la construcción y para modificar el medio ambiente. Construían casas dentro de los acantilados para mantenerse frescos en el clima caluroso y para refugiarse del sol. Los indígenas pueblo abandonaron sus viviendas en los acantilados alrededor del año 1300 y no regresaron. Después de este período, los navajos y otros pueblos migraron hacia el Suroeste. Cuando descubrieron las viviendas en los acantilados, usaron la palabra navaja *anasazi* para referirse a ese antiguo pueblo.

Misión Conexión

Resalta las palabras que describen los alimentos que los primeros pueblos tenían a su alcance.

INTERACTIVITY

Aprende más sobre los alimentos que los indígenas tenían a su alcance hace mucho tiempo.

El Montículo Serpent, en el sur de Ohio, tiene forma de serpiente. Pueblos indígenas norteamericanos lo construyeron hace al menos mil años.

Cómo adaptarse al medio ambiente

Fuente primaria

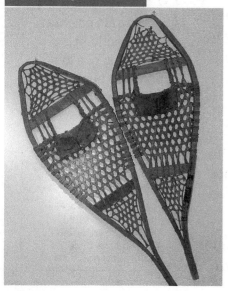

Zapatos de nieve como estos ayudaban a los indígenas algonquinos a viajar y cazar en el área del norte de la zona boscosa.

4. ☑ **Revisar la lectura**
Comparar y contrastar
Completa la gráfica para **comparar** y **contrastar** cómo dos grupos de indígenas distintos usaban el mismo recurso.

Estos grupos de América del Norte y más tarde algunas naciones indígenas, como los Iroquois, los Huron, los cheroquíes, los navajos, los creeks, los hopis, los algonquinos y los Lakota (Sioux), se adaptaron a su medio ambiente. Muchos lo modificaron según sus necesidades para sobrevivir y para conservar su modo de vida.

Los chumash, quienes vivían en lo que hoy es el sur de California, usaban el fuego para quemar arbustos y pastizales. Cuando despejaban la tierra, era más fácil cazar animales como el venado. Usaban los venados como alimento y su piel para hacer viviendas y vestirse. Usaban las astas para hacer instrumentos. Los pueblos de la zona boscosa usaban los venados de la misma manera. Usaban la madera de los bosques para construir sus casas, canoas para viajar y pescar, instrumentos y utensilios.

Un grupo llamado calusa vivía en la costa de la Florida y usaba caracoles como recurso. Incluso construyó una isla con caracoles. Otros indígenas americanos también tenían caracoles a su alcance en algunas áreas costeras. Algunos grupos, como los chumash, usaban caracoles para hacer muchos artículos, por ejemplo, joyas, instrumentos y adornos para la ropa.

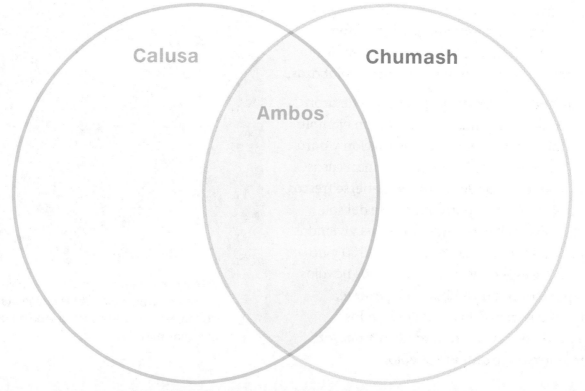

Calusa   Chumash

Ambos

INTERACTIVITY

Comprueba tu
comprensión de ideas
clave de esta lección.

☑ Revisar la Lección 1

5. Comparar y contrastar Describe cómo la geografía y el clima influyeron en el modo en que los distintos indígenas vivían y se adaptaban a su medio ambiente.

_____

_____

_____

_____

_____

6. Identifica los recursos de su medio ambiente que los indígenas usaban para vivir.

_____

_____

_____

_____

7. *Misión* Conexión **Analiza** los factores que afectaban los alimentos que los grupos indígenas tenían a su alcance. Explica cómo al menos dos grupos obtenían alimento.

_____

_____

_____

_____

Interpretar datos culturales en mapas

VIDEO

Mira un video sobre cómo interpretar datos culturales en mapas.

Muchos grupos indígenas diferentes vivían en las Américas antes de que llegaran los europeos a fines del siglo xv. Todos tenían su propia cultura, o modo de vida.

Cuando examinas datos de mapas, miras la leyenda o clave del mapa para que te ayude a entender lo que ves. Los colores y los símbolos de un mapa te ayudan a interpretar, o comprender, la información que este muestra.

¿Qué te indica la leyenda de este mapa? _____

_____

Mira las características geográficas en el mapa. Estas también te pueden ayudar a interpretar la información. Por ejemplo, ¿qué puedes interpretar acerca de los grupos indígenas que vivían en las costas o cerca de los lagos? Podrías indicar que vivir cerca del agua afectaba su modo de vida. Probablemente, eso influía en otros recursos de su ambiente que usaban para sobrevivir.

Grupos culturales indígenas

Nutka
Makah
Chinook
Nez percé
Modoc
Pomo
Paiute
Yokut
Cahuilla
Papago Pima
Apache
Karankawa

Pies negros
Crow
Shoshone
Lakota
Comanche
Mandana
Cheyene
Pawnee
Arapaho
Ute
Navajo **AMÉRICA DEL NORTE**
Pueblo
Hopi Zuñi
Kiowa
Wichita
Natchez

Ojibwa
Ottawa
Fox
Winebago
Miami
Illinois
Shawnee
Quapaw
Creek
Apalache

Algonquino
Huron
Iroqués
Erie
Powhatano
Pamlico
Cheroquí
Timucua
Calusa

Micmac
Wampanoag
Pequot
Delaware

OCÉANO PACÍFICO

OCÉANO ATLÁNTICO

Golfo de México

N
O   E
S

0   400 mi
0   400 km

LEYENDA
Zona boscosa
Llanuras
Noroeste
Suroeste

1. Ubica y encierra en un círculo estos grupos culturales indígenas en el mapa. Luego, escoge un grupo que haya vivido cerca de una masa de agua y uno que no. Escribe sobre cómo su medio ambiente afectaba el modo en que vivían. Piensa en cómo su medio ambiente afectaba sus relaciones con otros grupos indígenas.

- Pueblo
- Iroquois
- Huron
- Crow

- Navajo
- Creek
- Hopi
- Algonquino

- Lakota (Sioux)
- Chinook
- Nez percé
- Pawnee

_____

_____

_____

_____

_____

_____

_____

2. ¿En qué regiones vivían los grupos indígenas de la lista de la pregunta 1? Completa la tabla.

Zona boscosa				
Grandes Llanuras				
Noroeste del Pacífico				
Suroeste				

INTERACTIVITY

Participa en una discusión en clase para darle un vistazo al contenido de esta lección.

Vocabulario

costumbre

tradición

folklore

ancestro

Vocabulario académico

aspecto

mantener

Descifra la Pregunta principal

Aprenderé que las culturas variaban mucho entre los pueblos indígenas.

¡En marcha!

Participa en una encuesta de opinión sobre las frutas favoritas. Tu maestro mencionará distintas frutas. Ponte de pie cuando escuches la fruta que escogiste. En tu escritorio, haz marcas de conteo para los diferentes gustos de tu clase.

El búfalo era un recurso abundante para los indígenas de las Llanuras y se convirtió en una parte importante de su cultura.

Los grupos culturales indígenas tenían su propio modo de vida. Construían casas y formaban familias. Creaban aldeas y gobiernos. Las ceremonias y las prácticas religiosas eran importantes para ellos. Tocaban música y hacían obras de arte. También compartían historias y transmitían las costumbres a los miembros de la familia.

INTERACTIVITY

Explora las ideas clave de esta lección.

¿Qué es la cultura?

La cultura es el modo de vida de un grupo de personas. Incluye su arte, su idioma, sus ideas, sus creencias y su historia. Los instrumentos y las habilidades también son parte de la cultura de un grupo. Las ideas que tienen y que los guían forman parte de su cultura. A veces, los grupos comparten la cultura o algunos de sus aspectos. Por ejemplo, muchos grupos indígenas cultivaban la tierra, lo que constituye una característica cultural similar. Sin embargo, otros dependían más de la caza, como los grupos que vivían en las Grandes Llanuras. En el Noroeste del Pacífico, la pesca se volvió parte de la cultura de muchos grupos que vivían en esa región.

El idioma también es parte de la cultura de un grupo. Los grupos indígenas hablaban su propio idioma. Antes de que los europeos llegaran a América del Norte, se hablaban cientos de idiomas indígenas. En la actualidad, se siguen hablando en todo el territorio de lo que hoy son los Estados Unidos. En el Suroeste, donde viven muchos descendientes de los indígenas pueblo y navajos, está la mayoría de los hablantes nativos. Un descendiente es alguien que está emparentado con una persona o un grupo de personas que vivían en el pasado.

Las **costumbres**, o modos de vida que se practican a menudo, son parte de la cultura de un grupo. Están relacionadas con las acciones o las prácticas entre los miembros de un grupo que se basan en la tradición. La **tradición** es una costumbre o creencia que se transmite de una generación a la siguiente.

Un hombre apache le cuenta una historia a un grupo de niñas que llevan vestidos tradicionales.

Bailarines tlingit con vestimenta tradicional realizan la ceremonia *potlatch* en Alaska.

El peinado que hoy llamamos cresta era una costumbre de algunos grupos indígenas de la zona boscosa del Este. Era considerado salvaje y advertía a los enemigos que no se atrevieran a mutilar a los mohawks durante la batalla. Otros grupos, como los Sioux de las Grandes Llanuras, usaban tocados especiales de plumas. Muchos grupos, incluidos los del Suroeste y los de la zona boscosa del Noreste, realizaban la ceremonia del maíz verde porque una buena cosecha siempre era muy importante para su cultura. En el noroeste del Pacífico, los grupos hacían *potlatches*, grandes festines que mostraban la riqueza de una persona y su posición en la comunidad.

1. ☑ **Revisar la lectura** **Identifica** tres características que definen la cultura. Comenta con un compañero en qué se parecían o se diferenciaban esas características entre los grupos indígenas.

_____

_____

_____

_____

_____

La vida diaria

La vida diaria de los indígenas era muy diferente a lo que tú experimentas en la actualidad. Los adultos estaban ocupados cazando, sembrando, recolectando, haciendo ropa y manualidades y cocinando.

Había mucho trabajo que hacer por la mañana, así que los adultos se levantaban muy temprano para hacer todas las tareas. Los hombres salían antes del amanecer para ir a cazar después de comer carne y frutos secos. Las mujeres cargaban agua y juntaban leña para la fogata y para cocinar. Los niños pequeños se quedaban con su madre y ayudaban con algunas tareas. Los varones mayores iban a cazar con su padre.

Cuando los hombres y los niños regresaban de cazar por la tarde, las mujeres preparaban una comida. Después de comer, aún quedaba trabajo por hacer, pero a veces los indígenas jugaban con una pelota o hacían manualidades. En el Suroeste, algunos grupos, como los indígenas pueblo, creaban objetos de cerámica bellos y útiles, que se podían usar para guardar comida.

Algunas noches, los indígenas se reunían alrededor de un anciano de la familia para escuchar cuentos folklóricos, o relatos tradicionales. Los cuentos folklóricos eran y aún son importantes para la costumbre y la tradición indígenas. Son parte del **folklore**, o costumbres, creencias y cuentos tradicionales. A través del folklore, los indígenas podían transmitir **aspectos** de su cultura que algunos de sus descendientes aún practican en la actualidad.

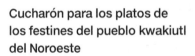

Fuente primaria

Cucharón para los platos de los festines del pueblo kwakiutl del Noroeste

Vocabulario académico

aspecto • *sust.*, una parte de algo

2. ☑ **Revisar la lectura** **Explica** ¿En qué se parece la vida diaria de los antiguos indígenas a la de los indígenas de hoy? ¿En qué se diferencia? Usa evidencia del texto para hacer inferencias.

_____

_____

_____

_____

_____

Funciones familiares

Gran parte de la vida indígena se basaba en las tradiciones. De esa manera, los hombres y las mujeres tenían funciones tradicionales. Las funciones de todos eran importantes para el sustento y la supervivencia del grupo.

Mantener una provisión de alimentos constante era un objetivo importante en la vida diaria. Los hombres indígenas cazaban y pescaban para su familia y su aldea, y protegían la aldea. Las mujeres solían limpiar y preparar la carne y el pescado.

Tanto los hombres como las mujeres participaban en el trabajo agrícola. Las mujeres sembraban los cultivos y se ocupaban de ellos mientras los hombres no estaban, pero los hombres también ayudaban a despejar la tierra para poder sembrarla. En la mayoría de las regiones, las mujeres también recolectaban frutos secos, semillas y bayas para tener una dieta completa.

La vida familiar y la vida hogareña a menudo estaban bajo el cuidado de los hombres y las mujeres. Las mujeres no solo se ocupaban de los niños, sino que también hacían ropa y artículos para el hogar, limpiaban y cocinaban. Los hombres a menudo se encargaban de las tareas religiosas y sociales.

En las Grandes Llanuras, donde el búfalo era importante para la supervivencia, las mujeres se aseguraban de que se usaran todas las partes del animal. Con frecuencia, tenían la tarea de cortar en pedazos a los búfalos. Cuando se mudaban de un lugar a otro, las mujeres indígenas de las Llanuras se encargaban de empacar el tipi y luego montarlo cuando el grupo llegara a un lugar nuevo. En el noroeste del Pacífico, las mujeres hacían ropa con piel de venado o corteza de árbol. En el Suroeste, donde el agua era escasa, tal vez las mujeres tenían que recorrer largas distancias cargando el agua hasta su casa. En la zona boscosa y en otras regiones cercanas a los bosques, las mujeres cargaban la leña que los hombres talaban para la fogata.

Vocabulario académico

mantener • *v.*, continuar con algo o hacerlo seguir sin cambios

Siglos atrás, los indígenas de la zona boscosa inventaron el juego lacrosse, en el que se lanza una pelota desde un palo hacia una portería. Aún se juega, con algunos cambios que lo modernizaron.

Los niños también tenían funciones importantes en la familia. Sin embargo, la infancia era corta. Ellos abandonaban el cuidado protector de su madre cuando entraban en la adolescencia. Entonces, comenzaban a entrenarse para funciones de adultos. También escuchaban a los cuentistas para aprender sobre las costumbres y las tradiciones de su grupo.

Los varones adolescentes aprendían de su padre y de otros hombres de la aldea. Debían demostrar que eran fuertes y valientes. Una prueba que debían superar para demostrar esas características consistía en pasar tiempo solos en tierras vírgenes. Las niñas también aprendían habilidades para sobrevivir en tierras vírgenes.

Algunos juegos y actividades para niños ayudaban a enseñarles las habilidades que necesitaban mientras crecían. Por ejemplo, los niños aprendían a pescar. Más tarde, esa habilidad los ayudaría a proveer alimento a la familia y a la aldea. En la zona boscosa, se jugaba a un juego con pelota llamado *lacrosse*. Este ayudaba a preparar a los hombres jóvenes para que fueran cazadores y guerreros. Las niñas podían aprender a tejer canastas o a hacer vasijas de barro. Esas habilidades eran necesarias a medida que ellas crecían y esos recipientes eran necesarios para guardar alimento.

3. ☑ **Revisar la lectura** Completa la tabla para **identificar** ejemplos de funciones familiares en la vida indígena.

Funciones familiares tradicionales		
Hombres	**Mujeres**	**Niños**
	Sembraban cultivos.	
	Recolectaban semillas, frutos secos y frutas.	
	Se ocupaban de los niños.	
	Cocinaban, limpiaban, hacían ropa.	

Palabras con varios significados

Cuando veas una palabra que tenga más de un significado, vuelve a leer la oración. Piensa en los diferentes significados de la palabra y en cuál tiene más sentido en la oración. ¿Qué significado de *fuerza* queda mejor en la oración que incluye "fuerzas naturales, como el sol, el viento y las tormentas"?

La mayoría de los grupos indígenas tenían costumbres y tradiciones religiosas. Cada grupo, tribu y nación indígena tenía sus propias creencias religiosas. Algunos grupos creían que los animales y la tierra tenían espíritus. Esa creencia se llama animismo.

Las creencias indígenas, a menudo, estaban relacionadas con las tareas diarias. Por ejemplo, antes de que los hombres se fueran a cazar, era una costumbre común que les pidieran permiso a los espíritus para matar un animal o pescar un pez. Como leíste antes, las tradiciones como la ceremonia del maíz verde eran festivales religiosos en los que los grupos de la zona boscosa del Este celebraban la cosecha y agradecían. Bailaban, cantaban y rezaban con alegría porque la tierra les había dado la cosecha que necesitaban para vivir.

A niñas pueblo pequeñas les regalaban muñecos kachinas. Los espíritus que los muñecos representan se muestran en las máscaras, las plumas y la ropa.

Los grupos de indígenas pueblo del Suroeste, como los hopis, pedían ayuda y consejos a los kachinas. Estos son los espíritus de las fuerzas naturales, como el sol, el viento y las tormentas. Los kachinas también podían representar a sus ancestros. Un **ancestro** es un pariente que vivió en el pasado. Los artistas hopis crearon muñecos kachinas decorativos que usaban para ayudar a los niños a aprender tradiciones y costumbres importantes. A veces, los hopis hacían bailes especiales para pedir a los kachinas que se unieran al grupo.

Algunos grupos indígenas creían que había hombres y mujeres que tenían poderes religiosos especiales. Los historiadores los llaman *chamanes*. Otros individuos especiales se llamaban *dos espíritus* y se creía que contenían un espíritu masculino y uno femenino. La gente creía que esos individuos tenían conocimientos o habilidades especiales, como la capacidad de sanar a los enfermos o de rezarles a las fuerzas que ellos creían que los guiaban.

4. ☑ Revisar la lectura **Describe** cómo el pueblo hopi usaba muñecos kachinas como parte de su religión.

_____

_____

_____

☑ Revisar la Lección 2

👆 INTERACTIVITY

Comprueba tu comprensión de ideas clave de esta lección.

5. **Comparar y contrastar Describe** cuáles eran las similitudes y las diferencias entre las funciones de los adultos indígenas y las funciones de los niños.

_____

_____

_____

_____

_____

6. **Identifica** las costumbres y las tradiciones que muchos grupos indígenas compartían.

_____

_____

7. **Describe** cómo las funciones familiares contribuían a la provisión de alimento y a las comidas de los grupos indígenas.

_____

_____

_____

_____

Cuentos folklóricos indígenas

Las costumbres y las tradiciones, como contar cuentos, eran y aún son importantes para los grupos indígenas. La mayoría de esos grupos no tenía un idioma con escritura. Por lo tanto, las tradiciones orales, o habladas, eran una manera importante de transmitir el folklore de una generación a la siguiente. Los cuentos folklóricos, o relatos tradicionales, son una manera en que los indígenas comparten la historia, las costumbres y las tradiciones de su grupo. El siguiente cuento folklórico tuvo origen en el Noroeste del Pacífico.

Dato interesante

En algunos cuentos tradicionales, suele aparecer un personaje bromista, como un animal o una persona, que engaña a alguien o le hace una broma. ¿Puedes adivinar a quién intenta engañar el bromista?

Un bromista se convierte en plato

Dos hermanos vivían junto a un río cerca de las montañas. Un hermano se enfermó y el otro intentó curarlo. No había peces allí, así que arrojó ramas al agua. Estas se convirtieron en peces, pero no curaron a su hermano enfermo.

Los hermanos salieron a navegar por el río en una canoa. Con el tiempo, llegaron al mar y remaron hacia la tierra de los salmones. Allí el hermano fuerte se escondió y el hermano enfermo se convirtió en un hermoso plato de madera. Se puso a flotar en un área donde la gente había pescado todos los salmones detrás de una represa. Un hombre encontró el plato y se lo dio a su hija. Cuando ella comía salmón del plato, sus sobras siempre desaparecían. El hermano enfermo disfrazado de plato se comía su salmón.

Pronto, el hermano enfermo se mejoró. Cuando él y su hermano se fueron, rompieron la represa e hicieron que los salmones los siguieran de regreso por el mar hasta el río del lugar donde ellos vivían. Ahora, todos los años, los salmones nadan desde el mar hasta los ríos y los arroyos donde los dos hermanos y su pueblo pueden comerlos.

Lectura atenta

1. Identifica seis sucesos en el cuento folklórico y haz una lista de ellos en la secuencia correcta.

_____

_____

_____

_____

_____

2. Describe la conexión entre el título del cuento folklórico y lo que ocurre en el relato.

_____

_____

_____

_____

En resumen

¿Por qué este cuento folklórico es un ejemplo de una tradición indígena?

_____

_____

_____

_____

El gobierno y la economía de los indígenas norteamericanos

INTERACTIVITY

Participa en una discusión en clase para darle un vistazo al contenido de esta lección.

Descifra la
Pregunta
principal

Aprenderé que los grupos indígenas norteamericanos tenían diferentes sistemas de gobierno y economías.

Vocabulario

gobierno

consejo

confederación

liga

economía

bien de consumo

red de comercio

Vocabulario académico

asesor

fundar

¡En marcha!

Sepárense en grupos pequeños. Escojan a un líder en el grupo. Sigan las instrucciones de su maestro para pensar cuál es la mejor manera de tomar una decisión que incluya a todos los miembros del grupo. Cuando tomen la decisión grupal, pídanle al líder que la comparta con la clase.

Los grupos indígenas tenían que tomar decisiones sobre diferentes temas. Debían decidir dónde vivirían, qué recursos usarían y qué acciones serían las mejores para apoyar al grupo. Creían que los individuos eran responsables de actuar de manera correcta y de tomar buenas decisiones. Algunos desarrollaron un **gobierno**, un sistema para crear reglas y tomar decisiones. Muchas grupos indígenas no formaban gobiernos tradicionales. En su gran mayoría, eran bandas de personas que estaban emparentadas entre sí. El liderazgo estaba conformado por líderes de la familia.

Gobierno indígena

El gobierno de un grupo, a menudo, se adapta a su modo de vida. Leíste sobre grupos indígenas que eran nómadas y otros que eran sedentarios. Los grupos nómadas, como algunos de las Grandes Llanuras, a menudo, eran bandas más pequeñas de indígenas y se movían en pequeñas unidades familiares. En general, un hombre era el líder, por ejemplo, el padre o el abuelo. Otros miembros de la familia podían desafiar las decisiones del líder masculino, pero eso no significaba que la decisión cambiaría.

Los grupos sedentarios, a menudo, incluían bandas más grandes de indígenas. A veces, tenían sistemas de gobierno más formales, como un gobierno dirigido por un consejo. Un **consejo** es un cuerpo de gobierno que toma decisiones y puede estar formado solo por el líder de un grupo o por un pequeño grupo de líderes. Por lo general, un único líder, o jefe, lideraba un consejo.

En general, los miembros de la familia de un grupo escogían al jefe. Este no gobernaba solo. Trabajaba con otros líderes del consejo para tomar decisiones. Con el tiempo, podía darle su poder de jefe a otro miembro de la banda que había ayudado al grupo y había mostrado habilidades de liderazgo.

INTERACTIVITY

Explora las ideas clave de esta lección.

1. ☑ **Revisar la lectura** **Identifica** distintos tipos de gobierno que los indígenas tenían en el pasado.

_____

_____

_____

Un jefe Sioux lidera a un grupo conformado por un consejo y miembros de la familia.

Gobiernos: Pasado y presente

Los grupos pequeños solían combinarse con otros grupos para formar naciones grandes. A veces, se obligaba a los grupos a unirse a una nación más grande, a menudo, a través de una guerra. Los powhatanos de la región de la zona boscosa eran un ejemplo de un grupo grande compuesto por grupos más pequeños. Ellos formaron una **confederación**, un grupo en el que todos los miembros comparten las mismas metas. La Confederación Powhatana se formó para compartir recursos y protegerse unos a otros.

En el Suroeste, un líder religioso lideraba el gobierno de los indígenas pueblo. Ese líder se llamaba cacique. En la actualidad, los indígenas pueblo tienen un grupo de líderes llamado Consejo de Gobernadores de todos los Indígenas Pueblo que toma decisiones para toda la comunidad pueblo. Cada grupo de indígenas pueblo envía a un gobernador para que los represente en el consejo. Esos grupos también tienen su propio gobierno tribal.

La Nación Navajo también está ubicada en el Suroeste. En el pasado, un consejo tribal gobernaba a los navajos y cada banda de navajos tenía su propio jefe. El consejo tribal escogía al jefe, pero él no tomaba decisiones por el grupo. Actuaba como una especie de **asesor**. El consejo tribal tomaba las decisiones. En la actualidad, el Consejo de la Nación Navajo gobierna al pueblo navajo en el Suroeste. Se eligen a los miembros del consejo y ellos crean y hacen cumplir las leyes tribales.

Vocabulario académico

asesor • *sust.*, persona que da consejos o indicaciones

fundar • *v.*, crear u organizar algo que es permanente

El sello de la Nación Navajo contiene imágenes importantes para su modo de vida.

Alrededor del año 1600, en lo que hoy es el estado de Nueva York, cinco naciones distintas se unieron para **fundar** una **liga** o una confederación. Ambos términos se refieren a un grupo cuyos miembros comparten las mismas metas. Una confederación suele tener una forma escrita u oral de alianza o pacto.

Los miembros de la Liga de los Iroquois se hacían llamar Pueblo de la Vivienda Comunal, o haudenosaunees. También se llamaban Confederación de Iroquois. Esa liga estaba conformada por cinco naciones indígenas: los cayugas, los mohawks, los oneidas, los onondagas y los senecas. Más tarde, se unió una sexta nación miembro, los tuscaroras.

El jefe Hiawatha, del grupo onondaga, fue uno de los fundadores de la Liga de los Iroquois, original de las cinco naciones.

Annie Dodge Wauneka fue la segunda mujer electa para el Consejo de la Nación Navajo. Su trabajo para mejorar la educación, la salud y las viviendas de los navajos le hicieron ganar una Medalla Presidencial de la Libertad en 1963.

La Liga tenía reglas que aseguraban que sus miembros trabajaran juntos para tomar decisiones y permanecer en paz. Un consejo conformado por 50 hombres lideraba este grupo. Las mujeres líderes de las naciones miembro escogían a esos hombres. Ellas también tenían el poder de apartar a los líderes que habían sido elegidos para servir en el consejo. Los líderes del consejo tenían que estar de acuerdo en todas las decisiones que la Liga tomaba.

La Liga tenía una constitución, o plan de gobierno, que probablemente haya sido la primera que se usó en América del Norte. Los principios más importantes de la constitución eran la paz, la igualdad y la justicia.

2. ☑ Revisar la lectura Usar evidencia del texto Explica por qué tomar decisiones fue y es importante, tanto en el pasado como en el presente, en grupos organizados como los grupos indígenas.

_____

_____

_____

_____

_____

Economías indígenas

Los indígenas tomaban decisiones mediante distintas formas de gobierno. Los grupos, a menudo, tenían que tomar decisiones relativas a su economía. Una **economía** es el sistema con el que un grupo produce, comparte y usa bienes.

El modo en que los indígenas se establecían en la tierra era parte de su economía. En las Llanuras, los indígenas dependían mucho de los búfalos, así que se establecían en tierras cercanas a ellos. Podían usar los búfalos como recurso para hacer las cosas que necesitaban para vivir. También podían comerciar artículos que hacían u obtenían de los búfalos, como su piel.

Los indígenas de la zona boscosa, como los Iroquois, tenían una economía sólida. Ellos cultivaban, cazaban y recolectaban alimento. Los tipos de casas que construían con los recursos disponibles eran parte de la economía. Tenían árboles y piel de animales como recursos y los usaban para construir viviendas comunales y *wigwams*.

Canoa hecha con corteza de abedul por el pueblo cree de la zona boscosa.

Las casas de tablones y los postes totémicos del pueblo haida del noroeste del Pacífico muestran cómo se usaban los recursos del bosque.

Los grupos que vivían junto al mar y otras masas de agua tenían diferentes recursos. Los indígenas del Noroeste del Pacífico eran hábiles para pescar peces, focas y ballenas. Usaban esos recursos como alimento, pero también hacían instrumentos y ropa con ellos. Los árboles altos de los bosques cercanos proporcionaban madera para las casas, las canoas y los postes totémicos. Los postes totémicos son esculturas talladas en árboles altos. Muestran símbolos del mundo natural que cuentan parte de una historia o de un suceso.

En el Suroeste, donde el agua era limitada, los indígenas pueblo aun así podían sembrar cultivos. También se les ocurrió cómo tejer tela con fibras vegetales para hacer ropa. Usaban la ropa, pero también la comerciaban. Para los grupos como los cahuillas, que vivían en lo que ahora es el sur de California, el alimento era difícil de encontrar. Tenían que viajar largas distancias en busca de plantas y animales silvestres. Construían casas simples con broza, que se podían montar rápidamente en distintos lugares.

3. ☑ **Revisar la lectura**
Idea principal y detalles
Con un compañero, **describe** algunos factores que contribuyeron a las economías indígenas.

Comercio indígena

Como parte de su economía, los indígenas comerciaban entre sí. Para ellos, el comercio era una manera importante de obtener los bienes que deseaban y necesitaban. También comerciaban con los europeos tras su llegada a las Américas. Los indígenas solían comerciar artículos que hacían con los recursos de su ambiente. Los intercambiaban por artículos que no podían hacer por falta de recursos, habilidades o conocimientos.

Algunos de los artículos comerciales más importantes que los indígenas intercambiaban eran joyas, vasijas, canastas, conchas marinas, dientes de tiburones, ropa, pieles de animales, cobre, turquesas y cuentas. Los artículos comerciales también incluían alimentos. Poder intercambiar sus artículos por alimentos que el grupo no tenía a su alcance le permitía tener una dieta más variada. Algunos alimentos que los indígenas comerciaban incluían pescado desecado y carne de búfalo.

En la zona boscosa, los indígenas solían comerciar pieles de animales porque donde ellos vivían abundaban los animales para cazar. Tras la llegada de los europeos, las pieles se volverían un importante **bien de consumo**, o un bien de comercio que es una materia prima y no algo manufacturado, para los indígenas. Los comerciantes europeos luego las enviarían a Europa para venderlas.

Los grupos de esta región montaban **redes de comercio**, o sistemas de rutas de comercio que conectaban zonas diferentes. Las redes de comercio más grandes, a menudo, permitían comerciar más artículos para obtener bienes comerciales que eran difíciles de encontrar.

Ejemplos de artículos comerciales indígenas (de arriba abajo): vestido de cuero de búfalo, piel de castor, joyas hechas con turquesa, plata, catlinita y cuentas. ¿Qué preguntas tienes sobre estos artefactos? Compártelas con la clase.

4. **☑ Revisar la lectura** **Identifica** los bienes que se podrían haber comerciado entre los grupos indígenas de las Grandes Llanuras y del desierto del Suroeste completando la tabla.

Comerciar bienes	
Grandes Llanuras	**Desierto del Suroeste**

 Conexión

Con un compañero, comenta qué tipos de comidas se podían preparar con los alimentos que los indígenas comerciaban.

👆 INTERACTIVITY

Observa con más atención las conexiones entre el alimento y el comercio.

☑ Revisar la Lección 3

👆 INTERACTIVITY

Comprueba tu comprensión de ideas clave de esta lección.

5. **Comparar y contrastar** **Compara** los gobiernos indígenas del pasado y del presente.

_____

_____

_____

_____

6. **Explica** la importancia de las redes de comercio en las economías indígenas.

_____

_____

_____

7. **Misión Conexión** **Identifica** los alimentos que contribuían a la economía de los grupos indígenas de diferentes regiones.

_____

_____

_____

Comparar y contrastar

Cuando **comparas** cosas, buscas similitudes. Cuando **contrastas** cosas, buscas diferencias. Cuando estudies otros grupos indígenas y otros temas de estudios sociales, comparar y contrastar te puede ayudar a organizar la información. En este capítulo, estás leyendo sobre los recursos que usaban y dónde y de qué modo vivían los indígenas. Sus similitudes y diferencias se revelarán al comparar y contrastar.

Usar una gráfica llamada diagrama de Venn te puede ayudar a organizar detalles y comparar y contrastar dos o más cosas. Observa el diagrama de Venn que compara y contrasta los recursos que usaban para vivir los pueblos de la zona boscosa y del desierto del Suroeste. En el círculo de la izquierda, están los recursos que usaban solo los indígenas de la región de la zona boscosa. En el círculo de la derecha, están los recursos que usaban solo los indígenas del desierto del Suroeste. En la sección del medio, están los recursos que usaban ambos grupos.

Recursos que usaban los indígenas de la zona boscosa y del desierto del Suroeste

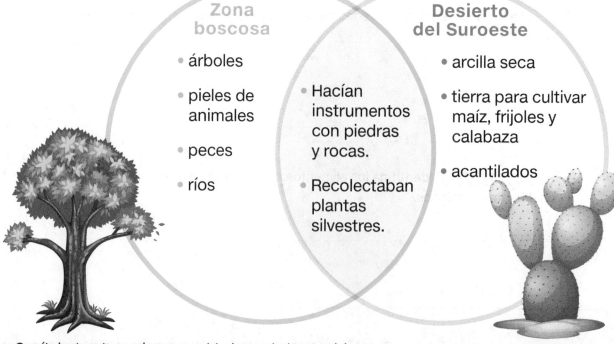

Zona boscosa
- árboles
- pieles de animales
- peces
- ríos

- Hacían instrumentos con piedras y rocas.
- Recolectaban plantas silvestres.

Desierto del Suroeste
- arcilla seca
- tierra para cultivar maíz, frijoles y calabaza
- acantilados

Usa la información del diagrama de Venn para escribir un párrafo sobre las similitudes entre los recursos que usaban los dos grupos indígenas. Luego, escribe un segundo párrafo sobre las diferencias entre los recursos que usaban los dos grupos.

1. Escribe dos párrafos sobre los pueblos de la zona boscosa y del desierto del Suroeste para comparar y contrastar los recursos que usaban para vivir.

_____

_____

_____

_____

_____

_____

_____

_____

_____

2. Vuelve a leer la descripción de las funciones de los niños bajo el título "Funciones familiares". Abajo, escribe algunas de las funciones de los niños en la cultura indígena. En una hoja aparte, crea un diagrama de Venn que compare y contraste las funciones de los niños indígenas en el pasado con las de los niños de los Estados Unidos en la actualidad. ¿Qué crees que cambió? ¿Qué permaneció igual?

_____

_____

_____

Wilma Mankiller (1945–2010)
Una jefa cheroquí

Atributo:
Determinación

Wilma Mankiller era una mujer cheroquí que creció en las décadas de 1940 y 1950 en Oklahoma, pero luego se mudó a California. Regresó a Oklahoma en la década de 1970 y comenzó a trabajar con la Nación Cheroquí para ayudar a fortalecer su economía. A fines de la década de 1980, se convirtió en la primera jefa mujer de la Nación Cheroquí, una de las naciones indígenas más grandes del país.

Mankiller trabajó para ayudar a muchos cheroquíes a encontrar trabajo y para mejorar su servicio de salud. También logró mejoras en la educación de escuelas cheroquíes. Mankiller estaba decidida a mantener vivas las tradiciones y la cultura cheroquíes entre las personas de su pueblo. Creó el Instituto para el Alfabetismo Cheroquí para preservar el idioma y las tradiciones. En 1998, recibió la Medalla Presidencial de la Libertad por su ayuda al pueblo cheroquí.

Fuente primaria

Siempre supe que el pueblo cheroquí —en especial, la gente de las comunidades más tradicionales— conservó [mantuvo] un gran sentido de la interdependencia [apoyo mutuo] y la voluntad para colaborar y ayudar al prójimo.

—Wilma Mankiller, *Mankiller: Un jefe y su pueblo*, 1993

Descubre más

1. ¿Cómo apoya la cita de Wilma Mankiller la idea de que ella y otros cheroquíes tienen decisión?

_____

_____

_____

2. ¿Cómo están trabajando otros líderes indígenas en la actualidad para ayudar a marcar una diferencia? Investiga sobre los indígenas que ayudaron a mejorar la vida de otros indígenas. Escribe sobre tus hallazgos en una hoja aparte.

Capítulo

1

Repaso visual

Usa esta gráfica para repasar algunos términos e ideas clave de este capítulo.

Características de las regiones culturales indígenas

Región	Recursos	Casa	Alimento	Ropa
Noroeste clima húmedo, frío	mar, ríos, lagos, bosques		peces, focas, ballenas, venados, frutos secos, bayas	tela de corteza de árbol, piel de foca
Suroeste clima muy seco, caluroso	algunos ríos, arbustos, tierra, acantilados		maíz, frijoles, calabaza	tela de fibras vegetales
Llanuras secas, lluvia limitada, clima cálido y frío	algunos ríos y lagos, pastos altos, algunos árboles		carne de búfalo, venados, peces, frijoles, calabaza	piel de búfalo, piel de venado
Zona boscosa lluvia moderada, clima cálido o fresco	mar, ríos, lagos, bosques		venados, peces, frutos secos, bayas	piel de venado, tela de corteza de árbol

☑ Evaluación

 GAMES

Juega el juego de vocabulario.

Vocabulario e ideas clave

1. Traza una línea para unir las definiciones con los términos correctos.

cuerpo que toma decisiones por un grupo   **cultura**

pariente que vivió en el pasado   **ancestro**

sistema con el que un grupo produce,
comparte y usa bienes   **gobierno**

       economía

sistema para crear reglas y tomar decisiones

       consejo

modo de vida de un grupo de gente

2. Definir ¿Qué significa **migrar**? _____

_____

3. Define agricultura. _____

_____

4. Identificar Los indígenas pueblo usaban la _____ para cosechar
cultivos en una tierra seca.

5. Identifica una costumbre religiosa practicada por un grupo indígena.

_____

_____

_____

6. Identificar ¿Cuál era una función clave de las mujeres indígenas para alimentar
a su familia?

   Ⓐ   desmontar y montar tipis

   Ⓑ   sembrar y cosechar cultivos

   Ⓒ   cazar y pescar para comer

   Ⓓ   comerciar con otros grupos

Razonamiento crítico y escritura

7. Hacer inferencias ¿Por qué se consideraba que los mayas y los aztecas eran civilizaciones avanzadas?

_____

_____

_____

8. Sacar conclusiones ¿Por qué los pueblos que se establecían en distintas regiones de América del Norte desarrollaban diferentes culturas?

_____

_____

_____

_____

9. Aplicar ¿Qué tipos de decisiones tomaban los grupos indígenas en el pasado que los gobiernos indígenas también podrían tomar en la actualidad?

_____

_____

_____

_____

10. Volver a la Pregunta principal ¿Cómo influye la geografía en el modo de vida de la gente?

_____

_____

_____

_____

11. Taller de escritura: Escribir un texto informativo En una hoja aparte, escribe dos párrafos cortos sobre las economías indígenas. Identifica los distintos aspectos de las economías y da ejemplos.

Analizar fuentes primarias

El objetivo de estas leyes es establecer la paz entre las numerosas naciones de indígenas. Acabaremos con la hostilidad para preservar y proteger la vida, la propiedad y la libertad.

—Constitución de las Naciones de Iroquois

12. ¿Por qué crees que la Constitución Iroquesa explica que acabarán con la hostilidad?

_____

_____

_____

_____

_____

_____

_____

_____

_____

Comparar y contrastar

13. Completa la tabla e identifica los tipos de asentamientos que usaban tres pueblos nativos diferentes.

Inuits	Constructores de montículos	Antiguos indígenas pueblo

Misión Hallazgos

¿Qué se está cocinando?

Leíste las lecciones de este capítulo e investigaste sobre los alimentos y los métodos para cocinar de los indígenas. Ahora estás listo para ayudarme con una receta para mi menú.

INTERACTIVITY

Usa esta actividad como ayuda para terminar tu receta y aprender más sobre los alimentos y las recetas indígenas.

1 Describe la comida

Usa tus notas para escribir las clases de alimentos que tenía a su alcance el grupo indígena sobre el que investigaste. Incluye los tipos de cultivos, peces o carne que comían.

2 Haz una lista de los ingredientes

Usa tus notas y la evidencia de las Misión: Conexión para hacer una lista de los ingredientes disponibles para los alimentos que tu grupo indígena tenía a su alcance.

3 Escribe tu receta

Usa tus notas y tu lista de ingredientes para escribir una receta que tu grupo indígena podría haber cocinado. Asegúrate de que tu receta siga estos criterios:

- Incluye recursos del ambiente del grupo indígena.
- Usa ingredientes que esos recursos proporcionan.
- Incluye las medidas correctas de cada ingrediente.
- Ofrece una comida deliciosa y saludable.

Luego, intercambia recetas con otro grupo para hacer sugerencias.

4 Revisa

Haz cambios en tu receta basándote en el intercambio con el otro grupo. Corrige los errores gramaticales, matemáticos y ortográficos.

2 La era de la exploración

El eText está disponible en español.

- 📖 eTEXT
- ▶️ VIDEO
- 👆 INTERACTIVITY
- 🔊 AUDIO
- 🎮 GAMES
- ☑️ ASSESSMENT

Pregunta principal ¿Por qué exploran las personas?

▶️ VIDEO

Lección 1

Los primeros exploradores y los desarrollos en la tecnología

Lección 2

Los exploradores de España

Lección 3

El intercambio colombino

¡En marcha!

👆 INTERACTIVITY

Ponte de pie y camina hacia un mapamundi grande en la pared del salón de clase o en una pantalla, o mira un globo terráqueo. Túrnense para mencionar diferentes lugares que les gustaría visitar. Con la clase, comenten por qué sería interesante visitar y explorar cada uno de esos lugares. ¿Cuáles son las similitudes y las diferencias entre las razones para visitar esos lugares?

_____

_____

_____

_____

Explorando el mundo

Dale un vistazo al vocabulario del capítulo rapeando.

¿Alguna vez te preguntaste por qué exploran las personas?

Los portugueses fueron los primeros europeos desde sus
   puertos zarpar

buscando abrirse nuevas rutas a Asia por mar.

Su objetivo, además que el de la exploración, era bienes
   vender y comprar

así el comercio en ese continente controlar.

Sin ayuda era imposible hacer tan largas y peligrosas
   travesías.

Los **patrocinadores** mucho dinero aportaban

para que sus exploradores a su destino llegaran.

Justo en esos tiempos había nuevos instrumentos para la
   navegación.

Unos ayudaban a planificar la ruta

y otros a encontrar la propia ubicación.

Uno de esos instrumentos era el **astrolabio**,

que indicaba la ubicación en el mar **con precisión**.

A bordo de sus **carabelas**, los españoles lo usaban

mientras navegaban y nuevas tierras buscaban.

2 La era de la exploración

¿Qué rutas comerciales conectaban los continentes de Europa, Asia y África?

INGLATERRA

EUROPA

ITALIA

ASIA
Ruta de la Seda

CHINA

INDIA

PORTUGAL

ÁFRICA

OCÉANO ÍNDICO

El comercio permite que la gente intercambie bienes cerca y lejos. Las líneas rojas en el mapa muestran algunas rutas comerciales entre distintas partes del mundo en el siglo xv. Los europeos intercambiaban bienes por sedas de China y especias de la India. Ubica la Ruta de la Seda y traza una ruta desde China hasta Italia. Luego, busca una ruta marítima desde Portugal hasta la India.

EN LA ACTUALIDAD
Puedes comprar especias indias en supermercados estadounidenses.

¿Qué pasó y cuándo?

Lee la línea de tiempo para aprender sobre las aventuras de los primeros exploradores.

1400

1450

1419
El príncipe Enrique abre una escuela de navegación.

En la actualidad
Se pueden encontrar sedas de Asia en tiendas de todo el mundo.

¿A quién conocerás?

Bartolomeu Dias
Un marinero portugués que navegó alrededor del extremo sur de África

Hernán Cortés
Un conquistador español que dirigió una travesía hacia México

Cristóbal Colón
Un explorador que navegó hacia España para encontrar una nueva ruta a Asia cruzando el océano Atlántico

Fernando de Magallanes
Un explorador portugués cuyas flotas navegaron alrededor de todo el mundo

 INTERACTIVITY

Completa la actividad digital interactiva.

1500

1550

1487
Bartolomeu Dias rodea el cabo de Buena Esperanza.

1492
Cristóbal Colón llega a América del Norte.

1535
Se funda Nueva España en América del Norte.

1565
España funda San Agustín.

En la actualidad
Puedes visitar el antiguo fuerte español Castillo de San Marcos en San Agustín.

Misión

Aprendizaje basado en proyectos

¡Hola, marineros!

Los primeros exploradores viajaban largas distancias en sus travesías. Necesitaban marineros fuertes y capaces para que los ayudaran. Era importante saber qué artículos debían llevar.

Eres el capitán de un barco o varios barcos que están a punto de zarpar hacia el oeste, desde Europa, y cruzar el océano Atlántico. ¿Qué clase de personas y provisiones, o artículos, necesitas? ¿Cuántos barcos llevarás?

Misión Arranque

Tu misión es asumir el papel de uno de los primeros capitanes europeos que está buscando buenos marineros. Crea un anuncio para atraerlos. Escribe una lista de provisiones para tu travesía.

1 Pregunta

¿Qué hace a un buen marinero? ¿Qué artículos importantes necesitas para tu travesía? Escribe dos preguntas que te ayuden en tu investigación.

....

....

....

....

2 Investiga

Sigue las instrucciones de tu maestro para hallar ejemplos de las cualidades que un buen marinero debería tener y también ejemplos de artículos que son necesarios en una travesía larga.

....

....

....

....

....

INTERACTIVITY

Analiza las partes de un anuncio y mira algunos ejemplos.

3 Busca *Misión* Conexión

En la siguiente página, comienza a buscar las Misión: Conexión que te ayudarán a crear tu anuncio.

4 *Misión* Hallazgos
Crea un anuncio

Usa la página de Misión: Hallazgos al final del capítulo como ayuda para crear tu anuncio.

Lección 1

Los primeros exploradores y los desarrollos en la tecnología

 INTERACTIVITY

Participa en una discusión en clase para darle un vistazo al contenido de esta lección.

Vocabulario

comerciante

comercio de esclavos

navegación

astrolabio

carabela

Vocabulario académico

examinar

con precisión

Descifra la Pregunta principal

Aprenderé cómo los desarrollos en la tecnología ayudaron a los exploradores europeos a navegar hacia nuevos lugares y a establecerse en ellos.

¡En marcha!

Trabaja con un compañero para pensar en tres tecnologías que usen casi todos los días. Presenten sus ideas a la clase. Ahora aprenderás sobre la tecnología usada durante la era de la exploración.

Como el mar rodea Europa en tres de sus lados, los europeos aprendieron a viajar por el océano hace mucho tiempo. Al principio, la mayoría de los marineros europeos se quedaba cerca de la tierra. Cuando se introdujeron nuevos tipos de barcos y nuevos instrumentos de navegación, viajar por mar se volvió más común. Marineros valientes partieron hacia nuevas tierras y riquezas. La mayoría buscaba rutas para comerciar con Asia. Algunos exploradores descubrieron cómo llegar a América del Norte, o Norteamérica.

INTERACTIVITY

Explora las ideas clave de esta lección.

Los primeros exploradores

Los vikingos eran de Escandinavia. Esa región, que queda en el norte de Europa, incluye Noruega, Dinamarca y Suecia. A comienzos del siglo IX, los vikingos navegaban por los mares del norte. Invadían pueblos europeos mientras exploraban y poblaban nuevas tierras. Uno de esos vikingos se llamaba Eric el Rojo porque era pelirrojo. Leif Ericson, su hijo, era explorador y, probablemente, haya sido uno de los primeros europeos en desembarcar en América del Norte.

Los primeros exploradores vikingos eran marineros experimentados. Sus barcos angostos solían tener una cabeza de dragón en el frente.

En el año 1001, Leif Ericson fundó un asentamiento en lo que hoy es Canadá. Los vikingos no se quedaron en ese lugar mucho tiempo. Los europeos perdieron el interés en navegar hacia el oeste desde Europa o cualquier otra distancia larga. Sin embargo, cientos de años más tarde, regresarían a América del Norte porque los motivaba el comercio.

Antes del siglo xv, el comercio entre Europa y Asia era activo. Los **comerciantes** europeos compraban bienes de Asia, como la seda y las especias. Un comerciante es una persona que compra y vende bienes. Luego, los comerciantes enviaban esos bienes por caminos peligrosos. A veces se enfrentaban con ladrones que les robaban sus pertenencias. Sin embargo, el comercio con Asia hizo rica a mucha gente. Eso atrajo a más naciones europeas a competir por el control de las rutas comerciales. Algunos gobernantes europeos querían encontrar una ruta marítima a Asia para obtener sus riquezas con más facilidad.

1. ☑ Revisar la lectura **Sacar conclusiones** Examina la tabla y completa la conclusión basándote en los hechos que ya están escritos.

Nuevas rutas a Asia

Hecho
En Europa, había demanda de bienes de Asia.

Hecho
Las rutas terrestres a Asia eran largas y peligrosas.

Conclusión

_____

_____

_____

_____

_____

Exploradores portugueses

Encontrar una ruta marítima a Asia se volvió importante para muchos líderes europeos. Portugal lideró la búsqueda para encontrar una manera de llegar a Asia por agua. Su ubicación relativa en la costa occidental de Europa lo hacía un lugar perfecto para que los marineros iniciaran sus travesías desde allí. Además, los gobernantes portugueses alentaban la exploración. A menudo, aportaban el dinero que los marineros necesitaban para hacer costosas travesías por mar.

El hijo del rey de Portugal, el príncipe Enrique, abrió una escuela de navegación y cartografía alrededor de 1419. Quería saber más sobre el mundo que lo rodeaba y ganar dinero enviando flotas para capturar oro y esclavos africanos. En la escuela de Enrique, los marineros, los eruditos, los cartógrafos y los constructores de barcos **examinaban** información y trabajaban juntos para mejorar el viaje por mar e inventar nuevos instrumentos.

Los exploradores portugueses y españoles navegaban en barcos como esta carabela.

Los marineros que Enrique contrató exploraron la costa oeste de África. Exploraron la región y crearon asentamientos donde los bienes se podían comprar y vender. También buscaron una ruta a Asia que rodeara el extremo sur de África. Querían ser los primeros europeos en llegar a Asia por mar para controlar el comercio allí.

Los portugueses no solo comerciaban oro y marfil, también participaban en el **comercio de esclavos**. Los comerciantes de esclavos compraban y vendían humanos como si fueran pertenencias. De hecho, los portugueses convirtieron el comercio de esclavos en una importante actividad comercial. Eso hizo que el comercio de esclavos creciera. Esa práctica cruel, que continuó durante muchos siglos, se extendió a las colonias europeas del otro lado del océano Atlántico.

2. ✓ Revisar la lectura Completa la tabla con detalles sobre la exploración portuguesa.

Hechos sobre la exploración portuguesa		
¿Qué hizo que Portugal fuese un buen lugar para la exploración marítima?	¿Por qué el príncipe Enrique abrió su escuela?	¿Cuáles fueron los principales logros de las travesías de Enrique?
• _____ _____ • _____ _____	• para aprender sobre el mundo • para obtener riquezas a través del comercio • para mejorar el viaje por mar	• _____ _____ • _____ _____

Rutas marítimas

El príncipe Enrique pasó casi 40 años aportando dinero para travesías a la costa occidental de África. Sin embargo, sus marineros nunca lograron rodear por completo el extremo sur de África. Otros marineros portugueses continuaron buscando una ruta marítima a Asia, incluso después de la muerte de Enrique, en 1460.

Uno de esos exploradores fue Bartolomeu Dias. En 1487, lideró una expedición de tres barcos para explorar la costa occidental de África. Una expedición es un viaje que se hace con el fin de explorar. Tras sortear una intensa tormenta, sus barcos lograron navegar alrededor del extremo sur de África. Los portugueses llamaron cabo de Buena Esperanza al extremo sur de África.

Diez años después, Vasco da Gama siguió la ruta de Dias alrededor de África. Cruzó el océano Índico y llegó a la India, más lejos de lo que Dias había llegado. Desembarcar en la India le permitió a Portugal asumir una posición de liderazgo en el abundante comercio de especias de la India.

Vasco da Gama

Los exploradores portugueses usaban rutas marítimas largas y peligrosas para llegar a la India.

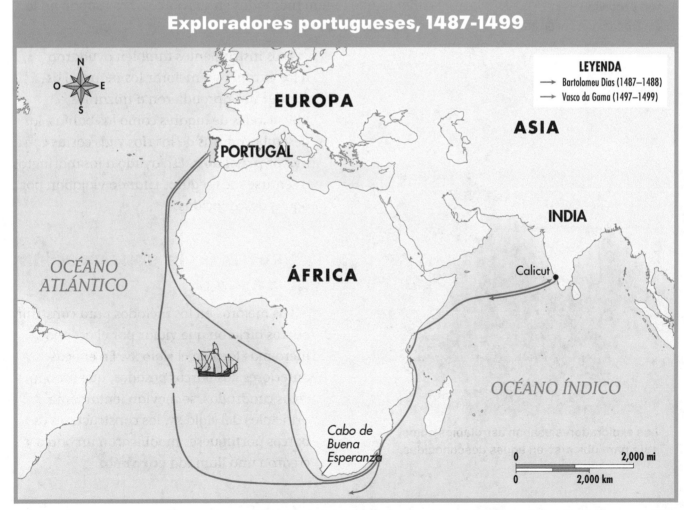

Exploradores portugueses, 1487-1499

LEYENDA
→ Bartolomeu Dias (1487–1488)
→ Vasco da Gama (1497–1499)

EUROPA

PORTUGAL

ASIA

INDIA

Calicut

OCÉANO ATLÁNTICO

ÁFRICA

OCÉANO ÍNDICO

Cabo de Buena Esperanza

0   2,000 mi
0   2,000 km

Resalta algunas palabras y frases en el texto que hayan contribuido a que la travesía de los exploradores y su tripulación fuera exitosa.

INTERACTIVITY

Aprende más sobre las travesías de los primeros exploradores.

Vocabulario académico

con precisión • sin equivocaciones ni errores

Los exploradores usaban astrolabios como este para ubicarse en aguas desconocidas.

La tecnología en la exploración

Aunque una ruta marítima de Europa a Asia era más larga que una ruta terrestre, viajar por mar era más rápido. Los instrumentos de navegación ayudaron a mejorar el viaje por mar. La **navegación** es el proceso que los marineros hacen para planificar su ruta y encontrar su ubicación lejos de la tierra.

Siglos antes, los chinos inventaron la brújula. Los marineros europeos dependían de ella para saber en qué dirección iban. La aguja de una brújula siempre apunta hacia el norte, para que los marineros sepan adónde se dirigen. El **astrolabio** era un instrumento del norte de África. Medía la posición del sol o de una estrella sobre el horizonte. Los astrolabios ayudaban a los marineros a saber qué distancia hacia el norte o hacia el sur del ecuador habían navegado. Otros instrumentos de navegación útiles eran el sextante, que se usaba para saber la latitud y la longitud en el mar, y el cronómetro, que daba la latitud en el mar y una exacta medición del tiempo. La pólvora, que también es un invento chino, se volvió útil para los exploradores. Los europeos usaban la pólvora en las armas y los cañones que tenían montados en sus barcos. Los usaban en la batalla o ante un ataque.

Esos instrumentos también ayudaron a los europeos a mejorar los mapas. Los cartógrafos aprendieron a trazar las ubicaciones de lugares como las bahías, las desembocaduras de los ríos y las costas con mayor **precisión**. Eso ayudó a los marineros a sentirse más seguros cuando viajaban por aguas desconocidas.

Mejoras en la construcción de barcos

Las mejoras en los métodos para construir barcos hicieron que viajar por el océano fuera más fácil en el siglo XV. En épocas anteriores, los barcos pesados, que usaban velas cuadradas, se movían lentamente. A principios del siglo XV, los constructores de barcos portugueses modificaron un barco y crearon uno llamado **carabela**.

La carabela era más pequeña y más liviana que otros barcos. Tenía velas triangulares para controlar mejor el viento. Otras mejoras incluían cubiertas de madera sin huecos y madera resistente al agua. Los constructores de barcos portugueses trenzaban sogas más fuertes y hacían velas duraderas con lona. Las áreas de carga del barco, que eran más grandes, podían transportar suficientes provisiones para travesías más largas.

3. ☑ **Revisar la lectura** ¿Cómo crees que las tecnologías chinas y árabes llegaron a Europa?

_____

INTERACTIVITY

Comprueba tu comprensión de ideas clave de esta lección.

☑ Revisar la Lección

4. **Analiza** por qué los gobernantes portugueses pagaban por la exploración de nuevas tierras. ¿Cómo se benefició Portugal con la travesía de Vasco da Gama a la India?

_____

_____

_____

5. **Describe** las contribuciones tecnológicas que el príncipe Enrique hizo a la navegación.

_____

_____

_____

_____

6. **Comprender** *Misión* Conexión Según el texto, ¿por qué crees que la tecnología para la navegación es importante en tu travesía?

_____

_____

_____

Secuencia

¿Qué exploradores europeos llegaron primero a América del Norte?

Primero, los vikingos desembarcaron en América del Norte. Luego, llegaron otros exploradores, unos 400 años después.

VIDEO

Mira un video sobre la secuencia.

Cuando ordenas sucesos en una **secuencia**, los pones en el orden en que ocurrieron. Algo sucede en primer lugar; luego, otra cosa en segundo lugar, etcétera. Las palabras que te ayudan a determinar la secuencia pueden ser *primero, segundo, tercero, luego, cuando, después* y *desde*. También puedes observar las fechas como ayuda para identificar la secuencia.

   La capacidad de ordenar en una secuencia es importante porque te ayuda a entender cuándo ocurrieron los sucesos importantes. Los sucesos pueden ser del pasado, del presente o del futuro. Pueden ocurrir dentro de un año; una década, o diez años; una generación, es decir, el tiempo entre el nacimiento de los padres y el nacimiento de los hijos de los padres; un siglo, o 100 años; o más. Lee el párrafo. Presta atención a los detalles y las palabras que indican cuándo ocurrieron los sucesos importantes. Se subrayaron las palabras que te pueden ayudar a entender la secuencia.

Los marineros portugueses buscaron una ruta marítima a Asia incluso después de la muerte del príncipe Enrique en 1460. En 1487, Bartolomeu Dias lideró una expedición de tres barcos para explorar la costa occidental de África. Tras sortear una intensa tormenta, sus barcos lograron navegar alrededor del extremo sur de África. Diez años después, Vasco da Gama siguió la ruta de Dias alrededor de África. Cuando cruzó el océano Índico y llegó a la India, viajó más lejos de lo que Dias había viajado.

Tu turno

1. ¿Qué sucesos importantes ocurrieron según la información del párrafo? Completa el organizador gráfico para mostrar la secuencia de sucesos.

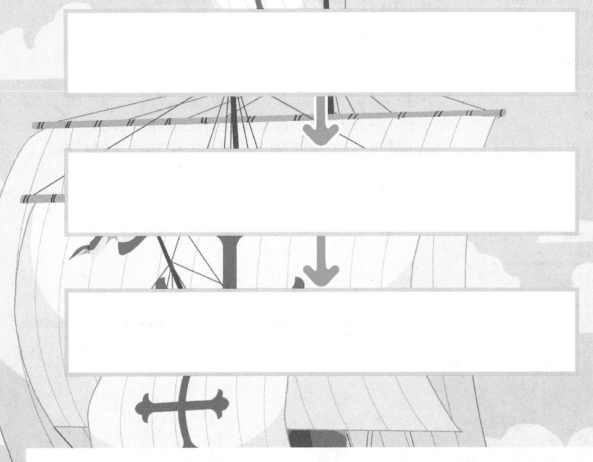

2. Usando la información del párrafo, vuelve a escribir la secuencia de sucesos desde la muerte del príncipe Enrique hasta el cruce del océano Índico por parte de Vasco da Gama. Usa el término *década, generación* o *siglo* en tu enunciado.

_____

_____

_____

_____

Lección 2 Los exploradores de España

 INTERACTIVITY

Participa en una discusión en clase para darle un vistazo al contenido de esta lección.

Vocabulario

patrocinador

conquistador

expedición

imperio

colonia

epidemia

Vocabulario académico

organizado

demoler

Descifra la **Pregunta principal**

Aprenderé por qué España envió exploradores a nuevas tierras.

¡En marcha!

Con un compañero, comenta las razones por las que viajarías a un nuevo lugar. ¿Qué riesgos hay? Haz una lista de las razones y los riesgos y, luego, escoge un ejemplo de cada uno para representarlo ante la clase.

Colón y su tripulación zarparon desde España en 1492 en busca de una nueva ruta a Asia.

Cristóbal Colón fue un hombre que hizo planes audaces. Era de una región de Italia llamada Génova. Colón quería encontrar una nueva ruta a Asia navegando hacia el oeste por el océano Atlántico. Tenía mucho coraje, pero no tenía mucho dinero para la travesía. Debía encontrar a alguien que pagara ese peligroso viaje.

INTERACTIVITY

Explora las ideas clave de esta lección.

Cristóbal Colón

Colón le pidió al rey de Portugal que pagara su travesía. El rey rechazó su pedido. Colón no se dio por vencido. Decidió pedírselo a los gobernantes de España. Les dijo que llevaría el cristianismo a la gente de Asia y que llevaría riquezas de regreso a España. Después de varios pedidos, el rey Fernando y la reina Isabel finalmente accedieron a ser los patrocinadores de Colón. Un **patrocinador** aporta dinero para apoyar a otra persona o una causa.

Los gobernantes españoles esperaban ganar dinero con el oro y las especias que Colón quería comerciar en Asia. Necesitaban dinero para pagar una guerra en la que España había luchado hacía poco tiempo. España era un país católico. Fernando e Isabel acababan de restablecer el cristianismo en sus tierras tras la Reconquista. Durante la Reconquista, los españoles habían expulsado a los musulmanes de la parte sur de la península ibérica tras una lucha que duró más de 700 años.

Colón zarpó desde España con alrededor de 90 hombres en tres barcos. Los tripulantes comenzaron muy esperanzados y emocionados por su nueva travesía, pero después de pasar cinco semanas en el mar se cansaron y se debilitaron. Tras viajar cerca de 4,500 millas, vieron tierra y llegaron a la costa el 12 de octubre de 1492. Con la intención de documentar el descubrimiento, Colón escribió:

1. ☑ **Revisar la lectura**
Comenta con un compañero por qué crees que Colón escribió que "todos volvieron a respirar y se alegraron". Haz otras preguntas sobre el diario de Colón a tu compañero.

Fuente primaria

La tripulación [...] vio señales de tierra y una pequeña rama cubierta de bayas. Todos volvieron a respirar y se alegraron ante esas señales.

–Cristóbal Colón, *Diario del primer viaje de Cristóbal Colón*, 1492

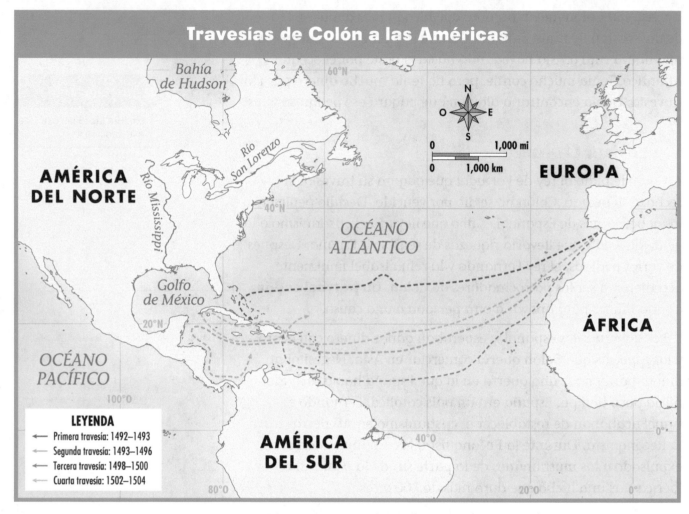

Travesías de Colón a las Américas

Bahía de Hudson

AMÉRICA DEL NORTE

Río San Lorenzo

Río Mississippi

Golfo de México

OCÉANO PACÍFICO

OCÉANO ATLÁNTICO

EUROPA

ÁFRICA

AMÉRICA DEL SUR

60°N

40°N

20°N

100°0

80°0

40°0

20°0

0°0

N
O   E
S

0   1,000 mi
0   1,000 km

LEYENDA
Primera travesía: 1492–1493
Segunda travesía: 1493–1496
Tercera travesía: 1498–1500
Cuarta travesía: 1502–1504

Colón creía que habían llegado a Asia. En cambio, sus barcos habían desembarcado en una isla del mar Caribe que es parte de América del Norte. Como creía que estaban cerca de la India, Colón llamó a la región "Indias Occidentales" y llamó a su pueblo "indios". El pueblo que él conoció tenía otro nombre. Eran los taínos y muchos parecían temerosos cuando vieron a Colón y a su tripulación.

Colón hizo tres travesías más a las Américas y viajó cerca de 30,000 millas en total. En cada uno de esos viajes, Colón estaba convencido de que estaba en la India. Conquistó a los taínos y se llevó cautivos a muchos, y también reclamó tierras para España para crear asentamientos. Como muchos exploradores, no siempre pensaba en las consecuencias de sus acciones. En 1494, fundó La Isabela en lo que hoy es la República Dominicana. Ese asentamiento se convirtió en la primera ciudad europea en América del Norte.

2. ✅ **Revisar la lectura** En el mapa, traza cada una de las rutas de Colón desde España hasta América del Norte.

La conquista española de las Américas

La noticia del descubrimiento de una tierra entre Europa y Asia se difundió rápidamente por toda Europa. Pronto, otros europeos zarparon hacia las Américas. A principios del siglo XVI, llegó un grupo de soldados españoles, más tarde llamados **conquistadores** o conquistadores españoles de las Américas.

Hernán Cortés fue un conquistador que lideró una **expedición**, un viaje **organizado**, a México en 1519. Cortés quería viajar a esa tierra porque había oído sobre el imperio azteca y sus riquezas. Un **imperio** es un grupo de naciones o pueblos gobernados por un único grupo o líder. Cortés planeaba conquistar a los aztecas y reclamar sus riquezas para España.

Reunió un ejército de soldados españoles e indígenas que estaban molestos con el gobierno azteca. Cortés los guio hacia la gran ciudad de Tenochtitlán, la capital azteca. Quedó asombrado por la ciudad y el líder azteca, Moctezuma. Le escribió al rey español:

Vocabulario académico

organizado • *adj.*, formal u ordenado

demoler • *v.*, destruir

Fuente primaria

[...] Sobre Moctezuma y la maravillosa grandeza y el estado que él tiene hay mucho que contar.

—Hernán Cortés, "Carta al rey Carlos V de España", 1520

Moctezuma les dio la bienvenida a Cortés y a su tripulación, y les hizo regalos porque el monarca pensaba que Cortés era un dios. Sin embargo, las relaciones entre los aztecas y los españoles pronto se tensionaron. Para terminar con su plan, Cortés tomó prisionero a Moctezuma. Eso provocó una pelea que duró casi dos años. En 1521, en una lucha despiadada, Cortés y sus aliados indígenas capturaron y **demolieron** Tenochtitlán. Luego, los españoles construyeron la ciudad de México sobre sus ruinas.

Esta pintura muestra una batalla entre los soldados de Cortés y los guerreros aztecas en Tenochtitlán. Los aztecas usaban lanzas y llevaban una armadura acolchada con algodón. Los conquistadores usaban armas y espadas.

Fernando de Magallanes

En 1519, Fernando de Magallanes, otro explorador, zarpó desde España. Era un navegante experto que estaba al mando de cinco barcos. Siguió el camino de Colón, con la esperanza de llegar a Asia navegando hacia el oeste. De Magallanes viajó hacia el sur por la costa de América del Sur, o Sudamérica, hasta que encontró un estrecho, o vía de navegación estrecha, que llevaba hacia el océano Pacífico. Desde allí, pensó que la travesía a Asia sería corta, pero estaba equivocado. Él y su tripulación navegaron durante más de cuatro meses antes de llegar a tierra. Sus exhaustos hombres estaban débiles cuando finalmente desembarcaron en Filipinas, que queda frente a la costa este de Asia.

La travesía de Fernando de Magallanes por tierra no duró mucho. Semanas después de su desembarco, lo mataron en una batalla con el pueblo de Filipinas. Su tripulación continuó la travesía de regreso a España, pero solo uno de sus barcos logró llegar. Ese barco fue el primero en navegar alrededor de todo el mundo.

3. ☑ **Revisar la lectura** Usa el diagrama para **comparar y contrastar** las exploraciones de Cortés y de Magallanes.

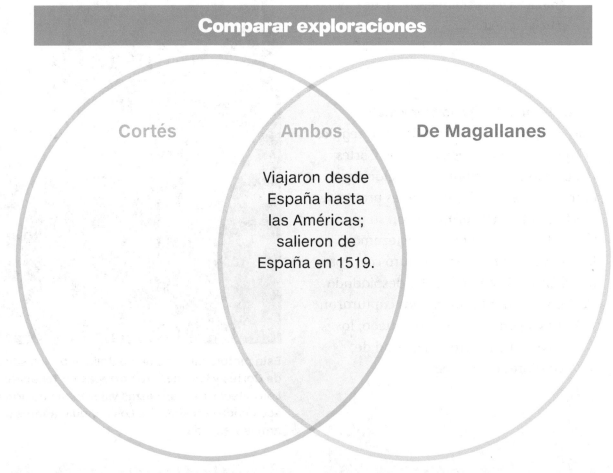

Comparar exploraciones

Cortés　　　Ambos　　　**De Magallanes**

Viajaron desde España hasta las Américas; salieron de España en 1519.

Más exploradores españoles

Otro explorador español, Francisco Vásquez de Coronado, quería obtener riquezas buscando tesoros en las Américas. Tenía experiencia como líder en México y, mientras estuvo allí, oyó rumores sobre un reino rico que, supuestamente, tenía mucho oro, plata y joyas. Le dijeron que otros habían buscado ese tesoro, pero nadie lo había encontrado.

Coronado estaba decidido a encontrar esa tierra. Entonces, en 1540, él y cientos de soldados y siervos indígenas, y soldados españoles partieron para buscar esas riquezas. Durante sus viajes, Coronado reclamó tierra para España en los estados del suroeste, que incluían lo que hoy son Nuevo México y Arizona. Nunca encontró los tesoros que buscaba, así que regresó a México muy decepcionado.

Juan Ponce de León fue otro explorador español. Pobló la isla de Puerto Rico en 1508. La tradición nos cuenta que le hablaron de un manantial mágico que podía rejuvenecer a las personas mayores. Él quería encontrar esa fuente de la juventud, pero también estaba motivado para explorar nuevas tierras. Entonces, en 1513, lideró una expedición hacia lo que hoy es la Florida y tal vez haya sido el primer europeo en visitarla.

También visitaron la Florida otros exploradores españoles, como Hernando de Soto. Él navegó hacia el área con 10 barcos y 700 hombres. Además, lideró una expedición por lo que ahora es el sureste de los Estados Unidos.

Durante sus viajes por tierra, Coronado viajó aproximadamente 2,700 millas. De Soto viajó cerca de 2,400 millas por toda América del Norte.

Francisco Vásquez de Coronado

Exploración española, 1513-1542

0 — 600 mi
0 — 600 km

OCÉANO PACÍFICO

AMÉRICA DEL NORTE

Golfo de México

OCÉANO ATLÁNTICO

La Habana Cuba

Puerto Rico

San Germán

La Española

Mar Caribe

LEYENDA
← Ponce de León, 1513
← De Soto, 1539–1542
← Coronado, 1540–1542

4. **☑ Revisar la lectura**
Analiza el mapa y comenta con un compañero qué expedición parece la más larga y difícil.

Sobre palabras

Sufijos Los sufijos son partes de palabras que se agregan al final de una palabra. Estos cambian el significado de la palabra. Por ejemplo, en la palabra *asentamiento*, se agrega el sufijo *–miento* al verbo *asentar*. Cuando se agrega *–miento* al final de *asentar*, este se convierte en un sustantivo, *asentamiento*.

Misión Conexión

Piensa en las travesías de los exploradores españoles. ¿Por qué fueron exitosas? Recuerda tus primeras ideas mientras completas tu Misión.

👆 INTERACTIVITY

Aprende más sobre las expediciones de los exploradores españoles.

Esta iglesia se construyó en la década de 1620 como parte de una misión española. Hoy, es parte del Monumento Nacional de las Misiones del Pueblo de Salinas, en el valle Salinas, Nuevo México.

Después de un tiempo de explorar, España estaba lista para establecerse en las Américas. Entonces, en 1535, fundó la colonia de Nueva España en América del Norte. Una **colonia** es un asentamiento o un área que está lejos del país que la gobierna. Nueva España, que ahora es conocida como Nuevo México, se volvió una parte importante del Imperio Español. Con el paso del tiempo, Nueva España se expandiría hasta incluir muchas islas del Caribe y también grandes partes de América del Norte y América Central.

Comenzaron a surgir ciudades por toda Nueva España. En 1565, se fundó San Agustín en lo que hoy es la Florida. Esa es la ciudad más antigua fundada por los europeos en los Estados Unidos.

Con el paso del tiempo, España impuso su cultura, idioma, religión y modo de vida a los indígenas que vivían en la región mucho antes de la llegada de los españoles. Estos construyeron ciudades con estilo español sobre las ruinas de las ciudades indígenas. Funcionarios españoles se mudaron a la colonia para formar un gobierno. Sacerdotes católicos fueron a la colonia para enseñarles sobre el cristianismo a los indígenas. Construyeron misiones en aldeas indígenas, donde los alentaban a adoptar el cristianismo como religión. Muchos indígenas fueron influenciados para vivir y trabajar en las misiones. Algunos indígenas se vieron tentados por tener alimento y vivienda estables. Pero muchos fueron obligados a trabajar en el campo. Otros huyeron de las misiones.

La toma de poder de Nueva España por parte de los españoles provocó duros cambios para los indígenas. Los españoles enfrentaban a distintos grupos de indígenas entre sí en un intento de formar alianzas con algunos de ellos. Luego, muchos indígenas murieron mientras luchaban contra los conquistadores. Muchos más murieron por enfermedades, como la viruela, que los españoles llevaron sin saberlo a las Américas. Los indígenas nunca habían estado expuestos a la viruela y a otras enfermedades europeas. No tenían inmunidad natural. Hubo epidemias entre los pueblos. Una **epidemia** es un brote de una enfermedad que se difunde rápidamente y afecta a muchas personas.

Los indígenas que sobrevivían solían perder sus tierras y sus pertenencias. Muchos misioneros españoles también obligaban a los indígenas a adoptar la cultura europea.

Para hacer que el imperio diera ganancias, los españoles controlaban de cerca sus actividades económicas, en especial, el comercio. Las leyes prohibían a los colonos comerciar con otras naciones europeas o incluso con otras colonias españolas.

5. **✓ Revisar la lectura** ¿Qué efecto tuvo sobre los indígenas la fundación de las colonias españolas?

_____

_____

INTERACTIVITY

Comprueba tu comprensión de ideas clave de esta lección.

✓ Revisar la Lección 2

6. **Causa y efecto** Tras la llegada de los europeos a las Américas, ¿cómo destruyeron las epidemias a gran parte de la población indígena?

_____

_____

_____

7. **Describe** cómo era la vida de los indígenas en Nueva España.

_____

_____

_____

8. **Comprender**  **Misión Conexión** Según lo que leíste en el texto, ¿qué conclusión puedes sacar sobre las características de un buen marinero?

_____

_____

Diario de Cristóbal Colón

Como leíste, Cristóbal Colón escribía un diario mientras buscaba una ruta más corta a Asia. En vez de llegar a Asia, desembarcó en América del Norte. Durante su travesía, Colón describió los desafíos a los que él y su tripulación se enfrentaron y los paisajes que vieron.

El diario de Colón también fue un recurso valioso para otros exploradores. Nunca nadie había viajado por la ruta que él había tomado. Aunque Colón continuaba creyendo que había desembarcado en Asia, su descubrimiento cambió la historia. En el pasaje de abajo, Colón describe lo que pasó cuando su tripulante vio tierra por primera vez en las Américas. Observa que, en sus escritos, Colón se refería a sí mismo como "el almirante".

Fuentes primarias

Apoyo del vocabulario

gritó con alegría ··············

le pidió a Colón ··················

se arrodilló ··················

le dio gracias a Dios ··················

embarcación *sust.*, un barco

inteligencia *sust.*, conocimiento

declarar *v.*, decir

Al atardecer, Martín Alonzo exclamó con gran felicidad, desde su embarcación, que vio tierra y le exigió al almirante una recompensa por su inteligencia.

El almirante dice que, cuando lo oyó declarar eso, cayó de rodillas y le agradeció a Dios.

—Cristóbal Colón, *Diario de Cristóbal Colón*, 1492

Dato interesante

Colón hizo cuatro travesías a las Américas, pero nunca se volvió rico como resultado de estas.

Lectura atenta

1. **Identifica** y encierra en un círculo las palabras que describan cómo se sintió el miembro de la tripulación de Colón cuando vio tierra por primera vez.

_____

_____

2. **Describe** la importancia de la travesía de Colón.

_____

_____

_____

_____

En resumen

¿Por qué Colón y sus hombres partieron hacia nuevas tierras? ¿Qué pudo haberlos hecho seguir después de una travesía tan larga? Justifica tu respuesta con información del capítulo. Usa una cita del pasaje que se muestra aquí para justificar tu respuesta.

_____

_____

_____

_____

_____

_____

_____

_____

Lección 3

El intercambio colombino

 INTERACTIVITY

Participa en una discusión en clase para darle un vistazo al contenido de esta lección.

Vocabulario

intercambio colombino

plantación

Vocabulario académico

enorme

distinto

Descifra la Pregunta principal

Aprenderé que el intercambio colombino tuvo como resultado el intercambio de cultivos y animales útiles, y también de enfermedades mortales.

¡En marcha!

Tu maestro te asignó un recurso que debes intercambiar con otro estudiante. Intenta convencer al otro estudiante de que comercie contigo. Piensa en qué hace que ciertos bienes sean más atractivos que otros.

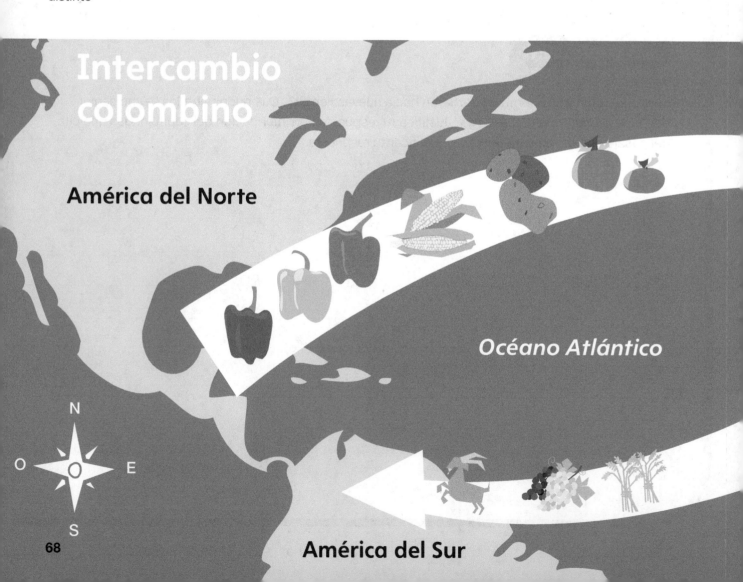

Intercambio colombino

América del Norte

Océano Atlántico

América del Sur

Cuando Colón regresó a España, no llevó especias ni seda a Europa, que hubiera sido lo esperable. En vez de eso, llevó un poco de oro y algunos indígenas. También llevó plantas y animales. Muchos europeos estaban asombrados por lo que vieron. La llegada de Colón a las Américas el año anterior puso en marcha algo llamado **intercambio colombino**. El intercambio colombino era un movimiento de personas, animales, plantas y culturas entre el hemisferio oriental y el occidental. Cuando Colón regresó a las Américas desde España, llevó más de 1,200 hombres y una colección de animales y plantas europeas. De esa manera, Colón comenzó un gran intercambio mundial que afectaría a gran parte del mundo entero.

INTERACTIVITY

Explora las ideas clave de esta lección.

1. ☑ **Revisar la lectura** **Identifica** los alimentos y los animales que se enviaban desde las Américas de un lado del mapa y aquellos que se enviaban desde Europa, África y Asia del otro lado del mapa. Encierra en un círculo rojo los que viajaban hacia el oeste y, en un círculo azul, los que viajaban hacia el este.

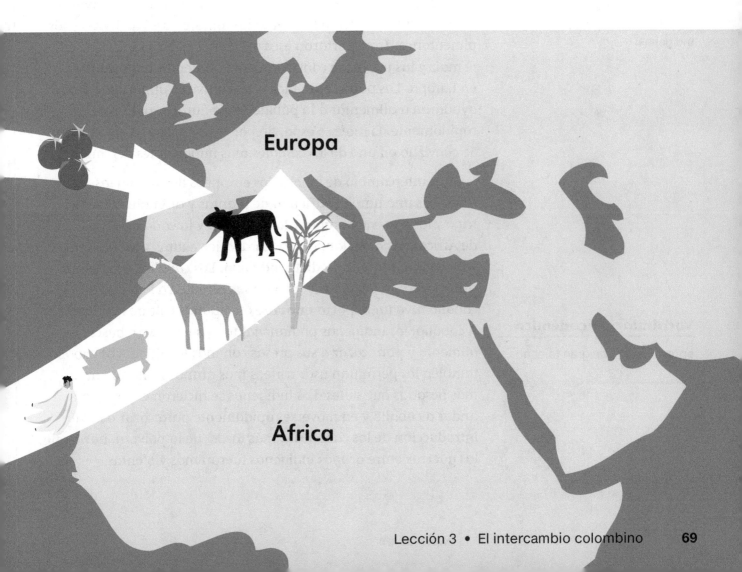

Europa

África

Los caballos que los españoles llevaron a las Américas en el siglo XVI cambiaron el modo de vida de muchos grupos indígenas.

Un intercambio poderoso

En las Américas, los europeos encontraron distintos alimentos que eran nuevos para ellos, como los tomates, las calabazas y los pimentones. Transportaron esos alimentos a Europa. Dos de ellos, el maíz y las papas, se convirtieron en alimentos importantes en Europa. Las papas eran fáciles de cultivar y almacenar. Estas ayudaron a alimentar a la población de Europa, que crecía rápidamente. El maíz se esparció por toda Europa, África y Asia. Se convirtió en uno de los cereales más importantes del mundo.

En el intercambio de bienes, los europeos llevaban a las Américas una amplia variedad de plantas y animales, como el trigo y las uvas de Europa, y las bananas y la caña de azúcar de África y Asia. El ganado, los cerdos, las cabras y las gallinas se volvieron parte de la dieta indígena. Los caballos y los asnos transportaban personas y bienes más rápido. La llegada del caballo tuvo un impacto **enorme** en algunas culturas indígenas. A caballo, los indígenas podían viajar más lejos para buscar alimento y para cazar a sus presas con más facilidad. Los caballos también les permitían usar trineos más grandes y llevar cargas más pesadas que antes. Los indígenas se hicieron expertos en andar a caballo y en moverse rápidamente para cazar o luchar. La introducción de los caballos y, más tarde, de la pólvora, haría que las guerras entre grupos indígenas fueran más violentas.

Vocabulario académico

enorme • *adj.*, de gran tamaño

Efectos sobre los indígenas

Cuando se introdujo la caña de azúcar en las Indias Occidentales y en otros lugares, rápidamente se convirtió en un recurso que daba ganancias. La caña de azúcar crecía bien en el clima cálido y húmedo del Caribe. Sin embargo, el cultivo debía sembrarse en **plantaciones**, fincas grandes controladas por un dueño o por su capataz. Esas plantaciones cambiaron la tierra y necesitaban muchos trabajadores para tener ganancias.

Al principio, los españoles obligaban a los indígenas a trabajar en las plantaciones en condiciones muy inhumanas. Las enfermedades, sobre las que leíste en la Lección 2, causaron una gran cantidad de muertes de indígenas. Los españoles no sabían que los indígenas no eran inmunes a esas enfermedades, como el sarampión o la viruela. Sin embargo, cuando vieron sus efectos, pudieron usarlas como amenaza.

A principios del siglo XVII, las plantaciones en el Caribe y en otros lugares de las Américas dejaron de depender solo del trabajo indígena. En ese entonces, los europeos empezaron a obligar a africanos esclavizados a hacer ese trabajo.

Estos indígenas muestran cómo sufren por la viruela, una enfermedad que los europeos llevaron a las Américas.

Las culturas chocan

Las plantas, los animales y las enfermedades no era lo único que se compartía durante el intercambio colombino. Las personas de los hemisferios occidental y oriental también intercambiaban culturas.

Los europeos, los africanos y los indígenas tenían culturas muy distintas. Usaban ropa diferente y practicaban religiones diferentes. Cada cultura tenía estilos **distintos** de música, danzas y celebraciones.

El movimiento de personas hacia diferentes partes del mundo produjo la transferencia de ideas y tecnologías. En Europa, Asia, África y las Américas, la gente se adaptaba a ideas e inventos de tierras lejanas. El idioma también viajaba a través de la exploración y el comercio. Se adoptaron palabras como *pijama* (de la India) y *hamaca* y *canoa* (de las Américas). Estas se convirtieron en palabras en los idiomas europeos, como prueba de ese intercambio global.

Incluso en la actualidad, el intercambio entre culturas continúa afectando a personas de todo el mundo. Comen alimentos y usan bienes de todo el mundo, todos los días. La mayoría de los lugares de la Tierra tienen una mezcla de culturas.

Vocabulario académico

distinto • *adj.,* diferente

La cultura indígena influyó en la creación de esta canoa moderna.

2. **☑ Revisar la lectura** Como muestra esta tabla, muchas palabras del español de las Américas tienen su origen en distintas culturas. Reflexiona sobre otras palabras que conozcas que provengan de otro idioma y coméntalas con un compañero.

Compartir el idioma

Palabras europeas	Palabras indígenas	Palabras africanas
café (árabe)	canoa	banyo
almohada (árabe)	huracán	jazz
espagueti (italiano)	tomate	
azúcar (francés)	batata	

INTERACTIVITY

Comprueba tu comprensión de ideas clave de esta lección.

☑ Revisar la Lección 3

3. **Secuencia** ¿Qué suceso dio inicio al intercambio colombino y cuándo ocurrió?

_____

_____

_____

4. **Explica** cómo la introducción de los caballos cambió el modo de vida de muchos indígenas.

_____

_____

_____

5. **Analiza** cómo el intercambio colombino cambió el modo de comerciar de los europeos.

_____

_____

_____

_____

Interpretar líneas de tiempo

Una línea de tiempo es un diagrama que muestra la secuencia, u orden, de un grupo de sucesos. Puedes usar una línea de tiempo para entender si los sucesos ocurrieron antes o después de los demás. Las líneas de tiempo también te ayudan a ver si los sucesos ocurrieron casi al mismo tiempo o separados en el tiempo.

Las líneas de tiempo están divididas en secciones. Cada sección muestra un período de tiempo igual a los demás. Esta línea de tiempo abarca más de un siglo, o 100 años. Su tema es "la exploración europea". Completa los sucesos que faltan. A modo de ejemplo, se completó un suceso en la línea de tiempo. Se traza una línea desde cada suceso hasta su ubicación correcta en la línea de tiempo.

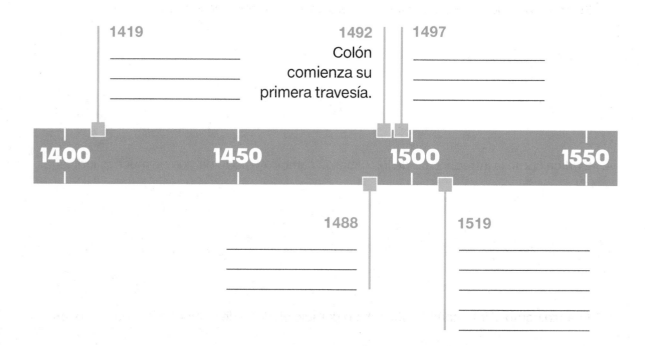

Tu turno

Lee el párrafo sobre las tres primeras travesías de Cristóbal Colón. Luego, usa la información para responder las preguntas.

VIDEO

Mira un video sobre cómo interpretar líneas de tiempo.

Cristóbal Colón navegó desde España en su primera travesía, en agosto de 1492. Arribó a tierra más tarde ese año en una isla del mar Caribe. Hizo una segunda travesía en septiembre de 1493 para explorar más de la región. En 1494, Colón fundó La Isabela en lo que hoy es la República Dominicana. Regresó a España en 1496.

1. Haz una lista de las cuatro fechas mencionadas en el párrafo. Luego, escribe una descripción corta del suceso que ocurrió en cada fecha.

Fecha: _____

_____

_____

Fecha: _____

_____

_____

Fecha: _____

_____

_____

Fecha: _____

_____

_____

2. Según la información de la línea de tiempo y del párrafo, ¿cómo explicarías la exploración española y portuguesa de fines del siglo xv?

_____

_____

_____

_____

Príncipe Enrique el Navegante

(1394-1460)

Patrocinador de la exploración

El príncipe Enrique era el hijo del rey Juan I de Portugal. Lo llamaban Enrique el Navegante porque financiaba travesías de exploración. También fundó una escuela de navegación con el fin de desarrollar nuevas tecnologías para hacer que la exploración y los viajes en barco fueran más fáciles y más rápidos.

El príncipe Enrique y su padre querían explorar África y participar en el comercio de oro y esclavos. Los barcos que usaban eran demasiado lentos y pesados para hacer esas travesías. La flota del príncipe Enrique adaptó la carabela, un barco más nuevo y mucho más liviano que podía navegar más lejos y más rápido. También era fácil de conducir. Con ese nuevo barco, los marineros podían explorar todo tipo de mares en sus búsquedas.

Descubre más

1. ¿Considerarías que el príncipe Enrique el Navegante es un buen ciudadano? ¿Por qué?

_____

_____

_____

_____

2. En la actualidad, la gente usa destrezas de resolución de problemas a diario. Piensa en algunos instrumentos y estrategias que uses todos los días como ayuda para resolver problemas. Presenta tus ideas a la clase.

_____

_____

_____

2 Repaso visual

Usa estas gráficas para repasar algunos términos, personas e ideas clave de este capítulo.

Primeros exploradores europeos

Explorador	Logro
Leif Ericson	Fue uno de los primeros europeos en desembarcar en América del Norte.
Príncipe Enrique	Fue uno de los primeros en apoyar la exploración y la navegación.
Bartolomeu Dias	Navegó alrededor del cabo de Buena Esperanza.
Vasco da Gama	Cruzó el océano Índico y llegó a la India.
Cristóbal Colón	Buscó una ruta occidental a Asia; desembarcó en América del Norte.
Hernán Cortés	Lideró una expedición a México y conquistó a los aztecas.
Francisco de Coronado	Reclamó tierra para España en lo que hoy es el Suroeste.
Juan Ponce de León	Pobló la isla de Puerto Rico y exploró la Florida.
Hernando de Soto	Lideró una expedición por lo que hoy es el Sureste.
Fernando de Magallanes	Lideró la primera expedición que navegó alrededor de todo el mundo.

Motivaciones y resultados de las primeras exploraciones

Razón para explorar	Resultado
Los vikingos querían poblar nuevas tierras.	Atacaron ciudades europeas; fueron los primeros europeos en navegar hacia América del Norte.
Los portugueses querían encontrar una ruta marítima a Asia para controlar el comercio allí.	Navegaron alrededor del extremo sur de África; participaron en el comercio de esclavos; asumieron el liderazgo en el comercio de especias de la India.
Los españoles querían encontrar una nueva ruta a Asia navegando hacia el oeste y querían encontrar riquezas, como el oro.	Reclamaron tierras en América del Norte; poblaron la primera ciudad europea en América del Norte.
Los españoles querían explorar y conquistar tierras en América del Norte.	Invadieron y conquistaron el Imperio Azteca; condujeron el primer barco alrededor del mundo; destruyeron a la población de indígenas.

☑ **Evaluación**

 GAMES

Juega el juego de
vocabulario.

Vocabulario e ideas clave

1. Traza una línea para unir las definiciones con los términos correctos.

un instrumento que medía la posición del sol
o de una estrella   **comerciante**

brote de una enfermedad que se difunde rápidamente   **astrolabio**

alguien que compra bienes de otras personas   **conquistador**

un viaje para explorar   **expedición**

español que conquista un territorio   **epidemia**

2. Definir ¿Qué es una **carabela**?

_____

_____

_____

_____

3. Definir ¿Qué es la **navegación**?

_____

_____

4. Definir ¿Por qué algunos gobernantes europeos aceptaban ser **patrocinadores**
de los exploradores?

_____

_____

_____

5. Identificar Completa los espacios en blanco en el siguiente párrafo. Escoge entre estas
opciones: las papas, las uvas, el maíz, los caballos, el trigo.

Los europeos introdujeron cultivos como _____ y animales

como _____ en las Américas. Regresaron a Europa con vegetales

como _____ y _____.

6. **Interpretar un mapa** Escribe la respuesta a cada pregunta sobre los exploradores españoles.

   a. ¿Dónde comenzó su travesía Ponce de León?

   _____

   b. ¿Qué explorador comenzó su expedición cerca del océano Pacífico?

   _____

Razonamiento crítico y escritura

7. **Analizar** ¿Qué aprendía y qué hacía la gente en la escuela del príncipe Enrique?

   _____

   _____

   _____

8. **Analizar** ¿Cuál fue la importancia de la travesía de Fernando de Magallanes?

   _____

   _____

9. **Aplicar** ¿Qué avances tecnológicos todavía usamos en la actualidad?

   _____

   _____

10. **Volver a la Pregunta principal** ¿Por qué exploran las personas?

    _____

    _____

11. **Taller de escritura: Escribir un texto informativo** En una hoja aparte, escribe dos párrafos que expliquen los efectos que el intercambio colombino tuvo sobre África, las Américas y Europa.

Analizar fuentes primarias

Después de haber terminado de comer, fui hacia la orilla y no encontré ninguna vivienda, excepto una sola casa, pero esta no tenía ningún ocupante; no teníamos duda de que la gente había huido aterrorizada cuando nos acercábamos, ya que la casa estaba completamente amueblada.

-Cristóbal Colón, *Diario de Colón*, 21 de octubre de 1492

12. ¿Por qué crees que la gente podría haber "huido aterrorizada" cuando Colón y sus hombres se acercaban?

Secuencia

13. ¿Por qué los gobernantes europeos estaban dispuestos a pagar exploraciones costosas?

14. Secuencia Usando la secuencia correcta, escribe un párrafo sobre cómo la llegada de los europeos a las Américas afectó a los indígenas.

Misión Hallazgos

¡Hola, marineros!

Leíste las lecciones de este capítulo y ahora estás listo para crear tu anuncio. Recuerda que el objetivo es encontrar buenos marineros que te ayuden en tu travesía y decidir qué artículos necesitarás. Sigue estos pasos:

INTERACTIVITY

Usa esta actividad como ayuda para preparar tu anuncio.

1 Prepara tus listas

Haz una lista de las cualidades que quieres que tus marineros tengan. Usa adjetivos para describir esas cualidades. Luego, escribe una lista de los artículos que necesitarás para tu travesía, no de artículos que solo quieras. Usa esas listas como ayuda para crear tu anuncio.

2 Haz un borrador

Usa tus notas y la información reunida a partir de tu Misión: Conexión para crear un anuncio descriptivo. Asegúrate de que tu anuncio responda las siguientes preguntas:

- ¿Qué hace a un buen marinero?
- ¿Qué artículos son necesarios para una travesía larga? ¿Cómo serán útiles?
- ¿Por qué la gente debe poder trabajar en conjunto para resolver un problema?

3 Compártelo con un compañero

Intercambia el borrador de tu anuncio con un compañero. Dile qué te gusta de su anuncio y qué se podría mejorar. Sé respetuoso cuando hagas sugerencias.

4 Revisa

Haz cambios en tu anuncio después del intercambio con tu compañero. Corrige los errores gramaticales u ortográficos.

Capítulo

3

Se establecen las colonias en América del Norte

El eText está disponible en español.

- 📖 eTEXT
- ▶ VIDEO
- 👆 INTERACTIVITY
- 🔊 AUDIO
- 🎮 GAMES
- ☑ ASSESSMENT

Pregunta principal ¿Por qué dejan las personas su tierra natal?

▶ VIDEO

¡En marcha!

Escoge una ubicación en un mapamundi o un globo terráqueo. Imagina que vas a visitar ese lugar. Haz una lista de los artículos que empacarías, incluidos los que te recordarían a tu hogar. Comparte con un compañero tu ubicación, tu lista y las razones por las que escogiste esos artículos.

_____

_____

_____

_____

_____

Lección 1

Las colonias españolas en las Américas

Lección 2

Las colonias inglesas en Virginia

Lección 3

Los peregrinos y los puritanos en Nueva Inglaterra

Lección 4

Los franceses y los neerlandeses en América del Norte

82

Viajando a América del Norte

Dale un vistazo al **vocabulario** del capítulo rapeando.

¿Por qué dejan las personas su tierra natal
como los españoles que dejaron su hogar?
Hasta aquí llegaron a colonizar,
fundar nuevas ciudades y riquezas hallar.

Los **virreyes**, en nombre de los reyes,
gobernaban las colonias y hacían cumplir las leyes.
Los **misioneros** llegaron a cambiar
costumbres y creencias de los pueblos del lugar.

¿Por qué dejan las personas su tierra natal
como los ingleses que dejaron su hogar?
Hasta aquí llegaron a colonizar,
fundar nuevas ciudades y riquezas hallar.

La reina una **carta real** entregaba
a los hombres que en América colonias fundaban.
Los **peregrinos** dejaron Inglaterra
para practicar su religión en una nueva tierra.

Antes de su barco, el Mayflower, bajar,
casi todos los colonos un pacto firmaron.
Pacto del Mayflower ese documento se llamó
y las bases del autogobierno sentó.

3 Se establecen las colonias en América del Norte

Quebec, Canadá
(Francia)

Colonia de
la bahía de
Massachusetts
(Inglaterra)

Plymouth,
Massachusetts
(Inglaterra)

Nueva Holanda
(Países Bajos)

Jamestown, Virginia
(Inglaterra)

Nueva Suecia
(Suecia)

San Agustín, Florida
(España)

¿Dónde se estableció la primera colonia inglesa exitosa en América del Norte?

En 1607, colonos ingleses liderados por John Smith llegaron a América del Norte, o Norteamérica. Crearon un asentamiento en Jamestown.

Ubica Jamestown en el mapa e identifica el estado donde se encuentra en la actualidad.

EN LA ACTUALIDAD
La colonia de Jamestown fundó la Cámara de los Burgueses, el primer gobierno representativo en América del Norte. En la actualidad, puedes visitar Williamsburg, Virginia, y ver dónde se reunía la Cámara de los Burgueses.

¿Qué pasó y cuándo?

Lee la línea de tiempo para aprender sobre los sucesos importantes durante la fundación de las colonias en América del Norte.

1560 **1580** **1600**

1565
Los españoles fundan San Agustín.

1607
Los ingleses fundan Jamestown.

En la actualidad
El histórico Jamestown es parte del Parque Histórico Nacional Colonial de Virginia.

1608
Los franceses pueblan Quebec.

¿A quién conocerás?

Pedro Menéndez de Avilés
Español que fundó San Agustín

John Smith
Líder de la colonia de Jamestown que la hizo superar tiempos difíciles

Samuel de Champlain
Explorador francés que fundó Quebec en Nueva Francia

Henry Hudson
Explorador inglés que reclamó el valle del río Hudson para los Países Bajos

INTERACTIVITY

Completa la línea de tiempo interactiva y aprende más sobre las personas y los lugares de la época colonial.

1620   1640

1620
Colonos ingleses desembarcan en Massachusetts; escriben y firman el Pacto del Mayflower.

1630
Los puritanos fundan la colonia de la bahía de Massachusetts.

3 Misión
Escritura basada en documentos

¡Vívelo! ¡Escríbelo!

Algunos exploradores y colonos que se establecieron en América del Norte escribían diarios. Describían su travesía por el océano Atlántico y cómo era la vida en su nuevo hogar. William Bradford fue gobernador de la colonia de Plymouth y escribió un diario que describía la vida de los peregrinos.

En la actualidad, la gente puede escribir sobre su vida en un diario o en un blog. En un blog, escriben en un sitio web en vez de escribir en papel.

Misión Arranque

Yo escribía sobre lo que veía a mi alrededor. Tu tarea es combinar la imaginación y los hechos. Crea anotaciones de diario o de blog en la voz de alguien que se está yendo de Europa para establecerse en América del Norte.

William Bradford

1 Crea un personaje y un ambiente

¿Quién eres? ¿Dónde está tu tierra natal? ¿A qué colonia irás? ¿Por qué dejas tu viejo hogar por uno nuevo?

....

....

....

....

2 Describe sucesos

INTERACTIVITY

Analiza qué contiene un diario o un blog narrativo y mira algunos ejemplos.

Describe tu nuevo entorno. Comparte tus ideas sobre lo que ves y oyes.

....

....

....

....

....

3 Busca
Misión Conexión

En la siguiente página, comienza a buscar las Misión: Conexión que te ayudarán a escribir tu diario o blog.

4 *Misión* Hallazgos
Escribe tu anotación de diario

Usa la página de Misión: Hallazgos al final del capítulo como ayuda para escribir tu anotación de diario o de blog.

Lección 1

Las colonias españolas en las Américas

INTERACTIVITY

Participa en una discusión en clase para darle un vistazo al contenido de esta lección.

Vocabulario

virrey
encomienda
sistema de clases
misionero

Vocabulario académico

rígido
convencer

Descifra la Pregunta principal

Aprenderé por qué España exploró las Américas y se estableció allí.

¡En marcha!

Divídanse en dos equipos. Miren un objeto del salón de clase. Comenten con el equipo por qué deberían reclamar ese objeto. Luego, presenten sus razones para reclamarlo. Escuchen a los otros equipos presentar sus razones. Con la clase, decidan si ambos equipos podrían compartir los objetos. ¿Cuáles son los beneficios y las desventajas de competir por el mismo recurso?

Cristóbal Colón y otros exploradores y conquistadores reclamaron tierras en América del Norte y América del Sur, o Sudamérica, para España. Esas tierras se llamaban Nueva España. Adquirirlas era importante. Cualquier país que reclamara tierras también podía reclamar sus recursos, como el oro y la plata. Esos valiosos recursos hicieron de España una nación rica y poderosa.

Soldados, sacerdotes y pobladores españoles comenzaron a llegar a Nueva España. Los soldados protegían a los sacerdotes y a los colonos. El rey español enviaba a los sacerdotes. Ellos ayudaban a poblar la tierra construyendo misiones. Estas usaban a los indígenas norteamericanos como trabajadores y, además, querían convertirlos al cristianismo.

Algunas de las primeras misiones se convirtieron en ranchos muy grandes que tenían muchas iglesias. Surgieron pueblos alrededor de las iglesias y se establecieron gobiernos locales. Como leerás, en las misiones y en otros lugares de Nueva España, muchos indígenas eran obligados a trabajar para los españoles.

La competencia en las Américas

Otros países europeos rápidamente se interesaron en América del Norte y América del Sur. Al igual que España, querían adquirir más tierras y recursos. España, Inglaterra, Francia, Portugal y los Países Bajos competían entre ellos por conseguir riqueza y poder. Esos países solían estar en guerra entre ellos en Europa y en las Américas.

En 1493, el Tratado de Tordesillas dividió América del Norte y América del Sur entre España y Portugal. Se trazó una línea imaginaria que cruzaba el océano Atlántico desde el Polo Norte hasta el Polo Sur. España podía reclamar todas las tierras que estuvieran al oeste de esa línea. Portugal podía reclamar todas las tierras que estuvieran al este de ella. Portugal quería que la línea se desplazara para tener más tierras. Al año siguiente, se movió la línea. Eso permitió que Portugal reclamara lo que ahora es Brasil en América del Sur. Ninguno de los demás países europeos aceptó cumplir con el tratado.

La imagen muestra la ciudad de México, la capital de Nueva España. Las líneas de puntos en el mapa muestran cómo España y Portugal dividieron América del Norte y América del Sur.

INTERACTIVITY

Explora las ideas clave de esta lección.

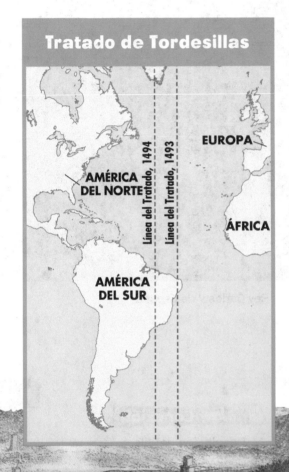

Tratado de Tordesillas

AMÉRICA DEL NORTE

AMÉRICA DEL SUR

Línea del Tratado, 1494

Línea del Tratado, 1493

EUROPA

ÁFRICA

Rey Carlos V de España

Por ejemplo, Francia fundó colonias en la Florida en 1562. Jean Ribault lideró a 150 colonos franceses en tres barcos. España se preocupó al enterarse de que los franceses estaban en la Florida. Los barcos españoles navegaban por la costa de la Florida en su recorrido desde México hasta Europa. Los barcos estaban llenos de oro y plata. Para los franceses, sería fácil intentar capturar los barcos y su valiosa carga.

Cambios en Nueva España

El rey Carlos V gobernaba España y, por lo tanto, también gobernaba Nueva España. El rey no solo estaba preocupado por la presencia de los franceses en la Florida, sino también por la lealtad de Hernán Cortés. ¿Cortés se estaba quedando con algunas riquezas de México? ¿Estaba planeando establecer su propio reino en México? Cortés se quejó de esas ideas en una carta al rey:

Misión Conexión

Resalta los detalles de la carta que revelan lo que el autor sentía al trabajar para el rey.

 INTERACTIVITY

Estudia la carta y úsala para observar con más atención los sucesos de esta lección. Luego, conéctate en línea para crear una noticia y un blog sobre esta.

Fuente primaria

Porque si mucho ha habido, muy mucho más he gastado y no en comprar mayorazgos ni otras rentas para mí, sino en dilatar por estas partes el señorío y patrimonio real de vuestra alteza, conquistando y ganando con ello y con poner mi persona a muchos trabajos, riesgos y peligros, muchos reinos y señoríos para vuestra excelencia.

–Hernán Cortés, *Quinta carta al emperador Carlos V,* 1526

Después de que el rey Carlos V escogiera un **virrey** para que lo representara en México, Cortés regresó a España. Un virrey es una persona que gobierna un país o un territorio como representante del rey o de la reina. Los deberes del virrey español incluían recaudar dinero para el tesoro real, escoger a otros funcionarios, hacer cumplir las leyes y convertir a los indígenas al cristianismo.

Luego, el rey Carlos V estableció una nueva práctica. Se llamó sistema de **encomienda**. Se suponía que, bajo ese nuevo sistema, se trataría mejor a los indígenas. Aun así los españoles de Nueva España podían hacer que los indígenas trabajaran para ellos. A cambio, debían proteger a sus trabajadores y enseñarles sobre el cristianismo. A menudo, los españoles les quitaban las tierras a los indígenas y se negaban a protegerlos.

área del mapa

Nueva España alrededor de 1600

Río Mississippi

AMÉRICA DEL NORTE

Río Grande

San Agustín

Florida

OCÉANO ATLÁNTICO

Golfo de México

Cuba

La Española

Mar Caribe

N
O E
S

0   400 mi
0   400 km

OCÉANO PACÍFICO

AMÉRICA DEL SUR

1. ☑ **Revisar la lectura** Usa los rótulos del mapa para **explicar** dónde está ubicada Nueva España.

_____

_____

_____

Vocabulario académico

rígido • *adj.*, que no cambia

Estructura de clases en Nueva España

La minería de oro y plata era importante para la economía de Nueva España, pero la mayor parte de ese tesoro se enviaba a España. En un momento, la plata extraída en la colonia conformaba el 20 por ciento del presupuesto de España. La ganadería y la agricultura también eran importantes en Nueva España. En el sistema de encomienda, algunos indígenas debían trabajar para los españoles en las minas de oro y plata. Otros debían trabajar en ranchos o granjas. A menudo, los indígenas debían trabajar la tierra en la que habían vivido alguna vez.

España creó un **sistema de clases** en Nueva España. En ese sistema **rígido**, se clasificaba a las personas según la raza de sus padres. Había cuatro grupos principales:

1. Peninsular: un español nacido en España
2. Criollo o criolla: alguien nacido en Nueva España, de padres españoles
3. Mestizo: de ascendencia mixta, española e indígena
4. Indígenas y africanos esclavizados

No se consideraba igual a esos grupos y clases. En Nueva España, las personas recibían un trato distinto según su clase. Aquellos que tenían ascendencia española estaban en la parte más alta del sistema de clases. Aquellos que tenían ascendencia africana estaban en la parte más baja. La gente que estaba en la parte más alta del sistema pagaba menos impuestos que los que estaban en la parte más baja. La gente que estaba en la parte más baja también tenía que darle más dinero a la Iglesia católica.

2. ☑ **Revisar la lectura** **Identifica** y rotula las clases sociales de Nueva España que faltan para completar el diagrama.

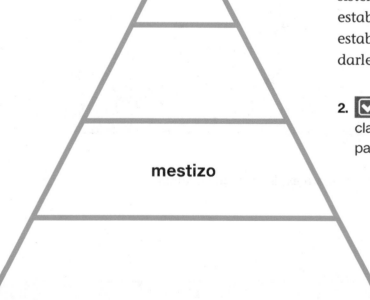

mestizo

Las misiones españolas

Los españoles construyeron asentamientos en lo que ahora es Texas, Nuevo México, Arizona, Utah, Nevada y la Florida. Se solía construir esos asentamientos dentro de las misiones. Los misioneros, en lugar de soldados o civiles, eran los que gobernaban los asentamientos. Un **misionero** es una persona enviada a otro país para **convencer** a otros de que crean en una religión particular. El gobierno español envió misioneros a Nueva España para hacer que los indígenas trabajaran en ranchos y granjas muy grandes que les pertenecían a las misiones y para convertirlos a la religión católica. El gobierno también quería que los indígenas formaran parte de Nueva España en vez de luchar en su contra.

Los indígenas americanos eran forzados a llevar a cabo el duro trabajo de construir las misiones. Luego, se esperaba que vivieran en las misiones y aprendieran sobre el modo de vida español, que incluía su religión. La vida dentro de la misión tenía una rutina diaria: plegarias, trabajo, entrenamiento, comidas y tiempo libre para relajarse y realizar celebraciones religiosas. La mayoría de los indígenas se mudaba dentro de la región para cazar y comerciar. Con frecuencia, se iban de las misiones para continuar con esas actividades y luego regresaban.

Como las distancias entre los asentamientos de Nueva España eran muy grandes, los viajeros se detenían a descansar en las misiones. Veían cultivos de España, como cereales, vegetales y frutas, crecer junto al maíz nativo. Los trabajadores construían zanjas de irrigación para regar los campos.

Vocabulario académico

convencer • *v.*, hacer que alguien crea que algo es cierto

3. ☑ **Revisar la lectura** **Analiza** las distancias en el mapa. Encierra en un círculo las misiones que están más alejadas entre sí e **identifica** la distancia que hay entre ellas.

_____

_____

Misión española, 1600–1650

área del mapa

AMÉRICA DEL NORTE

Florida

OCÉANO ATLÁNTICO

Golfo de México

La Española

Nueva España

Cuba

Mar Caribe

Trinidad

OCÉANO PACÍFICO

AMÉRICA DEL SUR

0   400 mi

0   400 km

LEYENDA

☐ Nueva España, 1600

• Misión española, 1600–1650

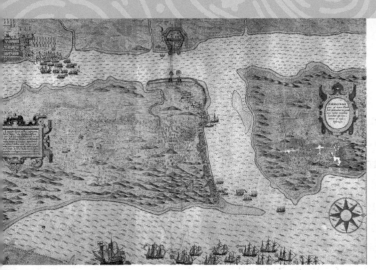

Este es uno de los primeros mapas de San Agustín.

Así se ve St. Augustine en la actualidad.

San Agustín

Se estaban construyendo más asentamientos en Nueva España, así que parecía poco probable que otro país europeo intentara tomar el control de esa área. Sin embargo, los franceses preocupaban a España. Francia había construido el fuerte Caroline a lo largo de la costa de la Florida. Barcos cargados con recursos de Nueva España navegaban cerca de la costa de la Florida. ¿Qué impediría que soldados o piratas franceses intentaran robar esos valiosos recursos? ¿Qué impediría que los franceses intentaran controlar más tierras en América del Norte?

España envió a Pedro Menéndez de Avilés a hacer que los franceses se fueran de la Florida. También le ordenó que comenzara un asentamiento español allí. En 1565, él llegó a la Florida y fundó San Agustín. Ese se convirtió en el primer asentamiento europeo permanente en los Estados Unidos. Avilés logró deshacerse de los franceses. Las tropas de San Agustín protegían los barcos que navegaban a lo largo de la principal ruta comercial entre Nueva España y Europa. Su presencia evitaba que otros países europeos invadieran la Florida y el reclamo territorial de España.

Sobre palabras

Abreviaturas De Ávila llamó a la ciudad San Agustín porque llegó a la costa de la Florida el 28 de agosto de 1565, cuando era la festividad religiosa de san Agustín. Una manera de acortar la palabra *ciudad* consiste en usar la abreviatura **cdad**.

4. ✅ **Revisar la lectura** **Hacer inferencias** Analiza las fotos de San Agustín y St. Augustine. ¿Cómo ayudó la ubicación relativa de la ciudad a que perdurara?

_____

_____

_____

Cooperación y conflicto

Antes de la llegada de los europeos, los indígenas timucuas vivían en la Florida hacía miles de años. Sembraban cultivos, cazaban y pescaban para comer. Al principio, los timucuas tenían una buena relación con los franceses. Por ejemplo, ofrecían compartir su comida con ellos y los ayudaron a construir una aldea y el fuerte Caroline.

Cuando los españoles llegaron y atacaron a los franceses, los timucuanos no los ayudaron. No participaron en la lucha entre las dos potencias europeas. Cuando los franceses se fueron, los españoles comenzaron a construir misiones en la Florida. Obligaron a los indígenas timucuanos a vivir en esas misiones. Al igual que en otros asentamientos de Nueva España, se esperaba que los indígenas se convirtieran al cristianismo y que adoptaran el modo de vida español. Un sacerdote español tradujo algunas enseñanzas católicas al idioma timucua en 1612. Esa fue la primera vez que un texto europeo se tradujo a un idioma indígena.

Esta ilustración muestra una típica aldea timucua en la época del primer contacto con los europeos. Un muro protector rodeaba alrededor de 30 casas familiares y una casa del consejo que había en el centro, donde todas las personas de la aldea se podían reunir.

En toda Nueva España, los españoles dependían de los indígenas para que les proporcionaran alimento y fuerza de trabajo. A cambio, los líderes españoles les ofrecían regalos a líderes indígenas y no desafiaban su derecho a gobernar a su propio pueblo. Sin embargo, en las misiones, los españoles a veces usaban la fuerza para cambiar el modo en que los indígenas vivían, trabajaban y rendían culto en Nueva España. En San Agustín y en muchas otras misiones, muchos indígenas sufrían por el trato severo y morían debido al exceso de trabajo y a las enfermedades transmitidas por los españoles.

Desde 1585 hasta 1586, sir Francis Drake navegó desde Inglaterra y comenzó a atacar las posesiones españolas en América del Norte y América del Sur. España e Inglaterra estaban en guerra. Drake y sus hombres invadieron y saquearon los asentamientos españoles en el mar Caribe. En mayo de 1586, barcos ingleses atacaron e incendiaron San Agustín. España reconstruyó la ciudad. Luego, a principios del siglo XVII, los residentes de San Agustín supieron de nuevas amenazas de Inglaterra. Los ingleses estaban fundando colonias al norte, en lo que hoy es Carolina del Norte y Virginia.

5. ☑ Revisar la lectura **Describe** ejemplos de cooperación y de conflicto entre los colonos españoles y los indígenas de la Florida para completar la tabla.

Cooperación	Conflicto
Los indígenas ayudan a proporcionar alimento y fuerza de trabajo a los españoles.	Los españoles se apoderan de tierras indígenas.

INTERACTIVITY

Comprueba tu comprensión de ideas clave de esta lección.

Revisar la Lección 1

6. **Analizar** ¿Por qué España fundó colonias en las Américas?

7. **Distinguir los hechos de las opiniones** Explica lo que sir Francis Drake causó en San Agustín. ¿Crees que fue correcto o incorrecto lo que hizo? Usa evidencia del texto para justificar tu opinión.

8. **Comprender** Misión Conexión Piensa en los pobladores europeos y en los sucesos sobre los que aprendiste en esta lección. ¿Qué detalles podrías usar para describirlos?

Las colonias inglesas en Virginia

INTERACTIVITY

Participa en una discusión en clase para darle un vistazo al contenido de esta lección.

Vocabulario

carta real

siervo por contrato

anglicano

cultivo comercial

Cámara de los Burgueses

representante

Vocabulario académico

financiar

congregarse

Descifra la Pregunta principal

Aprenderé por qué Inglaterra exploró América del Norte y se estableció allí.

¡En marcha!

Trabaja con un compañero e intenta convencerlo de que se mueva y cambie de escritorio o espacio contigo. Explica por qué tu escritorio es mejor y por qué tu compañero debería moverse. Piensa en cómo esto se relaciona con los asentamientos en América del Norte. ¿Por qué la gente quiso mudarse allí? ¿De qué manera países como Inglaterra intentaron convencer a la gente de que se mudara?

Colonos ingleses desembarcan en la isla Roanoke.

A fines del siglo XVI, Inglaterra y España eran grandes rivales. Luchaban por las tierras, los recursos y el comercio. También luchaban por la religión. En España, la gente seguía a la Iglesia católica romana. El líder católico romano era el Papa en Roma, Italia.

Muchos ingleses eran protestantes cristianos, que seguían las enseñanzas de Martín Lutero y otras personas. En 1517, Lutero creó un movimiento llamado Reforma Protestante. Se conocía como protestantes a los seguidores de Lutero porque protestaban en contra de algunas prácticas de la Iglesia católica. Los protestantes tradujeron la Biblia del latín al alemán o al inglés, los idiomas que la gente hablaba. Creían que todos debían ser capaces de leer la Biblia.

La Iglesia católica estaba enfadada con Lutero y otras personas porque desafiaban la autoridad de la Iglesia. Sin embargo, el Papa intentó reformar la Iglesia católica en un movimiento conocido como la Contrarreforma. La Reforma y la Contrarreforma influyeron sobre los protestantes europeos y los misioneros católicos para que exploraran y colonizaran América del Norte.

Inglaterra envidiaba la vasta y rica colonia americana de España, Nueva España. La reina Isabel I de Inglaterra apoyaba la colonización inglesa en América del Norte. Permitió que sir Walter Raleigh enviara a un grupo explorador a América del Norte. El objetivo era encontrar los mejores lugares para establecer colonias en América del Norte. La reina esperaba encontrar oro y plata, al igual que los españoles.

INTERACTIVITY

Explora las ideas clave de esta lección.

La primera colonia fracasa

La reina Isabel le entregó una **carta real** a Raleigh. Esta era un documento que le daba el derecho de establecer y gobernar colonias. A cambio, él prometió que las colonias le pertenecerían a Inglaterra.

En 1584, Raleigh envió exploradores a América del Norte para que buscaran buenas ubicaciones. Un grupo desembarcó en lo que ahora es Carolina del Norte. Ellos informaron que los indígenas que vivían en ese territorio eran amigables y que la tierra era buena para sembrar cultivos.

Raleigh envió alrededor de 100 pobladores para que fundaran una colonia en Carolina del Norte. Esos hombres desembarcaron en la isla Roanoke en 1585. Construyeron un fuerte, pero, al poco tiempo, tuvieron problemas. Las provisiones de los colonos se acabaron y ellos dependían de los indígenas de la isla Roanoke para conseguir alimentos. Sin embargo, los indígenas dejaron de ayudarlos. Desanimados, los colonos regresaron a Inglaterra en 1586.

John White y otros hombres regresan a la isla de Roanoke y solo encuentran una palabra tallada en un árbol.

La colonia perdida de Roanoke

Al año siguiente, en 1587, sir Walter Raleigh envió en tres barcos a otro grupo de más de 100 pobladores a Virginia. Ese grupo estaba formado por hombres, mujeres y niños. La colonia cultivaría sus propios alimentos y haría sus propios productos para usarlos y venderlos del otro lado del Atlántico. En vez de establecerse en la isla Roanoke, el plan era fundar una colonia más al norte, en la bahía de Chesapeake. La bahía era más profunda y eso era mejor para los barcos más grandes.

Ese grupo de colonos también tuvo problemas. Primero, desembarcaron en la isla Roanoke. Luego, el piloto se negó a llevarlos a la bahía de Chesapeake. Los colonos no tuvieron más opción que quedarse en la isla Roanoke. Eso no les agradó a los indígenas de la isla Roanoke, debido a la relación que tuvieron con los primeros colonos. John White estaba a cargo de la colonia. Intentó hacer la paz con los indígenas, pero ninguna parte confiaba en la otra.

Hubo una buena noticia. En agosto, nació la nieta de White, Virginia Dare. Fue la primera niña inglesa en nacer en América del Norte. Sin embargo, hubo otra mala noticia. Los colonos se estaban quedando sin provisiones. White sabía que no podían contar con la ayuda de los indígenas. Entonces, decidió regresar a Inglaterra en busca de más provisiones.

En ese momento, Inglaterra y España seguían en guerra. White llegó a Inglaterra, pero la guerra impidió que regresara a la isla Roanoke. Regresó dos años después, en 1590. No quedaba ningún colono inglés en la isla Roanoke. Lo único que quedaba era el nombre de una isla cercana tallada en un tronco: CROATOAN. En la actualidad, los historiadores y los científicos no saben exactamente lo que le pasó a la colonia perdida de la isla Roanoke.

Misión Conexión

Piensa en las personas y los sucesos de la colonia de la isla Roanoke. ¿Cómo puedes usar el texto y las ilustraciones como ayuda para completar tu Misión?

INTERACTIVITY

Puedes hacer que tu anotación de diario o de blog sea más efectiva creando o usando imágenes. Conéctate en línea para jugar a un juego de clasificación con imágenes.

1. ✓ **Revisar la lectura** **Analiza** la ilustración de John White tras su regreso a la isla Roanoke. **Comenta con un compañero** cómo sirve de apoyo para el texto.

La Compañía de Virginia

El fracaso de las colonias en la isla Roanoke hizo que Inglaterra fuera más reacia a establecerse en América del Norte. Entonces, más de una década después, en 1606, la Compañía de Virginia recibió una carta real del rey Jacobo I, el nuevo rey de Inglaterra. La Compañía de Virginia pagaría para fundar una colonia en América del Norte y abastecerla. A cambio, la compañía ganaría dinero para Inglaterra exportando y vendiendo recursos naturales en Europa. Debido al éxito que España tuvo extrayendo plata y oro, la Compañía de Virginia tenía la esperanza de encontrar esos metales preciosos también en América del Norte. Además, esperaba ganar dinero vendiendo los bienes que los colonos producirían.

Para recaudar dinero, la Compañía de Virginia vendió acciones. Las personas pudieron comprar parte de la compañía y convertirse en accionistas. Ese dinero **financió** los barcos y las provisiones para la nueva colonia. Cuando la Compañía de Virginia vendiera recursos y productos de la colonia y ganara dinero, les daría parte de esas ganancias a los accionistas.

En diciembre de 1606, la Compañía de Virginia envió tres barcos con más de 100 hombres y niños varones a América del Norte. Su destino era Jamestown.

Vocabulario académico

financiar • v., dar dinero para algo

2. **☑ Revisar la lectura** **Analiza** el diagrama. Encierra en un círculo los pasos que muestren cómo esperaba ganar dinero la Compañía de Virginia.

Cómo funcionaba la Compañía de Virginia

Paso 1:	Paso 2:	Paso 3:	Paso 4:	Paso 5:
Los inversores pagaron por acciones de la Compañía de Virginia.	La compañía financió tres barcos para que llevaran pobladores a Virginia.	Los pobladores construyeron la colonia de Jamestown.	Se exportaba madera, tabaco, vidrio y alquitrán a Inglaterra.	Tras la venta de los productos, los inversores participaban de las ganancias.

Un nuevo comienzo: Jamestown

Muchos de esos primeros pobladores eran **siervos por contrato**. Un siervo por contrato es alguien que acepta trabajar para otra persona sin pago durante cierto período de tiempo. Los siervos por contrato aceptaron trabajar para la Compañía de Virginia durante siete años. A cambio, la compañía pagó su viaje a América del Norte y comida, vivienda y ropa tras su llegada. Siete años después, los pobladores recibieron su propia tierra.

La mayoría de los colonos eran **anglicanos**. Seguían a la Iglesia de Inglaterra, cuya religión era protestante. En esa época, era ilegal practicar cualquier otra religión en Inglaterra.

La Compañía de Virginia tenía reglas e instrucciones específicas para los colonos. Debían encontrar una buena ubicación, construir un asentamiento seguro, encontrar oro, obtener ganancias y buscar una ruta solo por agua hacia el océano Pacífico. La compañía escogió a los líderes de la colonia de Jamestown. Uno de ellos fue el capitán John Smith.

Fuente primaria

Debe tener [especial] cuidado al escoger un sitio para habitar [asentamiento] que no esté sobrecargado [repleto] de bosques cerca de su pueblo; ya que ni todos los hombres que tiene podrán limpiar [despejar] veinte acres al año; además, puede servir [como escondite] para los enemigos que los rodean.

—Instrucciones para la Colonia de Virgina, 1606

En Abril de 1607, los barcos llegaron a la bahía de Chesapeake. Para mediados de mayo, habían encontrado un sitio para su asentamiento. El lugar tenía una bahía profunda. Los barcos podían atracar cerca de la orilla y se podían cargar y descargar con facilidad. El sitio era fácil de defender. Nadie vivía en la tierra. Por desgracia, ese lugar era poco saludable. Ese verano, el agua mala del río, los mosquitos y la escasez de alimentos hicieron que los colonos se enfermaran. No podían trabajar tan duro como la Compañía de Virginia esperaba.

Nuevas provisiones y colonos llegaron a Jamestown ese invierno. Entre los colonos, había sastres, un creador de perfumes, una persona que hacía barriles de madera y un joyero. Los colonos producían vidrio y madera para exportar, pero esos productos no proporcionaban suficiente dinero.

Estos utensilios de cocina se desenterraron en la ubicación original de la colonia de Jamestown.

La Hambruna

Los indígenas powhatanos vivían en el área de Jamestown, pero su relación con los colonos era difícil. John Smith se convirtió en el líder de Jamestown. Trabajó para mejorar las relaciones con los powhatanos. El alimento era escaso en la colonia, así que Smith intercambiaba bienes con los indígenas por alimentos. Durante esa época, en 1608, llegaron las primeras mujeres inglesas a Jamestown. Eso fue importante porque la colonia consideraba que la familia contribuía a su supervivencia.

Smith era un líder severo. Decía que si la gente no trabajaba, entonces, no comería. Los colonos trabajaban duro. Sembraban cultivos, cavaron un pozo para tener agua buena y hacían productos para enviar a Inglaterra.

Al año siguiente, John Smith resultó herido en un accidente y tuvo que regresar a Inglaterra. Como se acercaba el invierno, el jefe Powhatan, líder de los indígenas, dejó de comerciar con Jamestown. Los indígenas comenzaron a atacar a los colonos que se habían ido del fuerte de Jamestown a cazar. La cantidad de provisiones disminuyó. Ese duro invierno de 1609 a 1610 fue conocido como la Hambruna. Casi 400 colonos ingleses murieron. Eso dejó solo 100 personas aproximadamente en Jamestown.

La ayuda llegó esa primavera. Un barco cargado con provisiones y más pobladores ingresó en la bahía de Chesapeake.

3. ☑ **Revisar la lectura** Secuencia ¿Qué suceso importante falta en la línea de tiempo? Agrégalo en la **secuencia** correcta.

Jamestown, principios del siglo XVII

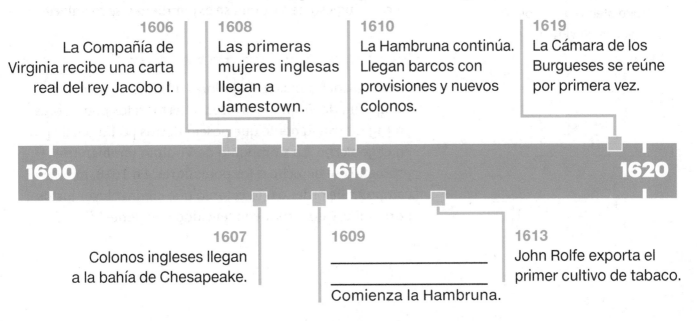

1606 La Compañía de Virginia recibe una carta real del rey Jacobo I.

1608 Las primeras mujeres inglesas llegan a Jamestown.

1610 La Hambruna continúa. Llegan barcos con provisiones y nuevos colonos.

1619 La Cámara de los Burgueses se reúne por primera vez.

1600　**1610**　**1620**

1607 Colonos ingleses llegan a la bahía de Chesapeake.

1609 _____ _____ Comienza la Hambruna.

1613 John Rolfe exporta el primer cultivo de tabaco.

Un cultivo comercial salva a Jamestown

Un hombre llamado John Rolfe estaba en los barcos que llegaron a Jamestown en la primavera de 1610. Llevaba consigo semillas de tabaco español. El tabaco crecía bien en Virginia. Los indígenas lo habían estado cosechando durante cientos de años. Rolfe decidió sembrar las semillas de tabaco español. Su experimento resultó un éxito.

Rolfe envió parte de su tabaco a Inglaterra en 1613 y se vendió bien. En 1617, Inglaterra recibió 20,000 libras de tabaco de Jamestown. Al año siguiente, la colonia envió el doble de tabaco para la venta. La Compañía de Virginia por fin estaba ganando dinero.

Otros colonos comenzaron a plantar tabaco. Este se convirtió en el **cultivo comercial** más exitoso de la colonia de Virginia. Un cultivo comercial es un cultivo que un granjero produce solo para venderlo. Los campos crecieron tanto que se necesitaron más trabajadores para sembrar el tabaco, ocuparse de él y cosecharlo. Más siervos por contrato fueron a Virginia, incluidos europeos y africanos. Ese fue el comienzo de una economía de plantación en el sur, en la que grandes granjas producían un único cultivo.

Luego, en 1614, Rolfe se casó con Pocahontas, a quien también llamaban Mataoaka. Ella era la hija del jefe Powhatan. Su matrimonio ayudó a que hubiera paz entre Jamestown y los powhatanos. Esa paz permitió que la colonia inglesa de Virginia se expandiera y se fortaleciera.

Más cambios en Jamestown

Para atraer a más trabajadores a Jamestown, la Compañía de Virginia les ofrecía tierras a los pobladores. En Inglaterra, la gente que poseía tierras podía participar en el gobierno. La Compañía de Virginia también les prometió ese derecho a los pobladores. En 1618, la compañía le ordenó a la colonia que creara "leyes justas para guiar y gobernar con felicidad a la gente".

Cosecha de tabaco en la colonia de Virginia

4. ☑ **Revisar la lectura**
   Idea principal y detalles
   Comenta con un compañero cómo John Rolfe afectó a las colonias inglesas en Virginia.

La compañía creó la **Cámara de los Burgueses**. En Inglaterra, un burgués representaba a un pueblo. La Cámara de los Burgueses incluía un gobernador y 22 **representantes**. Un representante es alguien que los votantes escogen para que hable por ellos. Para esa época, había 11 pueblos en Virginia. Cada pueblo elegía a dos representantes. La Casa de los Burgueses fue el primer gobierno representativo que **se congregó** en la América del Norte inglesa.

Vocabulario académico

congregarse • *v.*, reunirse

 INTERACTIVITY

Comprueba tu comprensión de ideas clave de esta lección.

☑ Revisar la Lección 2

5. **Secuencia** Describe cómo funcionaba la Compañía de Virginia.

_____

_____

_____

_____

_____

6. **Compara y contrasta** la colonia de Roanoke y la colonia de Jamestown.

_____

_____

_____

_____

7. **Comprender** *Misión* Conexión Piensa en cómo se presenta la información en esta lección. ¿Cómo puedes usar los elementos textuales y gráficos para dar detalles en tu anotación de diario o de blog?

_____

_____

_____

Hacer y responder preguntas

VIDEO

Mira un video sobre cómo hacer y responder preguntas.

Leer un libro de texto, una fuente primaria o una novela puede ser difícil. Los autores pueden usar palabras desconocidas o hablar de personas o sucesos sobre los que aún no aprendiste. Una estrategia que puedes usar es la de hacer y responder preguntas.

Sigue los pasos de abajo para aprender a hacer y responder preguntas.

1. **¿Qué sabes? ¿Qué debes saber?** Antes de leer, pregúntate qué sabes sobre el tema. Luego, echa un vistazo al texto para ver si hay personas y sucesos que no te resultan familiares. Eso es lo que debes saber.

2. **Haz preguntas** Mientras lees, puedes hacer preguntas sobre las palabras desconocidas o las partes difíciles del texto.

3. **Encuentra respuestas** Vuelve a leer el texto para encontrar respuestas a tus preguntas. Hacer y responder preguntas sobre las ideas clave y los detalles también te ayudará a recordar la información más importante del texto.

Lee los párrafos. ¿Qué preguntas puedes hacer para entender mejor el texto?

En 1541, Francia decidió fundar una colonia en Nueva Francia. España, que era su rival, ya estaba reclamando territorios en América del Norte. Jacques Cartier viajó con los colonos franceses. Estos construyeron un asentamiento cerca de lo que ahora es Quebec. A Cartier le pareció que el invierno era demasiado frío y regresó a Francia. Cartier creyó haber encontrado oro y plata en Nueva Francia, pero solo eran rocas sin valor.

Esa primera colonia francesa, con el tiempo, también fracasó. Sin embargo, lo que sobrevivió fue el comienzo de un comercio de pieles con los indígenas de América del Norte. La piel de castor y otros tipos de pieles eran muy apreciadas en Europa.

Usa el organizador de la página siguiente para hacer y responder preguntas sobre este texto.

1. Completa el organizador para responder preguntas basadas en
   el pasaje. Luego, escribe tu propia pregunta y tu propia respuesta.

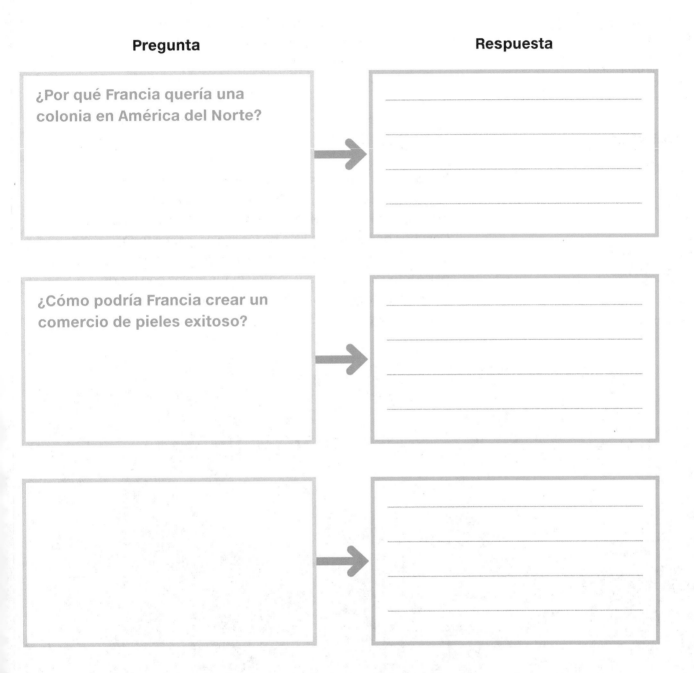

Pregunta

¿Por qué Francia quería una colonia en América del Norte?

¿Cómo podría Francia crear un comercio de pieles exitoso?

Respuesta

2. Lee el último párrafo bajo el título "El crecimiento de Nueva Holanda" en la Lección 4.
   En una hoja aparte, escribe una pregunta basada en el texto. Luego, escribe la respuesta
   a la pregunta.

3 Los peregrinos y los puritanos en Nueva Inglaterra

 INTERACTIVITY

Participa en una discusión en clase para darle un vistazo al contenido de esta lección.

Vocabulario

peregrino

Pacto del Mayflower

puritano

Vocabulario académico

condición

responsable

Descifra la Pregunta principal

Aprenderé sobre los sucesos clave en la fundación de las colonias inglesas en Nueva Inglaterra.

¡En marcha!

Imagina que estás a cargo de crear una nueva escuela. Trabaja con un grupo para hacer reglas para la escuela que incluyan cómo seleccionar al director y a los maestros. Después de hacer una lista de las reglas, pide a todos los miembros del grupo que firmen con su nombre en la parte inferior. Compara y contrasta tus reglas con las de otros grupos. ¿En qué se parecería gobernar una escuela a gobernar una colonia?

Los peregrinos desembarcan en Nueva Inglaterra.

Algunos grupos en Inglaterra querían tener la libertad de practicar su religión. Los separatistas era uno de esos grupos. Se llamaban separatistas porque querían separarse de la Iglesia de Inglaterra. En esa época, en Inglaterra, todos debían pertenecer a esa iglesia. Otro grupo conocido como los puritanos quería purificar, o cambiar, la Iglesia de Inglaterra. Ambos grupos estaban influenciados por la Reforma protestante, que alentaba la igualdad entre los fieles. Los separatistas y los puritanos se fueron de Europa con la esperanza de tener libertad para practicar su religión.

INTERACTIVITY

Explora las ideas clave de esta lección.

Los peregrinos

En Inglaterra, algunos separatistas fueron enviados a prisión por sus creencias religiosas. Muchos se mudaron a los Países Bajos, donde podían rendir culto con más libertad. Durante alrededor de 12 años, los separatistas vivieron en los Países Bajos. Con el tiempo, el grupo decidió irse a la parte norte de la colonia de Virginia. Aunque la colonia de Virginia pertenecía a Inglaterra, los separatistas pensaban que allí podrían rendir culto libremente.

Los separatistas no tenían suficiente dinero para financiar su travesía. Hicieron un acuerdo con una compañía de inversores similar a la Compañía de Virginia. A cambio de que les pagara el viaje, la vivienda, la comida, los instrumentos y otras provisiones, los separatistas trabajarían para la compañía durante siete años. Enviarían recursos naturales, como madera, peces y pieles, a Inglaterra.

1. ☑ **Revisar la lectura** **Hacer inferencias** **Describe** algunos de los riesgos que corrieron los peregrinos y algunos de los sacrificios que tuvieron que hacer al embarcarse en el *Mayflower*.

_____

_____

_____

_____

El Pacto del Mayflower

Los separatistas se fueron de Inglaterra. Los acompañaron los colonos ingleses que pertenecían a la Iglesia de Inglaterra. El 16 de septiembre de 1620, 102 pasajeros a bordo del *Mayflower* se dirigieron a Nueva Inglaterra. A todos los colonos, se les conoció como peregrinos. Un **peregrino** es una persona que hace un viaje muy largo, en general por motivos religiosos. Poco tiempo después de su partida, uno de los colonos, William Bradford, escribió:

Fuente primaria

Ellos sabían que eran peregrinos, pero no prestaban atención a esas cosas, sino que levantaban la vista hacia el cielo, hacia su querido país y así calmaban su espíritu.

—William Bradford, anotación de diario, 1620

Vocabulario académico

condición • *sust.*, el estado físico de algo

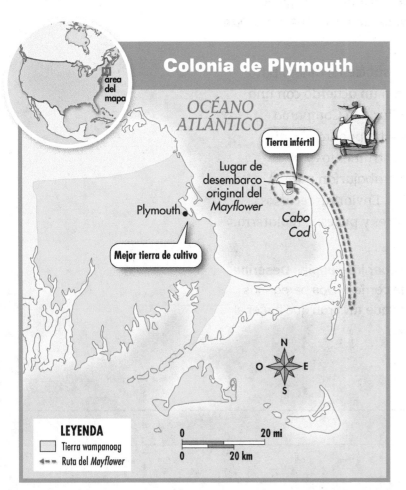

Colonia de Plymouth

OCÉANO ATLÁNTICO

Tierra infértil

Lugar de desembarco original del *Mayflower*

Plymouth

Cabo Cod

Mejor tierra de cultivo

N O E S

LEYENDA
- Tierra wampanoag
- ← → Ruta del *Mayflower*

0   20 mi
0   20 km

área del mapa

Antes de bajar del *Mayflower*, la mayoría de los hombres a bordo se reunió para firmar un acuerdo importante. Ese documento, el **Pacto del Mayflower**, explicaba cómo los peregrinos se gobernarían a sí mismos. Prometieron trabajar juntos y tener reuniones para conversar sobre asuntos importantes. Ese fue el comienzo de las reuniones municipales en Nueva Inglaterra. Fue otro paso en el autogobierno de las colonias inglesas.

Los peregrinos debían desembarcar cerca de la desembocadura del río Hudson. El mal clima y las **condiciones** peligrosas del agua los obligaron a ir hacia el norte, hacia lo que hoy es el cabo Cod. Pero como en el cabo Cod la tierra era infértil, los peregrinos se mudaron al oeste.

2. ✅ Revisar la lectura **Comenta con un compañero** las similitudes entre las reuniones municipales en Nueva Inglaterra y las de la Cámara de los Burgueses en Virginia.

Los peregrinos y el pueblo wampanoag

Despúes de explorar el área, un grupo escogió un lugar en una colina para establecerse. Tenía agua, una buena bahía y campos. Los indígenas wampanoag habían vivido allí una vez. Los peregrinos llamaron Plymouth a su nuevo hogar y comenzaron a construir un asentamiento. El primer invierno fue duro y muchos colonos se enfermaron y murieron.

En la primavera, William Bradford se convirtió en gobernador de Plymouth. Los peregrinos también conocieron al pueblo wampanoag del área. Se enteraron de que una serie de epidemias había matado a muchos wampanoags. Massasoit, el jefe wampanoag, hizo un acuerdo con los peregrinos a través de Bradford. Los dos grupos comerciarían y se protegerían entre sí.

La vida en Plymouth

En la colonia de Plymouth, todos trabajaban. Los peregrinos debían talar árboles para construir casas y despejar los campos. Debían cultivar sus propios alimentos para comerlos e intercambiarlos con los wampanoag por pieles, que luego se vendían en Inglaterra. El dinero de las ventas los ayudaba a devolverle el dinero a la compañía. Pasarían años antes de que pudieran tener sus propias tierras y provisiones. Además del comercio de pieles, la economía en Plymouth se basaba en las granjas familiares autosuficientes. Los peregrinos no exportaban grandes cantidades de bienes a ultramar como Jamestown.

Entre el trabajo y el culto, había poco tiempo para relajarse o jugar. Pero después de su primer año los peregrinos sí celebraron. La cosecha del otoño de 1621 había sido buena. Ellos invitaron a los wampanoags a un festín de acción de gracias. Durante tres días, los colonos de Plymouth y los indígenas wampanoag se relajaron y comieron juntos.

3. ☑ **Revisar la lectura** **Analiza** la información de la gráfica. Con un compañero, haz y responde dos preguntas sobre la información.

Misión Conexión

¿Qué acuerdo importante se describe en esta página? Piensa cómo escribirías sobre este acuerdo si fueras un poblador o un indígena del área.

👆 **INTERACTIVITY**

Las imágenes son importantes en una anotación de diario o de blog. ¿Qué imágenes escogerás para tu Misión?

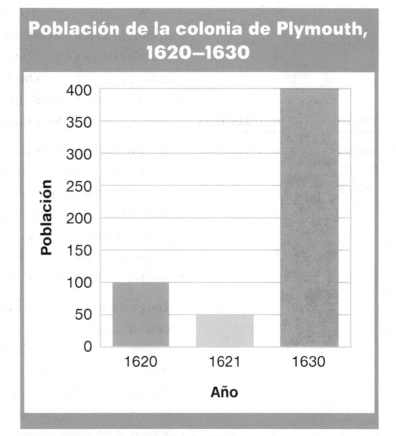

Población de la colonia de Plymouth, 1620–1630

Fuente: Depto. de Antropología, UIUC

El castigo público por desobedecer las leyes en la colonia de la bahía de Massachussets, a menudo, incluía pararse en una picota en una plaza del pueblo.

Los puritanos

En 1629, la Compañía de la Bahía de Massachusetts recibió una carta del rey Carlos I de Inglaterra para que se estableciera en Nueva Inglaterra. Muchos miembros de la compañía eran **puritanos**. Al igual que los separatistas, los puritanos se fueron de Inglaterra para crear una nueva comunidad donde pudieran rendir culto libremente. A diferencia de la Compañía de Virginia, que estaba ubicada en Inglaterra, la Compañía de la Bahía de Massachusetts se mudó a Nueva Inglaterra. Eso significaba que Inglaterra tenía menos control sobre la compañía y el gobierno de la colonia.

John Winthrop era el líder de los puritanos y un miembro de la Colonia de la Bahía de Massachusetts. En 1630, lideró un grupo de alrededor de 1,000 puritanos hacia Nueva Inglaterra. Winthrop quería que la nueva colonia fuera un ejemplo a seguir para los demás y la llamó "una Ciudad sobre una Colina". Creía que los colonos debían trabajar juntos. Todos debían ser **responsables** de sus acciones.

Vocabulario académico

responsable • *sust.*, capaz de hacer lo correcto o lo que se espera

Los puritanos comenzaron a construir rápidamente pueblos como Boston, Charlestown, Dorchester y Lynn. Cada pueblo tenía su propia iglesia, a la que los pueblerinos debían asistir. Los puritanos también creían en la educación. Pensaban que todos los colonos debían ser capaces de leer la Biblia, así que también construyeron escuelas y bibliotecas. Para entrenar a los líderes de la iglesia, los puritanos fundaron la universidad de Harvard.

Los puritanos se habían mudado a Nueva Inglaterra para poder practicar su religión sin miedo. Sin embargo, esperaban que todos los miembros de la colonia de la bahía de Massachusetts rindieran culto como ellos. Los líderes de la iglesia gobernaban y todos los colonos debían obedecer las enseñanzas de la iglesia. Nadie podía cuestionar las creencias de los puritanos. Se castigaba a la gente que decía lo que pensaba. A algunos los expulsaban de la colonia debido a sus creencias.

Los peregrinos no intentaban convertir a los indígenas a su religión. Sin embargo, los puritanos creían que su deber era convencer a los indígenas de convertirse en cristianos. Consideraban que la mayoría de las tradiciones y prácticas indígenas eran salvajes y diabólicas. Los puritanos lograron convertir a algunos indígenas al cristianismo. Para 1650, comenzaron a establecer aldeas llamadas Pueblos para Rezar. Los indígenas que vivían allí prometían que renunciarían a su idioma nativo, sus ceremonias, sus creencias y sus costumbres. Se entrenaba a los jóvenes indígenas como misioneros.

4. ☑ **Revisar la lectura**
Resumir Comenta con un compañero la clase de conducta que se esperaba de los puritanos en su "Ciudad sobre una Colina".

☑ Revisar la Lección 3

👆 **INTERACTIVITY**

Comprueba tu comprensión de ideas clave de esta lección.

5. **Comparar y contrastar** ¿Cuáles eran algunas de las similitudes y diferencias en el modo de gobernar de los peregrinos y los puritanos?

_____

_____

_____

_____

6. **Resume** por qué los separatistas querían fundar su propia colonia en Nueva Inglaterra.

_____

_____

_____

7. **Comprender** *Misión* Conexión Haz de cuenta que eres William Bradford y escribes una anotación de diario sobre el acuerdo con el pueblo wampanoag. ¿Qué tipos de detalles incluirías?

_____

_____

_____

El Pacto del Mayflower

Como leíste, casi todos los hombres a bordo del *Mayflower* firmaron un acuerdo antes de que algún peregrino bajara del barco. Los pasajeros del *Mayflower* habían desembarcado al norte del sitio donde debían desembarcar. La carta del rey no abarcaba esa parte de Nueva Inglaterra. Algunos peregrinos se preocuparon por eso y quisieron irse para comenzar su propio asentamiento. Pero el pacto, o acuerdo, que William Bradford y los demás habían escrito ayudó a mantener a todos juntos. El pacto prometía que trabajarían juntos para gobernarse a sí mismos.

Apoyo del vocabulario

que obra según justicia y razón ·····

apropiado ···········

aceptación de autoridad ···········

promulgar, *v.*, hacer una ley

constituir, *v.*, crear

elaborar, *v.*, producir

ordenanza, *sust.* ley hecha por un gobierno

estatuto, *sust.*, ley hecha por un grupo

[...] **promulgar, constituir** y **elaborar** leyes justas e igualitarias, **ordenanzas**, **estatutos**, constituciones y cargos de tiempo en tiempo, según se considere más propio y conveniente para el bienestar general de la colonia, a la cual prometemos toda la debida sumisión y la obediencia.

–del Pacto del Mayflower, 11 de noviembre de 1620

Dato interesante

La copia original del Pacto del Mayflower se perdió. William Bradford y Edward Winslow incluyeron el texto en *Mourt's Relation*, que escribieron en 1622 y habla sobre el asentamiento de Plymouth.

William Bradford

Lectura atenta

1. **Identifica** y encierra en un círculo lo que los firmantes prometieron hacer en el texto del Pacto del Mayflower.

2. **Describe** la importancia del Pacto del Mayflower.

_____

_____

_____

_____

En resumen

¿Por qué era importante para los colonos de América del Norte trabajar juntos y tener reglas para gobernarse a sí mismos? Justifica tu respuesta con información del capítulo. Usa una cita del Pacto del Mayflower.

_____

_____

_____

_____

_____

_____

_____

_____

Lección 4

Los franceses y los neerlandeses en América del Norte

INTERACTIVITY

Participa en una discusión en clase para darle un vistazo al contenido de esta lección.

Vocabulario

paso del noroeste

monopolio

provincia real

Vocabulario académico

con el tiempo

relación

Exploradores europeos buscaban una ruta al norte desde América del Norte hasta Asia navegando por las aguas congeladas de la bahía de Baffin.

Descifra la
Pregunta principal

Aprenderé sobre los sucesos clave que rodearon la fundación de colonias francesas y neerlandesas en América del Norte.

¡En marcha!

Observa un globo terráqueo o un mapamundi. Ubica Francia y los Países Bajos. Busca la ruta más corta para viajar en barco hacia el oeste por el océano Atlántico y hacia el océano Pacífico. Explica cómo escogiste la ruta y qué problemas podría presentar.

Francia y los Países Bajos primero enviaron exploradores a América del Norte para que encontraran el **paso del noroeste**. Estaban buscando una ruta marítima hacia el oeste por el océano Atlántico y hacia el océano Pacífico. Navegar por encima de América del Norte sería más rápido que viajar alrededor de América del Sur. Ellos esperaban encontrar una ruta comercial más rápida desde Europa hasta Asia. Durante cientos de años, exploradores de muchos países europeos intentaron encontrar un paso del noroeste. Aunque esos exploradores fracasaron, algunos advirtieron el valor de los recursos naturales de América del Norte.

INTERACTIVITY

Explora las ideas clave de esta lección.

Los franceses exploran América del Norte

Giovanni da Verrazano era italiano, pero exploró América del Norte para Francia. En 1524, navegó a lo largo de la costa de lo que ahora es Carolina del Norte y Carolina del Sur hasta Nueva Escocia en Canadá. Reclamó esa región para el rey francés, Francisco I. El hermano de Verrazano hizo un mapa del área y la llamó Nueva Francia.

Diez años después, Jacques Cartier fue a la parte norte de Nueva Francia en lo que hoy es Canadá. Su tarea era buscar oro, especias y el paso del noroeste. Indígenas Iroquois del área le dijeron a Cartier que encontraría oro, plata y especias si viajaba hacia el oeste. Cartier y su tripulación exploraron la costa canadiense. Luego, navegaron hacia el norte, hasta el río San Lorenzo, hasta llegar al área que ahora es la ciudad de Quebec. Sin embargo, el explorador francés tuvo que dar la vuelta. Había hecho enfadar a los Iroquois y el invierno era demasiado frío.

1. ☑ **Revisar la lectura** **Analiza** la imagen. **Explica** por qué los exploradores tenían dificultades para encontrar el paso del noroeste.

_____

_____

_____

_____

_____

En 1541, Francia decidió fundar una colonia en Nueva Francia. España, que era su rival, ya estaba reclamando territorios en América del Norte. Cartier viajó con un grupo de colonos franceses y otra vez llegó al área de Quebec. Los colonos construyeron un asentamiento allí. Cartier creyó que había hallado oro y plata, y regresó a Francia. Sin embargo, solo había hallado rocas sin valor.

Aunque la primera colonia francesa **con el tiempo** fracasó, surgió el comercio de pieles con los indígenas norteamericanos. La piel de castor y otros tipos de pieles eran muy apreciadas en Europa. En esa época, los sombreros de piel eran una moda muy popular en Europa. Algunas compañías en Francia tenían el **monopolio** de las pieles de América del Norte. Eran las únicas compañías que tenían permiso para comerciar pieles con los indígenas. El comercio de las pieles no era un sistema de libre mercado en Nueva Francia, como el comercio del tabaco lo era en Jamestown, por ejemplo.

Samuel de Champlain trabajaba para algunas de esas compañías. En 1608, Champlain viajó a Nueva Francia. Ayudó a crear un puesto de comercio llamado Puerto Real. Champlain también se esforzó por ganarse la confianza de los indígenas Huron, con los que comerciaba. Debido al éxito del comercio de las pieles, ese se convirtió en el primer asentamiento francés exitoso en América del Norte. Luego, Champlain creó un fuerte y lo llamó Quebec.

Vocabulario académico

con el tiempo • *adv.*, después de que pase un tiempo

2. ☑ **Revisar la lectura**
Trabaja con un compañero para completar la tabla. Decide quién será Cartier y quién será Champlain. **Resuman** la información de la tabla para que los ayude a representar el papel de cada hombre.

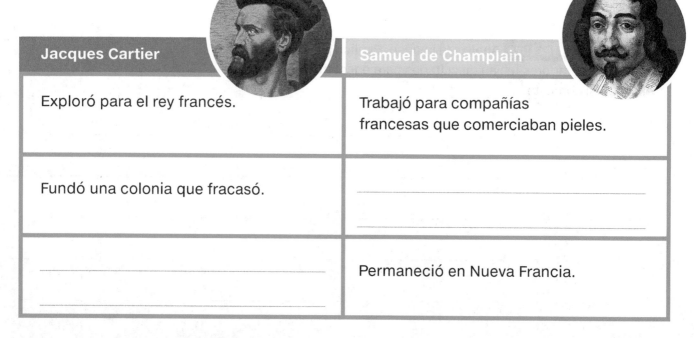

Jacques Cartier	Samuel de Champlain
Exploró para el rey francés.	Trabajó para compañías francesas que comerciaban pieles.
Fundó una colonia que fracasó.	_____
_____	Permaneció en Nueva Francia.

Guerras y asentamientos en Nueva Francia

La colonia de Nueva Francia crecía lentamente. La guerra entre Francia e Inglaterra comenzó en 1627 y disuadió a más pobladores de mudarse allí. La guerra entre los indígenas Iroquois y los franceses, y sus socios comerciales indígenas, también desalentó el asentamiento. Los indígenas Iroquois habían adquirido armas de fuego mediante el comercio con los europeos a lo largo del río Hudson. Ellos lucharon contra Francia y los indígenas Huron, sus socios en el comercio de pieles en el norte, para controlar el comercio de pieles en Nueva Francia. Después de un gran ataque de los Iroquois contra los Huron en 1648, los Huron se mudaron a una tierra más al norte. A medida que el territorio de los Iroquois se expandía, otros grupos indígenas de las zonas boscosas eran empujados hacia el oeste. Los Lakota (Sioux) se mudaron del otro lado del río Mississippi a las Grandes llanuras.

Sobre palabras

Homófonos La palabra *río* significa corriente de agua. Es homófona del verbo *río*, celebro con risa algo. Los homófonos son palabras que suenan igual, pero tienen distintos significados.

Para la década de 1660, solo algunos miles de franceses vivían en Nueva Francia. Algunos pobladores franceses construían granjas y aldeas, y formaban familias. Otros deambulaban por la tierra comerciando pieles. Los misioneros llegaron para intentar convertir a los indígenas al cristianismo.

En 1663, el rey francés, Luis XIV, tomó el control de la colonia. Hizo de Nueva Francia una **provincia real**. El rey seleccionó a un gobernador de la colonia que seguía sus órdenes. A diferencia de los sistemas de autogobierno de las colonias británicas, Nueva Francia y también Nueva España, eran gobernadas de manera más estricta por monarcas que estaban en Europa. Los pobladores de esas colonias no tenían voz en el gobierno. Luis XIV envío soldados a Nueva Francia para que lucharan contra los Iroquois. Después de hacer la paz con los Iroquois, más pobladores comenzaron a mudarse a Nueva Francia.

El barco de Robert de La Salle, *La Belle*, que naufragó, se volvió a armar tras ser descubierto en el fondo marino del golfo de México en 1995.

Los franceses continuaron explorando América del Norte. Robert de La Salle reclamó el río Mississippi y su valle para Francia en 1682. Llamó al área Louisiana por Luis XIV. La Salle regresó dos años después para establecer una colonia francesa en la desembocadura del río Mississippi. Esa ubicación les permitiría a los barcos franceses atacar a los barcos españoles que navegaran hacia y desde México. También podría impedir que los ingleses se mudaran al área. Finalmente, las pieles se podrían enviar por el río desde el norte. Por desgracia, de La Salle y su barco, *La Belle*, pasaron el río Mississippi y naufragaron frente a la costa de lo que ahora es Texas.

Los neerlandeses llegan a América del Norte

Henry Hudson era inglés, pero exploraba para la Compañía Neerlandesa de las Indias Orientales de los Países Bajos. Esperaba encontrar un paso del noreste, un atajo por el agua desde Europa hasta Asia. La Compañía Neerlandesa de las Indias Orientales contrató a Hudson para que explorara el norte de Escandinavia y Rusia. Una tormenta impidió que Hudson viajara hacia el este, así que él decidió navegar hacia el oeste en busca del paso del noroeste.

Mientras navegaba a lo largo de la costa de América del Norte en 1609, Hudson encontró un camino prometedor. Un gran río ingresaba al océano Atlántico. Hudson condujo su barco, el *Half Moon,* hasta el río. Después de aproximadamente 150 millas, el río se volvía poco profundo para navegar. Ese río ahora se llama río Hudson. Hudson reclamó el río y su valle para los Países Bajos.

El gobierno neerlandés le dio a la Compañía Neerlandesa de las Indias Occidentales el derecho de administrar el territorio. La compañía también recibió el monopolio del abundante comercio de pieles del lugar. En 1634, treinta familias neerlandesas llegaron a la colonia de Nueva Holanda.

3. ☑ **Revisar la lectura**
Identifica y encierra en un círculo un asentamiento o una colonia de cada potencia europea. **Comenta** con un compañero cada ubicación con relación a los otros asentamientos.

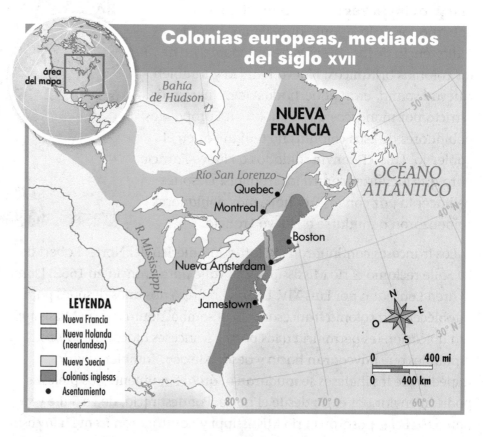

Colonias europeas, mediados del siglo XVII

área del mapa

Bahía de Hudson

NUEVA FRANCIA

OCÉANO ATLÁNTICO

Río San Lorenzo
Quebec
Montreal
Boston
R. Mississippi
Nueva Ámsterdam
Jamestown

50° N
40° N
30° N

N
E
O
S

0   400 mi
0   400 km

80° O   70° O   60° O

LEYENDA
- Nueva Francia
- Nueva Holanda (neerlandesa)
- Nueva Suecia
- Colonias inglesas
- • Asentamiento

Nueva Ámsterdam tenía
un canal que llevaba
a una bahía donde los
barcos podían atracar.

El crecimiento de Nueva Holanda

La Compañía Neerlandesa de las Indias Occidentales construyó un
puesto de comercio en el extremo sur de lo que ahora es Manhattan. El
asentamiento de Nueva Ámsterdam creció rápidamente a su alrededor.
Los accionistas de la compañía esperaban hacerse ricos. Nueva Holanda
comerciaba pieles, madera y tabaco. La colonia también participaba en el
comercio de africanos esclavizados.

La población de Nueva Holanda crecía de manera constante y era
diversa. La Compañía Neerlandesa de las Indias Occidentales alentaba la
llegada de pobladores de varios países europeos, como Alemania, Suecia
y Dinamarca, entre otros. Nueva Holanda era el hogar de un pequeño
grupo de judíos, o personas que practicaban la religión judía.

Peter Stuyvesant fue el gobernador de Nueva Holanda desde 1647 hasta
1664. Durante esa época, la colonia creció en riqueza y población. Los
pobladores de la parte sur de la colonia querían apropiarse de las tierras
de los indígenas que vivían allí. En el norte, los pobladores dependían
de los indígenas para que les proporcionaran pieles para el comercio.
Se esforzaban por entablar buenas relaciones con los grupos indígenas.
Durante ese período y en el siglo XVIII, muchos comerciantes de pieles
blancos se casaron con mujeres indígenas. Eso ayudó a mejorar las
asociaciones comerciales.

Nueva Suecia

Una colonia cercana que preocupaba a Peter Stuyvesant era Nueva Suecia. En 1637, un grupo de inversores neerlandeses, alemanes y suecos formaron la Compañía de la Nueva Suecia. Suecia quería ganar dinero con el abundante comercio de tabaco y de pieles en América del Norte.

La compañía contrató a Peter Minuit para que encontrara tierras en América del Norte que nadie hubiera reclamado. Este encontró tierras disponibles entre la colonia inglesa en Virginia y la colonia neerlandesa en Nueva Ámsterdam.

Minuit y los pobladores suecos llegaron en 1638. Minuit les compró tierras a los indígenas algonquinos, que se habían establecido en granjas grandes. La **relación** entre los dos grupos vecinos era pacífica. Los colonos construyeron un asentamiento y lo llamaron Fuerte Cristina por la reina sueca. Al poco tiempo, las granjas y otros asentamientos pequeños crecieron.

En 1655, Peter Stuyvesant atacó a Nueva Suecia y los neerlandeses capturaron la colonia. Stuyvesant le permitió a Nueva Suecia seguir siendo una "nación sueca". A pesar de la captura, los colonos pudieron escoger su propio gobierno, conservar sus tierras y seguir comerciando con los grupos indígenas del lugar.

Vocabulario académico

relación • *sust.*, manera en la que personas o cosas están conectadas

4. ☑ **Revisar la lectura**
Hacer inferencias Analiza la ilustración. ¿Qué puedes inferir sobre las relaciones entre el pueblo algonquino y los colonos suecos? Rotula la ilustración con tus ideas.

Cambios por delante

Durante todo el siglo XVII, Francia e Inglaterra siguieron luchando por territorios en Nueva Francia y Nueva Inglaterra. Inglaterra se apropiaba de tierras en Nueva Francia y Francia avanzaba hacia las colonias de Nueva Inglaterra.

Las guerras en Europa también afectaron a las colonias. Por ejemplo, estalló la guerra entre Inglaterra y los Países Bajos. Inglaterra ganó la guerra. Como resultado, los Países Bajos fueron obligados a renunciar a su rica colonia en América del Norte.

INTERACTIVITY

Comprueba tu comprensión de ideas clave de esta lección.

✓ Revisar la Lección 5

5. **Comparar y contrastar** ¿En qué se parecían Nueva Francia y Nueva Holanda? ¿En qué se diferenciaban las dos colonias? Completa el organizador gráfico.

Nueva Francia y Nueva Holanda

Similitudes	Diferencias

6. **Describe** la relación entre los grupos indígenas y los pobladores europeos en la colonia de Nueva Suecia.

_____

_____

_____

7. **Explica** la función de los exploradores en la fundación de colonias europeas. Concéntrate en un explorador o una colonia.

_____

_____

_____

Distinguir los hechos de las opiniones

¿Cómo puedes saber la diferencia entre un hecho y una opinión cuando estás leyendo? Un **hecho** es un enunciado que se puede demostrar si es verdadero o falso. Una **opinión** es la creencia de alguien. No se puede demostrar si es verdadera o falsa.

Poder distinguir entre un hecho y una opinión te permite evaluar un texto. ¿El autor usa hechos para informar a los lectores? ¿El autor usa sentimientos y creencias para persuadir a los lectores? Lee el párrafo. Se subrayaron las palabras que te pueden ayudar a distinguir los hechos de las opiniones.

▶ **VIDEO**

Mira un video sobre cómo distinguir los hechos de las opiniones.

Era el año 1609 y dos exploradores famosos en América del Norte casi se conocieron. Es una pena que Henry Hudson y Samuel de Champlain no tuvieran la oportunidad de conocerse. Hudson era inglés, pero estaba explorando América del Norte para los Países Bajos. Champlain estaba buscando tierras para su país natal, Francia. Hudson y Champlain probablemente tenían mucho en común. Ambos hombres eran exploradores, así que debían ser valientes, inteligentes y aventureros. ¿En qué lugar casi se conocieron? Mientras Hudson estaba navegando por el río que ahora lleva su nombre, Champlain estaba explorando el lugar a aproximadamente 100 millas de allí.

Mis exploraciones en América del Norte condujeron a un exitoso comercio de pieles entre Francia y los indígenas Huron de Quebec.

Champlain

Pero yo soy el explorador más importante, ya que encontré el lugar que se convirtió en la Ciudad de Nueva York.

Hudson

Usa el organizador gráfico de la siguiente página para distinguir entre los hechos y las opiniones del párrafo de arriba.

1. ¿Qué hechos aparecen en el párrafo? ¿Qué opiniones expresa el autor?
    Completa el organizador para distinguir entre los hechos y las opiniones
    en la anotación de diario.

Hechos contra opiniones

Hechos	Opiniones

2. Champlain ayudó a crear el asentamiento inglés en Quebec al ganarse la confianza
    de los indígenas Huron. Escribe un párrafo corto que explique cómo crees que
    Champlain trabajó de manera exitosa con los indígenas Huron. Usa los hechos
    de tu lectura y tu propia opinión para describir la paz.

_____

_____

_____

_____

Atributo:
Liderazgo

Tisquantum (aproximadamente 1580–1622)
Un puente entre los pueblos

Tisquantum, también conocido como Squanto, era un indígena pawtuxet. Vivía en lo que ahora es Massachusetts y Rhode Island. Al igual que Tisquantum, los peregrinos de la colonia de Plymouth podían resolver problemas importantes. Él les enseñó a los peregrinos a sembrar cultivos. Tisquantum también los ayudó a negociar acuerdos comerciales y tratados de paz con grupos indígenas.

Tisquantum tuvo que aprender a resolver problemas cuando era joven. Fue secuestrado por uno de los hombres del capitán John Smith y llevado a España. Antes de que lo vendieran como esclavo, Tisquantum escapó a Inglaterra. Allí aprendió a hablar inglés.

Tras su regreso a América del Norte, Tisquantum descubrió que todo su pueblo había muerto. Lo había matado una enfermedad transmitida por los colonos ingleses. Tisquantum se fue a vivir con los indígenas wampanoag, que estaban cerca. Massasoit, el líder de los wampanoags, quería hacer la paz con los peregrinos para que lo ayudaran a proteger a los wampanoag de otros grupos indígenas. Massaoit lo envió a hablar con los peregrinos de Plymouth. Tisquantum ayudó a hacer un tratado de paz entre los dos grupos. Luego, se quedó allí para ayudar a los peregrinos.

Descubre más

1. ¿Qué problemas ayudó a resolver Tisquantum en la colonia de Plymouth? ¿Cómo resolvió Tisquantum esos problemas?

_____

_____

_____

_____

_____

2. Determina un problema en tu comunidad y averigua quién te puede ayudar a resolverlo. Luego, investiga qué hay que hacer para resolver el problema. Informa a la clase sobre tus hallazgos y sugiere cómo pueden actuar.

Repaso visual

Usa estas gráficas para repasar algunos términos, personas e ideas clave de este capítulo.

1607	1620	1630
Jamestown	Plymouth	Boston

1565	1585	1605	1625	1645

1565	1608	1626	1637
San Agustín	Quebec	Nueva Ámsterdam	Fuerte Cristina

Colonias europeas en América del Norte

Asentamiento	Fecha	País
San Agustín	1565	España
Jamestown	1607	Inglaterra
Quebec	1608	Francia
Plymouth	1620	Inglaterra
Nueva Ámsterdam	1626	Países Bajos
Boston	1630	Inglaterra
Fuerte Cristina	1637	Suecia

Capítulo

3 ☑ Evaluación

GAME
Juega el juego
de vocabulario.

Vocabulario e ideas clave

1. Completa las siguientes oraciones. Escoge entre estas palabras: misioneros, puritano, monopolio, sistema de encomienda.

   (A) La Compañía de Nueva Francia tenía el _____, así que nadie más podía comprar y vender pieles.

   (B) El _____ significaba que los pobladores españoles podían apropiarse de las tierras de los indígenas y hacerlos trabajar sin pagarles.

   (C) Los _____ gobernaban e intentaban convertir a los indígenas al catolicismo en Nueva España.

   (D) John Winthrop era un _____ porque quería cambiar la Iglesia de Inglaterra.

2. **Definir** ¿Qué es una **provincia real**? _____

3. **Explicar** ¿Qué es un **siervo por contrato**? _____

4. **Interpretar una gráfica lineal**
   Analiza la gráfica lineal. ¿Qué le sucedió al precio del tabaco en la colonia de Virginia desde 1720 hasta 1740?

   _____

   En una hoja aparte, describe cómo el precio del tabaco en la colonia de Virgina cambió desde 1700 hasta 1760.

Fuente: Fundación Jamestown-Yorktown

Razonamiento crítico y escritura

5. Analizar ¿Cómo afectó la competencia entre los países europeos a la fundación de asentamientos en América del Norte?

6. Identificar puntos de vista ¿Qué pensaban los separatistas de la Iglesia de Inglaterra? ¿En qué se diferenciaba el punto de vista de los puritanos sobre la Iglesia de Inglaterra del punto de vista de los separatistas?

7. Aplicar ¿Por qué la formación de la Cámara de los Burgueses era importante? ¿Cómo afecta su formación a la vida estadounidense en la actualidad?

8. Volver a la Pregunta principal ¿Por qué los europeos dejaban su tierra natal?

9. Taller de escritura: Escribir un texto informativo En una hoja aparte, escribe dos párrafos sobre la cooperación entre los indígenas wampanoags y los peregrinos de Plymouth.

Aquí las vides están en gran abundancia [gran cantidad] y, dondequiera que un hombre pise [camine], están listas para abrazar [aferrarse a] sus pies. Aquí probé una gran uva negra, tan grande como una damascena [otro tipo de uva], que tiene un verdadero sabor a moscatel; la vid que ahora llega a la cima de los altos árboles, si fuera reducida a un viñedo, y allí se domesticara, produciría una fruta incomparable [excelente].

—John Pory, carta fechada el 30 de septiembre de 1619,
para sir Dudley Carleton

10. John Pory trabajaba para la Compañía de Virginia. Escribió esa carta que cuenta cómo le estaba yendo a la colonia de Jamestown. ¿Qué describe Pory? ¿Por qué crees que Pory incluyó esa descripción en su carta? Explica si esa carta alentaría o desalentaría a los accionistas de la Compañía de Virginia.

_____

_____

_____

_____

_____

_____

Distinguir los hechos de las opiniones

11. Imagina que vas a escribir una ficción histórica, o un cuento basado en la historia, sobre la relación entre los indígenas y los misioneros españoles en Nueva España o la Florida. ¿Qué hechos incluirías? ¿Cómo mostrarías las opiniones de los personajes? ¿Cómo te asegurarías de que tus lectores puedan saber la diferencia entre los hechos y la ficción?

_____

_____

_____

_____

Misión Hallazgos

Escribe tu anotación de diario o de blog

Ahora estás listo para escribir tu propia anotación de diario o de blog acerca de uno de los sucesos sobre los que leíste en este capítulo. Recuerda que el objetivo de tu entrada es mostrarles a los lectores quiénes participaron, qué sucedió y por qué. Incluye hechos y da detalles de tu personaje y del ambiente. Sigue estos pasos.

👆 **INTERACTIVITY**

Usa esta actividad como ayuda para escribir tu anotación de diario o de blog.

1 Prepárate para escribir

Registra los hechos sobre las personas y el suceso que quieras incluir. Escribe notas sobre dónde vive tu personaje y cómo él o ella responderá al suceso. Usa esas notas como ayuda para escribir tu anotación.

3 Compártelo con un compañero

Intercambia el borrador de tu anotación de diario o de blog con un compañero. Dile qué te gusta de su anotación de diario o de blog y qué se podría mejorar. Sé respetuoso cuando hagas sugerencias.

2 Escribe un borrador

Usa tus notas y evidencia de tu Misión: Conexión para escribir la anotación más descriptiva y real que puedas. Asegúrate de que tu anotación responda las siguientes preguntas:

- ¿Quién es el personaje? ¿Quién está escribiendo la anotación?
- ¿Dónde está el personaje?
- ¿Qué está sucediendo?
- ¿Por qué está sucediendo?
- ¿Qué piensa y siente el personaje sobre el suceso?

4 Revisa

Haz cambios en tu anotación de diario o de blog después del intercambio con tu compañero. Corrige los errores gramaticales u ortográficos.

El eText está disponible en español.

- 📖 eTEXT
- ▶ VIDEO
- 👆 INTERACTIVITY
- 🔊 AUDIO
- 🎮 GAMES
- ☑ ASSESSMENT

Pregunta principal

▶ VIDEO

¿Qué se necesita para formar una sociedad nueva?

¡En marcha!

👆 INTERACTIVITY

Imagina que harás un viaje largo. ¿Qué necesitarías para sobrevivir al viaje? Piensa en tres objetos que necesitas. Escribe los objetos en los espacios en blanco. Luego, túrnate con tus compañeros para escribirlos en el pizarrón y mostrarlos a la clase.

Lección 1

Nueva Inglaterra, las colonias centrales y las colonias del Sur

Lección 2

La vida diaria en las colonias

Lección 3

La esclavitud en las colonias

Lección 4

Cooperación y conflicto

Lección 5

La Guerra Franco-India

_____

_____

_____

_____

_____

_____

Una nueva vida en las colonias

Dale un vistazo al **vocabulario** del capítulo rapeando.

La vida en las colonias variaba según la **región**,
vivir en la ciudad no era como la vida en una gran
plantación.

¿Qué se necesita para formar una sociedad nueva?
Los dueños de las tierras eran **propietarios**, sus granjas
producían **materias primas** y otros productos necesarios.

Y si alguien tenía lo que otro quería, **hacían un trueque** por
las mercancías.

¿Qué se necesita para formar una sociedad nueva?
En las ciudades había muchos **artesanos**,
que hacían objetos con sus propias manos.

Pero en las plantaciones, con sus vastos cultivos,
la **esclavitud** se impuso con crueles castigos.

¿Qué se necesita para formar una sociedad nueva?
La competencia por las tierras produjo guerras.
Al final, en todos estos casos, los partidos la paz sellaron
firmando un **tratado**.

La vida en las colonias

Maine (parte de Massachusetts)

New Hampshire

Nueva York (anteriormente, Nueva Holanda)

Pennsylvania

MONTES APALACHES

Massachusetts

Rhode Island

Connecticut

Nueva Jersey

Delaware

Maryland

Virginia

Carolina del Norte

Carolina del Sur

Georgia

N
O   E
S

0   400 mi

0   400 km

¿Dónde se establecieron las 13 colonias?

Las 13 colonias se fundaron sobre la costa del océano Atlántico. Describe dónde está ubicada Carolina del sur.

EN LA ACTUALIDAD
Puedes visitar la plantación Magnolia, que es la plantación más visitada de Carolina del Sur.

¿Qué pasó y cuándo?

Mira la línea de tiempo para aprender sobre los Estados Unidos en la época colonial.

1600

1650

1636
Roger Williams funda Rhode Island.

1637
Comienzan la Guerra de Pequot y la Guerra del Rey Philip.

1664
Inglaterra toma Nueva Ámsterdam y establece Nueva York.

¿A quién conocerás?

Roger Williams
Líder religioso que creía en la libertad de culto

Anne Hutchinson
Ofendió a líderes puritanos por oponerse a cuestiones religiosas.

William Penn
Cuáquero que creía en el derecho de cada persona a practicar su religión

Metacom
Líder wampanoag en la Guerra contra los colonos de Nueva Inglaterra

INTERACTIVITY

Completa el mapa interactivo para aprender más sobre las 13 colonias británicas.

1700

1750

1682
William Penn funda Pennsylvania.

1733
Georgia se convierte en la 13.ª colonia.

1754
Comienza la Guerra Franco-India.

EN LA ACTUALIDAD
Puedes visitar el Museo de la Guerra Franco-India en Fort Ligonier, Pennsylvania.

Misión

Aprendizaje basado en proyectos

¡Estás en casa!

Cada una de las 13 colonias es única. Escoger en cuál vivir es una decisión difícil. ¡Crees que tu colonia es la mejor! Quieres convencer a la gente de que se mude allí. ¿Qué cosas hacen que tu colonia sea mejor que otras?

Una manera de llegar a muchas personas es usar los medios de comunicación. Un infomercial es una manera de presentar la información. Un infomercial es como un anuncio publicitario. Intenta convencer a los espectadores de sentir o pensar de cierta manera.

Misión Arranque

Tu misión es asumir el rol de los niños que vivían en una de las 13 colonias y crear un infomercial para convencer a otros de que se muden a tu colonia… ¡porque es la mejor!

1 Haz preguntas

¿Por qué tu colonia es la mejor? ¿Cómo es la geografía de tu área asignada? ¿Cómo se gana la vida la gente? Escribe dos preguntas.

....

....

2 Investiga

Sigue las instrucciones del maestro para aprender más sobre las colonias y así escribir un infomercial eficaz. Escribe algunos de tus pensamientos a continuación.

INTERACTIVITY

Conéctate en línea para aprender más sobre las colonias y escribir tu infomercial.

....

....

....

....

....

....

3 Busca

Misión Conexión

En las siguientes páginas comienza a buscar las Misión: Conexión que te ayudarán a crear el infomercial.

4 *Misión* Hallazgos

Crea un infomercial

Usa la página de Misión: Hallazgos al final del capítulo para ayudarte a crear el infomercial.

Lección 1
Nueva Inglaterra, las colonias centrales y las colonias del Sur

👆 INTERACTIVITY

Participa en una discusión en clase para darle un vistazo al contenido de esta lección.

Vocabulario

región
propietario
diverso

Vocabulario académico

interactuar
coordinar

Descifra la
Pregunta principal

Aprenderé el rol de la geografía en el establecimiento y el desarrollo de las colonias inglesas.

¡En marcha!

Mira alrededor del salón. Piensa en qué escritorio te gustaría sentarte. Cuando el maestro diga "Ahora", cambia de escritorio. ¿Por qué escogiste el escritorio al que te cambiaste? Piensa en los motivos por los que los inmigrantes quieren vivir en un lugar y no en otro.

Los colonos se establecieron en la región costera de Nueva Inglaterra porque sus puertos eran buenos para la industria pesquera y la industria del transporte marítimo.

La geografía de América del Norte, o Norteamérica, influyó enormemente en los primeros colonos. Enjambres de mosquitos de los pantanos cercanos rodeaban a los colonos de Jamestown. Los peregrinos sufrieron inviernos fríos y crueles. Los neerlandeses de Nueva Ámsterdam usaron su ubicación para convertirse en un centro de comercio. La geografía determinó los lugares en los que los colonos se establecieron y la manera en que se ganaban la vida.

INTERACTIVITY

Explora las ideas clave de esta lección.

Las regiones geográficas de las colonias

Durante todo el siglo XVII, llegaron colonos ingleses a América del Norte. Las colonias se extendían a lo largo de la costa atlántica, desde lo que hoy es Maine hasta lo que hoy es Georgia. Las colonias se pueden dividir en tres regiones. Una **región** es una zona donde existen las mismas características físicas o humanas. Las 13 colonias originales se dividían en las regiones de Nueva Inglaterra, del Atlántico medio y del sur.

En la década de 1730, había 13 colonias que abarcaban una estrecha franja entre la costa y los montes Apalaches.

La geografía de esta región en la actualidad se parece mucho a la del pasado. En Nueva Inglaterra, el suelo era delgado y solo servía para granjas pequeñas. Los comerciantes intercambiaban mercancías con Inglaterra y otras colonias. Los densos bosques de ciertas regiones permitieron a otros colonos obtener madera. Los colonos construían barcos, pescaban y cazaban ballenas en la costa.

Las colonias inglesas

área del mapa

0 — 200 mi
0 — 200 km

N O E S

Maine (parte de Massachusetts)

Nueva York (anteriormente Nueva Holanda)

New Hampshire

Massachusetts

Rhode Island

Connecticut

Pennsylvania

Nueva Jersey

Delaware

Maryland

Virginia

MONTES APALACHES

OCÉANO ATLÁNTICO

Carolina del Norte

Carolina del Sur

Georgia

40° N

35° N

80° O

75°

LEYENDA

Colonias de Nueva Inglaterra

Colonias centrales

Colonias del Sur

En Nueva Inglaterra, los veranos eran cálidos, pero los inviernos eran largos y fríos. La temporada de cultivo solo duraba unos cinco meses.

El suelo de las colonias centrales era fértil y el clima era más cálido. El clima es el patrón del tiempo de un lugar durante un período prolongado. Por eso, la región era buena para cultivar trigo. Había más sol y llovía mucho. Los colonos usaban barcazas para enviar productos por los ríos largos y anchos. Los colonos también cazaban venados y castores para aprovechar su carne y su piel.

El mejor clima y las mejores tierras de cultivo estaban en las colonias del Sur. Allí, el clima era cálido todo el año. El suelo era fértil y la temporada de cultivo duraba siete u ocho meses. En las tierras fértiles de la costa, los granjeros plantaban cultivos comerciales, es decir, que podían vender, como tabaco y arroz. Las granjas grandes, llamadas plantaciones, prosperaron allí.

Las tres regiones tenían masas de agua. Los ríos y la costa eran fundamentales para los viajes y el comercio. La mayoría de los asentamientos se construyeron a lo largo de los ríos y de la costa. Las ciudades portuarias crecieron en Nueva Inglaterra y las colonias centrales.

Si bien la tierra determinó el crecimiento de los asentamientos, los colonos también la modificaron. Talaron árboles para establecer granjas y recolectaban la madera para venderla. Los cultivos anuales modificaron el suelo. Para que el transporte fuera más fácil, los colonos construyeron caminos y puentes.

1. ☑ **Revisar la lectura**
Comparar Completa la tabla con información sobre las características de cada colonia.

Características geográficas de las colonias

Colonia de Nueva Inglaterra	Colonia central	Colonia del Sur

Las colonias de Nueva Inglaterra

Los puritanos establecieron ciudades y granjas en Nueva Inglaterra, en tierras que les parecían vacías. Sin embargo, eso no era así, ya que los indígenas norteamericanos del lugar no usaban vallas para separar las tierras ni usaban la tierra de la misma manera que los ingleses. En ocasiones, esas diferencias generaron conflictos.

Las ciudades de Nueva Inglaterra tenían un centro de reuniones. Esas estructuras generalmente eran los edificios más grandes de la ciudad. Las decisiones y actos de gobierno se decidían en juntas municipales. Sin embargo, solo los hombres que tenían propiedades e iban a la iglesia podían votar en esas reuniones.

Aunque los puritanos llegaron a Massachusetts para practicar su religión libremente, no creían en la libertad de culto. Los líderes puritanos castigaban cualquier tipo de disenso, o desacuerdo, por parte de los colonos y también presentaban cargos contra mujeres sospechadas de ser brujas. No creían que las mujeres fueran iguales a los hombres ni que debieran desafiar a los hombres en absoluto. Roger Williams, un líder religioso, no estaba de acuerdo con algunas de esas ideas. Williams argumentaba que los líderes comunitarios no tenían derecho a exigir que todos practicaran la religión exactamente de la misma manera.

Los líderes puritanos pensaban que las ideas de Williams eran "nuevas y peligrosas". Por lo tanto, en 1636, fue juzgado y obligado a abandonar la colonia. Williams inició un nuevo asentamiento al que llamó Providence; allí los colonos tenían libertad de practicar su religión a su manera. Ese fue el inicio de la colonia de Rhode Island.

En cada ciudad de Nueva Inglaterra, las casas se agrupaban alrededor de un área común como la que muestra esta fotografía de la plantación de Plymouth.

Misión Conexión

Como colono de una de las colonias de Nueva Inglaterra, debes ir al centro de reuniones para una junta de gobierno. ¿Cuál es el diseño de tu ciudad? ¿Es fácil llegar al centro de reuniones?

INTERACTIVITY

Conéctate en línea para ver más información sobre la organización de las ciudades de Nueva Inglaterra.

Anne Hutchinson era otra disidente puritana. Se mudó de Inglaterra a la colonia de la bahía de Massachusetts en 1634. Hutchinson hablaba con otras mujeres sobre sus creencias religiosas. Pensaba que los líderes religiosos tenían demasiado poder y que tener una relación personal con Dios era más importante que seguir las reglas de la Iglesia. Muchas personas de Boston estaban de acuerdo con ella. Una persona no estaba de acuerdo. Se trataba de John Winthrop. Nadie podía cuestionar las creencias puritanas... y mucho menos una mujer. Las mujeres debían obedecer a sus maridos y a sus padres. Al igual que Roger Williams, Hutchinson fue juzgada por sus creencias y la desterraron de Massachusetts. En 1638, ella y algunos de sus seguidores fueron a Rhode Island a difundir sus enseñanzas.

Thomas Hooker era un ministro puritano. Al igual que Williams y Hutchinson, quería que hubiera más libertad política. Pensaba que todos los hombres debían tener derecho a votar, y no solo los miembros de la iglesia o los que tenían propiedades. Sus ideas lo llevaron a abandonar Massachusetts en 1636 y comenzar una colonia que se convertiría en Connecticut.

2. ☑ Revisar la lectura **Idea principal y detalles** Completa los detalles que faltan para describir lo que sucedió con Hutchinson y Hooker.

El disenso en las colonias puritanas

Idea principal

_____

_____

_____

Detalle

Williams fue desterrado por tener ideas diferentes.

Detalle

_____

_____

_____

Detalle

_____

_____

_____

Las colonias centrales

Los neerlandeses fundaron Nueva Holanda en la década de 1620. Pronto se convirtió en un exitoso centro de comercio en el que las personas **interactuaban**. En la década de 1630, las colonias centrales incluían un asentamiento sueco en el área de Nueva Jersey.

Después de que el nuevo rey de Inglaterra, Carlos II, llegó al poder, envió una flota para capturar Nueva Holanda. El gobernador Peter Stuyvesant se rindió ante los ingleses cuando los colonos se negaron a combatir. Más tarde, los neerlandeses trataron de recuperar la colonia, pero fracasaron. Para 1674, Inglaterra controlaba la colonia.

El rey Carlos II entregó la colonia a su hermano, el duque de York, que la rebautizó como Nueva York. El duque de York cedió parte de las tierras a dos amigos y estas se convirtieron en la colonia de Nueva Jersey. El duque de York y sus dos amigos eran conocidos como propietarios. Un **propietario** es alguien que posee tierras o propiedades. Como Nueva York y Nueva Jersey eran propiedad de personas, se las llamaba colonias de propietarios.

La población de Nueva York y de Nueva Jersey era **diversa**. Es decir que allí vivían personas de muchos países y con distintas experiencias. Esas personas, además, pertenecían a muchos grupos religiosos diferentes.

La colonia de Pennsylvania se fundó bajo la libertad de culto. El rey de Inglaterra cedió la tierra que se convirtió en la colonia de Pennsylvania a William Penn. Penn era un cuáquero que fundó la colonia en 1681. Los cuáqueros se oponían a la guerra, decían que las personas podían rezar a su manera y que las mujeres podían predicar. Muchos estaban en desacuerdo con esas creencias. Los cuáqueros pensaban que todas las personas tienen una "luz interior" y que las mujeres podían ser líderes religiosas. Penn también creía en los derechos de los indígenas y en pagarles un precio justo por sus tierras.

Vocabulario académico

interactuar • *v.*, hablar o trabajar con otra persona

Casa colonial en Filadelfia

3. ☑ **Revisar la lectura** **Usar evidencia del texto** ¿Cuándo y cómo se crearon las colonias de Nueva Jersey y Pennsylvania?

_____

_____

_____

Las colonias del Sur

En el sur, la Compañía de Virginia controlaba la colonia de Virginia. En 1624, el rey Jacobo I de Inglaterra tomó el control de la colonia. Escogió a un líder que gobernara la colonia y la convirtió en una colonia real. Sin embargo, eso no representó un gran cambio, ya que la junta de gobierno, la Cámara de los Burgueses, se siguió reuniendo.

Pero sí hubo un cambio importante en las colonias del Sur en 1632. Cuando Carlos I se convirtió en el nuevo rey de Inglaterra, entregó parte de Virginia a lord Baltimore, uno de sus seguidores. Esa nueva colonia se llamó Maryland. Lord Baltimore pertenecía a la Iglesia católica. Maryland aceptaba a los católicos, que no siempre eran bien recibidos en otras colonias.

Carolina surgió como una colonia de propietarios. En 1663, el rey Carlos II cedió las tierras a ocho de sus seguidores. La colonia se dividió en 1712 y se convirtió en Carolina del Norte y, más tarde, en 1729, Carolina del Sur se convirtió en una colonia real. El suelo fértil era bueno para los cultivos. En Carolina del Sur, se plantaban cultivos valiosos, especialmente arroz. Allí usaban africanos esclavizados para cultivar la tierra y como siervos. Charleston, con su gran puerto, se transformó en un centro de comercio clave.

Georgia se fundó en 1732. El rey Jorge II le permitió a James Oglethorpe fundar una colonia allí para los ingleses que habían sido encarcelados por deudores, es decir, porque debían dinero.

Cuando llegó a Georgia, Oglethorpe entabló una amistad de inmediato con el jefe yamacraw, Tomochichi. Oglethorpe **coordinó** buenas relaciones entre los colonos y los yamacraw durante muchos años. Eso también tuvo un rol militar clave, ya que la colonia estaba entre la colonia española de la Florida y las otras colonias inglesas.

Vocabulario académico

coordinar • *v.*, asegurarse de que dos o más grupos trabajen bien juntos

4. ☑ **Revisar la lectura** **Compara y contrasta** las colonias de Virginia, Maryland, Carolina del Norte y Carolina del Sur.

_____

_____

_____

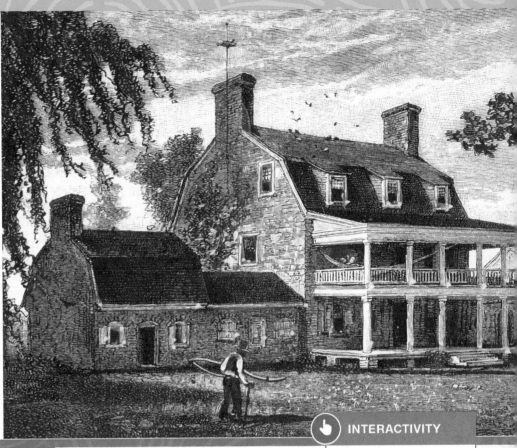

Las grandes plantaciones de Carolina del Sur dependían de africanos esclavizados para cultivar la tierra y como siervos.

INTERACTIVITY

Comprueba tu comprensión de ideas clave de esta lección.

☑ Revisar la Lección 1

5. Define región.

_____

_____

6. Explica el funcionamiento del primer gobierno colonial en las colonias centrales.

_____

_____

7. Comprender *Misión* Conexión Según el texto, ¿qué diferencias había en las geografías de las colonias? ¿Cómo influyó la geografía en los asentamientos?

_____

_____

_____

_____

Idea principal y detalles

La **idea principal** de un texto escrito es la idea más importante. Los **detalles** son la información que ayuda al escritor a apoyar, o explicar, la idea principal.

Puedes analizar la información más fácilmente si hallas la idea principal. Para hallar la idea principal de un párrafo, pregúntate: "¿Qué idea describen la mayoría de las oraciones del párrafo?". Para hallar los detalles, pregúntate: "¿Qué oraciones aportan información sobre la idea más importante?".

A menudo puedes hallar la idea principal en la primera o la última oración de un párrafo. La idea principal también puede estar implícita, es decir, no expresada en el texto. Si eso ocurre, pregúntate: "¿De qué tratan los detalles de este párrafo?".

Lee el siguiente párrafo sobre Benjamín Franklin. La idea principal está resaltada en el párrafo. Los detalles que apoyan la idea principal están subrayados.

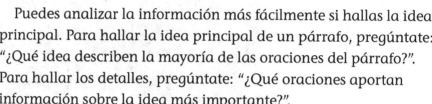

VIDEO

Mira un video sobre la idea principal y los detalles.

Franklin era un hombre notable y con una gran variedad de talentos. Como impresor y escritor, ayudó a definir las ideas de los colonos estadounidenses. Como científico e inventor, realizó importantes experimentos y creó herramientas útiles, como las gafas bifocales y la estufa de Franklin. Como líder cívico, creó la primera biblioteca pública y el primer cuerpo de bomberos de los Estados Unidos.

Usa el organizador gráfico de la página siguiente para hacer una lista de las ideas principales y los detalles de un párrafo de la lección.

Gafas bifocales

Tu turno

1. Lee el segundo párrafo de la Lección 1, bajo el título "Las colonias del Sur". Halla la idea principal y los detalles. Escríbelos en el siguiente organizador gráfico.

Idea principal

Idea principal

Detalle

Detalle

Detalle

2. Busca otro párrafo de la Lección 1. Identifica la idea principal y los detalles. Escríbelos en los espacios en blanco.

_____

_____

_____

_____

Lección 2

La vida diaria en las colonias

INTERACTIVITY

Participa en una discusión en clase para darle un vistazo al contenido de esta lección.

Vocabulario

hacer un trueque
exportación
importación
materia prima
mercantilismo
comercio triangular
clase
artesano

Vocabulario académico

insertar
exhibir

Descifra la **Pregunta principal**

Aprenderé la diferencia entre los patrones de vida y de trabajo de las colonias y los de la actualidad.

¡En marcha!

Piensa en las maneras en que las personas se comunican entre sí, por ejemplo, con teléfonos celulares, correos electrónicos o mensajes de texto. Con un compañero, haz una lista de las ventajas y desventajas de cada tipo de herramienta de comunicación que las personas usan en la actualidad.

En la actualidad, comprar los objetos que queremos y necesitamos es tan fácil como ir a un centro comercial o comprar por Internet. En la época colonial, las personas no tenían las mismas posibilidades. ¿Cómo ganaban dinero los colonos para alimentar y vestir a sus familias? ¿Qué hacían para mejorar su vida?

Recursos de las colonias en sus inicios

La tierra, el clima y los recursos naturales de las colonias eran diferentes, y por eso la vida en cada colonia era única. El medio ambiente influía en lo que los colonos comían, en la ropa que usaban y en las casas que construían.

La mayoría de los colonos vivían y trabajaban en granjas. Cultivaban o hacían buena parte de lo que necesitaban. Vendían cultivos y diversos productos para pagar productos de primera necesidad, como sal o herramientas. Hacían trueques de algunos artículos con sus vecinos. **Hacer un trueque** significa intercambiar un bien o producto por otro.

La ubicación de la colonia, la tierra o los recursos ayudaron a definir los trabajos de otros colonos. Por ejemplo, los que vivían sobre la costa de Nueva Inglaterra se ganaban la vida con los recursos del mar, como la caza de ballenas y la construcción de barcos.

Los puertos y ríos profundos de las colonias centrales facilitaban el transporte y el comercio. Debido a eso, muchas ciudades se convirtieron en prósperos puertos. Muchos colonos de ciudades como Nueva York y Filadelfia se dedicaban al comercio. Otros eran marineros o estibadores, es decir, personas que cargaban y descargaban mercancías de los barcos.

La gente transformó la tierra para adaptarla a sus necesidades. Por ejemplo, algunos colonos construyeron diques que bloqueaban ríos y arroyos para generar energía a partir del caudal de agua. Los molineros a menudo establecían sus negocios cerca de un río o arroyo. Usaban la energía hidráulica para los molinos harineros. Los molinos harineros eran máquinas que se usaban para moler el trigo y transformarlo en harina. Los molineros **insertaban** el trigo o el maíz entre dos piedras. A medida que la energía generada por el agua en movimiento aplastaba el trigo o el maíz, se obtenía un grano fino.

INTERACTIVITY

Explora las ideas clave de esta lección.

Vocabulario académico

insertar • *v.*, meter

Los molinos harineros empleaban el caudal de agua en un molino de agua, para que el movimiento de la rueda del molino hiciera girar las piedras del interior del molino.

Productos de las 13 colonias

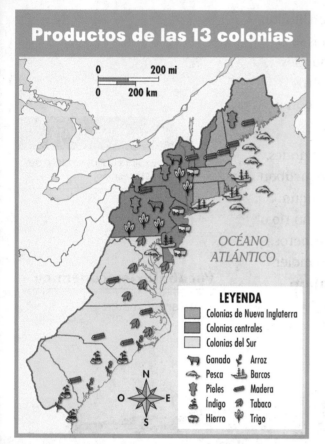

LEYENDA

- Colonias de Nueva Inglaterra
- Colonias centrales
- Colonias del Sur

- Ganado
- Pesca
- Pieles
- Índigo
- Hierro
- Arroz
- Barcos
- Madera
- Tabaco
- Trigo

OCÉANO ATLÁNTICO

0   200 mi
0   200 km

Vocabulario académico

exhibir • *v.*, mostrar

Los colonos debían trabajar duro durante muchas horas para obtener todo lo que necesitaban para vivir. No tenían mucho tiempo para objetos de lujo que no fueran necesarios para la vida cotidiana.

Benjamín Franklin, un impresor y escritor del siglo XVIII, escribió que una vez, cuando era joven, cometió el error de comprar un objeto innecesario, un silbato, que no beneficiaba al resto de su familia. En "El silbato", explicó: "En resumen, estimo [pienso] que buena parte de las aflicciones [penas] de la humanidad recaen en ella por cálculos erróneos del valor de las cosas, y por dar demasiado valor a los silbatos".

1. ✓ **Revisar la lectura Identificar** Encierra en un círculo la industria de cada región. Luego, coloca una marca junto a las industrias que estaban presentes en más de una región.

Las rutas comerciales y la ubicación de las colonias

Los colonos estadounidenses intercambiaban bienes con otros colonos. Las colonias también comerciaban con otros países, vendiendo exportaciones y comprando importaciones. Una **exportación** es un producto que es vendido a otros países. Una **importación** es un producto comprado a otro país. Las colonias proporcionaban **materias primas**, es decir, recursos que se pueden transformar en otros productos, a Inglaterra. Los ingleses vendían productos industriales, como muebles y vajilla, a las colonias, que los comerciantes **exhibían** para vender a los clientes.

Para controlar el comercio y proteger sus industrias, Inglaterra aprobó leyes que limitaban el comercio entre sus colonias y otros países. Esa práctica se conoce como proteccionismo. En consecuencia, los colonos debían recurrir a Inglaterra para conseguir muchos artículos de primera necesidad. Esas restricciones molestaron a muchos colonos. Consideraban que Inglaterra trataba injustamente a las colonias para aumentar sus ganancias comerciales.

Las leyes comerciales que creó Inglaterra se basaban principalmente en el sistema de **mercantilismo**. El mercantilismo era una idea económica popular en los siglos XVII y XVIII, que sugería que los gobiernos debían limitar las importaciones pero aumentar la fabricación y las exportaciones. Un país podía ganar más dinero por los productos que vendía a otros países que el dinero que gastaba en comprar productos a otros países.

Con el tiempo, el comercio colonial se transformó en un patrón conocido como **comercio triangular**. Se llamaba *triangular* porque incluía tres etapas que, vistas en un mapa, tenían una forma parecida a un triángulo. Las ubicaciones de esas áreas eran significativas. Estaban ubicadas en costas y en las principales rutas comerciales. El comercio comenzaba en Europa. Bienes como metales y telas se cargaban en barcos. Esos barcos zarpaban a la costa oeste de África. Allí los bienes se intercambiaban por esclavos. Luego, las personas esclavizadas llegaban a las Américas, donde eran vendidas. Y el ciclo volvía a empezar.

2. ☑ **Revisar la lectura**
Describir Sigue la ruta en el mapa con el dedo. Luego, comenta con un compañero quiénes eran los más beneficiados y los menos beneficiados con ese comercio. ¿Cómo influía en el comercio la ubicación de cada socio comercial?

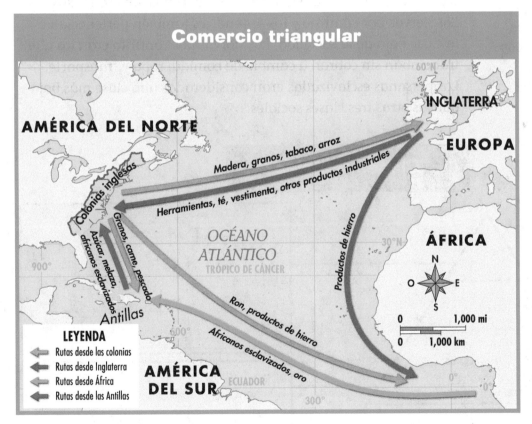

Las rutas comerciales triangulares conectaban las colonias con Europa, África, las Antillas y América del Norte y del Sur.

Clases sociales

Los europeos de la sociedad colonial pertenecían a ciertas **clases**, o grupos sociales según su riqueza o importancia. La aristocracia era la clase más alta de la sociedad colonial. Estaba integrada por los grandes terratenientes, los comerciantes ricos y los banqueros. Los hombres de esta clase pensaban que tenían derecho a controlar a otros, así que generalmente formaban parte del gobierno. Los líderes religiosos también pertenecían a la clase más alta.

La clase media estaba formada principalmente por colonos. Esos hombres y mujeres eran herreros, plateros o impresores. También había abogados, médicos o comerciantes que tenían pequeñas tiendas. La mayoría de los hombres de clase media podían votar.

Los obreros y sirvientes integraban la clase baja. Este grupo no tenía propiedades ni negocios. Los miembros de la clase baja no podían votar. Un granjero que trabajaba en una granja pequeña o un trabajador de un barco pesquero pertenecían a esta clase. Los siervos por contrato y los aprendices también pertenecían a la clase baja de la sociedad. Los siervos por contrato eran los que trabajaban sin cobrar, a cambio de comida, ropa y transporte. Las personas esclavizadas eran consideradas una clase más baja que las otras tres clases sociales.

3. ☑ **Revisar la lectura**

Idea principal y detalles
Completa el diagrama con información acerca de las clases sociales en la sociedad colonial.

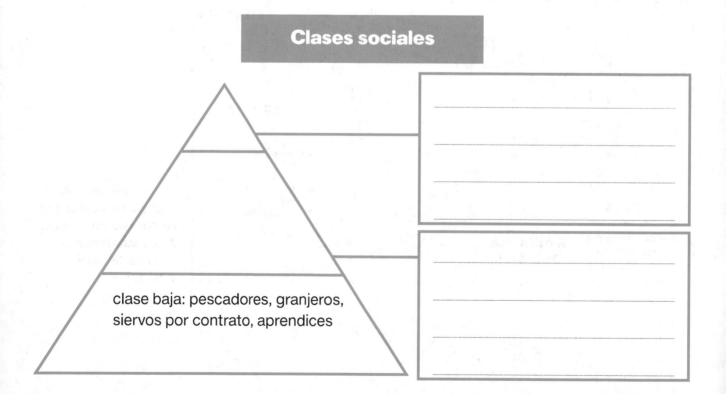

Clases sociales

clase baja: pescadores, granjeros, siervos por contrato, aprendices

La vida diaria

Trabajar para sobrevivir era una parte importante de la vida diaria. Todos los miembros de una familia tenían una tarea. Los integrantes de la familia pasaban mucho tiempo juntos trabajando. Los hombres trabajaban en la granja. Las mujeres hilaban, fabricaban ropa, preparaban comida para almacenar y hacían jabón y velas, además de cuidar a los hijos. Se ocupaban de las tareas de su esposo cuando el hombre no estaba. Ayudaban en la comunidad y en la iglesia.

Desde pequeños, la mayoría de los niños tenían tareas. A medida que crecían, las tareas eran más exigentes. Aproximadamente a los 12 años, los niños dejaban a su familia para aprender algún oficio, como el de impresor.

Cuando terminaban sus tareas, los niños de la época colonial fabricaban sus juguetes con cosas que no eran necesarias. Las niñas hacían muñecas con hojas de maíz, trapos, sobras y, a veces, manzanas secas talladas como cabeza. Los niños usaban palos como caballos imaginarios.

Algunos niños iban a la escuela. La mayoría de las ciudades de Nueva Inglaterra tenían la obligación de tener escuelas. Si los padres sabían leer y escribir, a menudo los hijos tomaban lecciones en casa. Las personas ricas contrataban tutores para sus hijos. La mayoría de los niños terminaban su educación aproximadamente a los 13 o 14 años, para empezar a trabajar a tiempo completo y ayudar a la familia. Muy pocas personas iban a la universidad.

Esta niña de la época actual muestra cómo jugaban los niños de la época colonial con un aro y un palo.

Artesanos

A medida que Filadelfia, Nueva York, Boston y Charleston se transformaron en grandes ciudades y centros de comercio, aumentó la necesidad de contar con personas que tuvieran destrezas especiales. Esas personas, llamadas **artesanos**, se especializaban en un tipo de trabajo u oficio. Llevaban los artículos que construían a mano para venderlos en las ciudades. Además de las importaciones, los comerciantes compraban y vendían esos artículos a otras personas de la ciudad. Así se hicieron ricos algunos comerciantes.

Misión Conexión

Subraya los detalles sobre los distintos trabajos que tenían las personas en las ciudades y en el campo.

 INTERACTIVITY

Aprende acerca de las diferencias en la vida de los niños en las colonias y en la actualidad.

Los artesanos, como los herreros, trabajaban duro. Ablandaban el metal en un fuego alimentado con carbón. Luego, martillaban el metal calentado para darle forma.

Sobre palabras

Contracciones Las contracciones se refieren a la combinación de dos palabras que forman una palabra nueva. Por ejemplo, la palabra *al* es una contracción formada por la preposición *a* y el artículo *el*. Mientras lees, piensa en otra preposición que esté formada por una contracción.

En el campo, los trabajadores realizaban muchas tareas diferentes como parte de su vida diaria. Sin embargo, los artesanos se especializaban en diversas destrezas, como la herrería, la carpintería, la fabricación de pelucas o la fabricación de velas. Los artesanos tenían destrezas que otras personas no tenían. Esas destrezas ayudaban a todos los demás a hacer lo que tenían que hacer. Los artesanos podían ganar dinero para sus familias produciendo los bienes que las personas de las ciudades y las granjas querían comprar, pero no podían hacer por su cuenta. Algunas ciudades coloniales alcanzaron un tamaño suficiente como para apoyar a artesanos que fabricaban bienes para personas ricas, como relojes y artículos de plata.

4. ☑ **Revisar la lectura** **Inferir** Comenta con un compañero por qué los colonos podían especializarse en distintos oficios.

El Gran Despertar

La religión siempre fue importante para la vida colonial. En la década de 1730, un movimiento llamado el Gran Despertar cambió lo que algunos sentían sobre la religión. Comenzó principalmente en Nueva Inglaterra. Jonathan Edwards fue una figura importante de ese movimiento. Edwards pensaba que los colonos se habían desviado del camino de Dios y no estaban tan comprometidos con esa relación como debían. Los predicadores como Edwards iban de ciudad en ciudad advirtiendo a las personas acerca de ignorar la religión y sus enseñanzas.

Otro predicador, George Whitefield, tenía ideas diferentes. Inspiró a la gente a tener sentimientos más fuertes hacia Dios. En 1741, escribió: "Aventúrense [salgan] todos los días al encuentro de Cristo, salgan con Su fuerza y Él les permitirá hacer maravillas".

Durante la época del Gran Despertar, se difundieron distintas ideas religiosas por las colonias. Ese movimiento debilitó el poder de los líderes de la iglesia. Eso se debió a que el principal mensaje durante ese período era que las personas debían elaborar su propia conexión con Dios. Eso ayudó a algunos colonos a darse cuenta de que no necesitaban depender de los líderes de la iglesia para que les dijeran cómo vivir o adorar a Dios.

George Whitefield

 INTERACTIVITY

Comprueba tu comprensión de ideas clave de esta lección.

☑ Revisar la Lección 2

5. **Idea principal y detalles** Da dos detalles para apoyar la idea principal de que la religión fue importante para el desarrollo de las colonias.

_____

_____

_____

6. **Describe** la ruta que usaban los comerciantes para llevar personas esclavizadas a América del Norte.

_____

_____

7. **Comprender** *Misión* Conexión ¿Qué tipo de trabajos tenían las personas en las ciudades y en el campo en las colonias? Explica tu respuesta con detalles del texto.

_____

_____

_____

Leer gráficas circulares

Las **gráficas** son fuentes visuales que muestran información de una manera que te permite comparar e interpretar los datos. Un tipo de gráfica es la **gráfica circular**. Las gráficas circulares a veces también se llaman gráficas de torta, porque son redondas y se dividen en secciones, como si fueran porciones de una torta.

En una gráfica circular, el círculo completo es el entero y las secciones son las partes. Leer una gráfica circular puede ayudarte a interpretar números y datos.

Para interpretar una gráfica circular, mira primero el título para comprender cuál es el tema de la gráfica. Luego, lee la leyenda para saber qué muestra cada sección. El título de la gráfica circular de abajo es Diversidad colonial, 1700. Esta gráfica compara el porcentaje de distintos grupos étnicos en las colonias en el año 1700.

¿Qué puedes interpretar acerca de la composición étnica de las colonias al mirar esta gráfica? Puedes comprender que en 1700, los colonos ingleses y galeses eran el grupo étnico más grande de las 13 colonias.

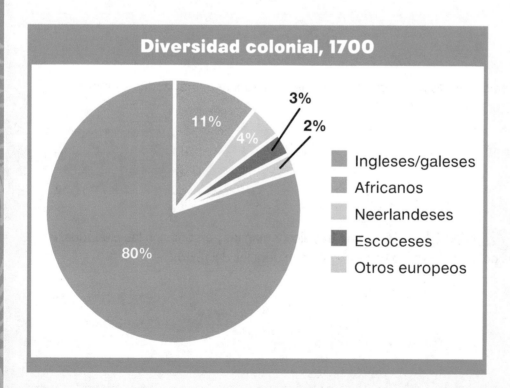

Diversidad colonial, 1700

- 80%
- 11%
- 4%
- 3%
- 2%

Ingleses/galeses
Africanos
Neerlandeses
Escoceses
Otros europeos

Tu turno

En esta página hay otra gráfica circular. La cantidad de secciones de la gráfica refleja la cantidad de grupos étnicos que había en las colonias en 1755.

VIDEO

Mira un video sobre cómo leer gráficas circulares.

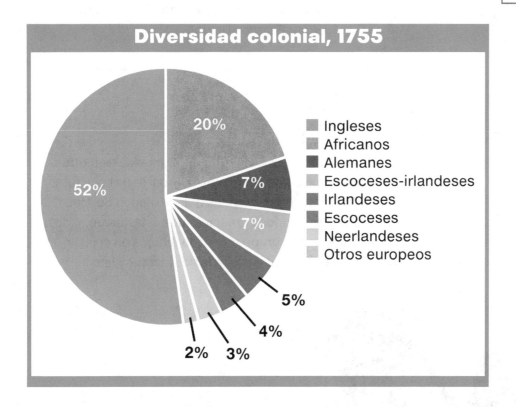

Diversidad colonial, 1755

- 52%
- 20%
- 7%
- 7%
- 5%
- 4%
- 3%
- 2%

Ingleses
Africanos
Alemanes
Escoceses-irlandeses
Irlandeses
Escoceses
Neerlandeses
Otros europeos

1. ¿Qué grupo tenía la mayor cantidad de integrantes en 1755? _____

2. ¿Cuánto cambió el porcentaje de la cantidad de ingleses entre 1700 y 1755?

_____

3. **Inferir** ¿Por qué piensas que aumentó el porcentaje de africanos?

_____

_____

_____

4. **Aplicar** Crea un mapa basado en la información de estas gráficas. Investiga para saber en qué región colonial había más diversidad étnica.

Lección 3

La esclavitud en las colonias

INTERACTIVITY

Participa en una discusión en clase para darle un vistazo al contenido de esta lección.

Vocabulario

esclavitud
travesía intermedia
levantamiento

Vocabulario académico

inspeccionar
investigar

Descifra la
Pregunta principal

Aprenderé cómo se desarrolló la esclavitud en los Estados Unidos.

¡En marcha!

¿Qué comidas, música, instrumentos musicales u otros elementos que se han convertido en parte de la cultura de los Estados Unidos piensas que provienen de África? Trabaja en dos grupos para hacer una lista. Luego, pide a un ilustrador de tu grupo que haga dibujos en el pizarrón para ver si el otro equipo puede adivinar tus ideas.

Africanos esclavizados en un barco de esclavos

En el verano de 1619, un barco neerlandés con una carga que incluía un grupo de africanos arribó a Jamestown. Los colonos locales pagaron por esos africanos y los obligaron a trabajar. Los africanos no recibían una paga por su trabajo, solo comida y casa. En algunas áreas, algunos pocos ganaban su libertad después de trabajar durante un tiempo. En unos pocos años, sin embargo, se aprobaron nuevas leyes en Virginia y Massachusetts que quitaban todos los derechos a los siervos africanos. Se los podía comprar y vender como si fueran una propiedad. La práctica, conocida como **esclavitud**, había comenzado en las colonias inglesas.

INTERACTIVITY

Explora las ideas clave de esta lección.

El comercio de esclavos

En las colonias en crecimiento, se necesitaban trabajadores. Al principio, los siervos por contrato cubrían esa necesidad. Sin embargo, a medida que aumentó la necesidad de trabajadores en las colonias, los colonos europeos empezaron a pensar que los africanos esclavizados podrían cubrir esa necesidad. Muchos grupos de personas habían sido esclavizadas durante la historia, por lo general, como consecuencia de una guerra. Esta vez era diferente. Los africanos eran capturados y llevados contra su voluntad, sin esperanza de libertad o de volver a sus familias en África.

Al principio, las personas esclavizadas provenían principalmente del oeste de África, una región conocida como Costa de Oro. Otros africanos las capturaban y las obligaban a ir hacia la costa, donde los comerciantes europeos esperaban en los barcos. Los europeos intercambiaban armas y otros bienes por los esclavos. Una vez que los africanos eran vendidos, debían hacer la larga y espantosa travesía hacia las Américas. Conocida como la **travesía intermedia**, este viaje tardaba entre varias semanas y varios meses. Los barcos estaban repletos y los cautivos viajaban amontonados bajo la cubierta, encadenados a plataformas, apilados unos sobre otros. Como no podían pararse ni girar, muchos murieron en esa posición. Olaudah Equiano, un joven esclavizado, sufrió junto a los esclavos moribundos. Más tarde, describió lo que sentía acerca de la muerte en ese momento:

Fuente primaria

Envidiaba la libertad de la que gozaban y, a menudo, deseaba cambiar mi condición por la de ellos.

–Olaudah Equiano, *Narración de la vida de Olaudah Equiano*, 1789

1. ☑ **Revisar la lectura**
Analizar Subraya las palabras del texto que explican por qué creció la esclavitud en las colonias.

La esclavitud en las colonias del Norte

No todos los africanos esclavizados terminaban en las colonias inglesas de América del Norte. Algunos seguían viaje hacia las Antillas. Allí, eran vendidos en subastas. Una subasta es una venta pública en la que el mejor postor se queda con la compra. Una vez que eran comprados, los africanos esclavizados se convertían en propiedad del mejor postor. Tenían pocos derechos básicos.

Todas las colonias practicaron la esclavitud en algún momento de su historia. En 1641, la colonia de la bahía de Massachusetts fue la primera colonia que aprobó una ley que permitía la esclavitud. Otras colonias, como Maryland, aprobaron sus propias leyes poco después. Sin embargo, las colonias del Sur tenían la mayor cantidad de africanos esclavizados. Para la década de 1680, la esclavitud estaba totalmente establecida en las colonias.

Los tipos de trabajos que hacían los africanos esclavizados eran diversos. Algunos trabajaban en tiendas y ayudaban a los artesanos a hacer su trabajo o aprendían a hacerlo ellos mismos, mientras que otros trabajaban en posadas o en los hogares de los pobladores ricos.

En Nueva York, un africano esclavizado da la bienvenida a un visitante en la casa de su amo.

En las colonias del Norte, algunos africanos esclavizados trabajaban en granjas y ayudaban a los granjeros con las tareas diarias. Un granjero del Norte probablemente solo necesitara uno o dos esclavos en su granja. Sin embargo, la mayoría de los granjeros del Norte no plantaba cultivos que necesitaran grandes cantidades de esclavos. Por ese motivo, había menos granjeros esclavizados en las colonias del Norte.

Pocos afroamericanos en las colonias del Norte eran libres. Algunos podían comprar su libertad ahorrando dinero de su trabajo en la ciudad o vendiendo productos agrícolas que cultivaban. A veces, un dueño de esclavos tomaba la decisión de liberar a una persona. Eso le sucedió a Phillis Wheatley. Phillis fue raptada y subida a un barco de esclavos con destino a Boston cuando tenía siete u ocho años. En Boston, un sastre local la compró directamente en el barco. Phillis se convirtió en la sierva personal de la esposa de Wheatley y era tratada como un miembro de la familia. Fue vendida a una familia de Boston en una subasta en 1761. Aprendió a escribir y se transformó en una poetisa reconocida. Sus dueños finalmente la liberaron.

Phillis Wheatley

Los afroamericanos libres a menudo se quedaban a vivir en las ciudades de las colonias del Norte. Sin embargo, los afroamericanos libres tenían pocos derechos y podían ser raptados y esclavizados nuevamente en cualquier momento.

La esclavitud en las colonias del Sur

La esclavitud en las colonias del Sur era muy diferente con respecto a las colonias del Norte. En las colonias del Sur, los granjeros cultivaban grandes áreas, por ejemplo, con tabaco o arroz. Más tarde, empezaron a cultivar algodón. Esos cultivos requerían muchos trabajadores para cuidar las plantas, cosechar y preparar los envíos. Muchos granjeros sureños dependían de africanos esclavizados para hacer esas tareas. Los dueños de plantaciones de grandes áreas compraban cientos de personas esclavizadas. En algunas partes de las colonias del Sur había muchos más africanos esclavizados que colonos.

Trabajadores esclavizados trabajan en los campos de algodón de una plantación.

Los africanos esclavizados aportaban más que su trabajo en los campos de las grandes plantaciones. Aportaban conocimientos y destrezas especiales que traían de África. Por ejemplo, algunos africanos sabían cultivar arroz. Por ese motivo, el arroz de convirtió en un cultivo comercial clave en las Carolinas. Sin embargo, el éxito del arroz tuvo un resultado negativo para muchos africanos. Las plantaciones de arroz aumentaron de tamaño y, por lo tanto, sus dueños compraron muchos más africanos esclavizados para trabajar en las plantaciones.

La vida de los africanos esclavizados en el Sur era distinta de la vida en el Norte. En el Sur, los africanos esclavizados de las grandes plantaciones vivían en cabañas de esclavos, o grupos de chozas. En muchos casos, formaban familias y esa era una fuente de felicidad y alegría. Sin embargo, una familia también podía ser fuente de preocupación y miedo. Un miembro de la familia podía ser vendido en cualquier momento. Era común que los dueños de esclavos separaran a los miembros de una familia, por ejemplo, a los maridos de las esposas y a los hijos de sus padres.

Aunque la vida en una plantación era dura para las familias afroamericanas, las personas esclavizadas desarrollaron una cultura propia rica y distintiva. En algunas plantaciones, habitantes de distintas partes de África vivían juntos. Las palabras, las comidas y la música de origen africano se mezclaban con los idiomas y las costumbres europeos. El resultado tendría un impacto duradero en las costumbres y la música de los Estados Unidos.

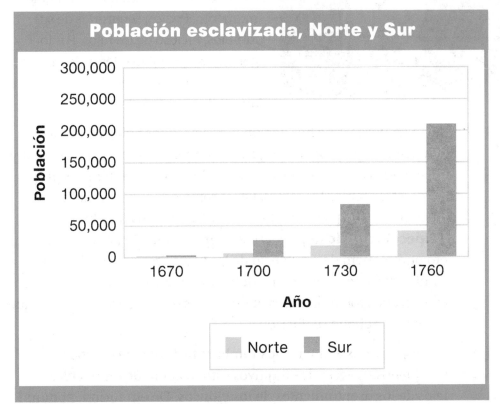

Población esclavizada, Norte y Sur

Población (eje vertical): 0, 50,000, 100,000, 150,000, 200,000, 250,000, 300,000

Año (eje horizontal): 1670, 1700, 1730, 1760

Norte   Sur

Los africanos esclavizados tocaban banyos hechos a mano, como este.

2. ☑ Revisar la lectura **Compara y contrasta** la esclavitud en el Norte y en el Sur entre 1670 y 1760.

_____

_____

_____

_____

_____

Nat Turner habla con otros afroamericanos esclavizados mientras preparan una rebelión de esclavos en Virginia en 1831.

La resistencia a la esclavitud

La esclavitud era una práctica brutal, independientemente de que la persona esclavizada viviera en las colonias del Norte o del Sur. Básicamente, no tenían derechos y podían golpearlos o azotarlos con un látigo en cualquier momento. Podían separarlos de sus familias, incluso de los hijos. Por lo general, se prohibía a los africanos esclavizados que se reunieran o aprendieran a leer y escribir.

Sin embargo, muchas personas esclavizadas hallaron maneras de resistir a esta práctica. Algunos aprendían solos a leer y escribir y usaban esos conocimientos para ayudar a otros a hallar sus propias maneras de burlar las reglas. Otros rompían las herramientas, incendiaban propiedades, trabajan con lentitud o perdían tiempo **inspeccionando** algo que no era importante. Robar comida era otra manera de resistencia de las personas esclavizadas. La comida extra también les ayudaba a sobrevivir. Algunas personas esclavizadas robaban o destruían las posesiones de las personas que les habían robado su libertad.

Las personas esclavizadas también trataban de escapar de sus dueños. A veces, los fugitivos establecían nuevos pueblos lejos de los asentamientos de los blancos. De esa forma, podían esconderse y evitar que los capturaran durante más tiempo. A menudo, los fugitivos eran esclavos relativamente privilegiados que habían trabajado como barqueros en los ríos o cocheros y habían **investigado** los alrededores antes de escapar.

En unos pocos casos, los africanos esclavizados resistieron de manera más violenta. Hubo **levantamientos**, o rebeliones de esclavos en varias colonias, incluidas Nueva York, Virginia y Carolina del Sur. A menudo, esas rebeliones eran sangrientas. En 1739, la Rebelión Stono de Carolina del Sur dejó decenas de personas muertas, tanto blancas como negras.

Vocabulario académico

inspeccionar • *v.*, mirar algo con detenimiento

Vocabulario académico

investigar • *v.*, estudiar con mucha atención

3. ☑ **Revisar la lectura** **Idea principal y detalles** Comenta con un compañero qué maneras hallaron los africanos esclavizados de resistir la esclavitud.

Estos levantamientos preocupaban a algunos dueños de esclavos. A veces respondían con un trato más estricto hacia los africanos esclavizados. En 1741, por ejemplo, corrió el rumor de una rebelión de esclavos en la ciudad de Nueva York que llevó a una tremenda violencia hacia los africanos esclavizados. Los blancos sospechosos de ayudar a los esclavos también eran castigados con la misma crueldad.

Incluso después de eso, los africanos esclavizados no se dieron por vencidos. En las plantaciones, encontraron maneras de apoyarse unos a otros y de compartir información importante. Por ejemplo, usaban canciones para enviarse mensajes secretos. Esas canciones ayudaron a los africanos esclavizados a sobrevivir. Con el tiempo, esas canciones se volvieron parte de la cultura estadounidense.

INTERACTIVITY

Comprueba tu comprensión de ideas clave de esta lección.

☑ Revisar la Lección 3

4. **Describe** dos características de la esclavitud en las colonias del Sur.

_____

_____

_____

5. **Explica** cómo afectaba a los africanos esclavizados la travesía intermedia.

_____

_____

_____

6. **Comparar y contrastar** A partir de tu investigación del texto, **describe** las diferencias entre las granjas grandes y pequeñas de las colonias y la forma en que esas diferencias afectaron la esclavitud.

_____

_____

_____

_____

Fuentes primarias

Narración de la vida de Olaudah Equiano

Como has leído en la lección, Olaudah Equiano era un africano esclavizado que fue capturado y obligado a subir a un barco que hizo la travesía intermedia desde África hacia las Américas. Suportó muchas injusticias y experiencias horribles. Cuando Equiano ganó su libertad, escribió sobre sus experiencias para que otros aprendieran qué significaba realmente ser un africano esclavizado en un barco de esclavos. En este pasaje de una fuente primaria, Equiano describe una subasta de esclavos.

Apoyo del vocabulario

llevaron

amontonados

cuidado

detenidos

artículo

caras

sensibilidad

clamor, *sust.* ruido fuerte
recelo, *sust.* miedo
destrucción, *sust.* algo que causa mucho daño

Nos acarrearon inmediatamente al depósito de los comerciantes, donde estábamos todos apiñados, como ovejas de un rebaño [...].

No pasamos muchos días bajo la custodia de los comerciantes antes de que nos vendieran de la manera habitual, que es esta: cuando se da una señal (por ejemplo, un golpe de tambor), los compradores entran todos juntos al depósito en el que están confinados los esclavos y escogen el bulto que les gusta más. El ruido y el clamor que rodean todo esto, y el entusiasmo visible en el semblante de los compradores, solo sirven para aumentar el recelo de los aterrados africanos. [...]. De ese modo, sin escrúpulos, se separan familias y amigos, la mayoría de los cuales no volverán a verse jamás.

–Narración de la vida de Olaudah Equiano, 1789

Lectura atenta

1. **Identifica** y resalta las palabras del pasaje de la fuente primaria que ayudan al lector a entender el punto de vista de Equiano sobre el comercio de esclavos.
2. **Describe** la subasta de esclavos.

_____

_____

_____

_____

_____

_____

En resumen

Escribe dos párrafos para contar qué piensas que le sucedió a Olaudah Equiano. Haz una inferencia a partir de esta fuente primaria y también de la lección, que es una fuente secundaria.

_____

_____

_____

_____

_____

_____

_____

_____

_____

_____

_____

4 Cooperación y conflicto

 INTERACTIVITY

Participa en una discusión en clase para darle un vistazo al contenido de esta lección.

Vocabulario

límite
Guerra del Rey Philip

Vocabulario académico

contaminado
unificar

Descifra la Pregunta principal

Aprenderé cómo comenzaron los conflictos entre los colonos europeos y los indígenas norteamericanos.

¡En marcha!

Escoge un tema que te parezca importante, como el uso de uniformes en la escuela o no usar el celular en horario escolar. Trata de convencer a otros de tu grupo de pensar lo mismo que tú acerca del tema.

En un principio, los colonos y los indígenas tenían encuentros pacíficos.

Cuando llegaron los primeros colonos ingleses, los indígenas norteamericanos a menudo cooperaban con ellos, en especial con la agricultura. No obstante, las relaciones pronto cambiarían, a medida que los colonos empezaron a adentrarse en el territorio indígena. Se desataron guerras y, con la llegada de la pólvora, las guerras se volvieron más violentas.

INTERACTIVITY

Explora las ideas clave de esta lección.

Colonos e indígenas

Antes de que los colonos llegaran a las Américas, los indígenas usaban la tierra para lo que la necesitaban. La usaban para cultivar y algunos les mostraron a los colonos cómo podían cultivarla. Los indígenas no tenían un sistema de propiedad privada de la tierra. Por el contrario, pensaban que todos podían trabajar la tierra juntos.

Los miembros de los grupos indígenas sostenían que ninguna persona poseía la tierra. Cuando los colonos europeos y los líderes indígenas hacían acuerdos sobre un terreno, los colonos pensaban que eran dueños de la tierra. Los grupos indígenas pensaban que solo estaban aceptando que compartirían o alquilarían la tierra. Según la costumbre indígena, la tierra no se podía vender. Esa era solo una de las diferencias culturales que causaron conflictos.

Otra fuente de conflicto era que los europeos no consideraban que debían obedecer las reglas de una nación indígena. En cambio, reclamaban la tierra en nombre de sus países de origen. Los colonos europeos comenzaron a crear **límites**, o líneas que dividen un área de otra. Los colonos también empezaron a usar la fuerza mediante armas.

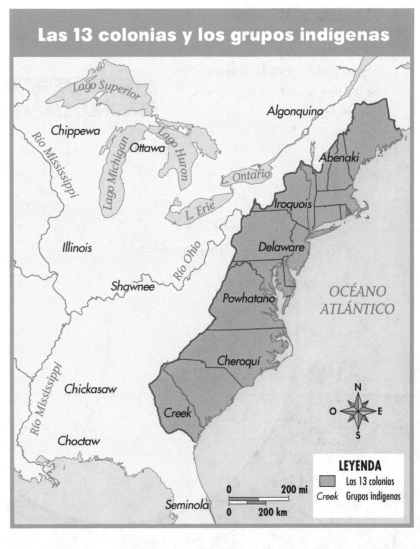

Las 13 colonias y los grupos indígenas

Lago Superior

Chippewa

Río Mississippi

Lago Michigan

Ottawa

Lago Huron

L. Ontario

L. Erie

Algonquino

Abenaki

Iroquois

Illinois

Río Ohio

Delaware

Shawnee

Powhatano

OCÉANO ATLÁNTICO

Cheroquí

Río Mississippi

Chickasaw

Creek

Choctaw

Seminola

N O E S

LEYENDA
Las 13 colonias
Creek Grupos indígenas

0   200 mi
0   200 km

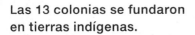

Las 13 colonias se fundaron en tierras indígenas.

A medida que el conflicto entre los colonos y los indígenas aumentó, también comenzó a aumentar la desconfianza. En el siguiente pasaje de la novela *Encounter* (Encuentro), de Jane Yolen, el narrador indígena cuenta su experiencia cuando los colonos llegaron a su isla del Caribe.

Así fue que perdimos nuestras tierras ante los desconocidos del cielo. Les dimos nuestra alma a sus dioses. Hicimos nuestras sus palabras, olvidamos las propias. Nuestros hijos e hijas se convirtieron en sus hijos e hijas, ya no eran verdaderos seres humanos, ya no eran nuestros.

Es por eso que, ahora que soy un viejo, ya no sueño sueños. Es por eso que estoy sentado aquí, envuelto en el manto de un desconocido, contando las campanas de una cuerda del desconocido, narrando mi historia. Sea esta una advertencia para todos los hijos y todas las personas de todas las tierras.

Jane Yolen, *Encounter*

1. ☑ **Revisar la lectura**
Comparar y contrastar
Completa el diagrama con información sobre la disputa de las tierras entre los colonos y los indígenas.

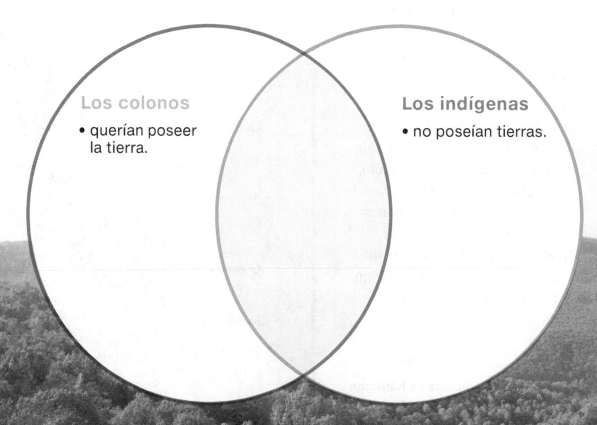

Disputas por la tierra

Los colonos
• querían poseer la tierra.

Los indígenas
• no poseían tierras.

Comienzo de los conflictos

Los desacuerdos por las tierras no eran el único conflicto entre los colonos y los indígenas. En muchos casos, los ingleses querían que los grupos indígenas obedecieran sus reglas.

Como has leído, la colonia de Jamestown, Virginia, estaba en el territorio del jefe Powhatan. Él era el líder de los tsenacommacah y de una confederación, es decir, de varios grupos indígenas de la región. A menudo, los grupos indígenas formaban alianzas por cuestiones políticas, económicas o militares. El jefe Powhatan había **unificado** decenas de grupos indígenas antes de que llegaran los colonos. Al principio, Jamestown no prosperaba. Estaba en un área pantanosa con agua **contaminada** y muchos insectos que transmitían enfermedades. Los líderes de la colonia no estaban conformes con la ubicación de su colonia.

El conflicto por la tierra entre los colonos y los indígenas aumentó. A medida que llegaban más colonos, querían más tierras que ya estaban ocupadas por los indígenas. El capitán John Smith, un líder colonial, imaginaba que los indígenas se convertirían en súbditos de Inglaterra y en cristianos. Los indígenas no estaban de acuerdo.

Hubo tres guerras entre los colonos y el grupo del jefe Powhatan. La primera comenzó en 1610 y finalizó en 1614, cuando Pocahontas se casó con el colono inglés John Rolfe. Así se logró la paz entre los dos grupos durante un tiempo.

El jefe Powhatan murió en 1618 y un hermano más joven se convirtió en el nuevo líder. Los colonos ingleses siguieron expandiéndose por el territorio powhatano y, en 1622, comenzó la segunda guerra contra los powhatanos. Los colonos y los indígenas siguieron luchando por las tierras. Diez años después, en 1631, finalizó la segunda guerra.

Sobre palabras

Palabras con varios significados Observa la palabra *alianza* en el segundo párrafo de esta página. *Alianza* tiene más de un significado. Significa "conjunto de naciones, gobiernos o personas que se han aliado" o "matrimonio". Mientras lees, presta atención a palabras que pueden tener más de un significado. Lo mejor es usar claves del contexto como ayuda para decidir cuál es el significado de la palabra en el texto.

Vocabulario académico

unificar • *v.*, unir

contaminado • *adj.*, impuro

2. ☑ **Revisar la lectura**

Identificar causa y efecto
Completa la tabla con las causas y los efectos de las guerras entre los indígenas y los colonos ingleses.

Los puritanos de Massachusetts también tenían conflictos con los grupos indígenas. A medida que los puritanos se expandieron por Connecticut, los conflictos con los pequots aumentaron. Algunos colonos fueron asesinados. El gobernador de Massachusetts organizó un gran ejército para castigar a los pequots. Los pequots atacaron un asentamiento inglés y mataron a varios colonos.

Los ataques continuaron durante varios meses, en los que ambos bandos ganaron batallas. En mayo de 1637, la Guerra de Pequot finalizó cuando los puritanos atacaron y mataron a los habitantes de un pueblo pequot. Los colonos vendieron a los sobrevivientes como esclavos.

Las guerras contra los powhatanos y los pequots

Causas	Efectos
• Los ingleses se expandieron por el territorio powhatano.	• Molestaron al grupo indígena.

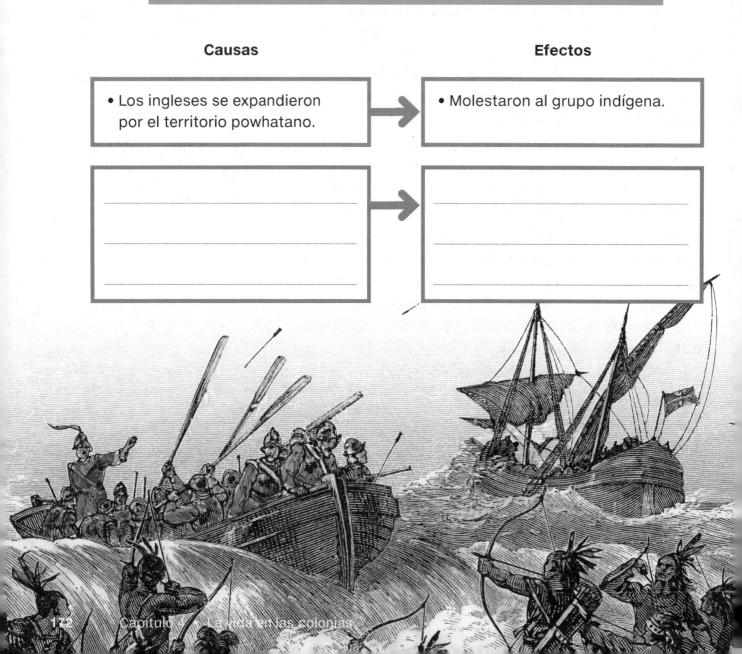

La Guerra del Rey Philip

En 1675, Metacom, un líder wampanoag de Nueva Inglaterra, inició una guerra contra los colonos de Nueva Inglaterra. Los colonos llamaban rey Philip a Metacom. El conflicto se conoció como la **Guerra del Rey Philip**. El resultado fue la derrota de Metacom, en la que murieron muchos de sus seguidores. No todos los indígenas apoyaban a Metacom. Algunos se unieron a los colonos en la guerra.

Los colonos aceptaron la ayuda de los indígenas. Sin embargo, lo que realmente querían era la tierra. A medida que las colonias estadounidenses crecían, los colonos se expandían hacia el Oeste, talando bosques para establecer granjas y construir ciudades. Para mediados del siglo XVIII, muchos habían cruzado los montes Apalaches y habían llegado al valle del río Ohio. En esa tierra fértil vivían muchos grupos indígenas poderosos. Los franceses también reclamaban el área. Estaban dadas las condiciones para otra sangrienta lucha.

3.  **Revisar la lectura**
Idea principal y detalles
Subraya el motivo por el que los colonos se expandieron hacia el Oeste.

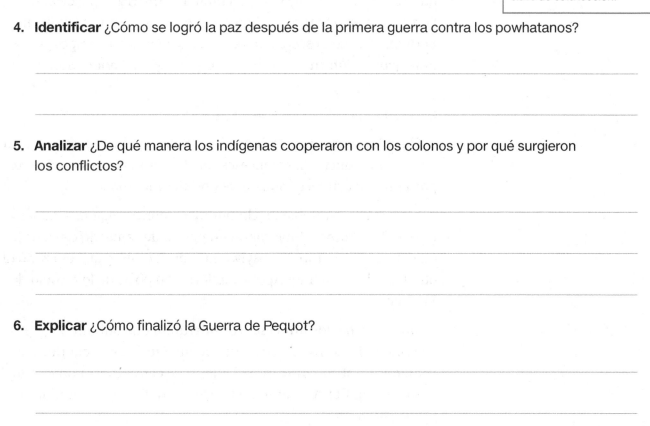

INTERACTIVITY

Comprueba tu comprensión de ideas clave de esta lección.

☑ **Revisar la Lección 4**

4. **Identificar** ¿Cómo se logró la paz después de la primera guerra contra los powhatanos?

_____

_____

5. **Analizar** ¿De qué manera los indígenas cooperaron con los colonos y por qué surgieron los conflictos?

_____

_____

_____

6. **Explicar** ¿Cómo finalizó la Guerra de Pequot?

_____

_____

Lección 5

La Guerra Franco-India

INTERACTIVITY

Participa en una discusión en clase para darle un vistazo al contenido de esta lección.

Vocabulario

aliado
tratado

Vocabulario académico

reflejar
persuadir

Descifra la Pregunta principal

Aprenderé que Gran Bretaña se convirtió en la mayor potencia colonial de América del Norte.

¡En marcha!

Piensa en alguna ocasión en la que hayas tenido un conflicto con otro estudiante o con un familiar. ¿Cuál era el problema? ¿Cómo se resolvió? Comenta tu experiencia con un compañero.

Fue una guerra con dos nombres que se libró en dos continentes. En Europa, se llamó la Guerra de los Siete Años, una de las muchas guerras entre Francia y Gran Bretaña. En América del Norte, se llamó la Guerra Franco-India. Aquí, un tercer grupo, los indígenas norteamericanos, escogió un bando. Hacía mucho tiempo que los indígenas vivían en las tierras en disputa. ¿Qué bando escogerían?

El camino a la guerra

El explorador francés Robert de La Salle reclamó el valle del río Ohio para Francia. Los franceses construyeron fuertes en el área para proteger su reclamación de posibles invasores.

Los británicos también reclamaron la enorme región. Algunos colonos británicos establecieron un puesto de comercio cerca de lo que hoy es Pittsburgh, Pennsylvania. Consideraban que esa zona al otro lado de los montes Apalaches formaba parte de la colonia de Virginia.

Sin embargo, los franceses consideraban que habían reclamado la tierra primero, así que no querían entregarla. Soldados franceses atacaron el puesto de comercio británico y lo destruyeron. Construyeron un fuerte cerca de allí y lo llamaron fuerte Duquesne.

En 1753, los británicos enviaron un pequeño ejército a la región en disputa. George Washington, un joven soldado de Virginia, era el líder de ese ejército. Como vio que el fuerte estaba bien vigilado, decidió no atacar. En cambio, sus hombres combatieron y vencieron a un pequeño grupo de soldados franceses en un bosque cercano. Luego construyeron su propio fuerte, llamado Fort Necessity.

Los indígenas se unieron a los soldados franceses en su ataque al fuerte. Trabajando juntos, la gran cantidad de franceses e indígenas derrotaron a la fuerza británica, que era menor. El ejército francés permitió a Washington llevar a los soldados sobrevivientes de vuelta a Virginia.

 INTERACTIVITY

Explora las ideas clave de esta lección.

1. ☑ **Revisar la lectura** **Usar evidencia del texto** ¿Por qué los franceses y los indígenas pudieron capturar Fort Necessity?

_____

_____

_____

_____

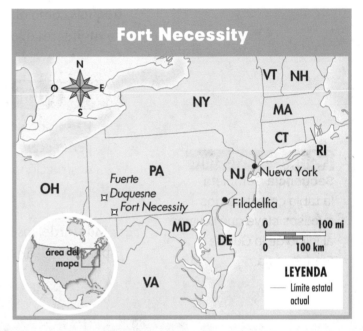

Fort Necessity

Esta es una representación de cómo se habría visto Fort Necessity cuando fue atacado.

Vocabulario académico

reflejar • *v.*, mostrar

persuadir • *v.*, convencer

La Guerra Franco-India había comenzado. Su nombre **reflejaba** el hecho de que, en América del Norte, el ejército inglés luchaba contra los franceses y sus aliados indígenas. Un **aliado** es un socio militar. Muchos indígenas fueron **persuadidos** de apoyar a los franceses porque tenían miedo de las colonias británicas y su expansión por sus territorios. Como muestra de resistencia, los británicos buscaron el apoyo de los poderosos Iroquois como aliados. Al principio, los Iroquois se resistieron. Uno de sus líderes dijo:

Fuente primaria

[Los franceses y los británicos] luchan por tierras que nos pertenecen, y una lucha así podría terminar con nuestra destrucción.

–Hendrick Peters, líder Iroquois, 1754

Más tarde, los Iroquois decidieron aliarse con los británicos. Esperaban que eso les ayudara a mantener el control de sus tierras.

2. ☑ **Revisar la lectura**
Secuencia Completa la tabla con otros dos sucesos clave que llevaron al inicio de la Guerra Franco-India.

Sucesos que llevaron a la Guerra

Los franceses y los británicos reclamaban la tierra del valle del río Ohio.

⬇

⬇

Los franceses derrotaron a Washington en Fort Necessity con la ayuda de sus aliados indígenas.

Victoria británica

En 1755, los británicos volvieron a la zona con la esperanza de captura el fuerte Duquesne. Esta vez, enviaron a un líder experimentado para tratar de vencer al enemigo. Edward Braddock, un general, fue a la zona. Washington fue su consejero. Sin embargo, los combatientes franceses e indígenas volvieron a vencer a los británicos y mataron al general Braddock. El intento de capturar el fuerte fracasó.

Los británicos perdieron muchas de las primeras batallas. Luego, en 1757, los líderes británicos enviaron refuerzos desde Europa. Eso fortaleció al ejército británico y, en 1758, finalmente lograron controlar el fuerte Duquesne.

Los Iroquois decidieron unirse a los británicos. Esa nueva alianza fue imparable. En una batalla clave de 1759, los aliados capturaron Quebec, la capital de Nueva Francia. Al año siguiente, los británicos capturaron Montreal, otro asentamiento francés en lo que hoy es Canadá. Los franceses y sus aliados habían sido derrotados. Para poner fin a la guerra, Francia e Inglaterra firmaron un **tratado**, que es un acuerdo formal entre naciones, en 1763. Francia aceptó entregar gran parte de su territorio en América del Norte al este del río Mississippi.

Ahora los británicos controlaban el valle del río Ohio. Eso molestó a muchos indígenas. Sabían que pronto llegarían más colonos del este. A diferencia de los franceses, los colonos británicos construían ciudades y caminos y transformaban el paisaje. En 1763, un líder ottawa llamado Pontiac tomó medidas para frenar a los británicos. Lideró un ejército que atacó fuertes y pueblos británicos en el valle del río Ohio.

Sobre palabras

Sinónimos Un sinónimo es una palabra que tiene casi el mismo significado que otra palabra. Por ejemplo, las palabras *cercano* y *próximo* son sinónimos porque significan lo mismo. Las palabras *derrotar* y *vencer* también son sinónimos porque tienen significados similares. Hallar sinónimos puede ayudarte a comprender el significado de palabras desconocidas.

En 1763, Pontiac convenció a algunos grupos indígenas de luchar juntos para obligar a los británicos a abandonar sus tierras.

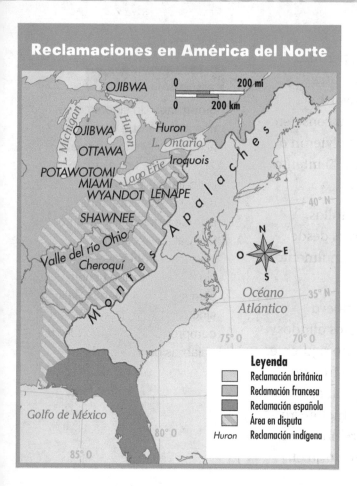

Reclamaciones en América del Norte

OJIBWA

0   200 mi
0   200 km

L. Michigan

Huron

OJIBWA

Huron
L. Ontario

OTTAWA

Iroquois

POTAWOTOMI
MIAMI

Lago Erie

WYANDOT   LENAPE

SHAWNEE

Montes Apalaches

40° N

Valle del río Ohio

Cheroquí

N
O   E
S

Océano
Atlántico

35° N

75° O   70° O

Golfo de México

80° O

85° O

Leyenda
Reclamación británica
Reclamación francesa
Reclamación española
Área en disputa
Huron   Reclamación indígena

3. ☑ **Revisar la lectura**
Identificar Dibuja una estrella y encierra en un círculo el área del mapa donde era más probable que hubiera conflictos entre los británicos y los franceses en la década de 1750.

Después de muchos combates, los británicos destruyeron las tropas de Pontiac. De todos modos, el enfrentamiento alarmó a varios líderes británicos, porque la lucha resultó costosa. El rey Jorge III emitió una orden denominada Proclamación de 1763. Esta orden prohibía, o impedía, que los colonos ocuparan tierras al oeste de los montes Apalaches. El rey esperaba que esa orden ayudara a mantener la paz con los indígenas y no trajera más gastos.

La proclamación molestó a los colonos, que estaban ansiosos por ocupar el valle del río Ohio. Muchos de ellos avanzaron hacia el oeste a pesar de la orden del rey. Eso se sumó a la creciente tensión entre las colonias y Gran Bretaña.

Después de la guerra, los indígenas siguieron tratando de impedir que los colonos tomaran sus tierras. Un líder cayuga, Logan, trató de mantener la paz con los colonos blancos. Sin embargo, en lo que se conoció como la Guerra de Dunmore, en 1774, los colonos de Virginia mataron a algunos familiares de Logan y la milicia de Pennsylvania avanzó por el valle del río Ohio y destruyó varios pueblos indígenas. Después de esos sucesos, el jefe Logan luchó por mantener a los colonos blancos fuera de la región. No quería hacer tratados porque no confiaba en los colonos.

El jefe Logan negocia con un líder colonial.

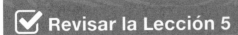
✅ Revisar la Lección 5

4. Explicar ¿Cuál era la principal diferencia entre los ejércitos francés y británico en la Guerra Franco-India?

_____

_____

_____

5. Identifica los efectos de la Guerra Franco-India.

_____

_____

6. Causas y efectos Completa la tabla con los efectos de la Proclamación de 1763 en la colonización.

Proclamación de 1763

Causas	Efectos
Gran Bretaña aprobó la Proclamación de 1763 con la esperanza de mantener la paz con los indígenas y de bajar los gastos de defensa.	

Atributo:
Responsabilidad
individual

Benjamín Franklin (1706–1790)
Una vida de servicio

Benjamín Franklin era un hombre inteligente y con muchos talentos. Ayudó a moldear las ideas de los colonos estadounidenses con sus textos. Más tarde, formó parte del comité que redactó la Declaración de la Independencia, sirvió a su país como diplomático y ayudó a elaborar la Constitución de los Estados Unidos. Realizó experimentos científicos y creó instrumentos útiles, como las gafas bifocales y la estufa de Franklin. Las bibliotecas públicas y los cuerpos de bomberos fueron ideas de Franklin y fueron importantes contribuciones cívicas.

Cuando era joven, Franklin se convirtió en aprendiz de su hermano, que tenía una imprenta. Allí, aprendió a ser impresor y ayudó en el negocio de su hermano. También comenzó a escribir artículos para el periódico. Cuando tenía 17 años, decidió ir a la ciudad de Nueva York para buscar trabajo como impresor, pero no tuvo éxito. Por lo tanto, decidió ir a Filadelfia y, más tarde, a Inglaterra a aprender más sobre el negocio de la imprenta

Combinó su amor por la escritura y lo que había aprendido como impresor cuando publicó obras como *Poor Richard's Almanack*. En esa exitosa publicación, daba consejos, datos del tiempo e incluía muchos dichos interesantes, como "Acostarse temprano y levantarse temprano hacen al hombre sano, rico y sabio". Franklin se convirtió en un símbolo del espíritu del individualismo y el trabajo duro en las colonias estadounidenses.

Descubre más

1. Franklin creó instituciones cívicas clave. Investiga qué otras responsabilidades cívicas asumió.

_____

_____

_____

2. Piensa de qué maneras tú asumes una responsabilidad individual en la escuela.

_____

_____

Usa estas gráficas para repasar algunos de los términos, personas e ideas clave de este capítulo.

Los colonos y los indígenas norteamericanos

Roger Williams	creía en la libertad de culto; fundó Rhode Island.
Anne Hutchinson	ofendió a los líderes puritanos por hablar libremente sobre cuestiones religiosas.
Thomas Hooker	creía que todos los hombres tenían derecho a votar; creó la colonia de Connecticut.
William Penn	era un cuáquero que quería proteger las libertades de todas las personas; fundó la colonia de Pennsylvania.
George Whitfield	era un líder del Gran Despertar que inspiró a las personas a tener sentimientos más fuertes por Dios.
El jefe Powhatan	era un líder powhatano que luchó contra los colonos de Jamestown.
Metacom	era un líder wampanoag que luchó contra los colonos de Nueva Inglaterra.
George Washington	comandaba el edificio de Fort Necessity al inicio de la Guerra Franco-India.
Pontiac	era un líder ottawa que lideró un ataque contra fuertes y pueblos británicos.

Las 13 colonias

Nueva Inglaterra	Colonias centrales	Colonias del Sur
• Comerciaba con Inglaterra y otras colonias. • La madera era un recurso importante. • Construían barcos, pescaban o cazaban ballenas. • El centro de reuniones era un punto central.	• Tenían suelo fértil y clima más cálido. • Se cultivaba trigo para vender. • Tenían más diversidad que otras regiones coloniales. • Eran un próspero centro de comercio y puerto.	• Tenían un clima muy cálido. • Había grandes plantaciones de cultivos comerciales. • Dependían mucho de los africanos esclavizados para trabajar en las plantaciones.

4 ☑ Evaluación

🎮 **GAMES**

Juega el juego de vocabulario.

Vocabulario e ideas clave

1. Traza una línea para unir las definiciones con los términos correctos.

grupo social   **propietario**

alguien que posee tierras o propiedades   **tratado**

producto que se vende a otro país   **exportación**

acuerdo formal entre dos naciones   **clase**

2. Definir ¿Qué es el **mercantilismo**?

_____

_____

_____

3. Interpretar un mapa
Analiza el mapa. ¿Cómo apoya el mapa las posiciones que líderes indígenas como Pontiac y Logan asumieron con los colonos?

_____

_____

_____

_____

_____

_____

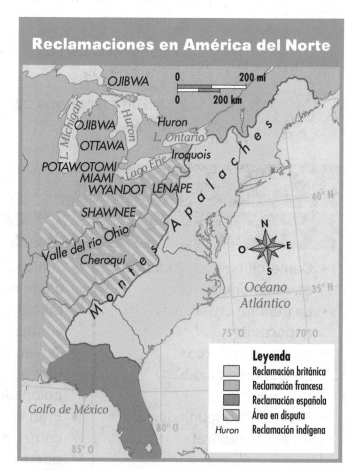

Reclamaciones en América del Norte

OJIBWA

0   200 mi
0   200 km

OJIBWA   Huron
L. Ontario
OTTAWA   Iroquois
Lago Erie
POTAWOTOMI
MIAMI
WYANDOT LENAPE

SHAWNEE

Valle del río Ohio
Cheroquí

Montes Apalaches

40° N

N
O   E
S

Océano
Atlántico   35° N

75° O   70° O

L. Michigan
L. Huron

Golfo de México

80° O

85° O

Leyenda
- Reclamación británica
- Reclamación francesa
- Reclamación española
- Área en disputa
- *Huron* Reclamación indígena

4. **Analizar** ¿De qué manera el centro de reuniones era el centro de la vida en la ciudad?

_____

_____

_____

5. **Analizar** ¿Cuál era la importancia del comercio triangular?

_____

_____

_____

_____

6. **Aplicar** ¿Cuál es la importancia de un tratado en la sociedad actual? ¿Cambió con el tiempo?

_____

_____

_____

_____

7. **Volver a la Pregunta principal** ¿Qué se necesita para construir una sociedad nueva?

_____

_____

_____

_____

8. **Taller de escritura: Escribir con claridad** ¿Cómo sería comenzar una sociedad nueva en un lugar nuevo? Piensa en lo que necesitarías y el tipo de personas que serían más beneficiosas para la nueva sociedad. Luego, escribe dos párrafos en una hoja aparte para describir esa sociedad y cómo se manejaría y gobernaría.

Analizar fuentes primarias

Les pregunté qué harían con nosotros. Me dieron a entender que nos llevarían al país de esos hombres blancos para trabajar para ellos. Entonces me reanimé un poco y pensé que si lo peor que podía pasar era tener que trabajar, mi situación no era tan desesperante. Pero de todos modos tenía miedo de que me mataran, los blancos actuaban de manera tan bárbara [salvaje, como un animal]. En mi gente nunca vi tales instancias de brutal crueldad…

-Olaudah Equiano, *Narración de la vida de Olaudah Equiano*, 1789

9. ¿Qué quiere decir Equiano cuando dice "me reanimé un poco"? ¿Sus sentimientos cambian? Cita evidencia de la fuente en tu respuesta.

_____

_____

_____

_____

_____

Idea principal y detalles

10. Escribe los detalles que apoyan esta idea principal: el Gran Despertar significó un cambio para las colonias.

_____

_____

_____

_____

_____

11. ¿Cuáles fueron los principales motivos para fundar las distintas colonias?

_____

_____

Misión Hallazgos

¡Estás en casa!

Aprendizaje basado en proyectos

Has leído las lecciones de este capítulo y ahora estás listo para crear tu infomercial. Recuerda que el objetivo del infomercial es tratar de convencer a otros de que se muden a tu colonia. Explica por qué tu colonia es tan buena y por qué es mejor que todas las otras colonias. Sigue estos pasos:

INTERACTIVITY

Usa esta actividad para determinar qué factores son importantes acerca de tu colonia.

1 Haz una lluvia de ideas con los motivos

Piensa en los motivos por los que tu colonia es la mejor para vivir. Escribe esas ideas en una lista. Luego, escribe por qué tu colonia es mejor que las otras. Usa estas notas como ayuda para crear el infomercial.

3 Revisión final del guion

Repasa tus ideas con tu grupo. Sean sinceros y sean respetuosos entre ustedes al pensar en cómo mejorar el infomercial. Asegúrate de que no sea demasiado largo y de que el mensaje sea claro.

2 Escribe el guion del infomercial

Usa tus notas y la evidencia de tus Misión: Conexión para crear el infomercial más convincente que puedas. Asegúrate de que el infomercial responda las siguientes preguntas:

- ¿Cómo es la vida en tu colonia?
- ¿Por qué tu colonia es la mejor?
- ¿Por qué las personas deberían mudarse a tu colonia?

4 Filma o representa tu infomercial

Filma o representa el guion de tu infomercial.

La Guerra de Independencia

El eText está disponible en español.

- 📖 eTEXT
- ▶ VIDEO
- 👆 INTERACTIVITY
- 🔊 AUDIO
- 🎮 GAMES
- ☑ ASSESSMENT

Pregunta principal

¿Por qué cosas vale la pena luchar?

▶ VIDEO

¡En marcha!

👆 INTERACTIVITY

Divídanse en dos equipos: el Equipo A y el Equipo B. Jueguen una ronda de un juego como las charadas. El Equipo A inventará reglas nuevas mientras se juegue el juego. También puede decidir si el Equipo B gana puntos o no. Comenten qué opina cada equipo sobre las reglas y sobre jugar un juego de esa manera.

♪♪ Rapeemos ♪

Por libertad luchan

Dale un vistazo al **vocabulario** del capítulo rapeando.

¿Por qué cosas vale la pena luchar?
En las siguientes lecciones, aprenderás sobre la causa
que defendieron los colonos.
Los colonos muchos impuestos al rey debían pagar.
Los consideraban injustos y eso los hizo enfadar.
En el parlamento británico, no tenían representantes.
Los colonos se unieron para expresar su frustración:
"¡No al cobro de impuestos sin representación!".
Algunos colonos , los **leales al rey**, no se resistieron,
pero la mayoría de brazos cruzados quedarse no pudieron.
Fueron **patriotas**, los dispuestos a luchar por su libertad.
Y pronto se unieron para protestar y **boicots** organizar.
George Washington su apoyo les dio, pero el asunto no se
   resolvió.
Entonces decidieron que a los británicos se iban a enfrentar.
De Gran Bretaña se querían liberar y su **independencia** lograr.

5 La Guerra de Independencia

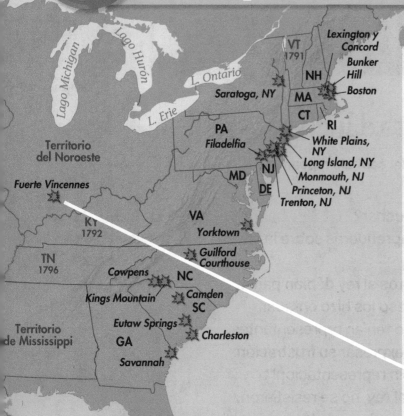

- Lago Michigan
- Lago Hurón
- L. Ontario
- Saratoga, NY
- L. Erie
- Territorio del Noroeste
- Fuerte Vincennes
- KY 1792
- TN 1796
- Territorio de Mississippi
- VT 1791
- NH
- MA
- CT
- PA
- Filadelfia
- RI
- NJ
- MD
- DE
- VA
- Yorktown
- Cowpens
- Kings Mountain
- Eutaw Springs
- GA
- Savannah
- NC
- Camden
- SC
- Charleston
- Guilford Courthouse
- Lexington y Concord
- Bunker Hill
- Boston
- White Plains, NY
- Long Island, NY
- Monmouth, NJ
- Princeton, NJ
- Trenton, NJ

¿Dónde ocurrieron las batallas?

Las 13 colonias lucharon contra Gran Bretaña en la Guerra de Independencia.

¿Dónde ocurrió la única batalla que se libró fuera de las 13 colonias originales?

EN LA ACTUALIDAD

Los visitantes pueden ver este monumento a George Rogers Clark en Vincennes, Indiana. Dentro del edificio, hay siete murales, tres citas de Clark y una estatua de él.

¿Qué pasó y cuándo?

Lee la línea de tiempo para aprender acerca de los sucesos que llevaron a la Guerra de Independencia.

1765

1770

1775

1765
Se aprueba la Ley del Timbre.

1770
Ocurre la Masacre de Boston.

1774
Se reúne el Primer Congreso Continental.

1775
Se disparan los primeros tiros de la Guerra de Independencia.

¿A quién conocerás?

Thomas Jefferson
Escribió la Declaración de Independencia.

George Washington
Sirvió como comandante en jefe del Ejército Continental.

Deborah Sampson
Se disfrazó de hombre para servir en el Ejército Continental durante la Guerra de Independencia.

James Armistead
Trabajó de espía en la Guerra de Independencia y ayudó a los estadounidenses a ganar una batalla decisiva.

 INTERACTIVITY

Completa la línea de tiempo interactiva.

1780   1785

1776
Se escribe la Declaración de Independencia.

EN LA ACTUALIDAD
Nuestro gobierno aún se rige por las ideas de la Declaración de Independencia.

1781
Cornwallis se rinde en Yorktown.

1783
Se firma el Tratado de París.

Misión

Aprendizaje basado en proyectos

¡Lee todo sobre el tema!

La Guerra de Independencia fue una guerra librada entre Gran Bretaña y las 13 colonias estadounidenses. Los colonos no estaban de acuerdo con el rey Jorge III de Gran Bretaña y su parlamento antes de que comenzaran las batallas. Varios sucesos hicieron que las tensiones aumentaran entre 1765 y 1775. La palabra escrita era la mejor manera de difundir noticias por todas las colonias.

Misión Arranque

Tu misión es crear un periódico de la clase que contenga noticias sobre los sucesos que llevaron a la guerra y sobre las batallas más importantes que ocurrieron.

1

Haz preguntas

¿Qué tipo de información crees que era más importante para las personas que estaban en el frente doméstico? Los periodistas usan las preguntas *¿Quién?*, *¿Qué?*, *¿Dónde?*, *¿Por qué?* y *¿Cómo?*.

....

....

....

....

....

2 Investiga

Sigue las instrucciones de tu maestro para aprender sobre las noticias en línea. Luego, usa recursos de la mediateca para leer varias noticias periodísticas sobre el mismo tema. ¿Cómo se relacionan entre sí? ¿De qué manera cada noticia se basa en la anterior?

....

....

....

....

INTERACTIVITY

Completa la actividad interactiva para aprender más sobre los artículos periodísticos.

3 Busca *Misión* Conexión

En la siguiente página, comienza a buscar las Misión: Conexión que te ayudarán a crear tus noticias.

4 *Misión* Hallazgos
Escribe tus noticias

Usa la página de Misión: Hallazgos al final del capítulo como ayuda para escribir y diseñar tu periódico.

1 Tensiones con Gran Bretaña

 INTERACTIVITY

Participa en una discusión en clase para darle un vistazo al contenido de esta lección.

Vocabulario

congreso

deuda

Ley del Timbre

Hijos de la Libertad

boicot

Leyes Townshend

arancel

tasa de aduana

Vocabulario académico

reconocer

retener

Descifra la Pregunta principal

Aprenderé por qué los colonos se rebelaron contra los británicos.

¡En marcha!

Tú y un grupo pequeño planificarán una ciudad ficticia. Un miembro preparará cuadrados de papel pequeños. La mitad de los cuadrados tendrá un punto; la otra mitad no tendrá nada. Cada miembro escogerá un cuadrado. El punto significa que podrás planificar dónde estará la ciudad, su diseño y la manera en que se pagarán los gastos. ¿Es justo que solo la mitad de las personas pueda opinar sobre la planificación de la ciudad? Explica tu postura.

Los británicos y los franceses, así como los colonos y los indígenas norteamericanos, participaron en la Guerra Franco-India. Francia y Gran Bretaña eran rivales europeos que luchaban por obtener tierras en América del Norte. Los indígenas norteamericanos querían conservar sus tierras. Los colonos británicos sentían lealtad hacia Gran Bretaña. Sin embargo, pronto aumentaría la tensión entre las colonias y Gran Bretaña. Poco a poco, la idea de la guerra comenzó a surgir, en especial, en las colonias centrales. Allí los colonos veían diferencias entre ellos y los británicos.

Los impuestos causan problemas

Los británicos participaron en la Guerra Franco-India porque creían que el valle del río Ohio les pertenecía. El rey también creía que así estaba protegiendo a los colonos que se habían establecido en esa tierra.

Como leíste antes, la Proclamación de 1763 le dio a Gran Bretaña grandes secciones de América del Norte, incluidos los territorios franceses que estaban al este del río Mississippi. El rey Jorge III de Inglaterra no permitía que los colonos se expandieran más hacia el oeste. Quería mantener la paz con los indígenas norteamericanos que vivían en esas tierras.

Durante la Guerra Franco-India, los británicos ordenaron a las colonias que se organizaran para poder hacer tratados entre estas y la Confederación Iroquesa. El resultado fue el Plan de Unión de Albany. El plan, que fue propuesto por Benjamín Franklin, de Pennsylvania, convocaba a un **congreso**, o un cuerpo de gobierno para la creación de leyes. El congreso representaría a todas las colonias. Tendría el poder para tener un ejército, recaudar impuestos y planificar una expansión hacia el oeste. Una parte del documento decía:

INTERACTIVITY

Explora las ideas clave de esta lección.

Fuente primaria

Que ellos hagan leyes para regular y gobernar esos nuevos asentamientos hasta que la Corona considere adecuado hacer que formen gobiernos particulares.

—Plan de Unión de Albany, 1754

George Washington, montado a caballo, era de la colonia de Virginia. Luchó del lado de los británicos durante la Guerra Franco-India.

El rey Jorge III rechazó el plan porque temía que le diera demasiado poder a las colonias. Además, algunos líderes en Gran Bretaña decidieron cobrarles impuestos a los colonos estadounidenses para pagar la Guerra Franco-India.

Gran Bretaña tenía una **deuda**, lo que significaba que debía dinero. Entonces, Gran Bretaña aprobó la **Ley del Timbre**, que establecía un impuesto a todo papel impreso usado por los colonos. Eso incluía documentos legales, periódicos, permisos y hasta cartas para jugar.

Los colonos no estaban representados en el parlamento, la asamblea de Gran Bretaña encargada de crear leyes. Muchos pensaban que el gobierno británico no debía cobrarles impuestos. "¡No al cobro de impuestos sin representación!" se convirtió en un reclamo colectivo. Los colonos consideraban que solo los representantes que ellos elegían para sus asambleas coloniales tenían derecho a aprobar leyes impositivas.

El Plan de Albany provocó que los colonos comenzaran a pensar en formar una unión. Algunos colonos, como Patrick Henry de Virginia, se convirtieron en opositores declarados a la Ley del Timbre. Al poco tiempo, los colonos se reunieron para debatir sobre la situación.

Un sello de un centavo. El parlamento exigía un sello en cada papel impreso en las colonias como parte de la Ley del Timbre.

El Congreso de la Ley del Timbre se reunió en 1765 para debatir de qué manera evitar el injusto impuesto de Gran Bretaña.

JOIN, or DIE.

Esta caricatura política, publicada por Benjamín Franklin, muestra que las colonias eran débiles porque estaban divididas. Las partes de la serpiente representan a las colonias. Las letras sobre la cabeza representan las cuatro colonias de Nueva Inglaterra.

1. ☑ **Revisar la lectura** Causa y efecto **Analiza** de qué manera la Guerra Franco-India afectó la relación entre Gran Bretaña y las 13 colonias. Coméntalo con un compañero.

Los colonos toman medidas

En respuesta a lo que consideraban impuestos injustos, algunas colonias pidieron que el parlamento derogara la Ley del Timbre. Esos pedidos fueron rechazados. En 1765, los representantes de nueve colonias se encontraron en Nueva York en una reunión llamada Congreso de la Ley del Timbre. El congreso estaba conformado por delegados, o representantes, de las colonias; entre ellos había granjeros, abogados y empresarios. Como grupo, exigieron que el parlamento derogara la Ley del Timbre. Aunque los impuestos eran bajos, a los colonos no les gustaba el antecedente que estos establecían.

En esa época, la mayoría de los colonos eran leales a la Corona. Solo estaban en desacuerdo con los impuestos del parlamento. Las Resoluciones de la Ley del Timbre, establecidas en el Congreso de la Ley del Timbre, **reconocían** que el rey aún tenía el derecho de crear leyes en las colonias.

Otros grupos querían enviar un mensaje más convincente al rey. Un grupo llamado **Hijos de la Libertad** comenzó a organizar protestas contra la Ley del Timbre. Escribió artículos que alentaban a hacer **boicots**, o negarse a comprar productos británicos. Los Hijos de la Libertad era un grupo secreto. Se formó en 1765 para proteger los derechos de los colonos y protestar contra los impuestos británicos.

Misión Conexión

Identifica y encierra en un círculo los hechos más relevantes de la Ley del Timbre. **Explica** de qué manera esta ley aumentaba la tensión entre las colonias y Gran Bretaña.

 INTERACTIVITY

Aprende a usar las causas y los efectos de la Ley del Timbre para organizar un artículo periodístico.

Vocabulario académico

reconocer • v., admitir la autoridad de alguien

Algunos opositores coloniales consideraban que el parlamento no tenía derecho a cobrarles impuestos. Aquí los colonos protestan contra los impuestos británicos confrontando al gobernador real de Carolina del Norte.

Vocabulario académico

retener • *v.*, conservar

Sus miembros también quemaban estampillas y amenazaban a los agentes de estampillas. Las Hijas de la Libertad, otra parte del grupo, alentaban a los colonos a tejer sus propias telas en vez de usar telas elaboradas por los británicos.

Para marzo de 1766, Gran Bretaña ya perdía dinero debido a los boicots. Fueron los boicots, más que el congreso, los que causaron la derogación de la Ley del Timbre. La derogación marcó un hito para las colonias. Fue la primera vez que los representantes de las colonias se unieron. También fue la primera vez que el gobierno británico dio marcha atrás al enfrentarse a la resistencia colonial.

Sin embargo, junto con la derogación, el parlamento aprobó la Ley Declaratoria de 1766. El rey temía que las colonias estuvieran fortaleciéndose demasiado. El mensaje de la Ley Declaratoria era que el rey **retenía** la autoridad de crear leyes para las colonias.

Aunque muchos apoyaban al rey, algunos legisladores no estaban de acuerdo. William Pitt el Viejo sostuvo ante el parlamento que cobrarles impuestos a las colonias era inconstitucional.

Fuente primaria

Los estadounidenses no actuaron con prudencia [sensatez] ni templanza [calma] en todos los asuntos. Sufrieron daños. La injusticia los enloqueció. ¿Los castigarán por la locura que ustedes ocasionaron [causaron]? Mejor dejen que la prudencia y la templanza vengan primero de este lado. Yo me comprometeré con [me pondré del lado de] los Estados Unidos para que sigan el ejemplo.

—Discurso de William Pitt sobre la Ley del Timbre, 14 de enero de 1766

2. ☑ **Revisar la lectura** **Identifica** las razones por las que los colonos rechazaban la Ley del Timbre.

_____

_____

_____

_____

Las Leyes Townshend

La derogación de la Ley del Timbre significaba que el gobierno británico ya no les cobraba impuestos a los colonos. Pero los colonos seguían preocupados porque, según la Ley Declaratoria, el parlamento tenía derecho a crear leyes en las colonias en "todos los casos".

Esas preocupaciones se confirmaron en el verano de 1767, cuando se aprobaron las **Leyes Townshend**, llamadas así por Charles Townshend, el miembro del parlamento que las propuso. Se trataba de una serie de leyes para cobrar **aranceles**, o impuestos, sobre los productos que entraban en las colonias. Había impuestos sobre el vidrio, el té, el plomo y el papel. Los aranceles solían usarse para controlar el comercio, pero, en este caso, se usaban para recaudar dinero para Gran Bretaña. Como parte de las Leyes Townshend, se estableció un sistema estricto de **tasas de aduana**, o recaudación de impuestos. Las leyes también levantaron el impuesto sobre la exportación británica de té; de modo que Gran Bretaña podría enviar té a las colonias de manera gratuita.

Sobre palabras

Claves del contexto A veces, puedes usar claves para descifrar el significado de una palabra que no conoces. Por ejemplo, busca la palabra *derogar* en esta lección. ¿Cómo se usa esa palabra? Los colonos creían que la Ley del Timbre era injusta, así que pidieron que fuera *derogada*. ¿Qué crees que significa *derogar*?

Una vez más les cobraron impuestos a los colonos sin que tuvieran representación. Su respuesta fue boicotear los productos británicos, atormentar a los recaudadores de impuestos y negarse a pagar los impuestos. Los comerciantes británicos comenzaron a perder dinero. Para controlar las protestas y asustar a los colonos, el rey Jorge III envió barcos de guerra al puerto de Boston en 1768. Eso no disuadió a los colonos. Los comerciantes siguieron perdiendo dinero. Los comerciantes británicos le pidieron a su gobierno que derogara las leyes. Como resultado de la agitación que causaron, las Leyes Townshend fueron derogadas en abril de 1770. Solo quedaba un impuesto sobre el té. El mensaje que el parlamento quería enviar era que tenía derecho a cobrarles impuestos a las colonias.

Aunque la derogación de la Ley del Timbre y las Leyes Townshend representó una victoria para los colonos, la tensión continuaba. Había tropas británicas en Boston y los colonos pagaban un impuesto sobre su té.

3. ☑ **Revisar la lectura** Usa el diagrama para **describir** las Leyes Townshend. Con un compañero, **resuman** las leyes y sus efectos.

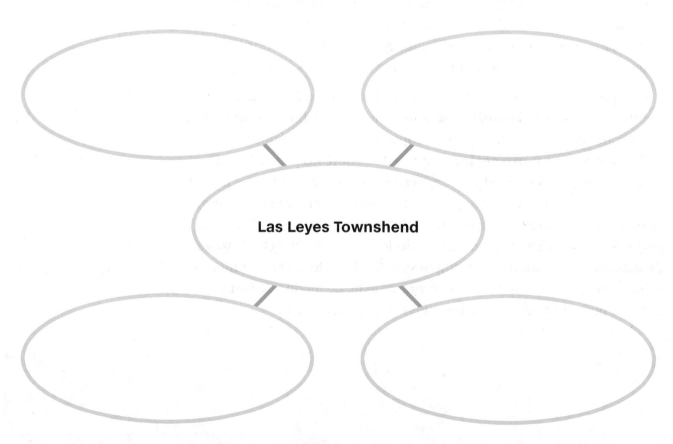

Las Leyes Townshend

✓ Revisar la Lección 1

4. Múltiples causas y efectos **Analiza** de qué manera la Guerra Franco-India afectó la relación entre los británicos y las 13 colonias. Luego, completa el diagrama para explicar los efectos de la guerra.

Causas   **Efectos**

1. Los británicos no querían tener problemas con los indígenas norteamericanos.

2. Los británicos aprobaron la Ley del Timbre para pagar la guerra.

5. En esta lección, leíste sobre las razones por las que las personas estaban en contra de la Ley del Timbre y otros impuestos. Sin embargo, algunos colonos estaban a favor de esas acciones. **Desarrolla** y **presenta** un argumento lógico a favor de los impuestos británicos.

6. Comprender *Misión* Conexión ¿De qué manera las acciones del rey Jorge III contribuyeron a que surgieran sentimientos antibritánicos?

Lección 2 Camino a la guerra

INTERACTIVITY

Participa en una discusión en clase para darle un vistazo al contenido de esta lección.

Vocabulario

masacre
alojar
ley marcial
patriota
leal al rey
neutral
milicia

Vocabulario académico

simbólico
significativo

Descifra la Pregunta principal

Aprenderé por qué los colonos decidieron ir a la guerra contra Inglaterra.

¡En marcha!

Divídanse en grupos pequeños. Cada grupo formará dos equipos. El Equipo 1 le dirá al Equipo 2 lo que debe hacer en el recreo. ¿Qué sintió el Equipo 1 al decirle qué hacer al Equipo 2? ¿Qué sintió el Equipo 2 cuando le dijeron qué hacer?

Las Leyes Townshend se derogaron en marzo de 1770, pero los colonos seguían enfadados. El malestar se había extendido por las colonias debido a los repetidos intentos de Gran Bretaña de recaudar impuestos.

Los barcos británicos en el puerto de Boston intentaban controlar las protestas y el creciente descontento en las colonias.

Aumentan las tensiones

A principios de 1770, había personas en Boston que estaban enfadadas con Gran Bretaña. Los barcos de guerra británicos habían estado ocupando el puerto de Boston durante más de un año para intentar mantener la paz.

El 5 de marzo, el mismo día que un miembro del parlamento propuso derogar las Leyes Townshend, el malestar colonial se descontroló en Boston.

Una multitud comenzó a gritar insultos y a molestar a un guardia británico cerca de la aduana. La aduana era el lugar donde se recaudaban los impuestos. Un capitán británico les ordenó a los soldados que protegieran al guardia y que restablecieran el orden. Alguien golpeó a un soldado británico con un palo. El soldado disparó contra la multitud.

Otros soldados británicos comenzaron a dispararle a la multitud. En la escaramuza murieron cinco colonos, entre ellos Crispus Attucks. Attucks era un marinero afroamericano que había escapado de la esclavitud. El incidente se llamó Masacre de Boston. Una **masacre** es la matanza intencional de muchas personas. El suceso conmocionó a las colonias.

John Adams de Massachusetts tuvo la tarea de defender a los funcionarios británicos en la corte. Adams no estaba de acuerdo con que los británicos estuvieran en Boston, pero creía que merecían un juicio justo. Ninguno de los soldados fue declarado culpable de asesinato.

1. ☑ **Revisar la lectura** **Identifica** la causa de la Masacre de Boston subrayando el texto correcto. **Explica** por qué Boston fue el centro de la acción.

_____

_____

INTERACTIVITY

Explora las ideas clave de esta lección.

Crispus Attucks fue uno de los cinco colonos que murieron en la Masacre de Boston.

Esta ilustración de los ataúdes de las víctimas de la Masacre de Boston apareció en un periódico colonial. En cada ataúd están las iniciales de las víctimas.

Comités de Correspondencia

A medida que las tensiones con Gran Bretaña aumentaban, los colonos de Massachusetts sintieron la necesidad de crear un sistema de comunicación. Samuel Adams, primo de John Adams, ayudó a crear el Comité de Correspondencia en su colonia para que incluso las personas de las áreas rurales y otras colonias tuvieran acceso a la información. Ese comité, o grupo de personas, se había ocupado activamente de alentar a las colonias para que enviaran delegados al Congreso de la Ley del Timbre. Luego, se ocupó activamente de resolver la "crisis del té".

Otras colonias también formaron comités. Cuando los colonos se enteraron de la Masacre de Boston, la importancia de esos comités se hizo evidente. Algunos miembros de los comités escribieron cartas y folletos sobre las políticas británicas y las protestas coloniales. Repartieron los documentos entre las colonias. Un hombre llamado Paul Revere fue uno de los jinetes exprés, que llevaban cartas y folletos por todas las colonias.

Después de la Masacre de Boston, muchos colonos recurrieron a la religión para justificar su oposición al gobierno británico. Sentían que luchar contra un tirano cruel era su deber cristiano y moral. Muchos ministros predicaban esa idea entre los colonos. Consideraban que era moralmente correcto apoyar la resistencia política y militar contra Gran Bretaña.

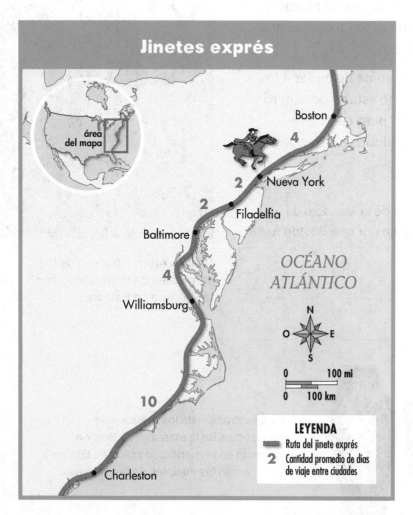

Jinetes exprés

área del mapa

Boston

4

2   Nueva York

2

Filadelfia

Baltimore

4

Williamsburg

OCÉANO ATLÁNTICO

N O E S

0   100 mi
0   100 km

10

Charleston

LEYENDA
Ruta del jinete exprés
2   Cantidad promedio de días de viaje entre ciudades

2. ☑ **Revisar la lectura** Mira el mapa. **Describe** y **mide** la distancia que hay entre Williamsburg y Baltimore. ¿Aproximadamente, cuántas millas recorría un jinete en 4 días?

_____

_____

_____

El Motín del Té de Boston

En la primavera de 1773, la "crisis del té" empeoró. Gran Bretaña aprobó la Ley del Té, que establecía que solo la Compañía Inglesa de las Indias Orientales podía vender té en las colonias. La compañía no pagaría impuestos sobre el té vendido en las colonias, pero los colonos seguirían pagando un impuesto sobre el té.

Cuando los colonos se enteraron de la Ley del Té, decidieron actuar. Consideraban que era un impuesto injusto. No querían que los obligaran a comprar té de una compañía. Algunos grupos, como las Hijas de la Libertad, organizaron boicots y los Hijos de la Libertad continuaron protestando en Boston. La mañana del 16 de diciembre de 1773, los Hijos de la Libertad, liderados por Samuel Adams, planificaron una rebelión espectacular. Esa noche, más de 100 hombres de todos los sectores sociales se reunieron en el muelle de Griffin, ubicado en el puerto de Boston. Algunos miembros de los Hijos de la Libertad se disfrazaron de mohawks. Los disfraces también eran **simbólicos**; representaban que los colonos ahora se consideraban americanos y no súbditos británicos. En el muelle había tres barcos que llevaban té británico. Los hombres treparon a bordo de los barcos, rompieron los cofres de té y los arrojaron al puerto de Boston. El té que se destruyó valdría hoy más de un millón de dólares. El suceso se conoció como el Motín del Té de Boston.

Los Hijos de la Libertad y otros colonos destruyeron té en el Motín del Té de Boston para protestar contra el impuesto sobre el té.

Vocabulario académico

simbólico • *adj.*, que representa una idea o un sentimiento

3. ☑ **Revisar la lectura** Usar evidencia del texto **Analiza** y resalta las causas y los efectos inmediatos del Motín del Té de Boston.

Sobre palabras

Sufijos Los sufijos son partes de palabras que se agregan al final de una palabra. Cambian el significado de la palabra. Por ejemplo, la palabra *recaudador* se forma con el sufijo *–dor* a partir del verbo *recaudar*. De esta manera, el verbo *recaudar* se convierte en un sustantivo: *recaudador*.

En respuesta al Motín del Té de Boston, el gobierno británico aprobó las Leyes Coercitivas de 1774. *Coercitivo* significa "que sirve para forzar la voluntad o la conducta de alguien". Estas leyes cerraron el puerto de Boston. Los británicos querían forzar a Boston a pagar por el té destruido. Los colonos llamaron a esas leyes Leyes Intolerables. *Intolerable* significa "insoportable". Las leyes paralizaron la economía de Boston y unificaron aún más a los colonos en contra de Gran Bretaña.

Las Leyes Intolerables, además de obligar a los colonos a pagar por el té destruido, los obligaban a **alojar**, o dar albergue, a soldados británicos. También se sometió a Massachusetts a la **ley marcial**, lo que significaba que los militares británicos lo controlarían. Además, ningún funcionario británico acusado de cometer un crimen estando en servicio, ya fuera como vigilante o como recaudador de impuestos, sería juzgado por un jurado colonial. Sería enviado de regreso a Gran Bretaña para que lo juzgaran allí.

4. ☑ **Revisar la lectura** **Analiza** qué podrían haber pensado sobre las Leyes Intolerables un patriota y alguien leal al rey. Escribe sus ideas en las burbujas de diálogo.

Samuel Adams
patriota

Thomas Hutchinson
leal al rey

Las leyes alentaron a muchos colonos a unirse a la causa de los **patriotas**. Los patriotas eran colonos que se oponían a las acciones y a las políticas de Gran Bretaña. Alrededor de un tercio de los colonos eran **leales al rey**, o leales a Gran Bretaña. Algunas personas permanecieron **neutrales** y no tomaron partido por nadie. La cantidad de colonos neutrales disminuía a medida que las tensiones entre los países aumentaban.

La Ley del Puerto de Boston, una de las Leyes Coercitivas, también llamadas Leyes Intolerables, cerró el puerto de Boston hasta que los colonos pagaran por el té destruido durante el Motín del Té de Boston.

5. ☑ Revisar la lectura **Analiza** de qué manera las Leyes Intolerables pudieron haber afectado la economía y haz inferencias sobre el efecto inmediato que tuvieron sobre los colonos. **Comenta** tus ideas con un compañero.

_____

_____

_____

_____

El Primer Congreso Continental

Los colonos estaban furiosos por las Leyes Intolerables. Los Comités de Correspondencia escribieron muchos textos sobre las políticas injustas de Gran Bretaña para que todas las colonias estuvieran informadas. Planificaron protestas y actos de resistencia coordinada.

El efecto más **significativo** de las leyes fue la reunión del Primer Congreso Continental. Debido al creciente descontento en las colonias centrales, Filadelfia se convirtió en el lugar de reunión. Entre septiembre y octubre de 1774, las colonias se reunieron por primera vez desde el Congreso de la Ley del Timbre de 1765. Entre los 55 delegados, se encontraban John Adams, George Washington, Samuel Adams y Patrick Henry.

Aun cuando algunos estaban listos para separarse de Gran Bretaña, otros delegados más moderados recomendaron al Congreso que recurriera una vez más al rey. Por ejemplo, John Dickinson de Pennsylvania estaba en contra de la independencia. Pensaba que los colonos y Gran Bretaña debían resolver sus diferencias. Temía que la independencia causara un desastre.

Muchos comerciantes también pedían por la paz. Varios de ellos dependían de los bancos británicos para que les otorgaran créditos. La marina británica protegía su comercio. Un comerciante de Filadelfia, Thomas Clifford, dijo que la independencia "seguramente no daría ganancias". Temía que Francia y España intentaran aprovecharse de las colonias si Gran Bretaña no las protegía.

Vocabulario académico

significativo • *adj.*, importante

El Primer Congreso Continental se reunió en 1774, en Filadelfia. En la imagen de abajo, los miembros salen del Salón de la Independencia.

El Congreso Continental envió su Declaración de Derechos al parlamento. En el documento, se pedía al gobierno británico que derogara las Leyes Intolerables. El documento también incluía una declaración de derechos coloniales y una lista de quejas. Antes de enviar la petición, los delegados acordaron que si el rey la rechazaba, se volverían a reunir para organizar sus próximas acciones.

Fuente primaria

> Que ellos tienen derecho a la vida, la libertad y la propiedad, y nunca cedieron [dieron] a ningún poder extranjero el derecho a disponer de [decidir sobre] ellas sin su consentimiento.
>
> —La Declaración de Derechos, 1774

Enviar la Declaración de Derechos al rey fue un paso significativo. Los delegados sabían que, en su próxima reunión, tal vez tendrían que tomar la decisión de ir a la guerra.

6. ☑ **Revisar la lectura** **Identifica** tres puntos que los Comités de Correspondencia podrían haber incluido en uno de sus folletos antes del Primer Congreso Continental. Comenta y **describe** tus ideas con un compañero.

El disparo que resonó en todo el mundo

En la primavera de 1775, las **milicias** coloniales, o ejércitos de voluntarios formados por colonos, comenzaron a almacenar municiones en la ciudad de Concord, Massachusetts. Querían prepararse para un posible conflicto contra Gran Bretaña. Cuando el general británico Thomas Gage se enteró, se propuso detener a los colonos y arrestar a los patriotas Samuel Adams y John Hancock, que estaban en Lexington.

Los colonos se enteraron del plan de Gage. La noche del 18 de abril, los jinetes exprés Paul Revere y William Dawes decidieron avisar a los *minutemen* que los británicos se acercaban. Los *minutemen* eran miembros de las milicias locales que estaban listos para luchar de inmediato. Cerca de la medianoche, Revere llegó a Lexington para alertar a Adams y a Hancock. Dawes llegó alrededor de 30 minutos después. Otro jinete, Samuel Prescott, se unió a ellos. Los tres continuaron hacia Concord para avisar que los británicos estaban en camino para quitarles las municiones.

Cuando los británicos llegaron a Lexington, antes del amanecer del 19 de abril de 1775, se encontraron con una milicia de 70 hombres. Un disparo inesperado, que ahora se conoce como el "disparo que resonó en todo el mundo", hizo que ambas partes comenzaran a disparar. Murieron ocho milicianos. Los británicos siguieron hasta Concord, donde encontraron más milicianos. La milicia obligó a los británicos a retirarse. La Guerra de Independencia había comenzado.

Aproximadamente dos meses después, los patriotas y los británicos volvieron a enfrentarse. Los patriotas intentaron impedir que los soldados británicos capturaran Breed's Hill. La mañana del 17 de junio, los patriotas obligaron a los británicos a bajar de Breed's Hill dos veces. Cuando los británicos regresaron por tercera vez, a los patriotas se les habían acabado las municiones y los británicos tomaron la colina. El enfrentamiento se conoció como la Batalla de Bunker Hill. Aunque fue una victoria británica, los patriotas vieron que podían defenderse. Esas batallas profundizaron la grieta entre Gran Bretaña y los colonos americanos.

7. ☑ **Revisar la lectura**
Identifica y completa los sucesos que faltan en los recuadros 2 y 4. **Explícale** a un compañero por qué el 18 de abril habría sido diferente si no hubiera sido por Revere, Dawes y Prescott.

Comienza la Revolución

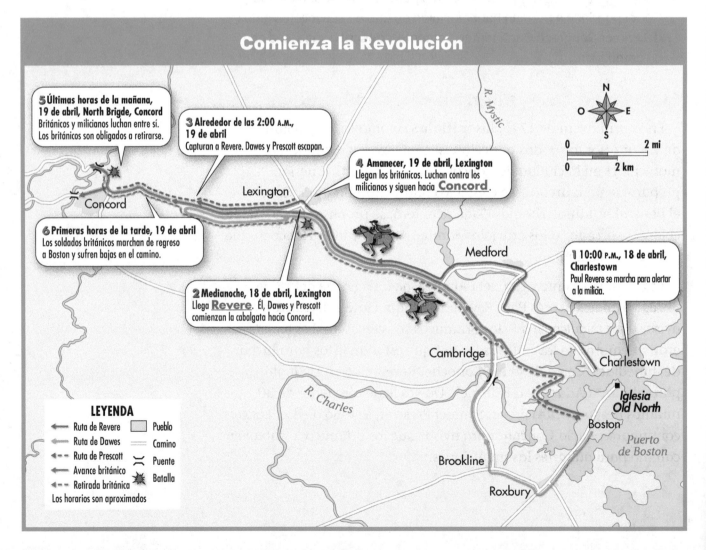

5 Últimas horas de la mañana, 19 de abril, North Brigde, Concord
Británicos y milicianos luchan entre sí. Los británicos son obligados a retirarse.

3 Alrededor de las 2:00 A.M., 19 de abril
Capturan a Revere. Dawes y Prescott escapan.

4 Amanecer, 19 de abril, Lexington
Llegan los británicos. Luchan contra los milicianos y siguen hacia **Concord**.

6 Primeras horas de la tarde, 19 de abril
Los soldados británicos marchan de regreso a Boston y sufren bajas en el camino.

2 Medianoche, 18 de abril, Lexington
Llega **Revere**. Él, Dawes y Prescott comienzan la cabalgata hacia Concord.

1 10:00 P.M., 18 de abril, Charlestown
Paul Revere se marcha para alertar a la milicia.

LEYENDA
← Ruta de Revere
← Ruta de Dawes
←-- Ruta de Prescott
← Avance británico
←-- Retirada británica
Los horarios son aproximados

☐ Pueblo
═ Camino
✕ Puente
✹ Batalla

Revisar la Lección 2

INTERACTIVITY

Comprueba tu comprensión de ideas clave de esta lección.

8. **Causa y efecto** **Resume** las razones de la Masacre de Boston y **describe** las consecuencias del suceso.

9. **Identifica** y **describe** cómo comenzó oficialmente la Guerra de Independencia.

10. **Explica** por qué los colonos se referían a las Leyes Coercitivas como "Leyes Intolerables".

Analizar imágenes

En la actualidad, podemos ver fotografías y videos de sucesos minutos después de que hayan ocurrido. En el pasado, la gente tenía que hacer ilustraciones de los sucesos. Si examinamos estas imágenes, podemos entender no solo el suceso, sino también la mentalidad del artista. La manera en que se mostraban los sucesos podía influir en la opinión pública.

Como leíste antes, la Masacre de Boston ocurrió en 1770 como resultado de la creciente tensión entre los colonos y los británicos. Los colonos estaban furiosos por las Leyes Townshend y los barcos británicos ocuparon el puerto de Boston. Abajo se muestra un grabado hecho por Paul Revere. En él se muestra la Masacre de Boston. Aunque Revere no estuvo presente en el suceso, basó su grabado en testimonios directos y el trabajo de otro artista, Henry Pelhan.

Este grabado fue creado por Paul Revere y se llama "La Sangrienta Masacre perpetrada en King-Street", 5 de marzo de 1770.

1. En la imagen, **identifica** y encierra en un círculo los elementos que se describen en la columna izquierda de la tabla. Luego, completa la tabla **describiendo** cómo cada elemento del grabado podría haber influido en las opiniones de los colonos.

VIDEO

Mira un video sobre cómo analizar imágenes.

Elementos en la imagen	Efecto de cada elemento
1. Los soldados británicos están en una fila y organizados.	1. _____ _____ _____
2. Los colonos no tienen armas.	2. _____ _____ _____
3. La cara de los soldados británicos es angular y severa.	3. _____ _____ _____

2. **Analiza** la imagen y revisa tus respuestas de arriba. Úsalas para **describir** por qué ver esta imagen habría impulsado a los colonos a ir a la guerra con Gran Bretaña.

_____

_____

_____

_____

_____

3 Se declara la independencia

Participa en una discusión en clase para darle un vistazo al contenido de esta lección.

Vocabulario

Ejército Continental
independencia
igualdad
traición

Vocabulario académico

unirse
fundamento

Descifra la Pregunta principal

Aprenderé por qué las colonias declararon la independencia de Gran Bretaña y por qué estaban dispuestas a luchar por ella.

¡En marcha!

Tras lanzar una moneda al aire, un grupo representará a los patriotas y el otro, a las personas leales al rey. En aproximadamente dos minutos, creen una breve representación, de 30 segundos, que exprese sus opiniones sobre la idea de ser independientes de Gran Bretaña. ¿Cuáles son las opiniones de cada grupo?

Los colonos perdieron la paciencia con el rey Jorge III. Aquí derriban una estatua del rey.

Cuando los delegados del Primer Congreso Continental le enviaron la Declaración de Derechos al rey Jorge III, acordaron volver a reunirse si el rey la rechazaba. En mayo de 1775, no solo el rey rechazó la declaración, sino que además comenzó una guerra entre las colonias y Gran Bretaña. Cuando el Segundo Congreso Continental se reunió, tuvo que tomar decisiones difíciles.

INTERACTIVITY

Explora las ideas clave de esta lección.

El Segundo Congreso Continental

Mientras los soldados británicos avanzaban hacia Boston, el Segundo Congreso Continental se reunió en Filadelfia para decidir qué hacer ahora que las colonias estaban en guerra con Gran Bretaña. Decidieron crear un **Ejército Continental**. George Washington sería el comandante en jefe. En el Congreso, también se decidió imprimir dinero para pagar a los militares y sus provisiones. El Congreso se había convertido en un gobierno.

Muchos delegados no pensaban declarar la **independencia**, o libertad, de Gran Bretaña. A quienes sí lo pensaban como John Adams, se los consideraba extremistas. La mayoría de los colonos se consideraban ciudadanos británicos aunque no estuvieran de acuerdo con todas las políticas.

Una vez más, el Congreso decidió intentar resolver pacíficamente los problemas entre las colonias y Gran Bretaña. Los delegados escribieron la Petición de la Rama de Olivo. En esa petición, se le solicitaba la paz al rey y se declaraba formalmente la lealtad colonial. El rey no hizo caso a la petición y declaró a las colonias de rebeldes. Prohibió toda actividad comercial con ellas. Esa drástica acción hizo que los delegados moderados también consideraran la independencia.

1. ☑ **Revisar la lectura** **Usar evidencia del texto** Resalta el texto para **identificar** las decisiones que tomó el Segundo Congreso Continental. **Describe** por qué esas decisiones fueron significativas.

_____

_____

_____

_____

Ilustración e independencia

Las ideas de John Locke sobre la libertad y la igualdad convencieron a muchos colonos de que había llegado el momento de la independencia.

En 1776, Thomas Paine, nacido en Gran Bretaña, compartió sus ideas sobre los próximos pasos que debían dar las colonias. Había viajado a los Estados Unidos para apoyar la libertad de las colonias. En un folleto llamado *El sentido común*, Paine alentaba a los colonos a separarse de Gran Bretaña y convertirse en un país independiente.

Thomas Paine estaba influenciado por filósofos de la Ilustración, como John Locke. La Ilustración fue un movimiento surgido en Europa algunas décadas antes. El movimiento enfatizaba que la libertad y la **igualdad**, o tener los mismos derechos que todos los demás, eran derechos humanos básicos.

El argumento persuasivo de Paine convenció a colonos y delegados por igual de que había llegado el momento de la independencia. Se estaba extendiendo la idea de que el rey les había negado a los colonos sus derechos básicos.

Paine sostenía que las colonias debían liberarse de un gobierno que violaba los derechos naturales de sus ciudadanos. Paine declaró: "Tenemos el poder de comenzar el mundo otra vez [...]. El día del nacimiento de un mundo nuevo está por llegar". Paine también sostenía que las colonias debían **unirse** bajo un sistema de gobierno representativo. Se vendieron más de 200,000 copias de *El sentido común* en los primeros meses posteriores a su publicación.

2. ✅ **Revisar la lectura** **Causa y efecto** **Analiza** y **explica** de qué manera los escritos de John Locke afectaron a los colonos.

_____

_____

_____

_____

_____

La redacción de la Declaración de Independencia

Hacia mayo de 1776, ocho de las colonias apoyaban la decisión de declarar la independencia. Antes de comunicarle sus planes al parlamento, los delegados querían tener un documento escrito que declarara la independencia formalmente.

Un "Comité de Cinco", formado por Thomas Jefferson, John Adams, Benjamín Franklin, Roger Sherman y Robert Livingston, se propuso escribir el documento. El comité le pidió a Jefferson que escribiera un borrador de la Declaración de Independencia. Al igual que Paine, Jefferson estaba influenciado por Locke. Mientras escribía la declaración, usó una frase inspirada en Locke: "la vida, la libertad y la búsqueda de la felicidad".

Cuando Jefferson terminó su borrador, Franklin y Adams sugirieron cambios. Luego, presentaron el documento ante el Congreso para que lo aprobara. Poco tiempo después, el Congreso hizo una votación y declaró oficialmente la independencia el 4 de julio de 1776. Los delegados se arriesgaron al tomar esas medidas. Al declarar la independencia, eran vulnerables a las acusaciones de **traición**, es decir, de intentar derrocar al gobierno de su propio país.

3. ☑ **Revisar la lectura** **Describe** al menos dos puntos que creas que fueron incluidos en la Declaración de Independencia.

_____

_____

_____

Benjamín Franklin, John Adams y Thomas Jefferson trabajan en la Declaración de Independencia.

La Declaración de Independencia

Las ideas de la Declaración de Independencia, que fueron escritas en el siglo XVIII, se convirtieron en el **fundamento** de la democracia estadounidense. Su tratamiento de los derechos naturales y de la relación entre los ciudadanos y el gobierno era algo novedoso.

La Declaración de Independencia resumía las ideas que muchos delegados de la convención usarían para fundar una nación nueva. Afirmaba que todos los hombres son creados iguales y tienen ciertos derechos naturales. La tarea del gobierno consiste en proteger esos derechos a través de la autoridad que sus ciudadanos le dieron.

El documento puede dividirse en tres partes: el Preámbulo, las acusaciones contra el rey Jorge III y la declaración formal de separación del gobierno británico.

Vocabulario académico

fundamento • *sust.*, la base o el apoyo de algo

1. El Preámbulo es una introducción. En él, Jefferson escribe sobre los derechos que todas las personas tienen y que no se pueden quitar.

2. La segunda sección enumera las violaciones que el rey cometió contra los derechos de los colonos.

3. El documento concluye declarando que las 13 colonias ahora son estados independientes y unidos.

Cincuenta y seis delegados firmaron la Declaración de Independencia. Al firmarlo, arriesgaron su vida. El gobierno británico podría haberlos acusado de traición, un delito castigado con la horca. Stephen Hopkins, un delegado con parálisis cerebral, dijo: "mis manos tiemblan, pero mi corazón no".

De la Declaración de Independencia

1. Sostenemos como evidentes estas verdades: que todos los hombres son creados iguales; que son dotados por su Creador de ciertos derechos inalienables [derechos que no se les pueden quitar]; que entre estos están la vida, la libertad y la búsqueda de la felicidad.

_____
_____
_____
_____

2. Ha negado su aprobación a leyes [se negó a cumplir las leyes] [...]. Se ha aliado con otros para someternos a una jurisdicción [autoridad] extraña a nuestra constitución [modo de vida] [...] para impedir nuestro comercio con todas las partes del mundo; para imponernos contribuciones sin nuestro consentimiento [...]. Ha saqueado [robado] nuestros mares, devastado [destruido] nuestras costas, incendiado nuestras ciudades y destruido la vida de nuestro pueblo.

_____
_____
_____
_____

3. Que estas Colonias Unidas son, y deben serlo por derecho, Estados Libres e Independientes; que quedan libres de toda lealtad a la Corona Británica [...] que tienen pleno poder para hacer la guerra, concertar la paz, concertar alianzas, establecer el comercio y efectuar los actos y providencias a que tienen derecho los Estados independientes.

_____
_____
_____
_____
_____

4. ☑ Revisar la lectura Con tus propias palabras, **analiza** y **explica** qué significa cada sección de la Declaración de Independencia.

Un primer paso importante

Desearía que recordaran a las damas...

Abigail Adams

La versión original de la Declaración de Independencia de Jefferson había incluido una sección que condenaba la esclavitud. El Congreso eliminó esa sección antes de aprobar el documento. Aunque los Fundadores tenían opiniones divididas sobre la esclavitud, tanto los delegados del norte como los del sur se opusieron a la cláusula referida a esa práctica.

En 1776, la frase *todos los hombres son creados iguales* no se aplicaba a los afroamericanos, a los indígenas norteamericanos ni a las mujeres. En una carta a su esposo John, Abigail Adams le hizo el famoso pedido de "recordar a las damas" al formar la nueva nación. Abigail creía que no era lógico que los patriotas lucharan y murieran por independizarse de los británicos si los derechos de algunos estadounidenses no eran tomados en cuenta.

Aunque pasarían muchas décadas antes de que se reconocieran los derechos de todas las personas, la Declaración de Independencia fue un paso importante en el reconocimiento de los derechos individuales.

En la actualidad, los estadounidenses celebran el Cuatro de Julio como un día para reflexionar sobre la libertad. Muchos también disfrutan de los desfiles, la comida y los fuegos artificiales.

✓ **Revisar la Lección 3**

5. **Causa y efecto Identifica** dos efectos, o consecuencias, de la causa que se muestra abajo.

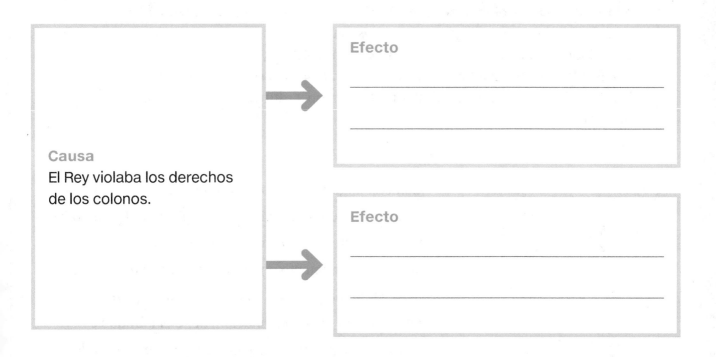

Causa
El Rey violaba los derechos de los colonos.

Efecto
_____
_____

Efecto
_____
_____

6. **Describe** cómo podría haberse sentido un colono al leer la Declaración de Independencia por primera vez.

_____
_____

7. **Haz inferencias** sobre la manera en que el rey Jorge III podría haber reaccionado cuando leyó la Declaración de Independencia.

_____
_____
_____

El sentido común, de Thomas Paine

En su folleto *El sentido común,* Thomas Paine desafió el poder que los británicos tenían sobre las colonias. Paine fue una de las primeras personas en estar a favor de que las colonias se independizaran de Gran Bretaña y de su rey. Usaba un lenguaje simple para que sus escritos fueran populares entre la diversidad de personas que vivían en todas las colonias.

En 1776, muchos colonos eran leales al rey. *El sentido común* se escribió con la intención de que la gente cambiara de opinión y estuviera a favor de la independencia.

Apoyo del vocabulario

Un largo período de maltrato es una buena razón para cuestionar cómo se puede justificar ese maltrato.

Los colonos tienen derecho a cuestionar las exigencias del parlamento y del rey.

asumido , *v.*, tomado

gravemente, *adv.*, de manera grave

oprimida, *adj.*, sometida mediante trato severo

indudable privilegio, un derecho absoluto

pretensiones, *sust.*, méritos

usurpación, *sust.*, acción y efecto de tomar por la fuerza

Como el largo y violento abuso de poder es, por lo general, el medio de legitimar eso mismo [...] y como el rey de Inglaterra ha asumido como derecho propio el apoyar al parlamento en lo que él llama el derecho de ellos, la buena gente de este país, al estar gravemente oprimida por esta combinación, tiene el indudable privilegio de preguntar acerca de las pretensiones de ambos y, de igual modo, rechazar la usurpación de uno y de otro.

–Thomas Paine, *El sentido común,* Filadelfia, 14 de febrero de 1776

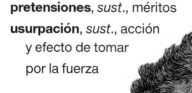

Thomas Paine

Dato interesante

En los primeros meses, se vendieron más de 200,000 copias de *El sentido común,* que se convirtió en la obra impresa más vendida de la época.

Lectura atenta

1. **Identifica** y encierra en un círculo lo que Paine piensa que los colonos deberían hacer en respuesta al abuso de poder por parte del rey.
2. ¿Qué intenta decir Paine? **Explícalo** con tus propias palabras. ¿Qué otras preguntas tienes sobre esta cita?

_____

_____

_____

_____

_____

_____

En resumen

Describe algunas razones por las que Paine tuvo que escribir *El sentido común*. Justifica tu respuesta con información del capítulo. Usa una cita de la selección que se muestra aquí.

_____

_____

_____

_____

_____

_____

_____

_____

_____

Lección 4

En el campo de batalla y en casa

INTERACTIVITY

Participa en una discusión en clase para darle un vistazo al contenido de esta lección.

Vocabulario

mercenario

retirada

alianza

escasez

ganancias excesivas

Vocabulario académico

recluir

surgir

En la Guerra de Independencia se enfrentaron el ejército británico, o "casacas rojas", y el Ejército Continental.

Descifra la Pregunta principal

Aprenderé que incluso cuando las condiciones fueron difíciles, los patriotas lucharon por la independencia.

¡En marcha!

En grupo, hagan una lista de los artículos que un ejército debería tener. ¿Qué podría pasar si un ejército no tuviera todos los artículos de esa lista?

Cuando comenzó la lucha entre los británicos y los soldados del Ejército Continental, muchas personas pensaron que los colonos no podrían ganar. El Ejército Continental no estaba a la altura del violento ejército británico, pero los estadounidenses estaban luchando por su tierra natal.

Los ejércitos estadounidense y británico

El ejército británico era el mejor del mundo. Sus soldados estaban bien entrenados y tenían provisiones. Pero estaban luchando lejos de su hogar y las provisiones demoraban mucho en llegar.

Los británicos tenían más dinero que los colonos. Al comienzo de la guerra, contrataron a 30,000 soldados alemanes, llamados hessianos, para que los ayudaran a luchar en la guerra. Esos soldados eran **mercenarios**, o soldados contratados por un país extranjero. Los patriotas pensaban que los hessianos eran inhumanos. Su participación en la guerra convenció a algunos estadounidenses neutrales de unirse a la causa de los patriotas.

El Ejército Continental no estaba bien entrenado y tenía pocos recursos. Financiar la guerra era difícil. A veces, los generales no se ponían de acuerdo sobre la estrategia, pero luchaban por una causa en la que creían. En las fuerzas estadounidenses había milicias locales. Estas eran grupos de hombres armados que permanecían en su tierra y la protegían de las invasiones.

Tanto el ejército británico como el Ejército Continental les pidieron ayuda a los indígenas norteamericanos. Los mohawks, bajo el mando de su líder Joseph Brant, y los cheroquíes lucharon junto con los británicos, con la esperanza de que ellos detuvieran la expansión hacia el oeste. Los oneidas y los tuscaroras lucharon junto con los patriotas. Algunos indígenas norteamericanos permanecieron neutrales. Sin embargo, la mayoría de los indígenas norteamericanos se puso del lado de los británicos. Los indígenas norteamericanos sabían que, si los colonos ganaban, podían perder muchas tierras. Por ejemplo, aproximadamente 1,500 Iroquois lucharon junto con los soldados británicos.

INTERACTIVITY

Explora las ideas clave de esta lección.

1. ☑ **Revisar la lectura**
Comparar y contrastar
Usa la tabla para **identificar** y **describir** diferencias y similitudes entre el ejército británico y el Ejército Continental.

Los casacas rojas británicos y los Continentales

Ejército británico	Ejército Continental	Ambos
Tenía muchas provisiones. Incluía soldados contratados. Estaba bien entrenado.	Tenía pocos recursos incluía milicias locales.	

Las batallas más importantes de la guerra

El Sitio de Boston ocurrió mientras estallaba la guerra en Lexington y Concord. El conflicto duró hasta marzo de 1776. Durante ese tiempo, el Ejército Continental mantuvo al ejército británico **recluido** dentro de la ciudad de Boston.

Los británicos seguían bloqueando todos los barcos en el puerto; por lo tanto, se interrumpió la economía. Las provisiones para los británicos demoraban en llegar. El 4 de marzo, George Washington tomó el control de Dorchester Heights, en las afueras de Boston. Sus tropas dispararon cañones a los barcos británicos que estaban en el puerto. Dos semanas después, los británicos abandonaron la ciudad.

Algunos meses después, el general británico William Howe y sus tropas desembarcaron en Long Island. Su objetivo era capturar Nueva York. El 27 de agosto, Howe marchó hacia George Washington y sus soldados, que estaban en Brooklyn Heights. Howe obligó a los estadounidenses a marcharse. Washington llevó a sus hombres en bote hacia Manhattan para evitar que los capturaran.

Durante el otoño y el invierno de 1776 hubo más batallas violentas. Tras sufrir una baja en White Plains, Nueva York, Washington y sus hombres fueron expulsados hacia Nueva Jersey y, luego, hacia Pennsylvania. Los británicos capturaron y sentenciaron a muerte a un espía y a un maestro de 21 años llamado Nathan Hale. Hale dijo: "Solo lamento haber tenido una única vida para sacrificar por mi país".

Vocabulario académico

recluir • *v.*, impedir la salida de alguien; encarcelar

George Washington condujo a sus tropas por el río Delaware, que estaba congelado, la noche del 25 de diciembre de 1776. Al día siguiente, derrotaron a los británicos en un ataque sorpresa en Trenton.

Washington necesitaba una victoria, así que planificó un ataque sorpresa en Trenton, Nueva Jersey. La noche del 25 de diciembre, Washington y sus tropas cruzaron el río Delaware, que estaba congelado, hacia Nueva Jersey.

A la mañana siguiente, sorprendieron y derrotaron a los hessianos que controlaban Trenton. Poco tiempo después, Washington consiguió la victoria en Princeton, Nueva Jersey. Esas victorias levantaron el ánimo del Ejército Continental.

Un momento decisivo

En el otoño de 1777 ocurrió un momento decisivo en la guerra: la Batalla de Saratoga. Tadeusz Kościuszko (también escrito Thaddeus Kosciusko), un ingeniero polaco, había ayudado a los patriotas a construir un fuerte cerca de la ciudad.

Allí, el 19 de septiembre, el general británico John Burgoyne obtuvo una pequeña victoria contra los estadounidenses. Horacio Gates y Benedict Arnold lideraban a los estadounidenses. Burgoyne volvió a atacarlos en Saratoga el 7 de octubre. Esa vez, fue obligado a emprender la **retirada**, o alejarse. Diez días después, Burgoyne se rindió ante los estadounidenses.

Luego, Benedict Arnold traicionó a los patriotas. En 1780, conspiró para entregarles a los británicos el fuerte de West Point, Nueva York. Su plan fracasó. Así, Benedict Arnold se convirtió en el traidor más famoso de la historia estadounidense.

En septiembre de 1777, los hessianos avanzaron a Filadelfia. Eso hizo que los delegados del Segundo Congreso Continental huyeran a York, Pennsylvania, donde continuaron su trabajo. La lucha en Filadelfia duró meses. Los estadounidenses sufrieron muchas bajas. Washington retiró a sus tropas y pasó el invierno en Valley Forge. Finalmente, el rey Jorge III ordenó al general británico Henry Clinton que abandonara la ciudad, pero muchos soldados ya habían muerto y la ciudad estaba destruida.

Victorias británicas y estadounidenses 1776–1777

área del mapa

Saratoga

Nueva York

Río Hudson

Río Delaware

Pennsylvania

White Plains

LEYENDA

Nueva Jersey

Ciudad de Nueva York · Long Island

← Ruta de las tropas de Washington

✸ Victoria estadounidense

✸ Victoria británica

Princeton

OCÉANO ATLÁNTICO

Trenton

Filadelfia

0   50 mi

0   50 km

2. ☑ **Revisar la lectura**

Escoge colores para representar las victorias estadounidenses y las victorias británicas en la leyenda. Úsalos para **identificar** las victorias en el mapa. **Analiza** y comenta con un compañero dónde se encontraban los hombres de Washington en ese momento de la guerra.

Ayuda de otros países

Benjamín Franklin intentó convencer varias veces a los franceses de que ayudaran a los estadounidenses en la guerra. Los franceses se negaban porque pensaban que los estadounidenses no podrían derrotar a los británicos. Eso cambió después de la victoria estadounidenses en Saratoga. La victoria decisiva de los patriotas convenció a los franceses de reconocer la causa estadounidense. Ellos participaron en la guerra como aliados, o socios, de los Estados Unidos. Les prestaron dinero, armas, municiones, uniformes y provisiones. También enviaron tropas y barcos. Ese apoyo fue importante. Ayudó a los colonos a derrotar a los británicos en Yorktown en 1781.

Fuente primaria

Si estallara la guerra entre Francia y Gran Bretaña durante la continuación de esta guerra entre los Estados Unidos e Inglaterra, su majestad y los mencionados Estados Unidos la harán una causa común y se ayudarán mutuamente con sus buenos funcionarios, sus consejeros y sus fuerzas.

—Tratado de alianza entre los Estados Unidos de América y su majestad más cristiana [Francia], 6 de febrero de 1778

Otros países también se unieron la causa estadounidense. En esa época, el pueblo holandés vivía sometido a una clase gobernante severa. Comprendía la situación de los estadounidenses. Formó una **alianza** con los Estados Unidos y les envió municiones. Una alianza es un acuerdo formal de amistad entre países. Holanda también era un socio comercial de los Estados Unidos. Gran Bretaña se enfadó porque Holanda ayudaba a su enemigo. Como resultado, el parlamento le declaró la guerra a Holanda.

En 1779, España le declaró la guerra a Gran Bretaña por unas tierras al oeste del Mississippi. España ya estaba aliada con los estadounidenses, pero luego participó en la guerra por sus propios motivos.

Catalina II de Rusia rechazó los pedidos del parlamento de enviar tropas a los Estados Unidos para ayudar a los británicos. El país se mantuvo neutral, continuó el comercio con las colonias y así ayudó indirectamente a los estadounidenses.

Misión Conexión

Escribe tres lecciones que los generales estadounidenses y el Ejército Continental hayan aprendido como resultado de las batallas de la Guerra de Independencia

INTERACTIVITY

Aprende sobre los problemas que tenían las mujeres y los niños que estaban en el frente doméstico y también sobre las batallas libradas en el campo de batalla. ¿Qué historias contarías en tu periódico?

Sobre palabras

Los homónimos son palabras que suenan y se escriben de la misma manera, pero tienen diferentes significados. La palabra *clase* es un homónimo. Un significado de *clase* es "un grupo de estudiantes en un salón". Lee esta frase de la lección: *una clase gobernante severa.* ¿Cuál es otro significado de *clase*?

Las mujeres durante la Revolución

Los colonos lucharon en la Guerra de Independencia para liberarse de un gobierno injusto. Pero incluso tras ganar la guerra, muchas personas, entre ellas las mujeres, no obtuvieron ninguna libertad.

Sin embargo, la guerra sí produjo cambios. Como las mujeres les enseñaban a los niños a ser adultos sensatos y responsables, **surgió** una nueva idea que concebía a las esposas y las madres como una "una maternidad republicana".

Durante la guerra, las mujeres también trabajaron como enfermeras, cocineras, soldados y espías. Muchas mujeres que se unieron al ejército lo hicieron para ganar dinero para su familia. Deborah Sampson de Massachusetts luchó en la guerra disfrazada de hombre. Molly Pitcher, que era un apodo para Mary Ludwig de Nueva Jersey, se hizo conocida por llevar agua a algunos hombres durante la Batalla de Monmouth.

Otras mujeres célebres también participaron en la guerra. Marta Washington pasó la mayoría de los inviernos con George Washington, ayudando a los soldados en los campamentos.

Mercy Otis Warren escribió sobre política y era defensora de la independencia. Criticaba al gobierno británico e incitaba a una lucha por la libertad. Phillis Wheatley era una afroamericana esclavizada. Era poeta y estaba a favor de la independencia.

Vocabulario académico

surgir • *v.*, aparecer

3. ✅ **Revisar la lectura**
Identifica de qué manera cada mujer apoyó la causa de la Guerra de Independencia

Las mujeres de la Guerra de Independencia

Deborah Sampson

Molly Pitcher

Phillis Wheatley

_____

_____

_____

Los afroamericanos durante la guerra

La Declaración de Independencia estableció la libertad de todos, pero no exigió el fin de la esclavitud. Miles de hombres negros lucharon en ambos bandos de la guerra. Afroamericanos libres y esclavizados lucharon junto con los patriotas en Lexington, Concord y Bunker Hill. Pero el Congreso Continental luego dejó de aceptar afroamericanos en el ejército. En 1778, cuando los estados no cubrieron sus cuotas, decidieron formar regimientos de hombres afroamericanos. Muchos de los hombres que habían sido esclavizados antes de la guerra fueron liberados cuando esta terminó.

James Armistead, un afroamericano esclavizado de Virginia, se alistó en la Guerra de Independencia. Armistead trabajó como espía para el marqués de Lafayette, un funcionario francés que luchaba junto con los patriotas. Armistead brindó información que permitió que los patriotas ganaran una batalla decisiva en la guerra. Obtuvo la libertad después de la guerra.

En 1775, lord Dunmore, el gobernador británico de Virginia, les prometió la libertad a los esclavos que habían escapado de los patriotas y habían luchado con las personas leales al rey. Cumplió su promesa al finalizar la guerra.

Muchos afroamericanos lucharon junto con los patriotas.

El frente doméstico

A medida que los británicos invadían las ciudades, la gente huía al campo en busca de comida y trabajo. En el campo, muchas mujeres se encargaban de las granjas familiares. Solían impedir el avance de los ejércitos. Los soldados destruían y robaban las granjas. Los británicos castigaban a las familias que albergaban a los patriotas.

La economía entró en crisis. Todos los que trabajaban en el comercio estaban desempleados porque los británicos bloquearon los puertos para que los barcos no llevaran provisiones. Los bloqueos causaban **escasez**. Esta falta de provisiones provocó enormes aumentos en los precios.

Algunas personas acumulaban bienes y los escondían. Comenzaron a obtener **ganancias excesivas**, es decir, a cobrar precios muy altos por los bienes. Eso causaba inflación, ya que el precio de los bienes se disparaba. El Congreso aprobó leyes para detener ambas prácticas.

Aunque vivir en el frente doméstico era difícil, todos esperaban que la carga valiera la pena. La guerra defendía los ideales de la libertad y la independencia. Esos ideales, mencionados en la Declaración de Independencia, fueron el fundamento de una nueva nación. A menudo fueron incluidas en las constituciones de los estados que fueron escritas después de 1776.

4. ☑ **Revisar la lectura** Usar evidencia del texto **Identifica** y resalta aspectos en los que la vida era difícil para los que vivían en el frente doméstico.

Las mujeres en el frente doméstico se encargaban de las granjas y protegían a su familia de la invasión británica.

INTERACTIVITY

Comprueba tu comprensión de ideas clave de esta lección.

☑ Revisar la Lección 4

5. **Causa y efecto** **Analiza** y **explica** de qué manera el bloqueo británico afectó a las personas del campo.

_____

_____

6. **Explica** de qué manera la Declaración de Independencia no extendió las libertades a todos los estadounidenses.

_____

_____

_____

7. **Misión** Conexión Escoge una de las primeras batallas de la guerra. En una hoja aparte, escribe una descripción de esta, hecha por un testigo presencial ficticio para tu periódico.

Causa y efecto

Una **causa** es una razón, un suceso o una condición que hace que algo suceda. Un **efecto** es el resultado de una causa. Puedes buscar causas y efectos haciéndote preguntas. Para encontrar una causa, pregunta: "¿Por qué?". Para encontrar un efecto, pregunta: "¿Qué sucedió a continuación?".

Los sucesos históricos suelen tener causas y efectos múltiples. Eso significa que un suceso tiene más de una causa. Por ejemplo, el Sitio de Boston fue un suceso que tuvo causas y efectos múltiples. Observar qué causó los sucesos y qué sucedió como resultado puede ayudarnos a comprender mejor la historia. Lee el pasaje de abajo y busca causas y efectos del Sitio de Boston.

▶ **VIDEO**

Mira un video sobre causa y efecto.

El Sitio de Boston ocurrió mientras estallaba la guerra. El conflicto duró hasta marzo de 1776. Durante ese tiempo, el Ejército Continental contuvo al ejército británico dentro de la ciudad de Boston tras la invasión de los británicos.

El sitio hizo que muchos bostonianos huyeran. Los británicos seguían bloqueando todos los barcos en el puerto; por lo tanto, se interrumpió la economía. Las provisiones para los soldados demoraban en llegar. El 4 de marzo, George Washington tomó el control de Dorchester Heights, en las afueras de Boston. Sus tropas dispararon cañones a los barcos británicos que estaban en el puerto. Dos semanas después, en un día que ahora llamamos Día de la evacuación, los británicos se fueron de la ciudad.

George Washington lidera a sus tropas.

1. ¿Cuáles son las causas y los efectos del Sitio de Boston según lo que se describe en el pasaje? Completa el organizador gráfico que muestra las causas y los efectos.

Causas y efectos del Sitio de Boston

Causa

Los británicos ocuparon Boston.

→

Efecto

_____
_____
_____

Causa

_____
_____
_____

→

Efecto

_____
_____
_____

Causa

_____
_____
_____

→

Efecto

_____
_____
_____

2. Lee el cuarto y el quinto párrafo de la Lección 4, bajo el título "Las batallas más importantes de la guerra". Busca causas y efectos de la Batalla de Trenton. Luego, escribe un enunciado que resuma las causas y los efectos.

_____
_____
_____
_____

INTERACTIVITY

Participa en una discusión en clase para darle un vistazo al contenido de esta lección.

Vocabulario

península
negociar
Tratado de París

Vocabulario académico

recuperar
refuerzo

Descifra la Pregunta principal

Aprenderé cómo los Estados Unidos lograron su independencia.

¡En marcha!

Con un compañero, representen una reunión. Una persona será el líder, que quiere comenzar la jornada escolar más tarde por la mañana. ¿Qué puede hacer el líder para convencer a los demás de que apoyen esa idea? ¿Por qué valdría la pena ayudar al líder?

Cuando terminaba el año 1777, los Estados Unidos seguían en guerra. Aunque las fuerzas patriotas habían conseguido algunas victorias importantes contra los británicos, aún encontraban muchos obstáculos. El camino hacia la independencia parecía incierto.

Un momento decisivo en la guerra

Cuando los británicos obligaron a Washington y sus tropas a irse de Filadelfia, ellos se retiraron al Valley Forge, en las afueras de la ciudad. Washington planeaba preparar a sus tropas para librar más batallas en la primavera, pero estas estaban desalentadas, exhaustas y no tenían el entrenamiento adecuado. Hacía poco tiempo, los patriotas habían perdido la Batalla de Brandywine y la Batalla de Germantown. El duro invierno haría que volvieran a desanimarse.

Ese invierno, las condiciones en Valley Forge fueron terribles. No había suficientes viviendas. Las tropas no tenían suficiente comida ni ropa de abrigo. Muchos soldados murieron de enfermedades. Ese invierno, Washington perdió alrededor de 2,000 hombres.

Lentamente, la situación comenzó a cambiar cuando Washington trabajó con Benjamín Franklin para conseguir comida, provisiones y tropas adecuadas. Luego, Franklin alistó al barón Friedrich von Steuben. El barón von Steuben había sido un oficial militar en el ejército prusiano. Comenzó a entrenar al Ejército Continental y logró que las tropas sintieran orgullo y confianza. Su ánimo mejoró aún más cuando Washington se enteró de que los franceses habían aceptado participar en la guerra del lado de los estadounidenses. Ese fue un momento decisivo. La noticia de la unidad revitalizada en Valley Forge inspiró a las tropas del Ejército Continental en todos los estados.

INTERACTIVITY

Explora las ideas clave de esta lección.

1. ☑ **Revisar la lectura** **Analiza** por qué las tropas estadounidenses recuperaron la confianza en la primavera de 1778. **Resume** qué causó esa mejora.

_____

_____

Washington y sus tropas soportaron duras condiciones durante el invierno en Valley Forge.

La marcha hacia la victoria

Vocabulario académico

recuperar • *v.*, volver a tener algo, recobrar

refuerzo • *sust.*, más personas, provisiones o armas

A comienzos de 1776, España comenzó a enviar dinero y provisiones militares a los Estados Unidos. El apoyo de España durante la Guerra de Independencia se debió en parte a su deseo de ver a Gran Bretaña perder su poder. Los españoles querían **recuperar** algunas tierras que habían perdido ante los británicos.

En 1779 y 1780, el gobernador español de Louisiana, Bernardo de Gálvez, atacó fuertes británicos en Baton Rouge, Mobile, Natchez y Pensacola. España capturó esos fuertes y evitó que los británicos llegaran al río Mississippi.

Aunque en 1778 y 1780 los sureños leales al rey habían ayudado a los británicos a ganar batallas en Savannah, Georgia, y Charleston, Carolina del Sur, los británicos sobreestimaron su apoyo. Muchos sureños eran patriotas, incluido Francis Marion. Marion se ganó el nombre de "Zorro del Pantano" por liderar a una pequeña banda en rápidos ataques a los británicos. Después de los ataques, los hombres se retiraban a los pantanos.

En el sur, el general Nathanael Greene no tenía suficientes tropas. Entonces atacaba y se retiraba deprisa una y otra vez hasta que cansaba a los británicos.

Las batallas finales

En junio de 1778, el general británico sir Henry Clinton y sus hombres se fueron de Filadelfia. Marcharon hacia la Ciudad de Nueva York. Washington y su recién entrenado ejército se fueron de Valley Forge y se encontraron con los británicos en Monmouth, Nueva Jersey.

El general estadounidense Charles Lee se enteró de que los **refuerzos** británicos se acercaban. Ordenó una retirada. Washington estaba furioso. No podría reorganizar a las tropas estadounidenses a tiempo para vencer a los británicos. Clinton continuó hacia Nueva York, pero Washington se unió a otras fuerzas estadounidenses a lo largo del río Hudson.

Entre 1780 y 1781, se libraron varias batallas en Carolina del Norte y Carolina del Sur. Los británicos habían tomado el control de Savannah, Charleston y Camden en 1778 y 1780. A esas batallas, les siguieron dos victorias estadounidenses en Kings Mountain y Cowpens.

Batallas, 1778–1781

área del mapa

Cahokia
Fuerte Vincennes
Río Ohio
Yorktown
Kaskaskia
Guilford Courthouse
Cowpens
Kings Mountain
Camden
Eutaw Springs
Charleston
Savannah
Río Mississippi
Natchez
Mobile
Pensacola
Baton Rouge
Golfo de México

LEYENDA
Estados Unidos
Victoria estadounidense
Victoria británica
Victoria española

La noticia de esas batallas conmocionó al general británico Charles Cornwallis, que esperaba refuerzos. Las batallas del Guilford Courthouse y Eutaw Srings terminaron con la victoria británica, pero muchos soldados británicos murieron. El general británico Charles Cornwallis abandonó las Carolinas y llevó a sus tropas de regreso a Virginia para que descansaran.

Luego, Cornwallis se dirigió a Yorktown, Virginia, que queda en una **península**, una zona de tierra rodeada de agua. Washington se marchó de Nueva York con los soldados estadounidenses y franceses. Planeaba llegar a Yorktown en el mismo momento que la marina francesa. Washington le pidió al general Lafayette que liderara a un ejército de 4,500 soldados para impedir que Cornwallis escapara de Yorktown.

Las tropas de Washington necesitaban comida, ropa y provisiones. Él le pidió dinero a Haym Salomon, un inmigrante judío de Polonia. Salomon era un patriota que fue arrestado por los británicos dos veces, pero logró escapar. Salomon, a quien luego llamaron "el Héroe Financiero de la Guerra de Independencia", brindó provisiones vitales para las tropas de Washington antes de la Batalla de Yorktown.

A fines de septiembre, Washington llegó a Yorktown. Mientras su ejército atacaba a los británicos por tierra, los barcos de la marina francesa navegaban hacia la bahía de Chesapeake y bloqueaban los barcos británicos para que no rescataran a Cornwallis. Él quedó atrapado. Después de tres semanas de batallas, el 17 de octubre de 1781, Cornwallis se rindió a Washington en un campo en Yorktown. Esa fue la última de las batallas más importantes de la Guerra de Independencia.

2. ☑ **Revisar la lectura**
Habla con un compañero. **Identifica** y haz una lista de los grupos y las personas que lucharon del lado de los estadounidenses y los que lucharon del lado de los británicos.

Misión Conexión

Toma notas sobre la importancia del Tratado de París. **Identifica** dos puntos de los que se hable en el tratado. ¿Cómo incluirías este suceso en tu periódico?

👆 INTERACTIVITY

Descubre más sobre el Tratado de París y sobre cómo puedes agregar detalles a tu artículo periodístico.

La guerra llega a su fin

Los Estados Unidos ganaron la guerra contra el poderoso ejército británico. En 1782, Benjamín Franklin, John Adams, John Jay y funcionarios británicos **negociaron** el **Tratado de París**, un tratado de paz.

Fuente primaria

Su majestad británica reconoce que los Estados Unidos[...] son estados libres, soberanos e independientes, a los que él tratara como tales, y en su propio nombre, el de sus herederos [hijos], y sucesores, renuncia a [cede] todas las pretensiones sobre el gobierno, la propiedad y los derechos territoriales de estos y de todas sus partes.

—El Tratado de París, 1783

El tratado decía que los Estados Unidos eran una nación independiente. Permitía la expansión hacia el oeste. Se acordaron las fronteras de la nueva nación. Los Estados Unidos abarcaban desde Canadá hasta la Florida española y se extendían hacia el oeste hasta el río Mississippi.

3. ☑ Revisar la lectura **Haz inferencias** sobre la razón por la que Franklin, Adams y Jay mencionaron la expansión hacia el oeste en el Tratado de París.

_____

_____

Los estadounidenses Benjamín Franklin, John Adams y John Jay negociaron el Tratado de París con funcionarios británicos después de la Guerra de Independencia.

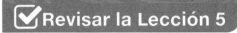
INTERACTIVITY

Comprueba tu
comprensión de ideas
clave de esta lección.

☑Revisar la Lección 5

4. **Causa y efecto** Escribe las causas que provocaron el efecto escrito en el diagrama. **Analiza** el resultado de las batallas libradas en el sur entre 1778 y 1780. **Explica** qué efecto tuvieron sobre el resultado de la guerra.

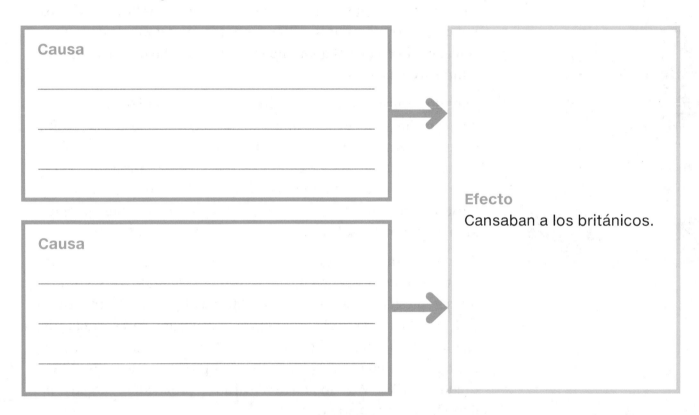

Causa

_____

_____

_____

Causa

_____

_____

_____

Efecto
Cansaban a los británicos.

5. **Analiza** los sucesos que llevaron a la rendición en Yorktown. **Describe** de qué pudo haberse arrepentido Cornwallis.

_____

_____

_____

6. **Comprender** *Misión* Conexión **Describe** cómo crees que George Washington se sintió acerca de la Guerra de Independencia y de su resultado.

_____

_____

_____

Atributo:
Patriotismo

George Washington (1732–1799)
Líder de una nueva nación

George Washington dedicó la vida a su país. Cuando tenía 21 años, fue comandante en el ejército británico. Luchó contra los franceses durante la Guerra Franco-India. Más tarde, defendió la frontera colonial y ayudó a mejorar las relaciones entre los británicos y los indígenas norteamericanos. Sin embargo, no estaba de acuerdo con el modo en que el gobierno británico trataba a las colonias y renunció a su cargo.

Cuando los británicos les cobraron impuestos a los colonos injustamente, Washington apoyó los boicots y se opuso a las políticas del parlamento. En 1775, representó a Virginia, su estado natal, durante el Primer Congreso Continental. Lo designaron comandante en jefe del Ejército Continental. Durante su invierno en Valley Forge, Washington se enfrentó a desafíos que logró superar, por ejemplo, la falta de suministros. Formó un ejército bien entrenado y hábil.

Cuando se firmó el Tratado de París después de la guerra, Washington se retiró y regresó a su hogar, Mount Vernon. Alentado por sus amigos y colegas, presidió la Convención Constitucional en 1787. La convención creó un gobierno federal fuerte bajo la Constitución de los Estados Unidos. Tras la ratificación de la Constitución en 1788, fue elegido de manera unánime para liderar el país como primer presidente de los Estados Unidos. En 1789, Washington se convirtió en presidente y dirigió el país durante dos períodos (8 años).

Descubre más

1. Cuando dejó el cargo, George Washington aconsejó no involucrarse en conflictos internacionales. ¿Por qué ese consejo podría haber sido considerado patriótico?

_____

_____

_____

2. Hay muchas maneras de ser patrióticos. **Haz una encuesta** a tus amigos y familiares sobre cuáles consideran buenas formas de demostrar patriotismo. **Informa** tus hallazgos a la clase.

Usa el mapa para repasar algunos términos, personas e ideas clave de este capítulo.

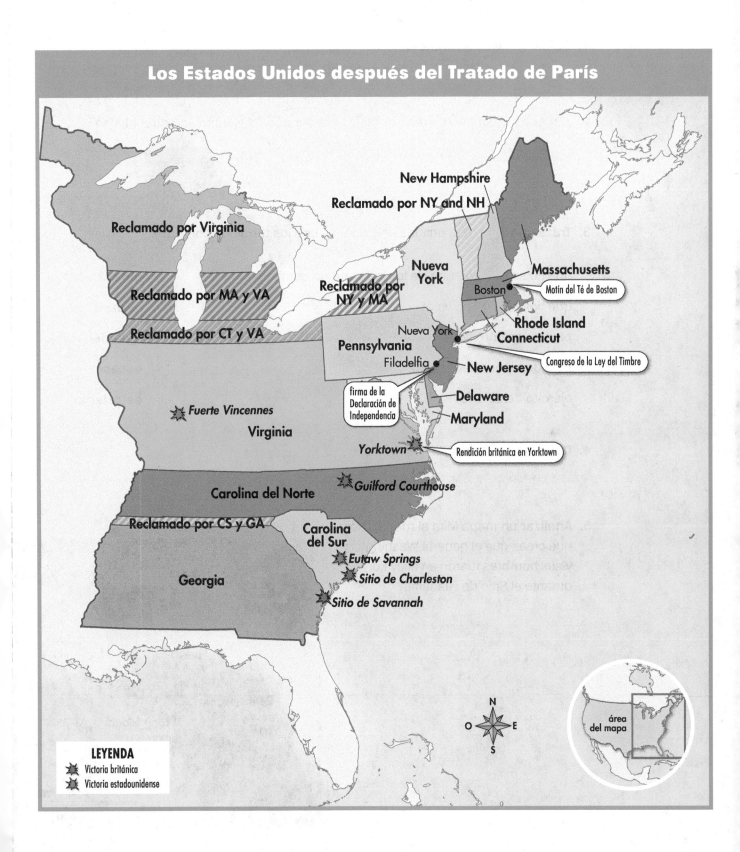

Los Estados Unidos después del Tratado de París

Reclamado por Virginia

Reclamado por MA y VA

Reclamado por CT y VA

New Hampshire
Reclamado por NY and NH

Nueva York

Massachusetts
Boston
Motín del Té de Boston

Reclamado por NY y MA

Rhode Island
Connecticut

Nueva York

Pennsylvania
Filadelfia

New Jersey

Congreso de la Ley del Timbre

firma de la Declaración de Independencia

Delaware

Maryland

✹ Fuerte Vincennes

Virginia

Yorktown ✹

Rendición británica en Yorktown

Guilford Courthouse ✹

Carolina del Norte

Reclamado por CS y GA

Carolina del Sur

✹ Eutaw Springs

✹ Sitio de Charleston

Georgia

✹ Sitio de Savannah

N
O   E
S

área del mapa

LEYENDA
✹ Victoria británica
✹ Victoria estadounidense

5 ☑ Evaluación

GAMES

Juega el juego de vocabulario.

Vocabulario e ideas

1. **Definir** ¿Qué es un **arancel**?

   _____

2. ¿En qué aspectos el ejército británico era superior al ejército estadounidense?

   _____

   _____

3. **Traza** una línea para unir las definiciones con los términos correctos.

   que no se pone de uno de los lados en un conflicto   **milicia**

   que tiene el mismo valor   **neutral**

   plan de acción   **igualdad**

   falta de bienes necesarios   **escasez**

   ejército de colonos   **estrategia**

4. **Define** independencia.

   _____

5. **Analizar un mapa** Mira el mapa. ¿Por qué crees que el general Washington y sus hombres fueron a Valley Forge durante el Sitio de Filadelfia?

   _____

   _____

   _____

Colonias del Noreste

área del mapa

OCÉANO ATLÁNTICO

Nueva York

Pennsylvania

Long Island

Valley Forge
Filadelfia
Trenton
Nueva Jersey

N O E S

0   200 mi

0   200 km

Razonamiento crítico y escritura

6. **Analiza** las razones por las que los colonos estaban descontentos tras la aprobación de la Ley del Timbre. **Explica** por qué "no al cobro de impuestos sin representación" se convirtió en un lema colonial.

_____

_____

_____

7. **Interpretar** Rellena el círculo que indique la respuesta correcta. ¿Cuál de las siguientes acciones formó parte de las Leyes Intolerables?

(A) Los militares británicos tomaron el control de Massachusetts.

(B) Se castigaba a los colonos por albergar a soldados británicos.

(C) Se juzgaba a los soldados británicos en las colonias.

(D) Las colonias no debían reemplazar el té destruido durante el Motín del Té de Boston.

8. **Analizar** ¿De qué manera el resultado de la Guerra de Independencia afectó al mundo política y económicamente?

_____

_____

_____

_____

9. **Volver a la Pregunta principal** ¿Por qué valió la pena luchar en la Guerra de Independencia?

_____

_____

_____

_____

_____

10. **Taller de escritura** Escribir una opinión Imagina que eres un colono. En una hoja aparte, escribe una carta al editor sobre la reciente Declaración de Independencia. Explica qué opinas acerca de tener en cuenta los derechos de las mujeres y de los afroamericanos para construir una nueva nación. Incluye detalles del texto para justificar tu opinión.

Analizar fuentes primarias clave

Apoyo al vocabulario

pilar • *sust.*, columna de piedra de un monumento

Espíritu, que hiciste que esos héroes se atrevieran
A morir y a dejar a sus hijos en libertad,
Ordénales al Tiempo y a la Naturaleza que no dañen
El **pilar** que erigimos por ellos y por ti.

—Última estrofa del "Himno de Concord" de Ralph Waldo Emerson, 1836

11. El poema de Emerson se publicó en 1837, en la inauguración del monumento a la Batalla de Concord. El monumento recuerda las Batallas de Lexington y Concord. ¿Qué crees que Emerson quiso decir en su estrofa?

_____

_____

_____

_____

Causa y efecto

12. ¿Cuáles fueron las razones y el resultado de la acumulación de bienes durante la Guerra de Independencia?

_____

_____

_____

_____

_____

_____

_____

_____

Misión Hallazgos

¡Lee todo sobre el tema!

Ya leíste las lecciones de este capítulo y ahora estás listo para organizar las noticias y los editoriales de tu periódico. Recuerda que el objetivo del periódico es informar a los colonos sobre los sucesos que ocurrieron antes y durante la Guerra de Independencia.

INTERACTIVITY

Completa esta actividad para aprender sobre los distintos tipos de artículos periodísticos.

1 Prepárate para escribir

Organiza tu información. Decide qué usarás para las entrevistas, los editoriales y las cartas al editor. Comenta cómo usar cada noticia o artículo de opinión como base para los siguientes. Asígnale un texto a cada miembro de tu grupo.

2 Escribe un borrador

Usa tus notas y la evidencia de tu Misión Conexión para escribir tus noticias y editoriales. Asegúrate de que tus artículos respondan las siguientes preguntas:

- ¿De qué trata la noticia?
- ¿Quiénes participan?
- ¿Dónde ocurre?
- ¿Cuándo ocurre?
- ¿Por qué ocurre?
- ¿Cómo afecta el resultado a los colonos?

3 Reúne tus imágenes

En grupo, escojan qué imágenes, mapas y gráficas acompañarán cada noticia o editorial. Recuerda que los materiales visuales son muy útiles para ayudar a que las personas comprendan las noticias.

4 Revisa

Pídele a un compañero que lea tu texto. Luego, haz las correcciones necesarias. En grupo, decidan el diseño del periódico.

6 Una nueva nación

El eText está disponible en español.

- 📖 eTEXT
- ▶ VIDEO
- 👆 INTERACTIVITY
- 🔊 AUDIO
- 🎮 GAMES
- ☑ ASSESSMENT

Pregunta principal ¿Cuál es el propósito del gobierno?

▶ VIDEO

Lección 1
Los Artículos de la Confederación

Lección 2
La creación de la Constitución

Lección 3
La Declaración de Derechos

Lección 4
Conceptos clave de la Constitución

¡En marcha!

INTERACTIVITY

Crea una regla con tus compañeros de clase que sirva para formar una fila al frente del salón. Luego, voten para escoger a dos líderes. Sigan sus instrucciones para formar una fila que cumpla la regla que crearon.

Describe la actividad. ¿Cómo escogieron la regla?

¿Cómo eligieron a sus líderes?

♪ Rapeemos ♪

Una unión más perfecta

Dale un vistazo al **vocabulario** del capítulo rapeando.

¿Sabes cuál es el propósito del gobierno?

Su propósito es gobernar para el pueblo, defender su
    libertad, brindarle seguridad

y hacer que las leyes se respeten.

Los **Artículos de la Confederación**

describían el plan para la nueva nación.

Un gobierno central había que crear

al que luego los estados debían **ratificar**.

En muy poco tiempo se vio que los Artículos un débil
    gobierno crearon.

Para empezar, ni los impuestos para cubrir sus necesidades

podía el gobierno recaudar.

Ni de **regular** el comercio entre estados

 o países tenía el derecho.

Así que muy pronto la joven nación vio que adoptar otro

plan era la solución.

Los **delegados** mucho tiempo debatieron

y a algunas cosas que ceder tuvieron.

Finalmente, a un **acuerdo** llegaron

y así escribieron el **Preámbulo**, o introducción, de la nueva
    Constitución.

6 Una nueva nación

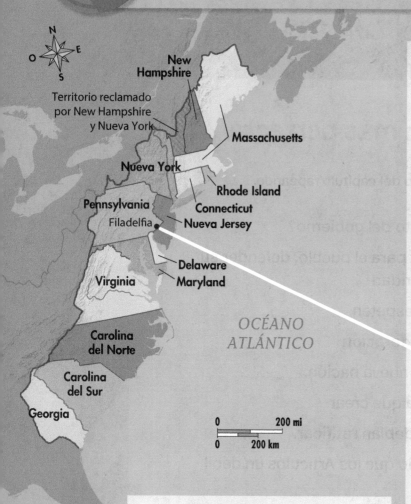

New Hampshire

Territorio reclamado por New Hampshire y Nueva York

Massachusetts

Nueva York

Rhode Island

Pennsylvania

Connecticut

Filadelfia

Nueva Jersey

Delaware

Maryland

Virginia

Carolina del Norte

Carolina del Sur

Georgia

OCÉANO ATLÁNTICO

0   200 mi
0   200 km

¿Dónde se escribió la Constitución de los Estados Unidos?

En 1787, los líderes de la nación se reunieron en Filadelfia para escribir una nueva constitución.

Ubica Filadelfia en el mapa e identifica a qué estado pertenece.

Salón de la Independencia

EN LA ACTUALIDAD
Puedes visitar el Salón de la Independencia en Filadelfia.

¿Qué pasó y cuándo?

Mira la línea de tiempo para conocer los sucesos cercanos a la creación de la Constitución.

1780

1785

1781
Se ratifican los Artículos de la Confederación.

1786
Estalla la Rebelión de Shays por la inflación y los impuestos.

¿A quién conocerás?

Patrick Henry
Un antifederalista que se oponía a crear un gobierno federal fuerte

Alexander Hamilton
Un federalista que estaba a favor de crear un gobierno federal fuerte

Roger Sherman
Propuso la Gran Concertación.

Edmund Randolph
Presentó el Plan de Virginia.

 INTERACTIVITY

Completa la galería interactiva.

1790

1788
Se ratifica la Constitución de los Estados Unidos.

EN LA ACTUALIDAD
La Constitución tiene 27 enmiendas.

1791
La Declaración de Derechos consigue aprobación estatal y se agrega a la Constitución.

EN LA ACTUALIDAD
Puedes ver la Declaración de Derechos en la rotonda del edificio de los Archivos Nacionales, en Washington, D.C.

Misión

Aprendizaje basado en proyectos

¡A favor o en contra!

Nuestra Constitución, es decir, nuestro plan de gobierno, fue escrita en 1787. ¡Claramente, fue creada para perdurar! Sin embargo, muchos estadounidenses no estaban de acuerdo con ella en el momento en que fue escrita. Los partidarios de la Constitución tuvieron que persuadir a los estados para que la ratificaran, es decir, la aprobaran. Los opositores intentaron convencer a otros para que se opusieran a ella.

Una manera de persuadir a otras personas de algo es escribir una carta al editor. Se trata de una breve carta que se imprime en un periódico.

Misión Arranque

Tu objetivo es asumir el rol de un partidario o un opositor de la Constitución en el año 1787. Escribe una carta al editor para convencer a los lectores de tu punto de vista.

1 Pregunta

¿Qué cosas crees que debería poder hacer el gobierno? ¿Qué otras no? Escribe dos preguntas que tengas acerca del rol del gobierno.

Alexander
Hamilton

2 Investiga

Sigue las instrucciones de tu maestro para hallar cartas al editor en línea o en un periódico local. Lee varias. ¿De qué manera intentan persuadir al lector?

INTERACTIVITY

Analiza las partes de una carta al editor y mira algunos ejemplos.

_____

_____

_____

_____

_____

3 Busca
Misión Conexión

En la página siguiente comienza a buscar las Misión: Conexión que te ayudarán a escribir tu carta.

4 Misión Hallazgos
Escribe tu carta

Usa la página de Misión: Hallazgos al final del capítulo para ayudarte a escribir tu carta.

Los Artículos de la Confederación

👆 **INTERACTIVITY**

Participa en una discusión en clase para darle un vistazo al contenido de esta lección.

Vocabulario

Artículos de la
 Confederación

ratificado

legislativo

ejecutivo

judicial

inflación

ordenanzas

Vocabulario académico

moneda corriente

regular

Descifra la Pregunta principal

Aprenderé cómo estaba organizado el gobierno según los Artículos de la Confederación.

¡En marcha!

Sepárense en dos grupos. Decidirán qué hacer durante el recreo. Los estudiantes de un grupo deben decir sus ideas en voz alta. Los del otro grupo deben debatir qué hacer y tomar una decisión en grupo. Este último grupo debe escoger a un vocero que anuncie su decisión. ¿Qué grupo tomó una decisión de manera más eficaz? Comenten qué grupo parece estar más organizado.

Mientras los colonos luchaban en la Guerra de Independencia, o Revolución Estadounidense, los delegados de cada estado volvieron a reunirse. Estos delegados declararon la independencia y trabajaron juntos para formar un nuevo gobierno nacional. Luego de varios debates, crearon un gobierno que tenía poder limitado sobre su pueblo. La creación de un gobierno con poder limitado reflejaba la lucha de los estados contra el poder del rey británico.

Formar un nuevo gobierno

Apenas algunas semanas después del estallido de la guerra en Lexington y Concord, el Segundo Congreso Continental se reunió en Filadelfia. A pesar de que no tenía autoridad legal, el Congreso asumió el rol de un gobierno nacional, es decir, federal. Imprimió dinero y creó un Ejército Continental.

Los delegados trazaron un plan para formar un nuevo gobierno. Lo llamaron los **Artículos de la Confederación**. En noviembre de 1777, el Congreso adoptó los Artículos. Luego, envió el plan a cada estado para que fuera **ratificado**. En marzo de 1781, los 13 estados ratificaron los Artículos.

INTERACTIVITY

Explora las ideas clave de esta lección.

1. ☑ **Revisar la lectura**
Señala de qué manera el Segundo Congreso Continental funcionó como un gobierno nacional. **Resalta** las acciones en el texto.

Las personas realizan sus actividades cotidianas frente al Salón de la Independencia, en Filadelfia.

Un gobierno débil

Bajo los Artículos de la Confederación, el gobierno solo podía ejercer un poder: el poder **legislativo**; es el que se encarga de crear las leyes. Cada estado tenía un voto para usar a favor o en contra de una ley. Para que una ley fuese aprobada, al menos nueve estados debían votar a favor de ella.

El gobierno creado bajo los Artículos era débil; no podía ejercer el poder **ejecutivo** ni el **judicial**. El poder ejecutivo es el responsable de hacer cumplir las leyes que crea el poder legislativo. El poder judicial, formado por las cortes y los jueces, decide lo que significan las leyes. Bajo el gobierno de los Artículos, los estados decidían la mayoría de las leyes. Por ejemplo, el Congreso no podía crear leyes sobre el comercio; cada estado controlaba su comercio con otros estados y países extranjeros.

2. ☑ **Revisar la lectura** **Causa y efecto** En la siguiente tabla, lee los problemas que tenían los Artículos en la columna de la izquierda y escribe los efectos de cada causa en la columna de la derecha.

Problemas de los Artículos

Causas	Efectos
1. Solo creaban el poder legislativo. 2. El gobierno central no podía recaudar impuestos. 3. El gobierno central no tenía control sobre el comercio.	_____ _____ _____ _____ _____ _____

Los Artículos presentaban otros problemas económicos. Uno de los principales motivos por los cuales los patriotas lucharon por la independencia eran los impuestos injustos. El nuevo gobierno central no podía recaudar impuestos; solo podía obtener dinero para su funcionamiento si se lo pedía a los estados, si pedía prestado a otros países o si vendía tierras. Para pagar las deudas causadas por la guerra, el Congreso comenzó a imprimir una nueva **moneda corriente**, llamada *continentals*. Los estados también imprimían sus propias monedas corrientes.

Para equilibrar el uso de los nuevos *continentals*, el Congreso pidió a los estados que recaudaran impuestos. Pero, a medida que la guerra se prolongaba, los estados no estaban dispuestos a financiar el gobierno central. Los soldados no recibían su pago completo, lo que creaba el riesgo de un levantamiento. Los *continentals* perdieron su valor. Esto provocó **inflación**, es decir, los precios aumentaban mientras que el valor del dinero disminuía. Como consecuencia de la inflación, las personas no podían comprar tantas cosas como antes.

Esto hizo que la nueva nación fuera incapaz de **regular** el comercio entre los estados y otros países. Estos problemas dificultaban la relación de los Estados Unidos con otros países: la nueva nación no era tomada en serio.

Vocabulario académico

moneda corriente • *sust.*, dinero

regular • *v.*, controlar o ajustar

3. ☑ Revisar la lectura
Interpretar gráficas Debido a la inflación, los precios de los bienes aumentaron. ¿Entre qué dos años aumentó más el precio de la fanega de papas?

_____

Efecto de la inflación, 1775–1779

Precio de una fanega de papas

$7.00
$6.00
$5.00
$4.00
$3.00
$2.00
$1.00
0

1775   1776   1777   1778   1779

Año

Fuente: *Massachusetts Bureau of Statistics of Labor, 1885*

La Rebelión de Shays

A pesar de que tanto el gobierno nacional como los gobiernos estatales estaban endeudados a causa de la guerra, solo los estados podían recaudar impuestos. En 1786, Massachusetts aumentó los impuestos que las personas pagaban por sus propiedades. Los impuestos ayudarían a pagar las deudas del estado.

Estos nuevos impuestos afectaron a los granjeros. Muchos perdieron sus casas. Uno de ellos era Daniel Shays, que había sido capitán en el Ejército Continental durante la Guerra de Independencia. A pesar de que no le habían pagado por completo su servicio, fue llevado a juicio por no pagar sus deudas. Shays se convirtió en el vocero de aquellos que creían que los nuevos impuestos eran injustos. Esas personas organizaron protestas para detener a los recaudadores de deudas.

La milicia de Shays se topó con un ejército cuando llegó al depósito federal de armas en Springfield, Massachusetts, en enero de 1787.

En enero de 1787, Shays y una milicia de 1,500 hombres elaboraron un plan para robar armas y cañones del depósito federal de armas. El gobernador de Massachusetts se enteró del plan y envió un ejército de 1,200 hombres a esperar a Shays y sus seguidores. El ejército abrió fuego y mató a cuatro hombres e hirió a otros veinte. Los hombres de Shay se dispersaron rápidamente y se dirigieron a Vermont.

La Rebelión de Shay resaltó algunas de las debilidades que tenían los Artículos de la Confederación. Las personas temían que otros ciudadanos quisieran hacer justicia por mano propia. Los líderes vieron que era necesario un gobierno nacional más fuerte.

4. ☑ Revisar la lectura **Analizar** ¿De qué manera la Rebelión de Shay resaltó las debilidades del gobierno bajo los Artículos de la Confederación?

_____

_____

_____

_____

_____

Nuevas políticas territoriales

Según los Artículos de la Confederación, el Congreso debía decidir cómo organizar el territorio que la nación había recibido gracias al Tratado de París. Las primeras tierras que organizó fueron las que se encontraban al norte del río Ohio, llamadas Territorio del Noroeste.

El Congreso elaboró varias **ordenanzas**, es decir, leyes, para organizar el territorio. La primera de ellas fue la Ordenanza de Tierras de 1785, que explicaba cómo debían ser divididas las tierras y pedía que se crearan escuelas públicas en el territorio. La Ordenanza del Noroeste de 1787 estableció una estructura para la venta y el asentamiento del Territorio del Noroeste con el fin de que se crearan allí entre tres y cinco estados. Cuando una región alcanzaba los 5,000 pobladores, se elegía una asamblea. Cuando la población llegaba a 60,000, los habitantes podían escribir el borrador de una constitución y solicitar convertirse en un estado.

Sobre palabras

Claves de contexto Cuando encuentres una palabra que no conoces, intenta buscar una clave en el texto que te ayude a averiguar su significado. Halla la palabra *asamblea* en el segundo párrafo de "Nuevas políticas territoriales". ¿Qué otras palabras hay en la descripción de la Ordenanza del Noroeste que te dan una clave de su significado? ¿Qué piensas que significa *asamblea*?

Las ordenanzas impactaron de diferente manera sobre distintas personas. La esclavitud no estaba permitida en el Territorio del Noroeste y, por tanto, no se expandió al norte del río Ohio. Sin embargo, esa ordenanza no abolía la esclavitud en el sur, donde vivían nueve de cada diez esclavos afroamericanos. La libertad religiosa tampoco estaba garantizada.

Muchos indígenas norteamericanos, que no reconocían la ordenanza, se unieron para luchar contra los soldados estadounidenses y mantener la paz en sus tierras. Las Naciones Indígenas Unidas, que abarcaban las naciones de los shawnees y los miamis, declararon la guerra a los Estados Unidos para impedir que los colonos los echaran de sus tierras. A modo de respuesta, el presidente Washington envió al general Anthony Wayne al mando de un ejército, y los indígenas fueron derrotados. Como consecuencia, los colonos siguieron desplazándose hacia los territorios del oeste, aunque la Ordenanza del Noroeste de 1787 indicaba que las tierras de los indígenas debían ser protegidas.

Fuente primaria

Siempre debe conservarse la buena fe hacia los indígenas; sus tierras y propiedades nunca deben ser arrebatadas sin su consentimiento; y nunca deben ser invadidos, ni sus propiedades, derechos y libertad perturbados, salvo en caso de guerra justa y legítima autorizada por el Congreso; deben crearse leyes basadas en la justicia y la humanidad para evitar que se les haga daño y mantener la paz y la amistad hacia ellos.

—Ordenanza del Noroeste, 13 de julio de 1787

Durante cierto tiempo, las naciones indígenas y los colonos europeos trabajaron en conjunto. Algunos indígenas se desempeñaron como comerciantes y mediadores, y los colonos europeos trajeron nuevos alimentos y herramientas, como las armas de fuego. La coexistencia pacífica no duró mucho. La Ordenanza del Noroeste permitía la expansión hacia el oeste de los Estados Unidos, lo que se hizo a costa de ocupar las tierras de los indígenas.

5. **Revisar la lectura** **Analizar fuentes primarias** ¿Qué indicaba la Ordenanza del Noroeste de 1787 sobre los grupos de indígenas norteamericanos que vivían en los territorios?

El Territorio del Noroeste, 1781

LEYENDA
☐ Territorio del Noroeste

Lago Superior

MN

QUEBEC
(GRAN BRETAÑA)

WI

Lago Michigan

Lago Huron

Lago Ontario

MI

Lago Erie

NY

Río Mississippi

PA

0   200 mi
0   200 km

TIERRAS DE LOS MIAMIS

OH

Río Ohio

MD

IL

IN

N
O   E
S

VA

LUISIANA (ESPAÑA)

TIERRAS DE LOS SHAWNEES

NC

6. ☑ **Revisar la lectura**

Identificar En el mapa, encierra en un círculo los nombres de los estados actuales en los que vivían los miamis y shawnees.

👆 **INTERACTIVITY**

Comprueba tu comprensión de ideas clave de esta lección.

☑ Revisar la Lección 1

7. Resume los derechos que tenían los estados bajo los Artículos de la Confederación.

_____

_____

_____

8. Describe qué sucedió a causa de la Ordenanza del Noroeste.

_____

_____

9. Analiza y **explica** cómo afectó a los estadounidenses la inflación luego de la Revolución.

_____

_____

_____

Resumir

Me gustó aprender sobre los Artículos de la Confederación.

A mí también me gustó. ¿Cuál fue tu parte favorita? ¿Puedes resumirla?

Creo que no sé cómo resumir. ¿Puedes ayudarme?

VIDEO

Mira el video sobre resumir.

Al **resumir**, vuelves a contar la idea principal y los detalles importantes con tus propias palabras. Por ejemplo, puedes resumir los Artículos de la Confederación diciendo que fueron la primera constitución y que crearon un gobierno central débil.

Escribir un resumen es una buena manera de analizar y retener información. Lee el siguiente párrafo y observa cómo fue dividido según la idea principal y los detalles.

Los Artículos provocaron problemas económicos. Los impuestos injustos habían sido uno de los causantes de la guerra. Por tanto, el nuevo gobierno central no tenía poder sobre los impuestos.

El gobierno solo podía recaudar dinero si se lo pedía a los estados, si pedía dinero prestado a otros países o si vendía tierras. En un esfuerzo por pagar las deudas de la guerra, el Congreso comenzó a imprimir una nueva moneda nacional, llamada *continentals*.

Escribe la idea principal y los detalles del párrafo en el organizador gráfico; luego, haz un resumen.

Tu turno

1. ¿Cuál es la idea principal y cuáles son los detalles más importantes del párrafo que leíste? Completa el organizador gráfico para mostrarlos. Escribe un enunciado que resuma el párrafo en el recuadro con el rótulo "Resumen".

IDEA PRINCIPAL

DETALLES

RESUMEN

2. Lee el segundo párrafo de la sección "Nuevas políticas territoriales" de la Lección 1. Halla la idea principal y los detalles. Luego, escribe un enunciado que resuma el párrafo.

2 La creación de la Constitución

INTERACTIVITY

Participa en una discusión en clase para darle un vistazo al contenido de esta lección.

Vocabulario

delegado

constitución

acuerdo

Preámbulo

separación de poderes

sistema de controles y equilibrios

veto

Vocabulario académico

consultar

autoridad

Descifra la Pregunta principal

Aprenderé sobre cómo se creó la Constitución y cómo es el plan de Gobierno que esta describe.

¡En marcha!

Divídanse en dos equipos. Sigan las instrucciones de su maestro para organizar o limpiar una parte del salón de clase. En un equipo, escojan a un líder y sigan sus instrucciones. En el otro equipo, trabajen sin líder. ¿Qué equipo trabajó mejor?

Piensa en cómo esto se relaciona con el gobierno. Comenta con tus compañeros de clase por qué los líderes son importantes.

Después de firmar la Declaración de Independencia, cada estado necesitó un conjunto de leyes que plasmara los ideales de la Guerra de Independencia, o Revolución Estadounidense. Por ejemplo, algunos estados permitieron que todos los hombres blancos adultos votaran. Otros permitieron que solo aquellos que tenían propiedades votaran. Cuando los fundadores se reunieron para debatir sobre los Artículos, recurrieron a las constituciones de los estados para usarlas como modelos.

En mayo de 1787, muchos firmantes de la Declaración de Independencia, llamados **delegados**, regresaron a Filadelfia. Su objetivo era formar un gobierno más fuerte. Algunos fueron a reforzar los Artículos de la Confederación. Otros fueron a escribir una **constitución**, o plan escrito para el gobierno, totalmente nueva. La Constitución creada en 1787 sufrió cambios con el paso de los años, pero aún se usa en la actualidad.

INTERACTIVITY

Explora las ideas clave de esta lección.

La Convención Constitucional

La reunión, conocida como Convención Constitucional, incluía a personas que habían guiado a la joven nación hacia la independencia. Benjamín Franklin, con 81 años, fue el miembro más anciano. Su salud era mala, pero estuvo presente durante la mayor parte de la convención. Franklin estaba a favor de un gobierno nacional más fuerte.

James Madison, que también fue miembro del Congreso Continental, creía firmemente en un gobierno nacional fuerte. Durante la convención, tomó notas detalladas que los historiadores aún **consultan** en la actualidad.

Patrick Henry, que había defendido con pasión la independencia, se negó a asistir a la convención. Defendía los Artículos de la Confederación y se oponía a quitarles poder a los estados.

Vocabulario académico

consultar • *v.*, buscar información en una fuente

En 1787, varios líderes estadounidenses se reunieron en Filadelfia en la Convención Constitucional. George Washington, de pie a la derecha, fue el presidente de la Convención.

George Washington, que había guiado a la nación hacia la victoria durante la Revolución Estadounidense, también asistió. Washington fue elegido presidente de la convención.

Alexander Hamilton había trabajado cerca de George Washington durante la Revolución Estadounidense. Más tarde, se convirtió en miembro del Congreso y abogado. Hamilton también consideraba que el gobierno central creado por los Artículos de la Confederación era demasiado débil.

Entre mayo y septiembre de 1787, se reunieron 55 delegados. Aunque esos delegados pertenecían a diferentes estados y tenían diferentes ideas, compartían muchas características. La mayoría de los delegados provenían de las colonias y habían luchado en la Guerra de Independencia. Cuarenta y un delegados de los 55 habían servido en el Congreso Continental. Aunque Benjamín Franklin prácticamente era autodidacta, la mayoría de los delegados eran esclavistas, educados y ricos.

1. ☑ **Revisar la lectura**
Lee y **analiza** los enunciados de cada líder. Escribe *C* junto a la cita si la persona estaba a favor de un gobierno central fuerte y una nueva Constitución, y *A* si la persona estaba a favor de los Artículos de la Confederación.

Benjamín Franklin

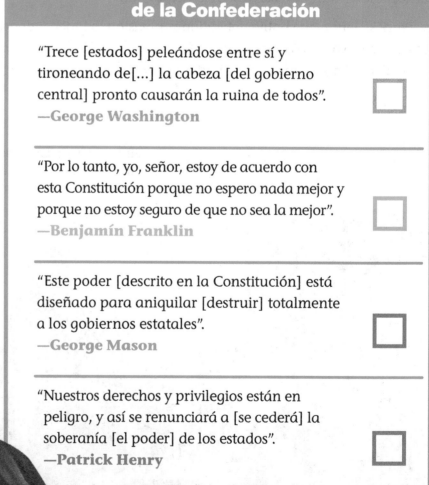

Opiniones sobre los Artículos de la Confederación

"Trece [estados] peleándose entre sí y tironeando de[...] la cabeza [del gobierno central] pronto causarán la ruina de todos".
—**George Washington**

"Por lo tanto, yo, señor, estoy de acuerdo con esta Constitución porque no espero nada mejor y porque no estoy seguro de que no sea la mejor".
—**Benjamín Franklin**

"Este poder [descrito en la Constitución] está diseñado para aniquilar [destruir] totalmente a los gobiernos estatales".
—**George Mason**

"Nuestros derechos y privilegios están en peligro, y así se renunciará a [se cederá] la soberanía [el poder] de los estados".
—**Patrick Henry**

Ideas para debatir

La Convención Constitucional comenzó el 25 de mayo de 1787. Su objetivo original era mejorar los Artículos de la Confederación, pero estaba claro que algunos delegados tenían otros planes.

Edmund Randolph, de Virginia, proponía una forma de gobierno completamente nueva. Presentó el Plan de Virginia al comienzo de la convención. En él se proponía un poder ejecutivo que hiciera cumplir las leyes y un poder judicial que decidiera su aplicación. El Congreso, el poder legislativo, tenía mucho poder en ese plan. Decidiría quién serviría en los otros dos poderes y estaría conformado por representantes de cada estado. Los estados más poblados tendrían más representantes en el Congreso. Por lo tanto, tendrían más poder en el gobierno.

Ese plan era considerado un buen punto de partida, salvo por un problema importante. A los delegados de los estados más pequeños no les gustaba la idea de tener menos poder que los de los estados más grandes.

William Paterson de Nueva Jersey, uno de los estados más pequeños, propuso un nuevo plan, el Plan de Nueva Jersey. Era similar al Plan de Virginia, pero exigía que cada estado tuviera la misma cantidad de representantes. Así todos los estados tendrían el mismo poder sin importar su tamaño.

2. ☑ **Revisar la lectura**
Los delegados debatieron los Planes de Virginia y Nueva Jersey. **Identifica** y completa las partes de la tabla que indican en qué se diferenciaban los dos planes.

Los Planes de Virginia y Nueva Jersey			
	Poder ejecutivo	**Poder judicial**	**Poder legislativo**
Virginia Población 747,819	Escogido por el poder legislativo	Escogido por el poder legislativo	_____ _____ _____ _____
Nueva Jersey Población 184,139	Escogido por el poder legislativo	Escogido por el poder legislativo	_____ _____ _____ _____

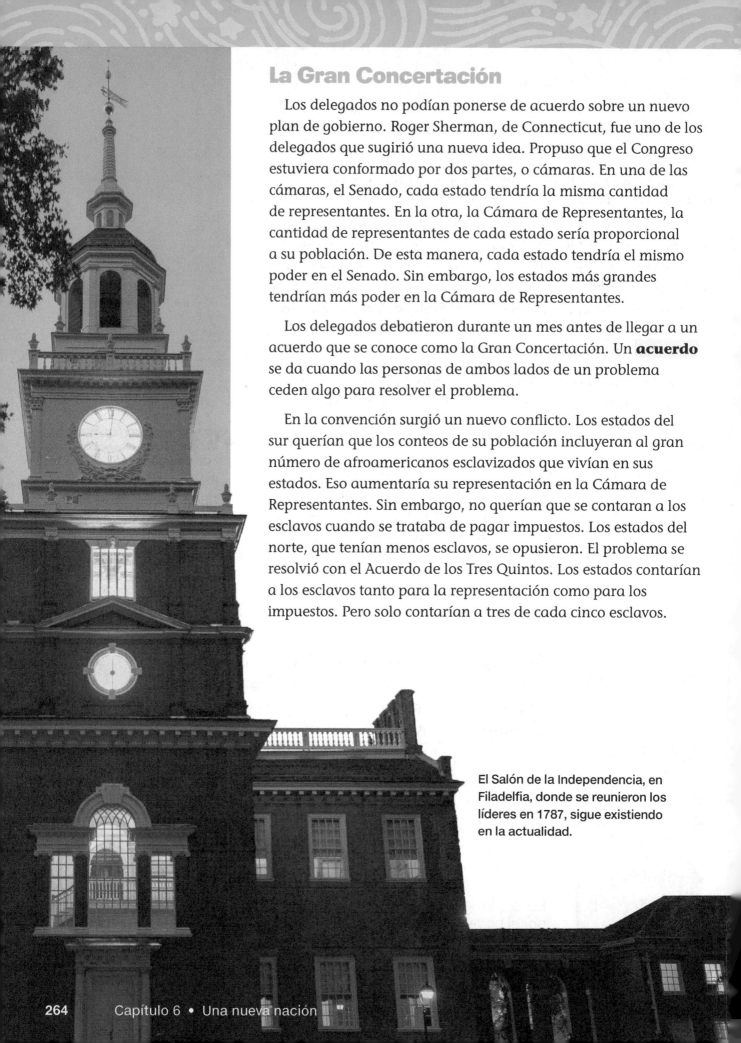

La Gran Concertación

Los delegados no podían ponerse de acuerdo sobre un nuevo plan de gobierno. Roger Sherman, de Connecticut, fue uno de los delegados que sugirió una nueva idea. Propuso que el Congreso estuviera conformado por dos partes, o cámaras. En una de las cámaras, el Senado, cada estado tendría la misma cantidad de representantes. En la otra, la Cámara de Representantes, la cantidad de representantes de cada estado sería proporcional a su población. De esta manera, cada estado tendría el mismo poder en el Senado. Sin embargo, los estados más grandes tendrían más poder en la Cámara de Representantes.

Los delegados debatieron durante un mes antes de llegar a un acuerdo que se conoce como la Gran Concertación. Un **acuerdo** se da cuando las personas de ambos lados de un problema ceden algo para resolver el problema.

En la convención surgió un nuevo conflicto. Los estados del sur querían que los conteos de su población incluyeran al gran número de afroamericanos esclavizados que vivían en sus estados. Eso aumentaría su representación en la Cámara de Representantes. Sin embargo, no querían que se contaran a los esclavos cuando se trataba de pagar impuestos. Los estados del norte, que tenían menos esclavos, se opusieron. El problema se resolvió con el Acuerdo de los Tres Quintos. Los estados contarían a los esclavos tanto para la representación como para los impuestos. Pero solo contarían a tres de cada cinco esclavos.

El Salón de la Independencia, en Filadelfia, donde se reunieron los líderes en 1787, sigue existiendo en la actualidad.

Un nuevo plan de gobierno

Los delegados trabajaron durante todo el verano de 1787 escribiendo el nuevo plan de gobierno. El **Preámbulo**, o introducción, expresaba los objetivos principales de la nueva constitución.

Misión Conexión

Resalta algunas palabras del Preámbulo que hablen de los objetivos de la nueva constitución.

Fuente primaria

Nosotros, el Pueblo de los Estados Unidos, a fin de formar una Unión más perfecta, establecer justicia, afirmar la tranquilidad doméstica [paz], proveer la defensa común [protección], promover el bienestar general y asegurar para nosotros mismos y para nuestros descendientes [hijos] los beneficios de la libertad, estatuimos y sancionamos esta Constitución para los Estados Unidos de América.

–Preámbulo de la Constitución de los Estados Unidos

 INTERACTIVITY

Lee el Preámbulo con más atención y responde la pregunta.

La nueva Constitución de los Estados Unidos establecía un gobierno con tres poderes. Por el contrario, los Artículos de la Confederación, porponían un gobierno con un solo poder. Bajo la nueva Constitución de los Estados Unidos, el poder legislativo crearía las leyes. Se llamaría Congreso. El poder ejecutivo, liderado por el presidente, pondría las leyes en vigor y garantizaría su cumplimiento. El poder judicial interpretaría las leyes y se aseguraría de que estas respetaran la Constitución. La **separación de poderes** es la idea de que los poderes y los deberes del gobierno están divididos entre distintos poderes.

3. ☑ **Revisar la lectura** Resumir Lee el Preámbulo.
En una oración, **escribe** su punto más importante.
Comenta con un compañero por qué crees que es importante.

_____

_____

_____

_____

Raíces Cuando veas una palabra que no conoces, intenta usar la raíz para descifrar su significado. Por ejemplo, en la palabra *mayoría*, hay una raíz que ya conoces, *mayor*. Piensa en el significado de *mayor* mientras lees la oración en la que aparece la palabra. Luego, puedes descifrar que *mayoría* significa "más de la mitad".

La Constitución también estableció un sistema de gobierno de la mayoría. Eso significa que las decisiones las toma la mayoría de las personas que votan. Por ejemplo, la mayoría de los legisladores debe ponerse de acuerdo sobre una ley antes de aprobarla.

Los artífices, o autores, de la Constitución querían limitar el poder del gobierno de otras maneras. Crearon un **sistema de controles y equilibrios**. En otras palabras, cada poder puede limitar las capacidades de los otros poderes. Por ejemplo, el Congreso puede aprobar leyes, pero el presidente tiene que firmarlas para que entren en funcionamiento. De esa manera, ningún poder del gobierno puede adquirir demasiado poder.

Límites al gobierno

El presidente puede limitar el poder del Congreso con un **veto**, o negativa a firmar una ley. Sin embargo, si dos tercios del Congreso están a favor de una ley, el Congreso puede rechazar el veto. Ese es el control del Congreso sobre el poder del presidente.

El poder judicial puede controlar el poder del Congreso y del presidente. Si los tribunales deciden que los otros poderes están haciendo algo que contradice la Constitución, pueden detener esas acciones. Para controlar el poder de los tribunales, el presidente escoge a los magistrados y a los jueces que sirven en los tribunales federales. El Congreso puede controlar el poder del tribunal al negarse a aprobar a las personas escogidas por el presidente.

El edificio del Tribunal Supremo en Washington, D.C.

La Constitución le dio al gobierno poder en muchas áreas. El Congreso puede crear leyes, por ejemplo, para impedir que algunas personas maltraten a otras. Los tribunales pueden castigar a los que desobedecen esas leyes. Los gobiernos necesitan poder suficiente para proteger los derechos del pueblo.

El sistema de controles y equilibrios limita el poder del gobierno. Eso también protege nuestros derechos. Si un poder intenta hacer mal uso de su autoridad, los otros poderes pueden detenerlo.

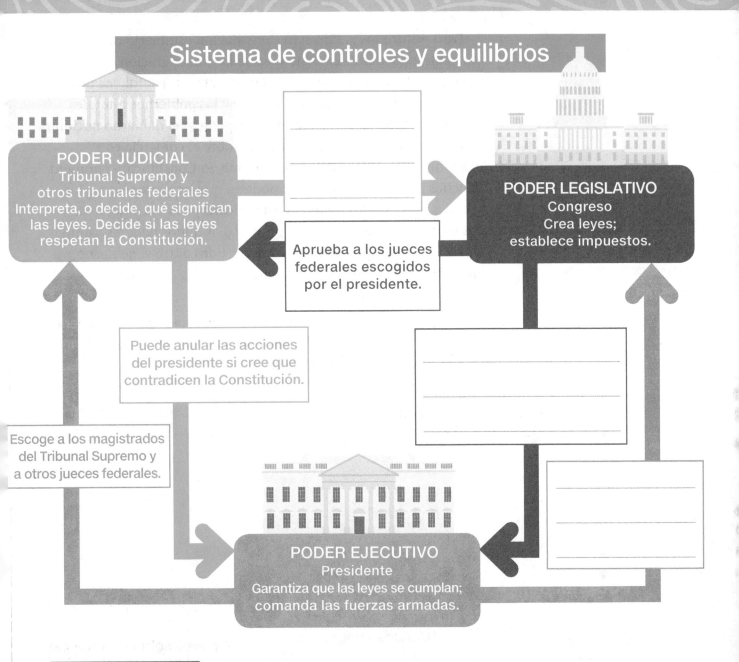

Sistema de controles y equilibrios

PODER JUDICIAL
Tribunal Supremo y
otros tribunales federales
Interpreta, o decide, qué significan
las leyes. Decide si las leyes
respetan la Constitución.

PODER LEGISLATIVO
Congreso
Crea leyes;
establece impuestos.

Aprueba a los jueces
federales escogidos
por el presidente.

Puede anular las acciones
del presidente si cree que
contradicen la Constitución.

Escoge a los magistrados
del Tribunal Supremo y
a otros jueces federales.

PODER EJECUTIVO
Presidente
Garantiza que las leyes se cumplan;
comanda las fuerzas armadas.

4. ✅ **Revisar la lectura** **Identifica** y completa el diagrama con los controles y equilibrios que faltan entre los poderes del gobierno.

Los poderes del gobierno

En el debate sobre la Constitución surgieron muchas preguntas. ¿El nuevo gobierno les quitaría todo el poder a los estados? ¿Se convertiría en el tipo de gobierno del que acababan de liberarse? ¿El presidente obtendría demasiado poder y se volvería una especie de rey?

Para evitar esos peligros, la Constitución estableció un sistema de gobierno federal. Los Artículos de la Confederación otorgaban casi todo el poder a los estados. En un sistema federal, los poderes se dividen entre el gobierno nacional y los gobiernos estatales. Por ejemplo, la Constitución explica que solo el gobierno nacional puede imprimir dinero o crear leyes sobre el comercio con naciones extranjeras. Al mismo tiempo, la Constitución enumera muchos poderes reservados, o poderes que les pertenecen a los estados. Los estados tienen la **autoridad** para encargarse de las elecciones y la emisión de permisos. Algunos poderes, como aprobar leyes impositivas, son compartidos entre el gobierno nacional y los gobiernos estatales.

Vocabulario académico

autoridad • *sust.*, el poder de dar órdenes o tomar decisiones

5. ☑ **Revisar la lectura** **Compara y contrasta** el gobierno federal con los gobiernos estatales escribiendo un poder de gobierno más en cada parte del diagrama.

Poderes del gobierno nacional y del gobierno estatal

Poderes del gobierno estatal

- Se encarga de las elecciones.
- Organiza el gobierno local.
- Regula el comercio dentro de los estados.
- _____
- _____

Poderes compartidos

- Recauda impuestos.
- Designa a miembros de los tribunales.
- _____
- _____

Poderes del gobierno nacional

- Crea leyes sobre el comercio con naciones extranjeras.
- Organiza el ejército.
- Controla el servicio postal.
- _____
- _____

Para algunos delegados, la nueva Constitución no era suficiente. Muchos creían firmemente que la Constitución debería enumerar los derechos que los ciudadanos tienen para proteger su libertad. Otros creían que la redacción del Preámbulo era suficiente. Ese debate haría posible la creación de uno de los elementos más importantes de la Constitución.

6. **☑ Revisar la lectura** Esta foto muestra a un trabajador federal en la Oficina de Grabado e Impresión de los Estados Unidos. **Identifica** el poder del gobierno que se muestra aquí.

_____

☑ Revisar la Lección 2

INTERACTIVITY

Comprueba tu comprensión de ideas clave de esta lección.

7. **Comparar y contrastar** **Analiza** las diferencias principales entre los Artículos de la Confederación y la Constitución de los Estados Unidos. En tu respuesta, incluye los deberes de cada poder del gobierno.

_____

_____

_____

_____

_____

8. **Identifica** la contribución de Roger Sherman a la creación de la Constitución.

_____

_____

9. **Comprender** _Misión_ Conexión Según el Preámbulo, describe cuál crees que fue el objetivo principal de los artífices de la Constitución.

_____

El último discurso de Benjamín Franklin

Al final de la Convención Constitucional, los artífices de la Constitución estaban enfrentados. Algunos pensaban que la Constitución debía enumerar los derechos básicos. Otros creían que eso era innecesario.

Benjamín Franklin, aunque admitía que la Constitución no era perfecta, pensaba que era lo más cercano a la perfección que un grupo de hombres con opiniones diversas podría crear. En este fragmento, Franklin menciona las fortalezas de la Constitución.

Apoyo del vocabulario

un gobierno bien administrado siempre beneficiará a su pueblo

si el pueblo se vuelve muy deshonesto y desobedece las leyes, necesita un gobierno severo

sentimientos, *sust.*, emociones o actitud

despotismo, *sust.*, sistema de gobierno en el que el gobernante tiene poder ilimitado y el pueblo no tiene derechos

incapaz, *adj.*, que no puede lograr algo

Fuentes primarias

"En estos sentimientos, señor, estoy a favor de esta Constitución, con todos sus defectos, si es que lo son; porque creo que necesitamos un gobierno general, y no existe forma de gobierno que no sea una bendición para el pueblo si está bien administrado; y, además, creo que es probable que esté bien administrado durante muchos años, y solo puede terminar en despotismo, como sucedió con otras formas anteriores a esta, si el pueblo se corrompe tanto como para necesitar un gobierno despótico, siendo incapaz de tener cualquier otro".

—Benjamín Franklin, último discurso en la Convención Constitucional,

17 de septiembre de 1787

Benjamín Franklin

Dato interesante

Benjamín Franklin inventó un instrumento musical llamado armónica de cristal, que fue usado por Beethoven y Mozart.

Lectura atenta

1. **Identifica** y encierra en un círculo las palabras del documento que describen las ideas generales de Franklin sobre el gobierno.

2. **Describe** lo que piensa Franklin sobre el plan de gobierno descrito en la Constitución.

_____

_____

_____

_____

_____

_____

En resumen

¿La Constitución, tal como fue pensada al final de la Convención Constitucional, brinda suficiente protección a los derechos individuales de los ciudadanos? Justifica tu respuesta con información del capítulo. Usa una cita de las fuentes primarias.

_____

_____

_____

_____

_____

_____

_____

_____

Lección 3 — La Declaración de Derechos

INTERACTIVITY

Participa en una discusión en clase para darle un vistazo al contenido de esta lección.

Vocabulario

federalista

antifederalista

Declaración de Derechos

propuesta

anarquía

república constitucional

soberanía popular

Vocabulario académico

suficiente

anunciar

Descifra la Pregunta principal

Aprenderé por qué los delegados no se ponían de acuerdo sobre la Constitución y cómo resolvieron sus diferencias.

¡En marcha!

Trabajen en grupos pequeños para enumerar los derechos que creen que deberían tener todos los estadounidenses. Comparen su lista con la de otros grupos. ¿En qué se parecen las listas? ¿En qué se diferencian?

Cuando se escribió la Constitución, los delegados y también los ciudadanos tenían distintas opiniones sobre la manera de lograr el equilibrio correcto en el gobierno. Hubo debates intensos entre ambos lados y, como resultado, surgió un nuevo acuerdo.

Debate sobre la Constitución

La Constitución concedía a los ciudadanos estadounidenses libertades que eran distintas a las que se concedían en otros países. Pero aún había mucho por debatir. Los delegados y los ciudadanos que estaban a favor de la nueva Constitución se llamaban **federalistas**. Muchos eran comerciantes ricos y dueños de plantaciones que querían un gobierno central fuerte. Aquellos que estaban a favor de los Artículos de la Confederación querían que los estados siguieran teniendo más poder. Se llamaban **antifederalistas**. Muchos eran granjeros y artesanos.

Los federalistas querían que los estados se unieran para crear una nación poderosa. Pensaban que la Constitución sería buena para la economía. Los antifederalistas, como Thomas Jefferson, creían que el Congreso no podía aprobar leyes adecuadas para todos los estados. Temían que la Constitución otorgara demasiado poder al presidente y al Congreso.

Cuando el Congreso adoptó la Constitución, se realizaron convenciones estatales. Estas le daban al público un espacio para aprender y debatir sobre el nuevo gobierno. Los antifederalistas no pudieron oponerse a la Constitución en el Congreso. Por lo tanto, tuvieron que luchar contra la ratificación, o aprobación oficial, de la Constitución estado por estado en las convenciones. Patrick Henry era un opositor declarado a la Constitución. En junio de 1788, pronunció varios discursos frente a los delegados de Virginia en su convención. Intentaba convencerlos de que no ratificaran la Constitución.

Los debates entre los federalistas y los antifederalistas ocurrían en salones de reuniones, en las calles y en periódicos y folletos. Esos debates giraban en torno a la mejor forma de gobierno, qué derechos había que proteger y qué poderes debían otorgarse a la nación y a los estados.

INTERACTIVITY

Explora las ideas clave de esta lección.

1. ☑ Revisar la lectura **Identifica** a cada persona como federalista o antifederalista.

Quiero un país unificado y un gobierno federal más fuerte.

Quiero que el poder del presidente y del Congreso sea limitado, y que los estados creen sus propias leyes.

Alexander
Hamilton

Patrick
Henry

Esta es una guerra tan radical [extrema] como la que nos separó de Gran Bretaña. [...] nuestros derechos y privilegios están en peligro, y así se renunciará a [cederá] la soberanía [independencia] de los estados. ¿No podemos simplemente ver que eso es lo que sucede? Los derechos a [...] juicio por jurado, la libertad de prensa [...], todas las pretensiones [demandas] sobre derechos humanos y privilegios están desprotegidas, si es que aún no se perdieron, por este cambio, del que algunos hablan tan enérgicamente, y del que otros hablan con tanta desconsideración.

—discurso de Patrick Henry el 5 de junio de 1788

Ratificación de la Constitución

Nueve de los trece estados tenían que ratificar la Constitución para que se aprobara. En cada convención estatal, los antifederalistas daban discursos sobre la pérdida de las libertades individuales bajo la Constitución. Sostenían que, en el documento, se debía agregar una **Declaración de Derechos** que garantizara los derechos básicos a todos los ciudadanos. En la Convención Constitucional, se había rechazado una **propuesta** inicial para incluir una Declaración de Derechos.

La Declaración de Derechos fue una pieza fundamental para la ratificación de la Constitución de los Estados Unidos.

Vocabulario académico

suficiente • *adj.*, tan bueno como es necesario

anunciar • *v.*, dar a conocer de forma oficial o pública

Los poderes reservados [apartados] para los distintos estados se extenderán a todos los objetos que [...] conciernan a la vida, la libertad y la prosperidad del pueblo; y al orden interno, la mejora y la prosperidad [el éxito] del estado. Las funciones del gobierno federal serán muy extensas [muy amplias] e importantes en tiempos de guerra y peligro; las que tienen los gobiernos estatales, en tiempos de paz y seguridad.

—James Madison, *The Federalist*, número 45

Esto se convirtió en una cuestión crítica para los antifederalistas. Ellos pensaban que si se le daba más poder al gobierno federal, la ley tendría que garantizar los derechos individuales. Sostenían que, si a los federalistas les hubieran importado los derechos individuales, habrían incluido esto en la Constitución.

Algunos federalistas, como James Madison, sostenían que la división de poderes establecida por la Constitución era **suficiente** para proteger la libertad. A James Madison le preocupaba que, si no se ratificaba la Constitución, hubiera **anarquía**. Madison, Alexander Hamilton y John Jay comenzaron a escribir ensayos. Al principio, los ensayos se publicaban en periódicos de Nueva York. En 1788, se publicaron en un libro llamado *The Federalist*. Ochenta y cinco ensayos explicaban por qué los artífices de la Constitución tomaron las decisiones que tomaron. También les respondían a los antifederalistas. En el número 45 de *The Federalist*, James Madison sostiene que los estados conservarían su importante función y su poder bajo el nuevo gobierno.

Cuando quedó claro que la inclusión de una Declaración de Derechos aceleraría la ratificación, los federalistas hicieron una concesión. **Anunciaron** que la primera tarea del nuevo gobierno sería adoptar una lista de derechos individuales básicos.

En septiembre de 1787, la Convención Constitucional adoptó la Constitución de los Estados Unidos. Diez meses después, en junio de 1788, New Hampshire se convirtió en el noveno estado en ratificarla. En mayo de 1790, los 13 estados la ratificaron.

James Madison

2. ☑ **Revisar la lectura** Resume para un compañero por qué se incluyó una Declaración de Derechos en la Constitución de los Estados Unidos. **Resalta** el texto apropiado.

Los miembros de la Cámara de Representantes se reúnen en esta sala del edificio del Capitolio de los Estados Unidos.

Una república constitucional

La Constitución describía un plan de gobierno llamado **república constitucional**. Esa forma de gobierno tiene una constitución y los ciudadanos eligen representantes para el Congreso. De esa manera, los ciudadanos le otorgan su autoridad al gobierno y este no puede hacer nada sin el consentimiento del pueblo. Esa idea se llama **soberanía popular**.

El Congreso se basa en la propuesta que Roger Sherman presentó en la Convención Constitucional. Está conformado por representantes y senadores. Los miembros de la Cámara de Representantes ejercen durante dos años. Los estados que tienen poblaciones más grandes eligen más representantes. Los miembros del Senado ejercen durante seis años. Cada estado elige a dos senadores. Esos miembros del Congreso votan y ratifican las leyes. El papel que tienen en la división de poderes es importante porque muchas tareas gubernamentales se superponen y causan conflictos inevitables.

La Constitución también explica cómo se comparten los poderes entre el gobierno federal y los gobiernos estatales. El gobierno federal puede declarar la guerra, imprimir dinero, recaudar impuestos, crear leyes y regular el comercio entre los estados y con otros países. Los estados pueden ratificar enmiendas a la Constitución, ocuparse de la seguridad pública y regular el comercio dentro de los estados.

3. ✅ **Revisar la lectura**
Identificar ¿El poder de regular el comercio con otras naciones es una facultad del gobierno federal o del estatal?

Los principios fundacionales

El nuevo Congreso comenzó a gobernar el 4 de marzo de 1789. Cumplió la promesa que hizo durante la ratificación de la Constitución y propuso diez enmiendas conocidas como la Declaración de Derechos.

Como los artífices de la Constitución se habían concentrado en la creación de un gobierno federal, la Constitución no se concentraba en los derechos individuales. Muchos temieron que si esos derechos no se enunciaban con claridad, el gobierno podría volverse demasiado poderoso y dejar de considerar los derechos de los ciudadanos.

La libertad de expresión y el derecho a congregarse son dos de los derechos básicos que garantiza la Declaración de Derechos.

Resalta algunos de los principios fundamentales de la Declaración de Derechos. ¿Por qué crees que hay tantos derechos básicos en la Declaración de Derechos?

👆 **INTERACTIVITY**

Lee la Constitución con más atención.

Ahora, los artífices de la Constitución enumerarían los derechos que tenía cada persona. La Declaración de Derechos, ratificada en diciembre de 1791, protege la libertad de expresión, de culto y de prensa; el derecho a congregarse pacíficamente; y el derecho a portar armas. Además, garantiza el derecho de un ciudadano al trato justo dentro del sistema judicial. Los derechos descritos en ese documento son los principios fundamentales del país.

4. ☑ **Revisar la lectura** En la tabla, **identifica** y encierra en un círculo dos de los derechos garantizados por la Declaración de Derechos que consideres muy importantes. **Ilustra** uno de los derechos en el espacio provisto.

La Declaración de Derechos

Enmiendas	Derechos garantizados
Primera	Protege la libertad de culto, de expresión, de prensa; el derecho de congregarse pacíficamente; y el derecho de no estar de acuerdo con las decisiones del gobierno.
Segunda	Protege el derecho a poseer y portar armas de fuego.
Tercera	Protege el derecho a no albergar soldados en tiempos de paz.
Cuarta	Protege a las personas de que revisen su propiedad o de que se la quiten injustamente.
Quinta	Garantiza que no se le puede quitar la vida, la libertad ni la propiedad a ninguna persona a menos que un tribunal así lo decida.
Sexta	En los casos penales, garantiza el derecho a tener un juicio por jurado y a tener un abogado.
Séptima	En la mayoría de los casos civiles, garantiza el derecho a tener un juicio por jurado.
Octava	Prohíbe fianzas y multas muy elevadas, y castigos extraordinarios.
Novena	Afirma que los derechos de las personas no están limitados a los que se enuncian en la Constitución.
Décima	Afirma que todos los poderes que no sean concedidos al gobierno federal corresponden a los estados o al pueblo.

Revisar la Lección 3

5. **Resume** el debate entre los federalistas y los antifederalistas.

_____

_____

_____

_____

_____

6. **Describe** la función que tuvieron las convenciones estatales en la ratificación de la Constitución.

_____

_____

_____

7. **Comprender** *Misión* Conexión Describe por qué la soberanía popular es una parte importante de la Constitución.

_____

_____

_____

Comparar puntos de vista

VIDEO

Mira un video acerca de comparar puntos de vista.

Los artífices de la Constitución tenían diferentes opiniones sobre cómo había que dividir el poder en el nuevo gobierno.

Cuando comparas dos puntos de vista sobre el mismo tema, significa que analizas dos opiniones diferentes para encontrar similitudes y diferencias.

Cuando comparas puntos de vista, es útil hacerte preguntas, como "¿Cuál es el propósito de estos oradores? ¿En qué difieren sus mensajes para el público? ¿Cómo persuaden los oradores a sus oyentes?". Lee los siguientes fragmentos.

"Nada es más cierto que la indispensable necesidad de gobierno, y es igualmente innegable que, sin importar cuándo y cómo se instituya, el pueblo debe cederle [darle] algunos de sus derechos naturales para conferirle los poderes necesarios".

—John Jay, *The Federalist*, número 2

"Este gobierno dará comienzo a una aristocracia [clase alta; élite] moderada: en el presente, es imposible prever si, durante su funcionamiento, producirá una monarquía o una aristocracia corrupta y tirana [cruel, severa]".

—George Mason, "*Objeciones a esta constitución de gobierno*"

John Jay

George Mason

1. Completa el diagrama con el punto principal de cada cita. Luego, **analiza** y escribe en qué se parecen ambas citas.

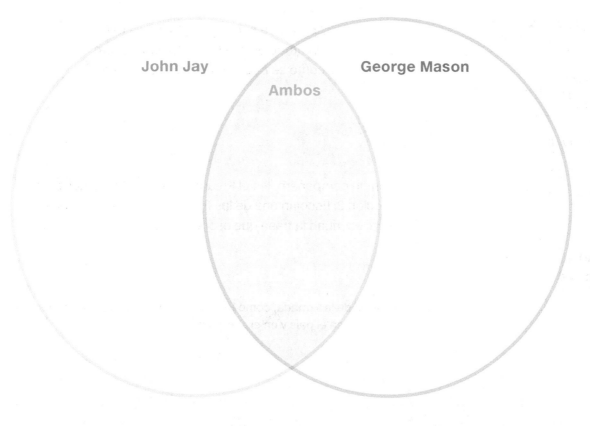

2. Lee la sección de la Lección 3 llamada "Debate sobre la Constitución". **Compara** el punto de vista de los federalistas con el de los antifederalistas.

_____

_____

_____

_____

_____

4 Conceptos clave de la Constitución

 INTERACTIVITY

Participa en una discusión en clase para darle un vistazo al contenido de esta lección.

Vocabulario

imperio de la ley

tranquilidad doméstica

sufragio

Vocabulario académico

recaudar

comercio

Descifra la Pregunta principal

Aprenderé sobre la importancia del Preámbulo de la Constitución y sobre cómo se puede cambiar la Constitución.

¡En marcha!

Con un compañero, lee el Preámbulo de la Constitución en la Lección 2. Escojan una de las frases y represéntenla. En una hoja, escriban la frase que escogieron.

Los marineros de la Armada, como los que se muestran aquí, protegen a los Estados Unidos en el país y en el extranjero.

La introducción de la Constitución

El Preámbulo es la introducción de la Constitución. Describe el propósito de un gobierno, que es brindarles a sus ciudadanos un modo de vida justo, seguro y pacífico. El gobierno de los Estados Unidos aún tiene esos objetivos en la actualidad.

El Preámbulo contiene la frase "una unión más perfecta" que se refiere a unir al país. Los líderes esperaban fortalecer y unir al país.

Los artífices de la Constitución querían dejar claro que todos los ciudadanos deben obedecer la ley, pero están protegidos del abuso de autoridad por parte del gobierno. Esa idea, o principio, se llama **imperio de la ley**. Se hace referencia a él en la frase "establecer justicia". Esa frase significa que todos serán tratados de manera justa e igualitaria en el sistema judicial y también refleja la protección personal prometida en la Constitución. Las frases "**tranquilidad doméstica**", "proveer la defensa común" y "promover el bienestar general" reflejan el deseo de los artífices de la Constitución de garantizar la seguridad ante amenazas extranjeras, la protección por parte de las fuerzas armadas y el bienestar de los ciudadanos.

El Preámbulo de la Constitución muestra un marcado contraste con el Preámbulo de los Artículos de la Confederación. Los Artículos exponen un acuerdo entre los estados; el Preámbulo de la Constitución expone un acuerdo entre el gobierno federal y el pueblo de los Estados Unidos.

El impacto de la Constitución sobre la economía

Los artífices de la Constitución elaboraron con esmero ciertas partes de la Constitución para fomentar una economía fuerte y para proteger al país en tiempos difíciles. La imposibilidad de que el gobierno federal pidiera dinero prestado o **recaudara** impuestos fue un gran obstáculo durante la guerra. Como resultado, la Cláusula de Gastos del Artículo 1 de la Sección 8, establece que el Congreso puede recaudar impuestos para pagar las deudas del país y para proveer a la defensa común. También permite al Congreso pedir dinero prestado rápidamente cuando sea necesario. Sin embargo, esos poderes son limitados. El poder de pedir dinero prestado depende del crédito corriente del país.

INTERACTIVITY

Explora las ideas clave de esta lección.

1. ✅ **Revisar la lectura**
Identificar ¿El Preámbulo de la Constitución de los Estados Unidos es un acuerdo entre qué dos grupos?

_____

_____

_____

Vocabulario académico

recaudar • *v.*, cobrar o percibir dinero

Vocabulario académico

comercio • *sust.*, los negocios o transacciones entre países o estados

En la misma sección, al Congreso se le concede el poder de regular el **comercio**. Antes de la Constitución, no existía el comercio interestatal, o comercio entre los estados, porque los Artículos no le habían dado al Congreso la autoridad para regular o resolver disputas. La Cláusula de Comercio hizo que el comercio y los negocios entre los estados fueran más productivos.

La Cláusula de Patentes y Derechos de Autor, también en el Artículo 1 de la Sección 8, establece que los escritos y los descubrimientos de los artistas y los científicos están protegidos durante un tiempo determinado. La cláusula ayuda a promover la ciencia y el arte.

La Cláusula de Apropiaciones [separar dinero para un fin], en el Artículo 1 de la Sección 9, le permite al Congreso decidir cómo usar los fondos públicos, limitar el dinero que se gasta y llevar un registro de su uso.

El Artículo 1 de la Sección 10 suele llamarse Cláusula de Contratos. Busca evitar el abuso de poder por parte de los estados. Prohíbe a los estados acuñar dinero, recaudar impuestos sobre las importaciones y las exportaciones, e interferir en contratos privados. Esta cláusula puede aplicarse para proteger una amplia variedad de tratos comerciales.

Los artífices de la Constitución querían garantizar que la economía de los Estados Unidos se mantuviera fuerte.

El Congreso tendrá facultad: para establecer y recaudar contribuciones, impuestos [aranceles], derechos [tasas de aduana] y consumos [impuestos sobre los bienes]; para pagar las deudas y proveer a la defensa común y el bienestar general de los Estados Unidos; pero todos los impuestos, derechos y consumos serán uniformes en todos los Estados Unidos.

—De la Constitución de los Estados Unidos, Artículo 1 de la Sección 8

Un barco carguero descarga importaciones en un puerto.

2. **☑ Revisar la lectura** **Resume** en qué aspectos la economía de hoy sería diferente si algunas secciones de la Constitución no existieran. Concéntrate en una sección.

_____

_____

_____

_____

Misión Conexión

Escribe tres maneras en que la Constitución fortalece la economía.

Se modifica la Constitución

En ciertos momentos, es necesario modificar o añadir elementos a la Constitución. Los padres fundadores permitieron que eso fuera posible.

Para que se añada una enmienda a la Constitución, una mayoría de dos tercios en la Cámara de Representantes y el Senado debe votar para proponer la enmienda. Después de esa propuesta, tres cuartos de los cuerpos legislativos estatales deben ratificar la enmienda. Ahora hay 27 enmiendas a la Constitución. Las enmiendas reflejan los cambios en la sociedad.

 INTERACTIVITY

Juega un juego de memoria para aprender sobre la economía y la Constitución.

Los afroamericanos obtienen el derecho al voto

En la actualidad, todos los estadounidenses pueden votar en las elecciones federales o locales, pero eso no siempre fue así. Durante los primeros 100 años de la historia de la nación, solo los hombres blancos libres que poseían tierras podían votar. Los afroamericanos y las mujeres lucharon muchos años por el derecho al voto.

Los afroamericanos estuvieron esclavizados hasta después de la Guerra Civil de 1865. La Decimotercera Enmienda puso fin a la esclavitud. La Decimoquinta Enmienda les dio a los afroamericanos el derecho al voto. Aunque la enmienda se ratificó en 1870, había mucha discriminación, o trato injusto basado en la raza de alguien. Para evitar que los afroamericanos votaran en el sur, los obligaban a pagar impuestos en las elecciones y a aprobar exámenes de alfabetismo.

En 1965, se aprobó la Ley de Derecho al Voto gracias al trabajo de activistas como el Dr. Martin Luther King, Jr. El invierno anterior a que la Ley de Derecho al Voto fuera aprobada, King había comenzado la campaña Conferencia de Liderazgo Cristiano del Sur en Selma, Alabama. Su objetivo era hacer que esas leyes se aprobaran. La aprobación de la Ley de Derecho al Voto fue un momento importante en el Movimiento de los Derechos Civiles.

Martin Luther King, Jr. luchó para que se aprobara la Ley del Derecho al voto.

Enmienda	Año

El sufragio femenino

En 1920, la Decimonovena Enmienda les dio a las mujeres el derecho al voto. Esa enmienda fue el resultado de una larga lucha por la igualdad. El movimiento del **sufragio** abarcó a varias generaciones y requirió mucha persistencia.

Los sufragistas, es decir, los defensores del derecho al voto de las mujeres, organizaban conferencias, protestas y marchas; redactaban peticiones; e incluso hacían huelgas de hambre con la intención de que sus voces se oyeran. Una gran parte de las mujeres que participaron en el movimiento al comienzo no vivió para ver la Decimonovena Enmienda convertida en ley, pero su trabajo cambió a los Estados Unidos.

3. ✅ **Revisar la lectura** En los recuadros que están junto a las imágenes, **identifica** y escribe la enmienda que afectó el derecho al voto del grupo que se muestra y el año en que fue aprobada.

Durante décadas, las mujeres de todo el país lucharon por el derecho al voto.

Enmienda	Año

Decisiones del Tribunal Supremo

El Tribunal Supremo es el tribunal más importante del país. La Constitución estableció la jurisdicción, o poder oficial, de ese tribunal.

El Tribunal Supremo tiene nueve magistrados. Esos magistrados tratan casos relacionados con las leyes federales y estatales, y el modo en que estas afectan los derechos de los ciudadanos. Por ejemplo, en 1954, el Tribunal Supremo trató el caso *Brown contra la Junta de Educación*. La decisión en este caso fue que las leyes estatales que permitían la segregación, es decir, la separación de las personas según su raza, eran inconstitucionales, o contrarias a la ley.

Al tomar decisiones en esos casos, los magistrados controlan las acciones del Congreso y del presidente. Los otros poderes también limitan el poder del Tribunal Supremo. El presidente nomina a un magistrado y luego el Congreso debe aprobar esa designación.

En 1917, William Tyler Page escribió *"The American's Creed"* y lo registró en un concurso patriótico. El texto hacía referencia a muchos documentos históricos, como la Declaración de Independencia y el Preámbulo de la Constitución. El 3 de abril de 1918, fue aceptado por la Cámara de Representantes.

Los abogados que defendieron el caso *Brown contra la Junta de Educación* parados frente al edificio del Tribunal Supremo. De izquierda a derecha: George E.C. Hayes, Thurgood Marshall y James Nabrit Jr.

Fuente primaria

Creo en los Estados Unidos de América, como un gobierno del pueblo, por el pueblo, para el pueblo; cuyos justos poderes provienen del consentimiento de los gobernados; una democracia en una república; una nación independiente y soberana compuesta por muchos estados soberanos; una unión perfecta, única e inseparable; establecida sobre los principios de la libertad, la igualdad, la justicia y la humanidad por los que los patriotas estadounidenses sacrificaron su vida y su fortuna.

Por lo tanto, creo que mi deber hacia mi país es amarlo, defender su Constitución, obedecer sus leyes, respetar su bandera y defenderla de todos sus enemigos.

—William Tyler Page, *"The American's Creed"*

4. ☑ **Revisar la lectura**
Identifica las partes de *"The American's Creed"* que crees que hayan salido del Preámbulo de la Constitución. Subraya esas partes.

Revisar la Lección 4

INTERACTIVITY

Comprueba tu comprensión de ideas clave de esta lección.

5. **Resume** y haz una lista de los principios fundamentales que se mencionan en el Preámbulo de la Constitución.

6. **Describe** el proceso a través del cual se hace una enmienda a la Constitución.

7. **Comprender** Misión Conexión Basándote en el Artículo 1 de las Secciones 8, 9 y 10 de la Constitución, **describe** lo que crees que los padres fundadores considerarían una economía saludable y próspera.

Atributo:

Defender la igualdad de derechos

Abigail Adams (1744–1818)

Recuerden a las damas

Abigail Adams tuvo una vida notable. Sobrevivió a la Guerra de Independencia, o Revolución Estadounidense, y a la era Constitucional. Como era habitual en los tiempos en los que vivió Adams, ella no recibió educación formal. Leía mucho y se esforzaba por aprender sola. La admiraban mucho por ser una mujer inteligente y capaz. Abigail defendió los derechos de las mujeres en una época en la que las mujeres tenían pocos derechos.

Cuando el esposo de Abigail, John Adams, sirvió como delegado en el Congreso Constitucional en Filadelfia, ella se encargó de la familia y de la granja. Los esposos se escribieron muchas cartas sobre política y la vida familiar. Como John y sus colegas delegados trabajaban para crear un gobierno, Abigail escribió en una parte: "en el nuevo Código Legal[…] desearía que se acordaran de las damas".

Aunque los artífices de la Constitución no siguieron el consejo de Abigail, ella continuó hablando y escribiendo a favor de los derechos de las mujeres.

Descubre más

1. Abigail Adams escribió estas palabras en 1776. Repasa la Lección 4. ¿Cuándo obtuvieron las mujeres el derecho al voto? ¿Qué enmienda a la Constitución les otorgó el derecho al voto a las mujeres?

   _____

   _____

2. Las mujeres lucharon durante muchos años para enmendar, o cambiar, la Constitución y conseguir el derecho al voto. Con tus compañeros de clase, crea una serie de preguntas para hacer una encuesta entre los estudiantes de la escuela con el fin de averiguar qué enmienda añadirían a la Constitución en la actualidad.

6 Repaso visual

Usa estas gráficas para repasar algunos de los términos clave, personas e ideas del capítulo.

1788
Se ratifica la Constitución
de los Estados Unidos.

La Constitución crea
el Senado y la Cámara
de Representantes e
incluye un sistema de
controles y equilibrios
entre los tres poderes
del gobierno.

1781
Se ratifican los
Artículos de la
Confederación.

1791
Se agrega la Declaración
de Derechos a
la Constitución para
proteger los derechos
individuales.

1775	1780	1785	1790	1795

1777
Se adoptan
los Artículos de
la Confederación.

Estos crean un
gobierno central débil.

1787
Rebelión de Shay

Ordenanza del Noroeste

Se adopta la
Constitución de los
Estados Unidos.

1789
Se reúne el Congreso por
primera vez bajo una
Constitución ratificada.

En 1870, la Decimoquinta Enmienda fue ratificada. En 1920, fue ratificada la Decimonovena Enmienda. Estas enmiendas garantizaban el derecho al voto de los afroamericanos y las mujeres.

El debate por la Constitución	
Federalistas	**Antifederalistas**
• Apoyaban la Constitución y un gobierno central fuerte. • Escribían ensayos para explicar por qué apoyaban un gobierno central fuerte y señalaban las debilidades de los Artículos de la Confederación. • Alexander Hamilton • James Madison • John Jay	• Eran críticos de la Constitución y apoyaban un gobierno central más débil. • Creían que los estados debían tener más poder. • Apoyaban una Declaración de Derechos. • Thomas Jefferson • Patrick Henry • George Mason

6 ☑ Evaluación

 GAMES

Juega el juego de vocabulario.

Vocabulario e ideas clave

1. Traza una línea para unir las definiciones con los términos correctos.

poder del gobierno que crea las leyes   **vetar**

negarse a aprobar algo   **legislativo**

principio que dice que todos deben obedecer la ley   **ordenanza**

ley   **imperio de la ley**

poder del gobierno que interpreta las leyes   **judicial**

2. ¿Qué es la **inflación**? _____

_____

_____

3. Define "concesión". _____

_____

4. Identificar Completa los espacios en blanco.

La _____ de los Estados Unidos fue ratificada por los primeros

_____ estados en el año _____.

5. Interpretar una gráfica lineal Si un colono gana $35 por mes, ¿qué fracción de su ingreso mensual gastará si compra una fanega de papas en 1779?

_____

_____

¿Por qué aumentaron los precios de los bienes?

_____

_____

Efecto de la inflación, 1775–1779

Fuente: *Massachusetts Bureau of Statistics of Labor, 1885*

6. **Determinar los efectos** Rellena el círculo que indique la respuesta correcta. ¿Cuál fue uno de los efectos de la Rebelión de Shay?

   Ⓐ Más granjeros fueron enviados a la cárcel.

   Ⓑ Más personas comenzaron a pedir un gobierno nacional más fuerte.

   Ⓒ Se abrieron nuevas cortes estatales.

   Ⓓ El gobierno nacional armó un ejército.

7. **Analizar** Según los principios estadounidenses, ¿cuáles son algunas de las tareas de los ciudadanos? _____

   _____

   _____

8. **Analizar** ¿Cuál fue la importancia de la Ordenanza del Noroeste?

   _____

   _____

   _____

9. **Aplicar** ¿De qué manera la Constitución de los Estados Unidos y la Declaración de Derechos afectan tu vida cotidiana y tu vida en comunidad? Explica tu respuesta.

   _____

   _____

   _____

   _____

10. **Volver a la Pregunta principal** ¿Cuál es el propósito del gobierno?

    _____

    _____

    _____

Analizar fuentes primarias

El pueblo es la única fuente de poder y de él deriva la carta constitucional, de la cual los diversos poderes del gobierno reciben sus funciones.

—James Madison, *The Federalist*, número 49

11. ¿Qué crees que Madison quería decir con la frase "El pueblo es la única fuente de poder"?

_____

_____

_____

_____

_____

12. **Taller de escritura: Escribir un texto informativo** En una hoja aparte, escribe dos párrafos breves sobre los delegados Edmund Randolph y Roger Sherman. Identifica en qué estado nacieron y su contribución a la Convención Constitucional y a la Constitución.

Comparar puntos de vista

13. Compara y contrasta lo que pensaban los federalistas y los antifederalistas sobre el poder del gobierno central bajo la Constitución.

_____

_____

_____

_____

_____

_____

Misión Hallazgos

Escribe tu carta

Ya leíste las lecciones de este capítulo. Ahora, estás listo para escribir una carta al editor. Recuerda que el objetivo de tu carta debe ser convencer al lector de que apoye o se oponga a la Constitución. Usa datos que apoyen tu opinión y demuestren por qué no estás de acuerdo con tus opositores. Sigue estos pasos:

INTERACTIVITY

Usa esta actividad como ayuda para preparar tu texto.

1 Prepárate para escribir

Escribe los tres argumentos que consideres más fuertes y agrega datos que los fundamenten. Luego, escribe tres objeciones posibles y cómo piensas contradecirlas. Usa estas notas como ayuda para escribir tu carta.

2 Escribe un borrador

Usa tus notas y la evidencia de Misión: Hallazgos para escribir la carta más convincente posible. Asegúrate de que tu carta responda las siguientes preguntas:

- ¿Era necesario escribir una nueva Constitución?
- ¿Por qué es necesario hacer compromisos?
- ¿De qué manera la Declaración de Derechos refuerza la Constitución?
- ¿Qué dicen los opositores de tu punto de vista? ¿Qué les respondes?

3 Comparte con un compañero

Intercambia borradores de carta con un compañero o una compañera. Dile lo que te gusta de su carta y lo que crees que podría mejorar. Sé considerado al darle sugerencias.

4 Revisa

Haz los cambios necesarios en tu borrador luego de compartirlo con tu compañero. Si hay errores gramaticales u ortográficos, corrígelos.

7 La vida en la nueva república

El eText está disponible
en español.

- 📖 eTEXT
- ▶ VIDEO
- 👆 INTERACTIVITY
- 🔊 AUDIO
- 🎮 GAMES
- ☑ ASSESSMENT

Pregunta principal

▶ VIDEO

¿Cómo contribuyen los líderes a la formación de una nación?

Lección 1
Los primeros presidentes

Lección 2
Jefferson y la Compra de Louisiana

Lección 3
La Guerra de 1812

Lección 4
Los indígenas norteamericanos y el Sendero de Lágrimas

Lección 5
Nuevos inmigrantes y la lucha por la libertad

¡En marcha!

👆 INTERACTIVITY

Formen grupos pequeños. Cada miembro de tu grupo debería escribir tres maneras en las que cree que un líder puede contribuir a la formación de un país. Cuando todos hayan escrito sus ideas, compara las tuyas con las de otro estudiante. ¿Varias de las ideas se parecen? ¿En qué se diferencian? Escribe algunas similitudes y diferencias.

_____

_____

_____

_____

Rapeemos

La nación crece

Dale un vistazo al **vocabulario** del capítulo rapeando.

¿Cómo contribuyen los líderes a la formación de una nación?

Muchas decisiones los líderes deben tomar

y estas efectos positivos o negativos pueden causar

en la vida del pueblo y en el país que deben gobernar.

En su ceremonia de **toma de posesión**, George Washington dio un

discurso que muchos aplausos recibió.

El primer presidente electo dijo en esa memorable ocasión

que este cargo asumía para sus habilidades poner al

servicio de la nueva nación.

También dio un discurso que muchos aplausos recibió.

Un **gabinete** de cuatro hombres Washington formó.

A Jefferson, Hamilton, Knox y Randolph escogió.

Ellos eran los asesores de confianza del presidente

y sus opiniones le daban sobre cuestiones urgentes.

Los **pioneros** fueron al oeste en busca de un lugar

donde hubiera tierras fértiles para poder cultivar.

Algunas casas en la **región fronteriza** construyeron

y a su nuevo entorno que **adaptarse** tuvieron.

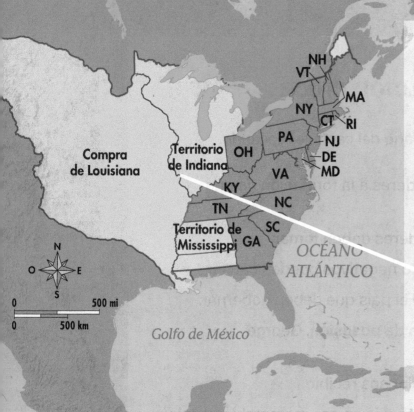

Compra de Louisiana

Territorio de Indiana

Territorio de Mississippi

NH
VT
NY
MA
CT
RI
PA
NJ
OH
DE
MD
VA
KY
NC
TN
SC
GA

OCÉANO ATLÁNTICO

N
O   E
S

0   500 mi
0   500 km

Golfo de México

¿Dónde estaba la frontera en el siglo XIX?

Muchos exploradores y colonos salieron de St. Louis, Missouri, y sus alrededores para emprender un viaje hacia el oeste. ¿Qué estados se muestran en el mapa? ¿Qué territorios se muestran?

Arco Gateway

EN LA ACTUALIDAD
Puedes visitar St. Louis para ver el Arco Gateway y subir a su parte más alta.

¿Qué pasó y cuándo?

Lee la línea de tiempo para aprender acerca de cómo creció y cambió la nación durante el siglo XIX.

1780   **1790**   **1800**   **1810**

1789
George Washington es elegido presidente.

EN LA ACTUALIDAD
Se puede visitar la casa de Washington en Mount Vernon.

1804-1806
Lewis y Clark exploran el Oeste.

1812
Comienza la Guerra de 1812.

¿A quién conocerás?

Sacagawea
Guía y traductora de los exploradores Lewis y Clark

James Monroe
Quinto presidente de los Estados Unidos

John Marshall
Presidente del tribunal supremo; apoyó a los cheroquíes cuando defendían su derecho sobre sus tierras

Frederick Douglass
Afroamericano libre y más tarde activista del movimiento para terminar con la esclavitud

INTERACTIVITY

Completa la tabla interactiva.

1820

1830

1840

1850

1828
Andrew Jackson es elegido presidente.

1830
Se aprueba la Ley de Expulsión de Indígenas.

1848
Se lleva a cabo la Convención de Seneca Falls.

Misión
Escritura basada en documentos

Encuentra tu camino

El comienzo del siglo XIX fue una época de grandes cambios en los Estados Unidos. El país reclamaba cada vez más tierras en el Oeste a la vez que libraba una guerra para protegerse. También llegaron al país millones de nuevos inmigrantes. Además, los afroamericanos y las mujeres lucharon por libertad y la igualdad de derechos.

Misión Arranque

Tu misión es trabajar en grupo en la escritura de un guion corto para mostrárselo a un director de cine. Escoge uno de los siguientes temas: la expedición de Lewis y Clark, la Guerra de 1812, la ola de inmigrantes que llegó a los Estados Unidos en el siglo XIX o los movimientos de activistas del siglo XIX.

Haz preguntas

Cuando te hayan asignado tu tarea, trabaja con tu grupo para responder estas preguntas. ¿Qué cualidades crees que caracterizan a tus personajes? ¿Cuáles fueron las circunstancias que provocaron la expedición, la guerra o la necesidad de inmigrar o de protestar?

2 Busca fuentes primarias y secundarias

Sigue las instrucciones de tu maestro para buscar fuentes primarias y secundarias relacionadas con tu tema. Mientras investigas, piensa qué te indican las fuentes sobre las personas involucradas. ¿Cuáles son sus motivaciones? ¿Qué te dicen las fuentes sobre ellos?

INTERACTIVITY

Analiza las partes de una historia como ayuda para escribir tu guion.

3 Busca
Misión Conexión

En la siguiente página, comienza a buscar las Misión: Conexión que te ayudarán a crear tu guion.

4 *Misión* Hallazgos
Escribe tu guion

Usa la página de Misión: Hallazgos al final del capítulo como ayuda para escribir un guion y crear un video o representación para mostrarle a la clase lo que aprendiste de tus fuentes.

1 Los primeros presidentes

 INTERACTIVITY

Participa en una discusión en clase para darle un vistazo al contenido de esta lección.

Vocabulario

Colegio Electoral
toma de posesión
gabinete
partido político

Vocabulario académico

proponer
acumular

Descifra la Pregunta principal

Aprenderé que las acciones de George Washington como primer presidente de los Estados Unidos fueron un ejemplo para todos los presidentes que le siguieron.

¡En marcha!

Trabajen en grupos pequeños. Cada miembro del grupo nombrará a una persona que sea un buen líder, y luego explicará su elección. ¿Esa persona lideró algo en lo que participaste?

Cuando terminó la Convención Constitucional, George Washington regresó a su hogar, Mount Vernon, en Virginia. Al poco tiempo, lo llamarían para que sirviera a su país en otra función.

Washington asume su cargo

En 1789, muchos de sus colegas le pidieron a George Washington que fuera el primer presidente de los Estados Unidos. Él fue el único presidente en ser elegido *unánimemente* para el cargo. Eso significa que todos los electores votaron por él. Cuando los ciudadanos estadounidenses votan para elegir presidente, en realidad, votan a electores que, a su vez, votan por ese candidato presidencial. Ese sistema se llama **Colegio Electoral** y está compuesto por un grupo de personas escogidas por cada estado para que elijan al presidente y al vicepresidente. La cantidad de electores depende de la cantidad de representantes que el estado tiene en el Congreso. El voto popular es la cantidad de votos que un candidato recibe según los ciudadanos estadounidenses que lo votaron.

En ese momento, John Adams fue el segundo candidato más votado después de Washington; por lo tanto, se convirtió en vicepresidente. En la actualidad, dos candidatos, uno a presidente y uno a vicepresidente, se presentan en la misma lista. Washington fue investido con el cargo de presidente de los Estados Unidos en su toma de posesión. Una **toma de posesión** es una ceremonia que marca el comienzo de un gobierno o mandato.

INTERACTIVITY

Explora las ideas clave de esta lección.

George Washington fue investido con el cargo de presidente en la ciudad de Nueva York.

Durante su mandato, Washington comenzó la tradición del **gabinete** presidencial y decidió cómo funcionaría. El gabinete sería un grupo de asesores de confianza que trataría distintas cuestiones con el presidente y le ofrecerían una amplia variedad de opiniones sobre esas cuestiones.

En la actualidad, el gabinete tiene 16 miembros: el vicepresidente y 15 jefes de los departamentos del ejecutivo. La Constitución establece que habrá departamentos del ejecutivo bajo la autoridad del presidente. Washington sentó un precedente al escoger a cuatro miembros para su gabinete, que se encargarían de cuatro departamentos ejecutivos. Thomas Jefferson era el secretario de Estado y se ocupaba de las relaciones con otros países. Alexander Hamilton era el secretario del Tesoro y se encargaba de la economía de la nación. Henry Knox era el secretario de guerra. Edmond Randolph era el fiscal general y asesoraba a Washington en asuntos legales.

James Madison dijo que las reuniones de Washington se realizaban en "el gabinete del presidente", y así es como se eligió el término *gabinete*.

Washington firmó la Ley del Poder Judicial, con lo que creó el cargo de fiscal general y también un Tribunal Supremo de seis miembros. En 1794, Washington creó la Marina de los Estados Unidos y ordenó que se construyeran seis barcos, incluido el USS *Constitution*.

Durante su mandato como presidente, Washington firmó la primera ley de derechos de autor. La ley pretendía fomentar y proteger el trabajo de las personas que creaban mapas y cartas de navegación, y también de quienes escribían libros. Así, les dio a los creadores y autores el derecho de publicar, imprimir y reimprimir su trabajo.

La Constitución no establecía límites a los períodos para ejercer la presidencia. Sin embargo, tras servir durante dos períodos, Washington se retiró a Mount Vernon.

1. ☑ **Revisar la lectura** **Identifica** y encierra en un círculo el nombre de los hombres que fueron designados para cargos del gabinete. **Describe** sus responsabilidades y de qué manera servían al presidente Washington.

_____

_____

_____

_____

Los primeros partidos políticos

Washington no estaba a favor de los **partidos políticos**, o grupos de personas que tienen las mismas opiniones políticas en general. Él creía que dividirían al país. Sin embargo, hacia 1796, ya existían dos partidos. Eran los federalistas y los demócratas republicanos. En las elecciones para elegir al segundo presidente de los Estados Unidos, por primera vez, los ciudadanos escogerían entre dos candidatos de dos partidos políticos distintos. También era la primera vez que candidatos a nivel local, estatal y federal se presentaban como miembros de dos partidos. Antes eran designados.

Los federalistas, el partido liderado por Hamilton, estaban decididamente a favor del banco nacional, de un gobierno federal sólido y de un comercio y una industria prósperos. Los comerciantes eran los federalistas más fuertes porque creían que las políticas federalistas ayudarían a que crecieran sus negocios.

En las primeras elecciones presidenciales, los ciudadanos debían poseer propiedades. En la actualidad, los ciudadanos estadounidenses que tengan al menos 18 años y sean votantes registrados pueden votar por candidatos presidenciales.

Los demócratas republicanos, liderados por Jefferson, estaban a favor de la economía agrícola. Representaban al hombre común y no estaban a favor de un gobierno central sólido. Defendían los derechos de los estados y no querían un banco nacional porque temían que este le daría demasiado poder al gobierno.

2. ☑ **Revisar la lectura** **Compara y contrasta** en el diagrama los dos partidos políticos que existían en 1796.

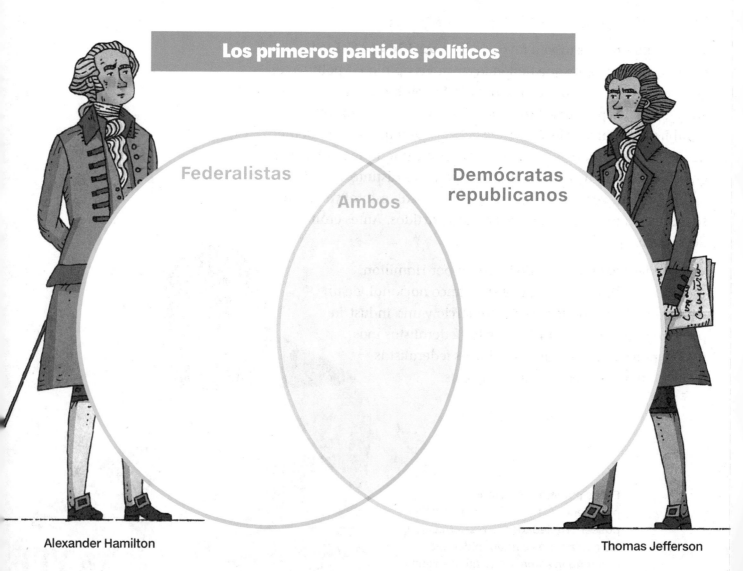

Los primeros partidos políticos

Federalistas

Ambos

Demócratas republicanos

Alexander Hamilton

Thomas Jefferson

Se construye una economía fuerte

Según la Constitución, el Congreso tiene el poder de hacer lo que sea "necesario y apropiado" para el país. Alexander Hamilton interpretó que eso significaba que el Congreso debía hacer cualquier cosa que fuera necesaria para realizar sus tareas. Hamilton también creía firmemente que un banco nacional y una única moneda nacional eran necesarios para la salud de la economía de la nueva nación. En 1791, decidió **proponer** esa idea para tratar el tema de la deuda que se había **acumulado** durante la Guerra de Independencia, o Revolución Estadounidense.

Thomas Jefferson consideraba que la Constitución decía que el Congreso solo debía actuar cuando fuera absolutamente necesario. Jefferson no estaba de acuerdo con que la creación de un banco nacional fuera un paso necesario. Como demócrata republicano, temía que este le diera demasiado poder al gobierno.

El presidente Washington estaba de acuerdo con Hamilton. En 1791, se creó el Primer Banco de los Estados Unidos. El país comenzó a pagar la deuda contraída en la guerra y a usar una moneda, lo cual hizo que el comercio interestatal fuera mucho más sencillo. Hamilton también estaba a favor de los aranceles, o los impuestos sobre los bienes importados. Creía que estos alentaban a la gente a comprar bienes hechos en su propio país y que ayudarían a los negocios estadounidenses. Jefferson se oponía a los aranceles porque les aumentaban los precios a los granjeros. Al final, el Congreso votó en contra de los aranceles. Hamilton pensó que los aranceles beneficiarían a los negocios, pero el Congreso no estuvo de acuerdo.

Vocabulario académico

proponer • v., sugerir

acumular • v., reunir una cantidad cada vez mayor de algo

El Primer Banco de los Estados Unidos abrió en 1791.

3. ☑ **Revisar la lectura** Analiza y **explica** de qué manera el plan financiero de Hamilton afectó la economía de los Estados Unidos.

_____

_____

_____

La nueva capital

La Ley de Residencia de 1790 decía que la ciudad capital de los Estados Unidos estaría ubicada a lo largo del río Potomac, entre Maryland y Virginia. Esta sería una ciudad apartada de cualquier otra ciudad existente y no formaría parte de ninguno de los estados. Por ser el presidente, George Washington vivía en la capital temporal, Filadelfia. Sin embargo, eligió a quienes diseñarían el lugar que se convertiría en la capital permanente, Washington, D.C.

Un ingeniero francés llamado Pierre-Charles L'Enfant diseñó la ciudad capital. Benjamin Banneker, un afroamericano libre, fue el topógrafo de la tierra. Un topógrafo mide la tierra antes de que algo se construya. El Dr. William Thornton, un médico escocés, diseñó el edificio del Capitolio donde se reuniría el Congreso. El Capitolio sería el centro de la ciudad y estaría situado en una colina.

La construcción del edificio del Capitolio comenzó en 1793 y su progreso fue lento. Los trabajadores tuvieron que abandonar su hogar y vivir en lo que en ese momento eran tierras vírgenes. El edificio aún no estaba terminado cuando el Congreso comenzó a trabajar allí, en el año 1800.

Benjamin Banneker

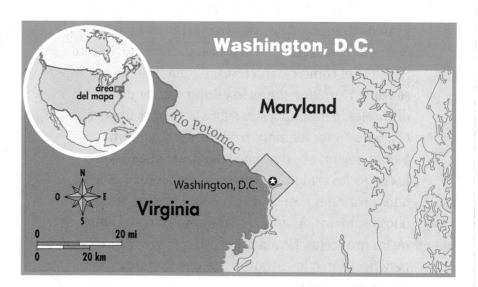

4. ☑ **Revisar la lectura** **Usa evidencia del texto** para mostrar por qué crees que la capital de la nación no estaba ubicada en ningún estado en particular.

_____

_____

_____

John Adams se convierte en presidente

Las elecciones presidenciales de 1796 fueron las primeras elecciones en las que hubo partidos que competían, y fueron muy reñidas. El Partido Federalista nominó a John Adams y a Thomas Pinckney. El Partido Demócrata Republicano nominó a Thomas Jefferson y a Aaron Burr.

Cada miembro del Colegio Electoral emitía dos votos para presidente. La persona que obtenía más votos se convertía en presidente y el que le seguía en cantidad de votos se convertía en vicepresidente.

El día de las elecciones, Adams ganó la presidencia por solo tres votos electorales. Jefferson ganó la vicepresidencia. El país tendría un presidente de un partido y un vicepresidente de otro partido. Mira el mapa. La mayoría de los votos de Adams habían sido de electores del norte y la mayoría de los votos de Jefferson habían sido de electores del sur.

Después de las elecciones, John Adams y su esposa, Abigail, se mudaron a Washington, D.C. Su familia fue la primera en vivir en la Casa Presidencial, que más tarde se llamó Casa Blanca. Aunque la casa no estaba terminada cuando ellos se mudaron, John y Abigail Adams hicieron de ese nuevo edificio el hogar oficial del presidente de los Estados Unidos.

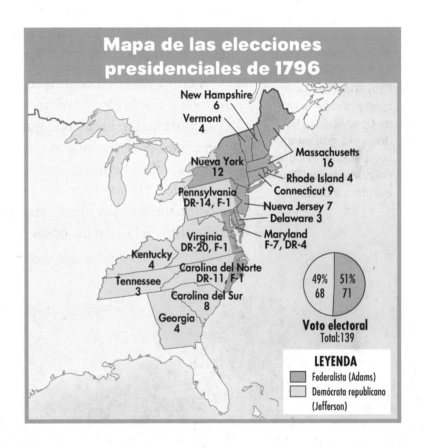

Mapa de las elecciones presidenciales de 1796

New Hampshire 6
Vermont 4
Massachusetts 16
Nueva York 12
Rhode Island 4
Connecticut 9
Pennsylvania DR-14, F-1
Nueva Jersey 7
Delaware 3
Virginia DR-20, F-1
Maryland F-7, DR-4
Kentucky 4
Carolina del Norte DR-11, F-1
Tennessee 3
Carolina del Sur 8
Georgia 4

49% 68 | 51% 71

Voto electoral
Total:139

LEYENDA
■ Federalista (Adams)
□ Demócrata republicano (Jefferson)

5. 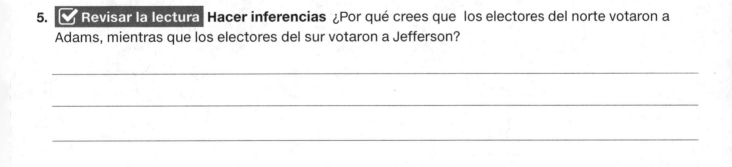 ✓ **Revisar la lectura** **Hacer inferencias** ¿Por qué crees que los electores del norte votaron a Adams, mientras que los electores del sur votaron a Jefferson?

_____

_____

_____

_____

Leyes de Extranjería y Sedición

Poco tiempo después de que Adams se convirtiera en presidente, surgió una crisis. Barcos franceses comenzaron a capturar barcos estadounidenses en las Indias Occidentales. Como respuesta, Adams interrumpió el comercio con Francia. Poco tiempo después, en 1798, el Congreso aprobó las leyes conocidas como Leyes de Extranjería y Sedición. La palabra *extranjería* se usaba para referirse a los extranjeros o inmigrantes. *Sedición* significa hacer una rebelión contra un gobierno. Esas leyes hicieron que para los inmigrantes fuera más difícil convertirse en ciudadanos, y le permitían al presidente expulsar a cualquier extranjero que se considerara peligroso. Además, los ciudadanos estadounidenses podían recibir una multa o ir a prisión si criticaban al gobierno.

Matthew Lyon, un representante de Vermont, fue encarcelado por su opinión sobre las Leyes de Extranjería y Sedición. Esta imagen muestra a Lyon y al representante de Connecticut, Roger Griswold, golpeándose con palos en el Congreso después de que Griswold insultara a Lyon.

Jefferson y los demócratas republicanos se oponían a esas leyes. Sostenían que las leyes contradecían la Primera Enmienda de la Constitución. Esa enmienda garantiza la libertad de expresión y de prensa. Con ayuda de Jefferson y James Madison, el cuerpo legislativo estatal de Virginia y el de Kentucky declararon que esas leyes no se cumplirían en sus estados. Esa fue la primera vez que los estados desobedecieron una decisión tomada por el gobierno federal. Las leyes respaldadas por los federalistas sentaron las bases para que se produjera un cambio en el poder en las elecciones presidenciales del año 1800.

6. ☑ **Revisar la lectura** **Describe** por qué las Leyes de Extranjería y Sedición contradecían los ideales estadounidenses.

_____

_____

_____

_____

INTERACTIVITY

Comprueba tu comprensión de ideas clave de esta lección.

☑ Revisar la Lección 1

7. **Hacer inferencias** **Analiza** el entorno político del final de la presidencia de Washington. ¿Por qué crees que surgieron distintos partidos políticos en esa época?

_____

_____

_____

_____

8. **Describe** el resultado de las elecciones de 1796. **Explica** si crees que ese resultado fue positivo o negativo para la nación.

_____

_____

_____

_____

_____

9. **Explica** la importancia de la construcción de una nueva ciudad capital.

_____

_____

Jefferson y la Compra de Louisiana

 INTERACTIVITY

Participa en una discusión en clase para darle un vistazo al contenido de esta lección.

Vocabulario

pionero

región fronteriza

caravana

intérprete

Vocabulario académico

crucial

capaz

Descifra la Pregunta principal

Aprenderé que las acciones de Jefferson cambiaron el lugar y el modo en que las personas vivían en los Estados Unidos.

¡En marcha!

Con un compañero, representa un viaje de campamento en el medio de tierras vírgenes. Comenten los peligros con los que podrían encontrarse y lo que llevaron consigo para protegerse.

Antes de que los Estados Unidos lograran su independencia, la gente comenzó a mudarse hacia territorios occidentales. Había tierras fértiles entre los montes Apalaches y el río Mississippi. Sin embargo, el territorio no estaba deshabitado; muchos grupos indígenas norteamericanos vivían en esas tierras.

Algunos pioneros llegaron a la región fronteriza para empezar una nueva vida en tierras fértiles.

Los Estados Unidos en 1800

TIERRA DE RUPERTS
(Gran Bretaña)

TERRITORIO
NO RECLAMADO

Río Mississippi

COLONIA DE
LOUISIANA
(Francia)

VIRREINATO DE
NUEVA ESPAÑA
(España)

Territorio
de Indiana

Territorio del
Noroeste

New
Hampshire

Vermont

Nueva
York

Massachusetts

Rhode Island
Connecticut
Nueva Jersey
Pennsylvania

Delaware
Maryland

Virginia

Kentucky

Tennessee

Carolina
del Norte

Carolina
del Sur

Georgia

OCÉANO
ATLÁNTICO

OCÉANO
PACÍFICO

Territorio
de Mississippi

FLORIDA
(España)

0   400 mi

0   400 km

N
O   E
S

Golfo
de México

La expansión hacia el Oeste

INTERACTIVITY

Explora las ideas clave
de esta lección.

Gran Bretaña había intentado detener la expansión hacia el oeste.
Quería mantener la paz con los indígenas. Sin embargo, muchos colonos se
trasladaron hacia el oeste de todos modos. Tras la Guerra de Independencia,
o Revolución Estadounidense, la expansión hacia el oeste continuó.

A principios del siglo XIX, gran parte del área ubicada entre los montes
Apalaches y el río Mississippi eran tierras vírgenes. Entre 1789 y mediados
del siglo XIX, no solo los estadounidenses, sino también continuas olas
de inmigrantes europeos, se trasladaron hacia el Valle de Ohio. Eran
pioneros, o personas que se mudaban a la **región fronteriza**, el límite
con las tierras vírgenes. Allí construyeron casas y cultivaron la tierra. Pero
estaba habitada por los indígenas desde hacía siglos.

La decisión de mudarse al oeste fue difícil. Después de empacar todo lo
que cabía en un carromato de carga, los pioneros comenzarían el viaje hacia
el oeste. A veces, las familias viajaban solas y, otras veces, dos o más familias
se trasladaban juntas en lo que se llama **caravana**. Cultivaban la tierra,
cazaban animales y criaban ganado. Con el tiempo, comenzaron a surgir
pueblos y ciudades en las zonas habitadas por los pioneros.

1. ☑ **Revisar la lectura**
Habla con un
compañero acerca de
cómo pueden haberse
sentido los indígenas
norteamericanos
cuando los pioneros
comenzaron a
establecerse en el
Oeste.

Daniel Boone

Daniel Boone era pionero y explorador. Nació en 1734 en Pennsylvania y pasó su infancia aprendiendo habilidades de supervivencia en tierras vírgenes. En 1755, luchó en la Guerra Franco-India.

En abril de 1775, cuando se oyeron los primeros disparos de la Guerra de Independencia, Boone partió con un grupo y encontró un camino indígena que llevaba al oeste. El camino atravesaba el Estrecho de Cumberland y se convertiría en el sendero principal para que los pioneros llegaran a la región fronteriza.

Más tarde, Boone comenzó a guiar a algunos colonos hacia un área en Kentucky que él había llamado Boonesborough. Reclamó la tierra sin pensar en los indígenas norteamericanos que vivían allí. Tras años de conflictos con los indígenas norteamericanos, el asentamiento fue abandonado.

Las vastas tierras vírgenes estimulaban la imaginación de los pobladores. Se contaban relatos llamados *cuentos exagerados* sobre Paul Bunyan, un leñador gigante. Mike Fink, otro personaje de los cuentos exagerados, era conocido por su fuerza y por alardear. Los cuentos exagerados eran símbolos del trabajo duro y de la fuerza, cualidades que necesitaban las personas que se mudaban hacia el oeste.

Jefferson se convierte en presidente

Para el año 1800, el país estaba dividido. Muchos consideraban que las Leyes de Extranjería y Sedición de John Adams eran inconstitucionales. A Thomas Jefferson no le agradaban esas leyes. Su punto de vista lo ayudó a ser elegido como el tercer presidente de los Estados Unidos.

Daniel Boone fue un pionero y explorador estadounidense.

El Estrecho de Cumberland

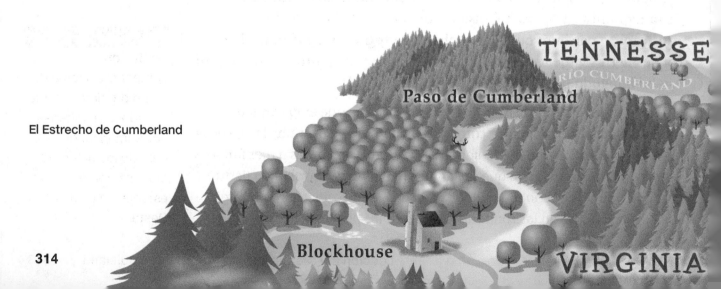

TENNESSE

RÍO CUMBERLAND

Paso de Cumberland

Blockhouse

VIRGINIA

Dos años después, Francia le quitó a España las tierras ubicadas al oeste del Mississippi. A Jefferson le preocupaba que los franceses no permitieran a los estadounidenses acceder al puerto de Nueva Orleans. Como ese puerto era **crucial** para el comercio de los Estados Unidos, Jefferson envió a James Monroe a Francia para que convenciera a los franceses de que les vendieran a los Estados Unidos el puerto y algunas tierras cercanas. Le dijo que podía gastar $10 millones.

El líder francés, Napoleón Bonaparte, necesitaba dinero para pagar la guerra que estaba librando en Europa. Además, no podía pagar el envío de fuerzas militares para que protegieran toda el área; por lo tanto, los franceses les ofrecieron todo el territorio de Louisiana a los Estados Unidos. Monroe aceptó comprar las tierras por alrededor de $15 millones.

Jefferson se preguntaba si la Constitución le daba al presidente de los Estados Unidos el poder de comprar nuevas tierras. Él creía que había que interpretar la Constitución de manera estricta y esta no mencionaba la compra de territorios. Sin embargo, la Constitución le permitía al presidente hacer tratados, o acuerdos, con otros países. Jefferson decidió aplicar esa idea a la Compra de Louisiana. En 1803, los Estados Unidos concretaron la compra con Francia.

Con el territorio de Louisiana, los Estados Unidos se extendían desde el océano Atlántico hasta las Montañas Rocosas y desde la frontera de Canadá en el norte hasta Nueva Orleans, en el sur.

Vocabulario académico

crucial • *adj.*, de gran importancia

2. ☑ **Revisar la lectura** **Comenta** con un compañero la razón por la que Jefferson estaba convencido de que los Estados Unidos debían comprar Nueva Orleans.

KENTUCKY

RÍO KENTUCKY

Boonesborough

La expedición de Lewis y Clark

Poco tiempo después de la Compra de Louisiana, Jefferson finalizó los planes de expedición para explorar nuevas tierras. Le pidió a Meriwether Lewis que liderara la expedición. Lewis había trabajado como secretario de Jefferson. También era explorador y pionero.

Lewis le pidió a otro pionero, William Clark, que lo acompañara. Juntos formaron el Cuerpo de Descubrimiento, un grupo de hombres **capaces** que emprenderían una travesía de casi dos años hacia el océano Pacífico. Jefferson esperaba encontrar una ruta fluvial que uniera el río Mississippi con el océano Pacífico. Esa ruta brindaría acceso a la parte occidental de América del Norte. Jefferson también quería que Lewis y Clark averiguaran datos sobre los indígenas norteamericanos que vivían en el Oeste y que le llevaran información sobre las tierras.

La expedición comenzó en St. Louis, Missouri, en mayo de 1804. Ambos hombres llevaban diarios detallados de la expedición, que incluían su contacto con indígenas norteamericanos y descripciones de las plantas y los animales que encontraban. Clark también dibujó mapas precisos que mostraban las montañas y las llanuras del Oeste. Les dio nombre a ríos y arroyos, e identificó partes importantes del paisaje. Esos mapas fueron recursos valiosos para los futuros exploradores y pobladores.

Vocabulario académico

capaz • *adj.*, que tiene la habilidad necesaria

Meriwether Lewis llevaba este diario durante la expedición. Hazle una pregunta a un compañero sobre este diario y sobre la cita de Lewis.

Fuente primaria

Este paisaje, que ya era abundante, agradable y hermoso, fue aún más intensificado [mejorado] por las inmensas [grandes] manadas de búfalos, venados, alces y antílopes, que vimos avanzar hacia todas las direcciones para alimentarse en las colinas y las llanuras. Creo que no exagero cuando calculo que la cantidad de búfalos podría ser comprehendida [entendida] como 3,000.

–del *Diario de Meriwether Lewis*,
17 de septiembre de 1804

En el camino, Charbonneau, un trampero francés, y su esposa, Sacagawea, se unieron al Cuerpo de Descubrimiento como **intérpretes**. Eso significa que traducían lo que los indígenas norteamericanos decían al inglés o al francés para los exploradores. Sacagawea ayudó al Cuerpo de Descubrimiento a tener una buena relación con los indígenas norteamericanos.

La travesía hacia el océano Pacífico y de regreso a Missouri duró dos años y medio. Durante ese tiempo, los miembros de la expedición tuvieron que enfrentarse a elementos extremos y a animales peligrosos, como osos y pumas. En noviembre de 1805, el grupo llegó al océano Pacífico. No habían encontrado la ruta fluvial que buscaban, pero habían aprendido mucho sobre la geografía de esa región de los Estados Unidos. En septiembre de 1806, la expedición regresó a St. Louis.

Misión Conexión

Haz una lista de las dificultades y los éxitos que tuvo la expedición de Lewis y Clark. ¿Qué tipo de hombres crees que participaban en el Cuerpo de Descubrimiento?

👆 INTERACTIVITY

Mira con más atención la expedición de Lewis y Clark.

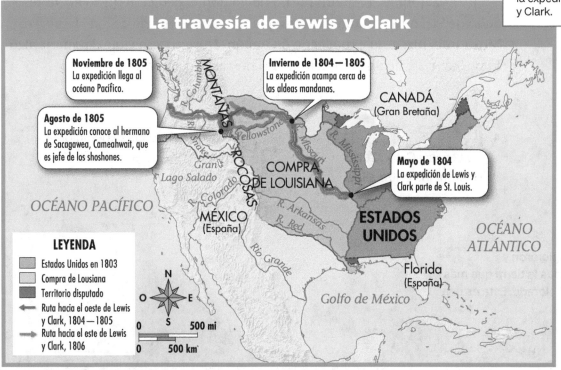

La travesía de Lewis y Clark

Noviembre de 1805
La expedición llega al océano Pacífico.

Agosto de 1805
La expedición conoce al hermano de Sacagawea, Cameahwait, que es jefe de los shoshones.

Invierno de 1804 – 1805
La expedición acampa cerca de las aldeas mandanas.

CANADÁ
(Gran Bretaña)

Mayo de 1804
La expedición de Lewis y Clark parte de St. Louis.

COMPRA DE LOUISIANA

OCÉANO PACÍFICO

MÉXICO
(España)

ESTADOS UNIDOS

OCÉANO ATLÁNTICO

Florida
(España)

Golfo de México

LEYENDA
- Estados Unidos en 1803
- Compra de Lousiana
- Territorio disputado
- ← Ruta hacia el oeste de Lewis y Clark, 1804 – 1805
- → Ruta hacia el este de Lewis y Clark, 1806

N O S E

0 500 mi
0 500 km

3. ✅ **Revisar la lectura** En el mapa, encierra en un círculo el límite occidental natural donde terminó la Compra de Louisiana. **Explica** por qué Jefferson quería encontrar una ruta hacia el océano Pacífico.

_____

_____

_____

Otros exploradores

Para que siguieran el ejemplo de Lewis y Clark, el presidente Jefferson envió a Zebulon Pike y a un pequeño grupo de hombres a explorar las regiones del sur y del oeste de la Compra de Louisiana. A Pike le pidieron que encontrara el nacimiento del río Arkansas.

En noviembre de 1806, Pike encontró una montaña grande en Colorado, que hoy se llama pico Pikes. Unos meses después, el grupo encontró el origen del río Arkansas y emprendió el regreso a casa.

En el camino, debido a una serie de errores de navegación, Pike y sus hombres terminaron en territorio español y fueron capturados. Los españoles los llevaron a México. Tras permanecer cautivos durante cinco meses, fueron liberados y enviados a casa. Esa dura experiencia le permitió a Pike aprender más sobre el Suroeste.

En 1842, John C. Fremont partió hacia una expedición hacia el Oeste. Salió de St. Louis y midió la tierra que rodeaba el río Platte, en Nebraska. Más tarde, hizo una expedición a Oregón. Durante ese viaje, Fremont hizo la primera medición completa de las tierras occidentales.

4. ☑ **Revisar la lectura** **Comenta** con un compañero las expediciones de Lewis y Clark, Zebulon Pike y John C. Fremont. **Describe** similitudes y diferencias entre ellas.

Pike y su grupo exploraron y registraron en mapas la tierra que más tarde se llamaría Colorado. Esta es una vista del pico Pikes.

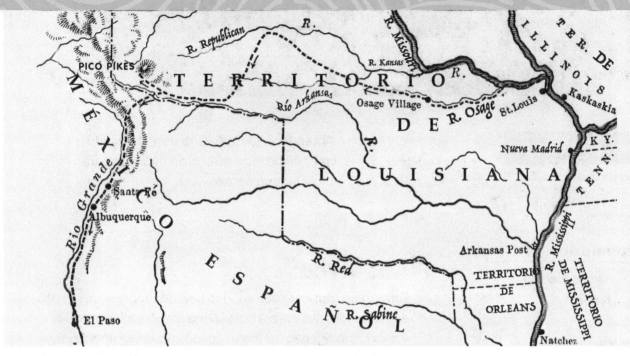

Este mapa muestra el pico Pikes. Zebulon Pike no logró escalar la montaña.

INTERACTIVITY

Comprueba tu comprensión de ideas clave de esta lección.

✓ Revisar la Lección 2

5. **Hacer inferencias** ¿Por qué las personas se trasladaron al oeste en ese momento de la historia a pesar del peligro de vivir en la región fronteriza?

_____

_____

_____

6. **Secuencia** Haz una lista de tres sucesos importantes que condujeron a la Compra de Louisiana.

_____

_____

_____

7. **Comprender** _Misión_ Conexión ¿Por qué el presidente Jefferson le pidió a Lewis que explorara las tierras recién compradas en el oeste?

_____

_____

3 La Guerra de 1812

INTERACTIVITY

Participa en una discusión en clase para darle un vistazo al contenido de esta lección.

Vocabulario

reclutamiento forzado

nacionalismo

himno

separarse

Vocabulario académico

eliminar

construir

Los franceses y los británicos libraron guerras en Europa a fines del siglo xviii y a principios del siglo xix. Estos barcos franceses e ingleses batallan entre sí.

Descifra la Pregunta principal

Aprenderé que la Guerra de 1812 ayudó a crear un sentido de orgullo nacional para los estadounidenses.

¡En marcha!

Formen un grupo de cuatro. Una persona representará a los estadounidenses, otra a los españoles, otra a los ingleses y otra a los indígenas norteamericanos. Párense ante la clase para argumentar por qué su reclamo sobre el territorio de lo que hoy es el este de los Estados Unidos es el mejor.

Mientras los estadounidenses se trasladaban hacia el Oeste, Francia, que estaba bajo el liderazgo de Napoleón Bonaparte, estaba en guerra contra otros países europeos. Aunque los Estados Unidos intentaron permanecer neutrales, el país se involucraría en una guerra por segunda vez en su corta historia.

Otra guerra se acerca

En 1808, James Madison fue elegido como el cuarto presidente de los Estados Unidos. Francia y Gran Bretaña habían comenzado a secuestrar, o capturar, barcos estadounidenses y a interferir con el comercio. Cuando Madison era secretario de Estado en el gobierno de Thomas Jefferson, les había advertido a los dos países que esa práctica iba en contra del derecho internacional. Los países les prestaron poca atención a las advertencias de Madison.

Cuando fue elegido presidente en 1808, Masidon intentó permanecer neutral e interrumpió el comercio con ambos países. En mayo de 1810, el Congreso decidió reanudar el comercio con ambos países. Declaró que si uno de los países reconocía formalmente la neutralidad de los Estados Unidos, Madison interrumpiría el comercio con el otro país. Napoleón estuvo de acuerdo y los Estados Unidos dejaron de comerciar con Gran Bretaña.

En el Oeste estadounidense, Gran Bretaña les daba armas a los indígenas y alentaba la hostilidad contra los estadounidenses que se trasladaban hacia esas tierras. Un líder shawnee llamado Tecumseh le pidió al gobernador estadounidense del territorio de Indiana, William Henry Harrison, que dejara de quitarles tierras a los grupos indígenas. Quería que Harrison les devolviera las tierras que les había quitado.

INTERACTIVITY

Explora las ideas clave de esta lección.

James Madison

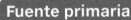

Fuente primaria

Los blancos no tienen derecho a quitarles tierras a los indígenas porque les pertenecían a ellos primero; son de ellos. Pueden venderlas, pero todos deben hacer lo mismo. Las ventas que no sean realizadas por todos no son válidas.

—del discurso de Tecumseh dirigido al gobernador Harrison, 12 de agosto de 1810

Tecumseh

Tecumseh intentó unir a distintos grupos de indígenas norteamericanos para que juntos vencieran a los estadounidenses. Pensaba que, si varios pueblos indígenas norteamericanos sumaban esfuerzos, podían ganar. Lo que Tecumseh esperaba no sucedió. En noviembre de 1811, estadounidenses e indígenas norteamericanos lucharon en la Batalla de Tippecanoe. El objetivo de la batalla era el territorio del Noroeste. Harrison y sus hombres vencieron a los indígenas norteamericanos, que luego se aliaron con los británicos.

Al mismo tiempo, Gran Bretaña comenzó a capturar marineros estadounidenses. El **reclutamiento forzado** de marineros estadounidenses significaba que eran capturados y obligados a trabajar en barcos británicos. La interferencia británica en el comercio, el reclutamiento forzado británico y el deseo de expandirse hacia el oeste, hacia la Canadá británica, pronto hicieron que Madison coincidiera con las personas que estaban a favor de ir a la guerra contra Gran Bretaña. Esas personas, que tenían un gran sentido de **nacionalismo**, u orgullo nacional, se hacían llamar Halcones de guerra. Henry Clay y John C. Calhoun los lideraban. En junio de 1812, el presidente le pidió al Congreso que declarara la guerra.

1. ☑ **Revisar la lectura** **Analiza** el conflicto entre Gran Bretaña y los Estados Unidos, incluyendo y el papel de los indígenas, como los shawnee. **Comenta** con un compañero cómo las razones para declarar la guerra afectaron a los Estados Unidos.

_____

_____

Batallas en alta mar

El país no estaba listo para luchar en otra guerra. La Marina de los Estados Unidos solo tenía alrededor de doce barcos, mientras que Gran Bretaña tenía cientos. Los soldados estadounidenses también eran menos que los británicos.

A pesar de los obstáculos, en agosto de 1812, los Estados Unidos consiguieron una victoria en el mar que fue decisiva. La batalla duró solo 35 minutos, durante los cuales los británicos a bordo del HMS *Guerriere* miraron cómo sus balas de cañón rebotaban en el casco de roble del USS *Constitution*. Esa batalla hizo que el barco estadounidense recibiera el apodo "Viejos Laterales de Hierro".

El barco británico quedó tan destruido que sus hombres lo incendiaron una vez desembarcados. Por primera vez, los estadounidenses capturaron un barco británico. La victoria tomó por sorpresa a los británicos.

El USS *Constitution* venció al HMS *Guerriere*.

En septiembre de 1813, durante la Batalla del lago Erie, el capitán estadounidense Oliver Perry lideró nueve barcos hacia la victoria contra seis barcos de guerra británicos. El barco de Perry quedó destruido. Perry se pasó a otro barco y navegó directamente hacia la línea de fuego británica, lo que obligó a los británicos a rendirse. La victoria estadounidense **eliminó** a los británicos del territorio del Noroeste.

Cerca del final de la guerra, los británicos entraron en Nueva York desde Canadá y avanzaron hacia Plattsburgh. Al poco tiempo, los británicos intercambiaban disparos con tropas estadounidenses en tierra. Unos días después, un grupo de barcos de guerra británicos lucharon contra una fuerza estadounidense más pequeña en la bahía de Plattsburgh, en el lago Champlain. Poco tiempo después de que la batalla comenzara, el líder británico fue asesinado y los británicos se rindieron. La batalla en tierra se detuvo y los británicos se retiraron a Canadá.

Las victorias navales durante la Guerra de 1812 mostraron a otros países que, aunque la Marina de los Estados Unidos era nueva y aún pequeña, los estadounidenses sabían **construir** barcos fuertes y conducirlos.

Vocabulario académico

eliminar • *v.*, quitar
construir • *v.*, fabricar

2. ☑ **Revisar la lectura** **Comenta** con un compañero la importancia de que los Estados Unidos pudieran vencer a los británicos en el mar durante la Guerra de 1812.

Batallas en tierra

Cuando comenzó la guerra, la mayoría de las batallas ocurrían cerca de la frontera con Canadá. Al poco tiempo, la guerra se trasladó al área de la bahía de Chesapeake. En agosto de 1814, un almirante británico puso la mira en Washington, D.C. Los británicos se acercaron lentamente a la ciudad capital. Los estadounidenses, incluido el propio presidente Madison, intentaron ahuyentar a los británicos. La esposa de Madison, Dolley, se había asegurado de que un retrato de cuerpo entero de George Washington estuviera a salvo antes de acceder a irse de la Casa Blanca.

Poco después, los británicos incendiaron la Casa Blanca, el edificio del Tesoro y el edificio del Capitolio, el cual albergaba al Tribunal Supremo y la Biblioteca del Congreso. Luego, tomaron la ciudad.

Además, a fines del verano de 1814, los británicos decidieron tomar el control de Baltimore capturando el fuerte McHenry. La mañana del 13 de septiembre, barcos británicos comenzaron a atacar el fuerte McHenry pensando que ahuyentarían rápidamente a los estadounidenses. Durante veinticinco horas, los estadounidenses dispararon y expulsaron a los británicos.

Después de la batalla, la bandera estadounidense seguía ondeando sobre el fuerte. Un hombre llamado Francis Scott Key había presenciado la batalla y eso lo inspiró a escribir un poema. Luego, al poema le agregaron música y este se convirtió en nuestro **himno**, o canción nacional, "The Star-Spangled Banner".

Los británicos incendiaron varios edificios de gobierno en Washington, D.C., durante la Guerra de 1812.

Fuente primaria

¡Miren! ¿Pueden ver al sutil clarear,

lo que erguido se alzó cuando el sol se ocultaba?

¿Y sus franjas y estrellas en el rudo luchar,

sobre recio baluarte gallardo ondulaban?

Y la bomba al lanzar su rojiza explosión,

en la noche dio a ver que ahí estaba el pendón.

¿El pendón estrellado tremola feliz,

en la tierra de valor, en el libre país?

–"The Star-Spangled Banner"

La mayoría de las batallas que ocurrieron en el sur fueron contra grupos de indígenas norteamericanos que se alzaban para proteger sus tierras. El general Andrew Jackson, que también había luchado en la Guerra de Independencia, o Revolución Estadounidense, guio a sus tropas hacia la victoria contra los indígenas creeks en la Batalla de Horseshoe Bend.

La victoria naval estadounidense en el lago Champlain, que había obligado a los británicos a retirarse hacia Canadá, condujo a negociaciones de paz y concluyó con la firma del Tratado de Gante. Finalmente, el tratado se firmó en Bélgica y puso fin a la guerra en diciembre de 1814. Sin embargo, la noticia demoró semanas en llegar a algunas partes de los Estados Unidos. Dos semanas después de que se firmara el tratado, Jackson consiguió la victoria más famosa de la guerra.

El 8 de enero de 1815, los británicos marcharon hacia Nueva Orleans. A las tropas estadounidenses lideradas por Jackson les habían advertido que los británicos se acercaban. Los británicos no pudieron vencer a las filas estadounidenses. Media hora después, 2,000 soldados británicos murieron o resultaron heridos, y el resto del ejército se retiró. Jackson solo había perdido alrededor de 70 hombres.

3. ☑ Revisar la lectura **Comenta** con un compañero el resultado estratégico de los conflictos principales de la Guerra de 1812 y también sobre el modo en que cada uno puede haber afectado la moral estadounidense.

El general Andrew Jackson guio a las fuerzas estadounidenses hacia la victoria en la Batalla de Nueva Orleans.

Claves de contexto En esta lección, verás la palabra *diplomática*. ¿Qué otras palabras ves que te den una clave sobre su significado? Encierra en un círculo esas palabras. ¿Qué crees que significa *diplomática*?

Misión Conexión

Resalta los efectos que la Guerra de 1812 tuvo sobre los estadounidenses. ¿Qué cualidades se reflejan en el deseo de los estadounidenses de seguir expandiéndose hacia el oeste?

👆 **INTERACTIVITY**

Mira con atención una batalla de la Guerra de 1812.

Los efectos de la guerra

La Guerra de 1812 a veces recibe el nombre "segunda Guerra de Independencia" porque mostró la fortaleza de los Estados Unidos. Los estadounidenses no solo estaban dispuestos a unirse en el nombre de la libertad, sino también a seguir defendiéndola.

Aunque la Batalla de Nueva Orleans no afectó el resultado de la guerra, la victoria de Jackson creó un fuerte sentido de nacionalismo, u orgullo nacional. La batalla también marcó la última vez que los Estados Unidos y Gran Bretaña se enfrentarían en una batalla. Aunque el Tratado de Gante no mencionaba dos razones importantes que provocaron la guerra —el reclutamiento forzado y el derecho de los Estados Unidos a permanecer neutral—, garantizaba la paz y declaraba que todo territorio conquistado durante la guerra sería devuelto. También permitía la expansión estadounidense en el área de los Grandes Lagos y fue considerado una victoria diplomática para los Estados Unidos.

Otros efectos de la guerra fueron que la relación entre los estadounidenses y las naciones indígenas se tensaron aún más, y que el Partido Federalista llegó a su fin. El partido se había opuesto a participar en la guerra, algunos incluso hablaron de **separarse**, o distanciarse, de la unión. Esa postura se consideró poco patriótica y el partido se disolvió rápidamente.

El Tratado de Gante puso fin a la Guerra de 1812.

4. **☑ Revisar la lectura** **Hacer inferencias** ¿Por qué se consideraba poco patriótica la negativa a ir a la guerra?

_____

_____

_____

_____

_____

_____

☑ Revisar la Lección 3

INTERACTIVITY

Comprueba tu comprensión de ideas clave de esta lección.

5. **Hacer inferencias** **Explica** por qué crees que el puerto de Nueva Orleans era tan importante para los estadounidenses y para los británicos.

_____

_____

_____

6. **Explica** la importancia de "The Star-Spangled Banner" durante la Guerra de 1812. Cita una frase del himno que muestre los ideales estadounidenses.

_____

_____

_____

7. **Misión** Conexión ¿Cuáles fueron las causas y los efectos de la Guerra de 1812?

_____

_____

_____

_____

_____

_____

▶ VIDEO

Mira un video sobre cómo hacer inferencias.

Hacer inferencias

Una inferencia es una conclusión o una suposición que haces cuando relacionas información nueva con lo que ya sabes sobre un tema. Los autores no siempre incluyen toda la información en su obra; por lo tanto, hacer inferencias es una destreza importante que te ayudará a comprender mejor lo que lees. De la misma manera, puedes hacer una inferencia sobre una obra de arte. Sigue estos pasos para hacer una inferencia:

1. Después de leer un texto o mirar una imagen, pregúntate: "¿Cuál es mi inferencia?".

2. Cuando hayas hecho una suposición fundamentada sobre el texto o la imagen, piensa en qué claves usaste para hacer la inferencia.

3. Relaciona esas claves con lo que ya sabes sobre el tema y asegúrate de que haya evidencias suficientes para justificar tu inferencia.

4. Si hay texto en la imagen, úsalo como ayuda para hacer una inferencia.

Estudia la imagen. Es una caricatura política que muestra, de izquierda a derecha, al rey Jorge III, a Thomas Jefferson y a Napoleón. Usa las claves visuales y lo que ya sabes sobre esas personas para hacer una inferencia.

1. Completa cada oración del organizador gráfico para hacer una inferencia sobre la caricatura política. Escribe las claves que ves en la imagen, basándote en lo que aprendiste en esta lección y en otras lecciones del capítulo. Piensa en cómo era la relación entre esas personas o entre los países a los que representan.

Lo que veo	Lo que sé	Inferencia/Conclusión
Veo al rey Jorge III y a Napoleón	Gran Bretaña y Francia Napoleón	El artista dice que

2. Usa evidencia del texto para justificar la inferencia que hiciste sobre la caricatura política. ¿Por qué el artista dibujó una caricatura para expresar sus ideas?

Lección 4
Los indígenas norteamericanos y el Sendero de Lágrimas

INTERACTIVITY

Participa en una discusión en clase para darle un vistazo al contenido de esta lección.

Vocabulario

Doctrina Monroe
política exterior
Sendero de Lágrimas

Vocabulario académico

transgredir
adaptarse

Descifra la Pregunta principal

Aprenderé que las políticas de Andrew Jackson modelaron los Estados Unidos y obligaron a miles de indígenas norteamericanos a dejar su hogar.

¡En marcha!

Imagina que vives en la frontera entre Florida y Georgia, y que te dijeron que te mudarás con tu familia a Oklahoma. Con un compañero, mira un mapa y averigua de cuántas millas sería la travesía. Comenta con un compañero cuán difícil sería la travesía a pie y qué otros desafíos podrías enfrentar.

Después de la Guerra de 1812, los Estados Unidos tenían un renovado sentido de orgullo y esperanza para el futuro. El foco del gobierno y de los ciudadanos volvió a ser la expansión de las fronteras de los Estados Unidos. Algunas personas llamaron a la época posterior a la guerra "Era de los buenos sentimientos".

Muchos seminolas vivían en casas de paja como estas en los pantanosos Everglades de la Florida. Este ambiente brindaba un buen refugio y un buen escondite.

La adquisición de la Florida

Después de la Guerra de Independencia, o Revolución Estadounidense, los españoles habían vuelto a controlar el territorio de la Florida. Durante años, los afromamericanos esclavizados habían estado huyendo de granjas y plantaciones en el Sur para refugiarse en la Florida. Allí los indígenas seminolas les daban albergue. El pueblo seminola también dirigía ataques contra los pobladores en la frontera de la Florida para proteger sus tierras.

En 1817, James Monroe se convirtió en el quinto presidente de los Estados Unidos. Al año siguiente, Monroe envió al general Andrew Jackson a que pusiera fin a los ataques contra los pobladores estadounidenses. Jackson invadió la Florida y tomó el control de varios fuertes y ciudades.

En esa época, los líderes españoles estaban preocupados por sus territorios en América Latina y se dieron cuenta de que no podían defender la Florida. Por lo tanto, John Quincy Adams persuadió a España de que le vendiera la Florida a su país a cambio de que los Estados Unidos dejaran de reclamar Texas. Ese acuerdo se llamó Tratado de Adams-Onís de 1819.

INTERACTIVITY

Explora las ideas clave de esta lección.

1. **☑ Revisar la lectura**

En el mapa, **identifica** y encierra en un círculo el territorio que los Estados Unidos obtuvieron en 1819. **Comenta** con un compañero las razones por las que este nuevo territorio era importante.

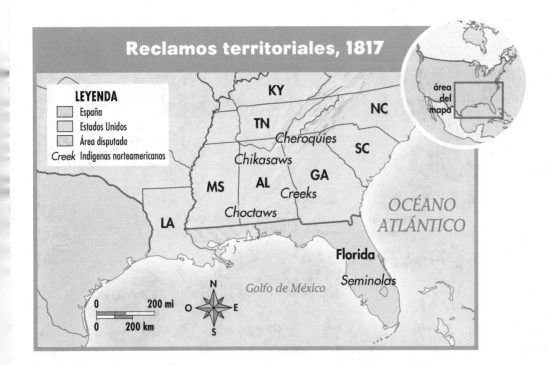

Reclamos territoriales, 1817

LEYENDA
- España
- Estados Unidos
- Área disputada

Creek Indígenas norteamericanos

área del mapa

KY

NC

TN

Cheroquíes

SC

Chikasaws

MS · AL · GA

Creeks

Choctaws

LA

OCÉANO ATLÁNTICO

Florida

Seminolas

Golfo de México

N · O · E · S

0   200 mi
0   200 km

La Doctrina Monroe

Durante el siglo XVIII, Rusia estableció puestos de comercio de pieles en algunas partes de Alaska. A principios del siglo XIX, comenzó a colonizar las áreas costeras de ese territorio. Monroe no quería que Rusia reclamara territorios cercanos a los Estados Unidos. Creía que eso sentaba un mal precedente porque la Guerra de Independencia se había librado para mantener a un país extranjero fuera de las colonias. También había preocupación por que España intentara volver a colonizar tierras en los Estados Unidos.

Por lo tanto, el presidente creó la **Doctrina Monroe** que les advertía a los líderes europeos que no colonizaran o volvieran a colonizar tierras en el hemisferio occidental. Monroe también repitió la política de neutralidad de los Estados Unidos con respecto a los conflictos europeos. Esa política fue parte del mensaje anual de Monroe al Congreso en 1823. La doctrina pasó a formar parte de la **política exterior**, o reglas e ideas oficiales que el gobierno de una nación aplica para definir su relación con el gobierno de otra nación.

2. ☑ **Revisar la lectura** **Hacer inferencias** En el mapa, encierra en un círculo el área que Rusia reclamó. ¿Por qué el presidente Monroe quería disuadir a Rusia de que estableciera colonias en Alaska? Piensa en las ventajas y las desventajas que eso tenía.

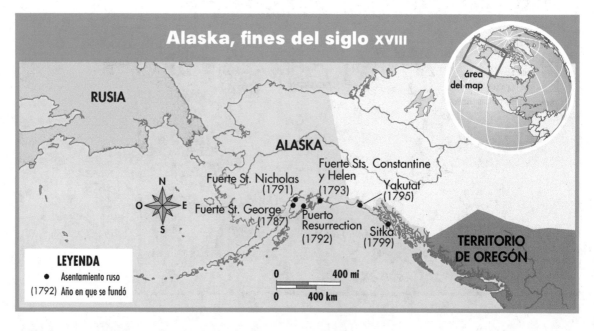

Alaska, fines del siglo XVIII

RUSIA

ALASKA

Fuerte St. Nicholas (1791)

Fuerte Sts. Constantine y Helen (1793)

Yakutat (1795)

Fuerte St. George (1787)

Puerto Resurrection (1792)

Sitka (1799)

TERRITORIO DE OREGÓN

área del map

LEYENDA
- Asentamiento ruso
(1792) Año en que se fundó

0   400 mi
0   400 km

Esta caricatura de 1836 se burla del plan de Andrew Jackson para liberarse del Segundo Banco de los Estados Unidos. Se muestra a Jackson (izquierda) con el vicepresidente Martin Van Buren (centro) y Jack Downing (un personaje inventado) luchando contra una serpiente de muchas cabezas. La cabeza de cada serpiente representaba un estado del país.

Andrew Jackson se convierte en presidente

Cuando se escribió la primera versión de la Constitución de los Estados Unidos, solo los hombres blancos que poseían propiedades podían votar. Hacia la década de 1820, muchos estados permitían que todos los hombres blancos votaran. Los afroamericanos y las mujeres no tenían este derecho.

Cuando el Partido Federalista se desintegró después de la Guerra de 1812, solo quedó el Partido Republicano. Este recibía apoyo principalmente de hombres de negocios, dueños de plantaciones y aquellos que buscaban una reforma social. En 1828, se formó el Partido Demócrata. Ese partido representaba a la mayoría de los granjeros, trabajadores de fábricas y nuevos inmigrantes.

Tener más votantes masculinos ayudó al candidato a presidente, Andrew Jackson, a ganar la presidencia en 1828. El objetivo de Jackson era representar al hombre común y él fue el primer presidente en representar al Partido Demócrata. Se le conoció como "el Presidente del Pueblo".

Una de las ideas de Jackson era deshacerse del Segundo Banco de los Estados Unidos, porque pensaba que este solo ayudaba a la gente rica. Además, ponía todos los intereses financieros del país en una institución. Jackson también consideraba que el banco tenía demasiado control sobre el Congreso. Los líderes republicanos y los abogados del banco, Henry Clay y Daniel Webster, discutieron con Jackson por ese tema. Al final, Jackson vetó un proyecto de ley que habría mantenido el banco abierto. Fue en parte gracias esas políticas que obtuvo la aprobación de suficientes estadounidenses para ser elegido para un segundo período.

John C. Calhoun

En 1832, algunos estados sureños intentaron deshacerse de los aranceles porque creían que los impuestos solo beneficiaban al norte. Jackson quería que los aranceles siguieran en pie porque aumentarían el precio de los productos importados y mantendrían bajos los precios de los productos estadounidenses. De esa manera, Jackson estaría ayudando al hombre común una vez más. El presidente le dijo a John C. Calhoun, uno de los líderes sureños detrás del movimiento, que no firmaría un proyecto de ley que anulaba los aranceles. Calhoun y Clay llegaron a un acuerdo para bajar los aranceles en lugar de eliminarlos.

La ley de Expulsión de Indígenas

En la década de 1830, había cinco grupos de indígenas norteamericanos viviendo en el Sureste: los cheroquíes, los choctaws, los chickasaws, los creeks y los seminolas. Los cheroquíes tenían granjas, comerciaban y construían ciudades tal como los pobladores blancos que vivían cerca de ellos. Sequoyah, un indígena cheroquí, había creado un sistema de lectura y escritura en el idioma cheroquí.

Los pobladores blancos también intentaron asentarse en el Sureste, donde vivían los indígenas norteamericanos en esa época. Cuando los pobladores se mudaron a las tierras de los indígenas, surgieron conflictos entre los dos grupos. Jackson se puso del lado de los pobladores blancos al reconocer que ellos tenían derecho a las tierras.

En respuesta, los cheroquíes crearon un gobierno, escribieron una constitución y formaron un cuerpo legislativo de dos cámaras, similar al del gobierno estadounidense. Enviaron delegados al Tribunal Supremo para que defendieran su caso. Los cheroquíes declararon que ellos eran una nación soberana y que no podían obligarlos a dejar sus tierras.

En mayo de 1830, el Congreso aprobó la Ley de Expulsión de Indígenas. La ley decía que los indígenas norteamericanos debían dejar sus hogares y mudarse al oeste del río Mississippi, a lo que se llamaba territorio indígena. En la actualidad, ese territorio es Oklahoma.

Fuente primaria

Que será y es legal que el presidente de los Estados Unidos haga que alguna parte de un territorio que pertenezca a los Estados Unidos, al oeste del río Mississippi, no incluido en ningún estado ni territorio organizado [...] sea dividido en una cantidad apropiada de distritos, para la recepción de esas tribus o naciones de indígenas que decidan intercambiar las tierras donde residen ahora y trasladarse allí.

–La Ley de Expulsión de Indígenas, 1830

Se suponía que el traslado sería voluntario, pero los indígenas se sintieron presionados. Algunos indígenas, incluidos los seminolas, lucharon contra los pobladores blancos durante años. Los reclamos territoriales de ambos grupos continuarían durante gran parte del siglo XIX. Algunos grupos indígenas hicieron alianzas entre sí para luchar contra los Estados Unidos, pero tuvieron poco éxito. En 1871, los Estados Unidos aprobaron una ley que puso fin a las posibilidades de hacer tratados con los indígenas norteamericanos.

4. ☑ **Revisar la lectura** Estudia el mapa de la expulsión de los indígenas. **Identifica** los grupos que se trasladaron hacia el oeste. **Habla** con un compañero sobre algunos desafíos que pudieron haber enfrentado en el territorio indígena.

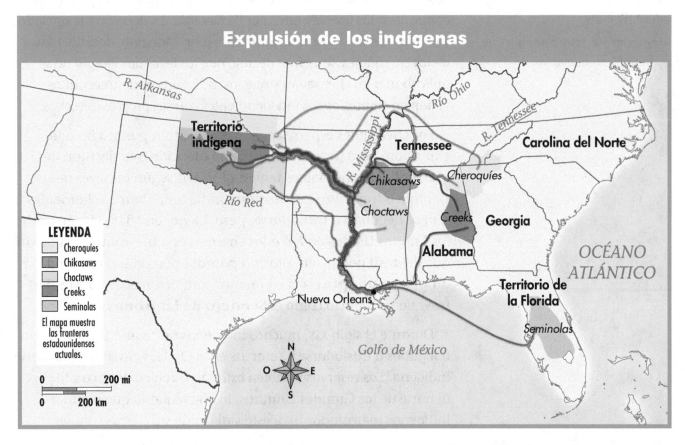

Expulsión de los indígenas

LEYENDA
- Cheroquíes
- Chikasaws
- Choctaws
- Creeks
- Seminolas

El mapa muestra las fronteras estadounidenses actuales.

0   200 mi
0   200 km

R. Arkansas · Río Ohio · R. Tennessee · Territorio indígena · Tennessee · Carolina del Norte · R. Mississippi · Chikasaws · Cheroquíes · Río Red · Choctaws · Creeks · Georgia · Alabama · OCÉANO ATLÁNTICO · Nueva Orleans · Territorio de la Florida · Seminolas · Golfo de México

Esta pintura del Sendero de Lágrimas muestra el sufrimiento que los cheroquíes soportaron durante su marcha forzada hacia el territorio indígena.

Vocabulario académico

transgredir • *v.*, hacer algo en contra de la ley

adaptarse • *v.*, cambiar para vivir en un entorno nuevo

El Sendero de Lágrimas

Cuando se aprobó la Ley de Expulsión de Indígenas, algunos líderes de Georgia dijeron que sus leyes estatales se aplicaban a los cheroquíes que vivían allí. Los cheroquíes respondieron tomando medidas legales para conservar sus tierras y sus derechos. El jefe cheroquí John Ross presentó una demanda en el Tribunal Supremo, afirmando que la Ley de Expulsión de Indígenas sí **transgredía** un tratado que los cheroquíes tenían con los Estados Unidos. En ese caso, los magistrados decidieron que la corte no tenía el poder para contradecir las leyes de estatales de Georgia. La decisión fue apelada, y el presidente del Tribunal Supremo, John Marshall, decidió a favor de los cheroquíes. Marshall decretó que las leyes de Georgia no se aplicaban a los cheroquíes y que los indígenas norteamericanos vivían en comunidades independientes con sus propios derechos.

Los cheroquíes esperaban que esa decisión pusiera fin a la expulsión, pero Jackson no le prestó atención a la decisión de Marshall. Los cheroquíes tenían que vivir según las leyes de Georgia o trasladarse al territorio indígena. Algunos cheroquíes aún se negaban a trasladarse, pero, luego, en 1838, el ejército de los Estados Unidos obligó a los cheroquíes a trasladarse. Tuvieron que dejar su hogar, sin estar preparados para el lugar adonde se dirigían, y **adaptarse** a elementos completamente nuevos. Esa travesía se conoció como el **Sendero de Lágrimas**.

Durante el siglo XIX, muchos indígenas norteamericanos fueron obligados a trasladarse a reservas en el Oeste, y no solo al territorio indígena. Las reservas también estaban establecidas al oeste y al norte de las Grandes Llanuras, lo que requería que algunos indígenas se trasladaran al este y al sur de sus tierras tribales.

5. ☑ **Revisar la lectura** **Compara y contrasta** el punto de vista de John Marshall y el de Andrew Jackson.

_____

_____

_____

_____

_____

El presidente del Tribunal Supremo, John Marshall, estuvo de acuerdo con los cheroquíes en que las tierras les pertenecían.

🖑 **INTERACTIVITY**

Comprueba tu comprensión de ideas clave de esta lección.

☑ **Revisar la Lección 4**

6. **Resume** los sucesos que llevaron a la adquisición de la Florida.

_____

_____

_____

_____

7. **Describe** las ideas clave de la Doctrina Monroe.

_____

_____

_____

_____

8. **Analiza** la reacción y la respuesta de los cheroquíes a los conflictos con los pobladores estadounidenses.

_____

_____

_____

Usar e interpretar evidencia

Cuando haces una afirmación o tomas una postura sobre un tema, necesitas evidencia que justifique tus ideas. Para buscar evidencia, debes hacerte preguntas. Cuando encuentres evidencia, pregúntate: "¿De qué manera esta evidencia justifica mi postura o mis ideas?".

Luego, pregúntate: "¿Qué más me indica esta evidencia? ¿Esta evidencia se puede usar para justificar otro punto de vista u otra idea?". Esas preguntas te ayudan a interpretar tu evidencia. A veces, la información puede leerse de dos maneras diferentes.

Mira el ejemplo. Se resaltó la evidencia que justifica una afirmación.

> ▶ **VIDEO**
>
> Mira un video sobre cómo usar e interpretar evidencia.

El objetivo de Jackson era representar al hombre común y él fue el primer presidente del Partido Demócrata. Fue conocido como "el Presidente del Pueblo".

En una jugada controvertida al principio de su presidencia, Jackson decidió eliminar el Segundo Banco de los Estados Unidos porque pensaba que este solo ayudaba a los ricos, que ponía todos los intereses financieros del país en una institución y que tenía demasiado control sobre el Congreso. Los líderes republicanos y los abogados del banco, Henry Clay y Daniel Webster, discutieron con Jackson por ese tema. Finalmente, Jackson vetó un proyecto de ley que habría mantenido el banco abierto y obtuvo la aprobación de suficientes estadounidenses para ser elegido para un segundo período presidencial.

En 1832, algunos estados sureños intentaron deshacerse de los aranceles porque creían que los impuestos solo beneficiaban al norte. Jackson quería que los aranceles siguieran en pie porque aumentarían el precio de los productos importados y mantendrían bajos los precios de los productos estadounidenses.

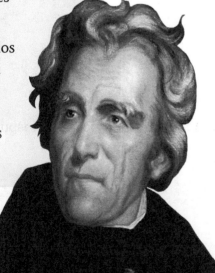

Andrew Jackson

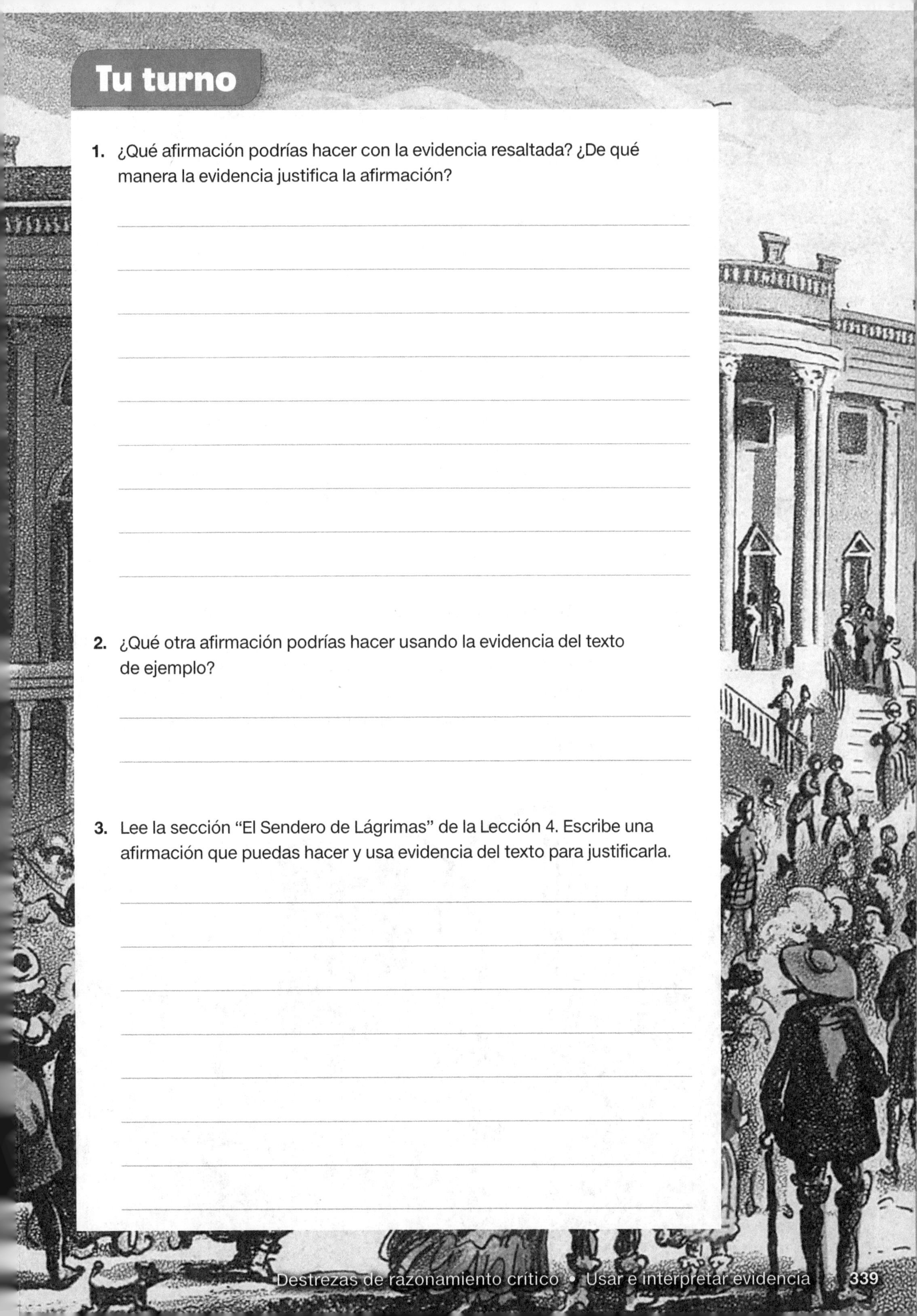

1. ¿Qué afirmación podrías hacer con la evidencia resaltada? ¿De qué manera la evidencia justifica la afirmación?

    _____

    _____

    _____

    _____

    _____

    _____

    _____

    _____

2. ¿Qué otra afirmación podrías hacer usando la evidencia del texto de ejemplo?

    _____

    _____

3. Lee la sección "El Sendero de Lágrimas" de la Lección 4. Escribe una afirmación que puedas hacer y usa evidencia del texto para justificarla.

    _____

    _____

    _____

    _____

    _____

    _____

    _____

Lección 5 · Nuevos inmigrantes y la lucha por la libertad

INTERACTIVITY

Participa en una discusión en clase para darle un vistazo al contenido de esta lección.

Vocabulario

reformar
hambruna
abolición

Vocabulario académico

defensor
academia

Los nuevos inmigrantes se suben a un barco para venir a los Estados Unidos.

Descifra la Pregunta principal

Aprenderé que las mujeres y los afroamericanos se esforzaron por mejorar la sociedad estadounidense a mediados del siglo XIX.

¡En marcha!

Formen grupos pequeños. Comenten las diferentes costumbres y tradiciones que han visto practicarse en su escuela, pueblo o ciudad. Preséntenle a la clase la información que comentaron en el grupo.

La población de los Estados Unidos crecía a un gran ritmo a principios y a mediados del siglo XIX. De todas partes del mundo llegaban inmigrantes. Los grupos más grandes de inmigrantes venían de Europa. También, durante esa época, diferentes grupos de estadounidenses intentaban llevar a cabo una **reforma**, o cambio, social.

Los nuevos inmigrantes

Hubo muchos factores que hicieron de los Estados Unidos un lugar atractivo donde vivir a principios del siglo XIX. Un factor de expulsión es un problema que obliga a alguien a dejar su hogar. Un factor de atracción es algo positivo que provoca que las personas quieran ir a un lugar nuevo. Había muchos factores de atracción en los Estados Unidos. Después de la Guerra de 1812, personas de todo del mundo creían que el nuevo país saldría adelante. Los inmigrantes encontrarían trabajo, tierras y salarios más altos. Muchos europeos también buscaban una manera de escapar de la agitación de su país natal, un factor de expulsión.

La inmigración europea aumentó gradualmente durante el comienzo del siglo XIX con alrededor de 100,000 europeos que llegaron en la década de 1820, casi 600,000 en la década de 1830 y 1,700,000 en la década de 1840. Esa fue la ola más grande de inmigrantes en la historia estadounidense. Alemanes, irlandeses e ingleses conformaban los grupos de inmigrantes más grandes de esa época.

INTERACTIVITY

Explora las ideas clave de esta lección.

1. ☑ **Revisar la lectura**
Analiza la gráfica. **Comenta con un compañero** las diferencias entre la inmigración de 1789–1820 y la inmigración de 1821–1850. Usen detalles de la gráfica para justificar sus comentarios.

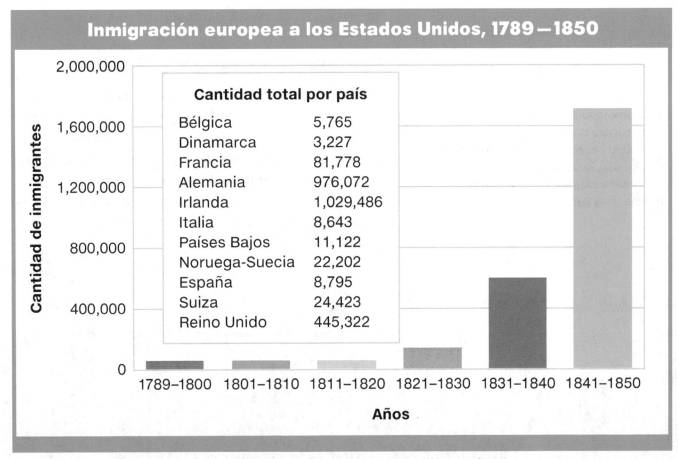

Inmigración europea a los Estados Unidos, 1789—1850

Cantidad total por país

País	Cantidad
Bélgica	5,765
Dinamarca	3,227
Francia	81,778
Alemania	976,072
Irlanda	1,029,486
Italia	8,643
Países Bajos	11,122
Noruega-Suecia	22,202
España	8,795
Suiza	24,423
Reino Unido	445,322

Eje vertical: Cantidad de inmigrantes (0, 400,000, 800,000, 1,200,000, 1,600,000, 2,000,000)
Eje horizontal (Años): 1789–1800, 1801–1810, 1811–1820, 1821–1830, 1831–1840, 1841–1850

Fuente: Departamento de Seguridad Nacional de los Estados Unidos

La Gran Hambruna Irlandesa obligó a muchos irlandeses a venir a los Estados Unidos.

En la década de 1840, la cantidad de inmigrantes irlandeses creció más del triple respecto a la década de 1830 debido a una hambruna de papas en Irlanda. Una **hambruna** es una escasez extrema de alimentos. Esta fue causada por una enfermedad que atacó las plantas de papas. Las papas eran una fuente de alimento importante en Irlanda. Más de un millón de personas murieron debido a la hambruna y las enfermedades. Durante la Gran Hambruna Irlandesa, las personas que podían pagar el viaje venían a los Estados Unidos. La mayoría se estableció en las grandes ciudades costeras, como Nueva York y Boston, porque era frecuente que no tuvieran dinero para comprar tierras en el Oeste.

Entre 1830 y 1860, más de 1,500,000 alemanes vinieron a los Estados Unidos. Muchos inmigrantes alemanes eran educados y ricos, y huían de una revolución fallida en su país. La mayoría podía comprar tierras, por lo que se establecieron en el Medio Oeste en grandes grupos. Los inmigrantes alemanes solían viajar al oeste por el Estrecho de Cumberland. Muchos se establecieron en Cincinnati y St. Louis, y, en general, se convertían en granjeros o trabajaban en fábricas.

Se difunde la esclavitud

La desmotadora de algodón ahorraba tiempo, pero debido al aumento repentino y acelerado de la producción de algodón, la demanda de más afroamericanos esclavizados creció mucho en el Sur.

En 1793, se creó la desmotadora de algodón, que hizo que fuera mucho más rápido separar las semillas de la planta de algodón, generando enormes ganancias. Por lo tanto, las plantaciones de todo el Sur cultivaban más algodón para satisfacer una creciente necesidad. Sin embargo, esto hizo crecer la demanda de afroamericanos esclavizados para que hicieran el trabajo agotador de cultivar y recoger el algodón.

Cuando se compró el territorio de Louisiana, en 1803, los dueños de las plantaciones del Sur quisieron difundir la práctica de la esclavitud a los nuevos estados. La gente que vivía en los estados del norte no quería que hubiera esclavitud en los nuevos estados. El primer estado de ese territorio en organizarse y unirse a la Unión fue Missouri. En 1820, sus líderes querían que Missouri se convirtiera en un estado esclavista. Esa decisión alteraría el equilibrio entre los estados libres y los estados esclavistas. En esa época, había 11 estados libres y 11 estados esclavistas. Tanto el Norte como el Sur querían mantener ese equilibrio para tener la misma representación en el Congreso. Ningún grupo quería que el otro tuviera ventaja cuando se aprobaran las leyes.

El Acuerdo de Missouri fue una solución temporal. Se decidió que Maine sería admitida a la Unión como un estado libre. Eso mantendría el equilibrio. El acuerdo también estableció una línea, y al norte de esta la esclavitud no estaría permitida. Aunque los estados mantuvieron el equilibrio, la población de afroamericanos esclavizados en Missouri creció de 10,000 a 45,000 entre 1810 y 1830.

Misión Conexión

¿Por qué los inmigrantes estaban dispuestos a viajar a las partes occidentales de los Estados Unidos? ¿Ese viaje era fácil a mediados del siglo XIX? ¿Por qué?

INTERACTIVITY

Lee y analiza una carta de un inmigrante polaco como ayuda para escribir un guion sobre la inmigración a los Estados Unidos.

2. ☑ **Revisar la lectura** **Analiza** el mapa. **Comenta** con un compañero lo que crees que pasará entre los estados del norte que se oponen a la esclavitud y los estados del sur donde la esclavitud está permitida.

Acuerdo de Missouri, 1820

OCÉANO PACÍFICO

Territorio de Oregón
(Reclamado por los Estados Unidos y Gran Bretaña)

Territorio sin organizar

CANADÁ (Gran Bretaña)

R. Mississippi

Territorio de Michigan

0 — 400 mi
0 — 400 km

MÉXICO (España)

Territorio de Arkansas

TX

LA

Territorio de la Florida

Golfo de México

VT ME NH MA NY RI PA CT NJ IL IN OH DE VA MD MO KY NC TN SC MS AL GA OCÉANO ATLÁNTICO

LEYENDA
- Estado libre
- Territorio libre
- Estado esclavista
- Territorio esclavista
- — Línea del Acuerdo de Missouri

N O E S

Abolición

A comienzos de la década de 1830, muchas personas querían lograr la **abolición**, o fin, de la esclavitud. Los abolicionistas exigían la libertad inmediata de todos los afroamericanos esclavizados. También había otros grupos más moderados que estaban a favor de terminar con la esclavitud gradualmente y había otros que querían que la práctica se limitara a las áreas donde ya existía.

El movimiento abolicionista recibió una respuesta hostil tanto en el Norte como en el Sur. Muchedumbres enfadadas protestaban contra el movimiento, y se quemaban sacos de correo que contenían literatura abolicionista.

William Lloyd Garrison fue un periodista y abolicionista que fundó un periódico antiesclavista llamado *The Liberator*. Principalmente, eran afroamericanos libres los que apoyaban y distribuían el periódico. Garrison se unió a alrededor de sesenta activistas blancos y afroamericanos para fundar la Sociedad Antiesclavista Americana en 1833. La organización afirmaba que la esclavitud era un pecado y alentaba la participación no violenta en el movimiento. El grupo produjo grandes volúmenes de literatura abolicionista.

En la década de 1840, Frederick Douglas se convirtió en un conocido orador, escritor y **defensor** del movimiento abolicionista. Douglass había nacido en la esclavitud y su descripción de la vida de una persona esclavizada era fiel a la realidad. Sojourner Truth era una afroamericana que había sido esclavizada y que se convirtió en abolicionista y dio discursos por todo el país.

Además de ser abolicionista, William Lloyd Garrison estaba a favor de los derechos de las mujeres.

Vocabulario académico

defensor • *sust.*, persona que apoya una causa

Durante mucho tiempo, Frederick Douglass fue editor de The North Star, un periódico afroamericano.

THE NORTH STAR.

Tengo más de ochenta años; ya es hora de que parta. Fui esclava durante cuarenta años y fui libre durante cuarenta años, y me quedaría aquí cuarenta años más para que haya igualdad de derechos para todos. Supongo que sigo aquí porque aún me queda algo por hacer; supongo que aún debo ayudar a romper las cadenas.

—discurso de Sojourner Truth en la Primera Reunión Anual de la Asociación Estadounidense por la Igualdad de Derechos, 9 de mayo de 1867

Sojourner Truth

Los abolicionistas solían citar frases de la Declaración de Independencia y de la Constitución porque los consideraban documentos antiesclavistas que prometían la libertad para todos. El movimiento continuó y las tensiones crecieron tras la aprobación de la Ley Kansas-Nebraska en 1854. Esa ley permitía que las personas que vivían en los territorios de Kansas y Nebraska decidieran si la práctica de la esclavitud estaría permitida. Esta derogaba, o cancelaba, la línea del Acuerdo de Missouri que estaba al norte de Arkansas.

Algunos afroamericanos encontraron más oportunidades y libertades en los territorios occidentales. Algunas afroamericanas esclavizadas, como Biddy Mason, obtuvieron su libertad en el Oeste. Mason obtuvo su libertad en California, fundó un negocio y se convirtió en la primera afroamericana en poseer tierras. A diferencia del Este, el Oeste ofrecía nuevas posibilidades para los afroamericanos y también para las mujeres.

3. ☑ **Revisar la lectura** Sojourner Truth y Frederick Douglass manifestaron su oposición a la esclavitud. **Haz una inferencia** sobre las razones por las que los afroamericanos eran oradores convincentes cuando hablaban a favor de la abolición.

_____

_____

_____

_____

La convención de Seneca Falls

En el siglo XIX, las mujeres tenían pocos derechos. No podían votar y rara vez recibían una educación completa. Las mujeres casadas no podían poseer propiedades.

Después de la Guerra de Independencia, o Revolución Estadounidense, en 1787, Benjamin Rush cofundó la **Academia** para Mujeres Jóvenes en Filadelfia. Rush era médico y escritor, y había sido uno de los firmantes de la Declaración de Independencia. En esa época, algunas personas, incluido Rush, pensaban que si las mujeres iban a ser las responsables de criar hijos que fueran ciudadanos activos y responsables, necesitarían tener más educación. La Academia para Mujeres Jóvenes ofrecía clases de lectura, escritura, gramática, matemáticas y química.

Susan B. Anthony, Elizabeth Cady Stanton y Lucrecia Mott tuvieron una participación activa en el movimiento por la abolición. Ese trabajo las hizo ser más conscientes de su falta de derechos y comenzaron a apoyar activamente la reforma. Al igual que los fundadores de la Academia para Mujeres Jóvenes, ellas creían que todas las muchachas debían tener una buena educación. Más tarde, Anthony se convirtió en presidente de la Asociación Nacional Americana para el Sufragio Femenino.

Vocabulario académico

academia • *sust.*, lugar para estudio o entrenamiento

Susan. B. Anthony

Fuente primaria

Y es una burla absoluta hablarles a las mujeres de su disfrute de las bendiciones de la libertad mientras a ellas se les niega el uso del único medio para proteger esas bendiciones que es provisto por este gobierno demócrata-republicano: el voto.

—Susan B. Anthony, "¿Es un crimen que una ciudadana estadounidense vote?", 1873

En 1848, Stanton y Mott organizaron una convención en Seneca Falls para debatir sobre la igualdad de las mujeres. En la convención, Stanton leyó una afirmación que se basaba en la Declaración de Independencia. La convención marcó el comienzo del movimiento por los derechos de las mujeres.

En 1869, Wyoming marcó el camino en los territorios occidentales y en la nación para otorgarles a las mujeres el derecho al voto. Más tarde, Utah, Colorado y Idaho también les concedieron a las mujeres el derecho al voto.

Mujeres y hombres asistieron a la Convención de Seneca Falls.

4. ✓ **Revisar la lectura** Explica por qué la educación de las mujeres se volvió importante a fines del siglo XVIII y en el siglo XIX.

_____

_____

_____

✓ Revisar la Lección 5

👆 **INTERACTIVITY**

Comprueba tu comprensión de ideas clave de esta lección.

5. **Causa y efecto** Explica por qué la invención de la desmotadora de algodón hizo que se difundiera la esclavitud.

_____

_____

_____

6. **Explica** por qué el movimiento por la abolición consideraba que la Declaración de Independencia y la Constitución eran documentos antiesclavistas.

_____

_____

_____

7. **Misión** Conexión **Compara y contrasta** la travesía de Lewis y Clark, la Guerra de 1812 y el problema que tenían los inmigrantes. Toma en cuenta las razones por las que se hicieron esos esfuerzos y si el esfuerzo valió la pena para cada grupo o suceso.

_____

_____

_____

_____

"La Declaración de Sentimientos"

Elizabeth Cady Stanton

En 1848, Elizabeth Cady Stanton y Lucretia Mott organizaron la Convención de Seneca Falls para atraer la atención hacia los derechos de las mujeres. La mitad de la población de los Estados Unidos estaba conformada por mujeres, pero a ellas no se les permitía votar.

En la convención, se leyó un documento llamado "La Declaración de Sentimientos". Se inspiraba en la Declaración de Independencia. Decía que los derechos prometidos a todos los hombres también debían ser reconocidos para las mujeres.

La Declaración de Sentimientos también enumeraba cosas que eran injustas para las mujeres, al igual que la Declaración de Independencia enumeraba las razones por las que las colonias estaban enfadadas con Gran Bretaña. Una de sus exigencias era que las mujeres pudieran votar.

Apoyo del vocabulario

Los firmantes del documento, sesenta y ocho mujeres y treinta y dos hombres, creen lo siguiente

algunos de los derechos individuales que todos tienen son

evidente, *adj.*, no requiere explicación

dotados, *adj.*, que tienen

inalienable, *adj.*, que no se les puede quitar

"Sostenemos como evidentes estas verdades: que todos los hombres y las mujeres son creados iguales; que son dotados por su Creador de ciertos derechos inalienables; que entre estos están la vida, la libertad y la búsqueda de la felicidad; que para proteger esos derechos se establecen gobiernos, que obtienen sus justos poderes del consentimiento de los gobernados".

—de la "Declaración de Sentimientos", 1848

Lectura atenta

1. En el fragmento, **identifica** y encierra en un círculo la única diferencia que hay entre la Declaración de Sentimientos y la Declaración de Independencia. (Ver el centro de referencias). Resalta los derechos que los firmantes de la Declaración de Sentimientos consideraban que debían ser reconocidos para las mujeres.

2. **Describe** lo que los firmantes de la Declaración de Sentimientos esperaban que pasara como resultado de la convención. ¿Por qué las personas que crearon el documento usaron la Declaración de Independencia como modelo?

_____

_____

_____

_____

_____

En resumen

¿Qué otros tipos de reformas se estaban haciendo en esa época? ¿En qué se parecían y en qué se diferenciaban los esfuerzos por lograr cambios? Justifica tus respuestas con información del capítulo.

_____

_____

_____

_____

_____

_____

Frederick Douglass (1818–1895)
Escribir y expresarse a favor del cambio

Atributo:
Valentía

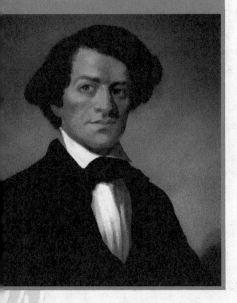

Frederick Douglass nació en febrero de 1818, en Maryland. Nació en la esclavitud. Cuando tenía ocho años, lo enviaron a Baltimore a vivir con un carpintero de barcos.

Cuando Douglass tenía 15 años, lo enviaron de regreso al campo, donde trabajó en una granja dirigida por un hombre del que se sabía que era cruel. En 1838, después de dos intentos fallidos, Douglass escapó de la esclavitud con la ayuda de Anna Murray, una afroamericana libre. Más tarde, se casaron y se mudaron a Massachusetts.

Douglass comenzó a asistir a reuniones de abolicionistas. Se había suscrito al periódico de William Lloyd Garrison, *The Liberator*, e iba a escuchar los discursos de Garrison.

Douglass se arriesgó mucho cuando publicó su autobiografía en 1845. Podría haber puesto su libertad en peligro. Su libro fue muy leído en los Estados Unidos y fue traducido a muchos idiomas europeos. Más tarde, él comenzó a publicar *The North Star*. En 1851, Douglass escribió que la Constitución debía usarse como un documento que promoviera la libertad para todos.

Descubre más

1. **Identifica** tres momentos de la vida de Frederick Douglass en los que haya demostrado valentía. **Explica** por qué sus acciones fueron valientes.

   _____

   _____

   _____

   _____

2. Haz una investigación sobre otro abolicionista conocido. Compara y contrasta su historia con la de Douglass. ¿De qué manera esa persona también demostró valentía? Informa tus hallazgos a la clase.

1 Repaso visual

Usa estas gráficas para repasar algunos términos, personas e ideas clave de este capítulo.

1796
John Adams es elegido presidente.

1800
Thomas Jefferson es elegido presidente.

1816
James Monroe es elegido presidente.

1788   1808   1828

1789
George Washington es elegido presidente.

1808
James Madison es elegido presidente.

1828
Andrew Jackson es elegido presidente.

Sucesos y personas clave

En 1775, **Daniel Boone** descubrió un camino indígena que atravesaba el Estrecho de Cumberland.

En 1803, los Estados Unidos pagaron $15 millones por la Compra de Louisiana.

En 1811, **William Henry Harrison** luchó contra **Tecumseh**, un líder shawnee, por el control de tierras occidentales.

Los Estados Unidos libraron una segunda guerra contra Gran Bretaña en la Guerra de 1812.

La Ley de Expulsión de Indígenas de 1830 obligó a muchos indígenas norteamericanos a reubicarse en el territorio indígena, en lo que hoy es Oklahoma.

William Lloyd Garrison se convirtió en un activista importante en el movimiento por la abolición.

☑ Evaluación

 GAMES

Juega el juego de vocabulario.

Vocabulario y términos clave

1. Traza una línea para unir las definiciones con los términos correctos.

el límite con las tierras vírgenes   **intérprete**

persona que vivía en el límite de las tierras vírgenes   **caravana**

grupo de personas que se trasladan juntas   **pionero**

persona que entiende varios idiomas   **región fronteriza**

2. ¿Qué es el **sufragio** y por qué aquellos que no lo tenían lo querían?

_____

3. ¿Qué es un **gabinete**?

_____

4. ¿Qué es una **hambruna**?

_____

5. Analizar una gráfica Identifica y encierra en un círculo los dos períodos de diez años en los que la inmigración creció más del doble. En una hoja aparte, **compara y contrasta** los factores de expulsión y de atracción.

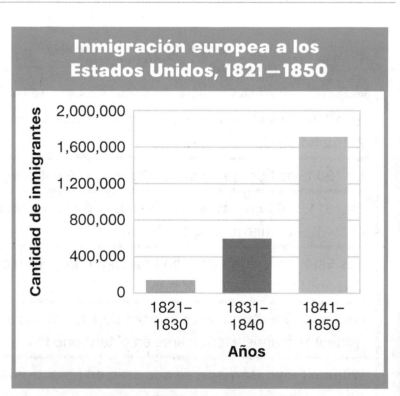

Inmigración europea a los Estados Unidos, 1821—1850

Fuente: Departamento de Seguridad Nacional de los Estados Unidos

Razonamiento crítico y escritura

6. **Analiza** los sucesos que llevaron a la Ley de Expulsión de Indígenas. **Explica** de qué manera los indígenas intentaron defender sus tierras de la invasión de los pobladores. Cita tres ejemplos específicos del texto.

_____

_____

_____

_____

_____

_____

_____

7. **Identificar puntos de vista** Rellena el círculo que indique la respuesta correcta. ¿Qué persona decidió que los cheroquíes eran una nación soberana y que tenían derecho a tener sus tierras?

(A) Andrew Jackson

(B) John Marshall

(C) William Clark

(D) James Monroe

8. **Volver a la Pregunta principal** Escoge uno de los presidentes sobre los que leíste en este capítulo y resume cómo contribuyó a la formación de la nueva nación. ¿Cuáles fueron sus políticas más prominentes? ¿Esas políticas afectaron a la nación de una manera positiva o negativa? Usa evidencia del texto para justificar tu respuesta.

_____

_____

_____

_____

_____

Analizar fuentes primarias

A propuesta del Gobierno Imperial Ruso [...] se transmitieron plenos poderes e instrucciones [...] para negociar de manera amigable los derechos e intereses respectivos de las dos naciones en la costa noroeste de este continente.

—Doctrina Monroe, 2 de diciembre de 1823

9. **Explica** a qué se refería Monroe cuando dijo "para negociar de manera amigable los derechos e intereses respectivos de las dos naciones".

_____

_____

_____

_____

_____

_____

_____

10. **Taller de escritura: Escribir un texto narrativo** En una hoja aparte, escribe un cuento corto que describa la vida de un joven que vivía en Baltimore en los días previos a la Guerra de 1812. Describe por qué el hombre está dispuesto a luchar en la guerra y cuál espera que sea el resultado. El cuento puede estar escrito en primera o tercera persona.

Hacer inferencias

11. **Analiza** el impacto social, económico y político de las grandes olas de inmigrantes europeos que vinieron a los Estados Unidos a principios y a mediados del siglo xix.

_____

_____

_____

_____

_____

_____

Misión Hallazgos

Encuentra tu camino

Ya leíste las lecciones de este capítulo y ahora estás listo para reunir la información de tu investigación y escribir tu guion. Recuerda que el objetivo del video o la representación es informar al público sobre las cualidades que mostraron las personas que participaron en un suceso histórico específico. Usa tus fuentes para justificar tus afirmaciones. Sigue estos pasos:

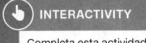
INTERACTIVITY

Completa esta actividad como ayuda para preparar tu tarea.

1 Prepárate para escribir

Organiza tu información y decide qué fuentes contarán las mejores y más precisas historias sobre tus personajes. Comenta cómo sus triunfos y sus dificultades muestran sus cualidades.

2 Escribe un borrador

Usa tus notas y la evidencia de tu Misión: Conexión para escribir un borrador de tu guion. Asegúrate de responder las siguientes preguntas:

- ¿Qué logró el grupo que escogiste?
- ¿Por qué se propusieron hacer eso?
- ¿Quién fue el responsable de la decisión?
- ¿Qué logros y dificultades surgieron a partir de la decisión?
- ¿Qué conclusiones puedes hacer sobre estas personas?

3 Comenta

En grupo, lean el borrador del guion. Asegúrate de tener suficiente evidencia que justifique las afirmaciones que hiciste sobre tus personajes.

4 Presenta tu guion

Presenta tu guion terminado a la clase. En grupo, decidan cuál de las propuestas seleccionaría un director de cine y expliquen su elección.

Capítulo

8 La expansión hacia el Oeste

El eText está disponible en español.

- 📖 eTEXT
- ▶️ VIDEO
- 👆 INTERACTIVITY
- 🔊 AUDIO
- 🎮 GAMES
- ☑️ ASSESSMENT

Pregunta principal

¿Cuáles son los costos y los beneficios del crecimiento?

▶️ VIDEO

¡En marcha!

INTERACTIVITY

Piensa en cómo sería mudarse a un lugar nuevo que queda lejos. Trabaja con un compañero. Hagan una lista de los aspectos positivos y negativos de mudarse y comenten la lista con otros dos estudiantes.

_____

_____

_____

_____

_____

♪ Rapeemos ♪

Nación en movimiento

Dale un vistazo al **vocabulario** del capítulo rapeando.

¿Cuáles son los costos y los beneficios del crecimiento?

De esa simple pregunta surgió todo un movimiento.

En **caravanas de carretas** hacia el Oeste partieron,

las **goletas de la pradera** cruzando ríos y desiertos.

En esos fuertes vehículos, preparados para el viaje,

llegaron los pioneros, a conquistar un nuevo paisaje.

Los costos fueron altos pero al final del camino

esperaban las promesas de riqueza y beneficios.

Algunos a Texas por esos tiempos decidieron establecerse.

Y con la ayuda de los **vaqueros** de la ganadería

una nueva vida por esas tierras hicieron.

Luego en California se halló un precioso mineral,

y fue la **fiebre del oro** que atrajo a miles al lugar.

Los **empresarios** llegaron atraídos por las **ganancias**, no temían a los riesgos y algunos puedieron ganar en abundancia.

De un océano al otro, el territorio se expandió

y su **destino manifiesto** la nación al fin cumplió.

357

8 La expansión hacia el Oeste

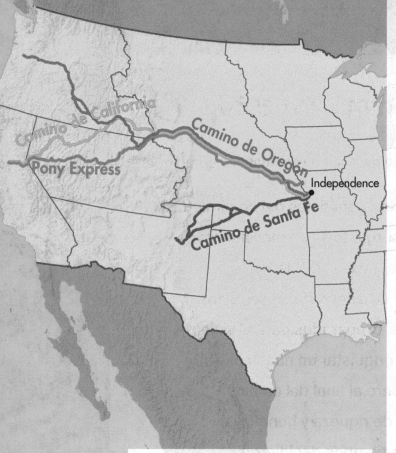

Camino de California

Camino de Oregón

Pony Express

Independence

Camino de Santa Fe

¿Dónde empezaban y terminaban los caminos que llevaban al Oeste?

Los caminos hacia el Oeste empezaban en Independence, Missouri, y terminaban en el territorio de Oregón, California y Santa Fe.

Ubica hacia dónde va el Camino de Santa Fe al salir de Missouri e identifica el estado actual en el que está esa área.

EN LA ACTUALIDAD
Los surcos de las carretas del Camino de Oregón todavía son visibles en muchos lugares.

¿Qué pasó y cuándo?

Mira la línea de tiempo para aprender sobre los sucesos que ayudaron a iniciar la expansión hacia el Oeste.

1830

1835

1831
Cyrus McCormick inventa la segadora mecánica.

EN LA ACTUALIDAD
Muchas funciones de la segadora de McCormick todavía se usan en las cosechadoras actuales.

1836
Texas declara su independencia de México.

¿A quién conocerás?

Samuel Morse
Inventó el código Morse, una de las primeras formas de comunicación a larga distancia.

Narcissa Whitman
Misionera que enseñó a los indígenas norteamericanos sobre el cristianismo

Antonio López de Santa Anna
Presidente de México que condujo un ejército a Texas

Levi Strauss
Empresario inmigrante judío alemán que inició una compañía de ropa

INTERACTIVITY

Completa la galería interactiva para darle un vistazo al contenido.

1845

1850

1844
Se envía el primer mensaje por telégrafo.

EN LA ACTUALIDAD
Usamos teléfonos celulares, correo electrónico y redes sociales.

1848
Termina la Guerra con México; comienza la fiebre del oro de California.

1850
California se convierte en un estado.

Misión
Conversación colaborativa

¿El Oeste es lo mejor?

La expansión hacia el Oeste es una parte importante de la historia de los Estados Unidos. Para viajar a territorios desconocidos se necesitaba determinación y fuerza. A veces, había peligros. También existía la oportunidad de empezar una nueva vida al final del camino.

Una manera de pensar en una cuestión como la expansión hacia el Oeste es mediante un debate colaborativo. Eso nos ayuda a intercambiar y ampliar las ideas.

Misión Arranque

Tu misión es prepararte para un debate colaborativo sobre los costos y beneficios de mudarse del este al oeste a mediados del siglo XIX. Deberás ser capaz de comentar si los integrantes de una familia deberían dejar su hogar para convertirse en pioneros.

1 Haz preguntas

¿Qué debían sacrificar las personas al mudarse al Oeste? ¿Qué clase de vida los esperaba en los territorios de Oregón o California? Escribe dos preguntas.

2 Planifica la evidencia

¿Qué tipo de información deberás reunir para evaluar los costos y beneficios de mudarse al Oeste? ¿Qué datos necesitas conocer?

....

....

....

....

....

INTERACTIVITY

Busca ayuda para pensar en cómo evaluar los costos y beneficios de mudarse al Oeste.

3 Busca *Misión* Conexión

En la siguiente página, comienza a buscar las Misión: Conexión que te ayudarán a prepararte para el debate.

4 *Misión* Hallazgos Comenta

Usa la página de Misión: Hallazgos al final del capítulo como ayuda para prepararte para el debate y para presentar tu opinión.

Lección

1 Inventos, carreteras y ferrocarriles

INTERACTIVITY

Participa en una discusión en clase para darle un vistazo al contenido de esta lección.

Vocabulario

ganancia
producción en masa
canal

Vocabulario académico

proceso
determinar

Descifra la
Pregunta principal

Aprenderé que los nuevos inventos y medios de transporte tuvieron costos y beneficios.

¡En marcha!

¿Qué lugar de los Estados Unidos o del mundo te gustaría visitar? En un mapa o un globo terráqueo, muéstrale a un compañero dónde se ubica ese lugar. ¿Cómo crees que se siente visitar un lugar nuevo? Comenta tus ideas con tu compañero.

El invento de la segadora de McCormick facilitó el trabajo en las granjas y aumentó las ganancias.

El principal motivo por el que la mayoría de las personas trabajan es obtener una ganancia. Una **ganancia** es el dinero que gana una empresa después de pagar sus deudas. Una manera de aumentar las ganancias es reducir, o acortar, la cantidad de tiempo que se tarda en producir los bienes que vende. Otra manera de obtener ganancias es bajar los costos de los materiales o aumentar la eficiencia de los trabajadores. A principios del siglo XIX, surgieron nuevos inventos en los campos de la ciencia y la tecnología que ayudaron a las empresas a obtener ganancias y cambiaron la forma en que las personas vivían y trabajaban.

INTERACTIVITY

Explora las ideas clave de esta lección.

Los inventos traen cambios

A fines del siglo XVIII, el algodón era un cultivo rentable. Sin embargo, para venderlo y ganar dinero, se necesitaban muchas horas de trabajo de los afroamericanos esclavizados. En 1793, Eli Whitney construyó una versión mejorada de la desmotadora de algodón. Esa nueva máquina redujo enormemente el tiempo que tomaba separar las semillas de la planta de algodón. Eso convirtió al algodón en un cultivo muy rentable. Sin embargo, causó un aumento del uso de afroamericanos esclavizados para la cosecha. A medida que las plantaciones de algodón se expandieron de este a oeste por el Sur, también se extendió la esclavitud.

En 1831, Cyrus McCormick inventó la segadora mecánica. Esa máquina era tirada por caballos y facilitaba el corte del cereal. Antes de ese invento, los granjeros debían cortar el trigo y la cebada a mano, con una guadaña. Una guadaña es una herramienta con una cuchilla larga y curva. La segadora ayudó a los granjeros a plantar más semillas y cultivar más cereales para vender.

En la época colonial, las mujeres hacían a mano casi toda la ropa de la familia. En 1846, Elias Howe inventó la máquina de coser. La máquina de coser redujo la cantidad de tiempo que se necesitaba para coser una prenda. Ese mismo año, una sustancia llamada éter se empezó a usar como anestésico. Un anestésico evita que se sienta el dolor. Fue un importante descubrimiento médico que ayudó a los pacientes que tenían que someterse a una cirugía.

El descubrimiento de la electricidad ayudó a los científicos, como Samuel F. B. Morse, a crear máquinas que mejoraron la comunicación. En 1844, Morse envió el primer mensaje por telégrafo eléctrico. También creó el código Morse, un sistema de puntos y guiones para enviar mensajes por cables. Antes, las cartas se enviaban con caballos o barcos. Estas nuevas tecnologías beneficiaron a muchas personas.

1. ☑ **Revisar la lectura** **Idea principal y detalles** **Comenta** con un compañero de qué manera cada uno de estos inventos facilitó la vida de las personas.

Nuevas maneras de trabajar

Vocabulario académico

proceso • *sust.*, sistema con el que se hace algo

determinar • *v.*, decidir

Los nuevos inventos cambiaron la forma en que las personas trabajaban. Eli Whitney, el inventor de la desmotadora de algodón, fue contratado por el gobierno de los Estados Unidos para producir miles de mosquetes para las fuerzas armadas. Antes de ese pedido, las armas se fabricaban una por una. Todas las partes del arma encajaban bien, pero solo servían para esa arma en particular. Whitney quería hallar una manera de facilitar el **proceso**. Whitney **determinó** que usar partes intercambiables, es decir, que tuvieran exactamente la misma forma y tamaño, a fin de fabricar muchas partes al mismo tiempo, era el mejor proceso. Ese proceso se llama **producción en masa**.

Con ese nuevo sistema, cualquier parte de un arma se podía intercambiar por la misma parte de otra arma. Un trabajador podía usar un solo grupo de herramientas para fabricar la misma parte una y otra vez. Cada parte sería exactamente igual a la otra.

La idea de la producción en masa impulsó el surgimiento de la Revolución Industrial. En ese período, hubo un cambio de la producción de bienes a mano a la producción en fábricas. Antes de esa época, la mayoría de los bienes se producían en talleres caseros, en los que los trabajadores decidían cuántas horas trabajaban. Podían trabajar a su propio ritmo. En una fábrica, sin embargo, el proceso era diferente.

En la década de 1830, las fábricas textiles bordeaban los ríos Merrimack y Concord en Lowell, Massachusetts.

Los trabajadores de las fábricas debían trabajar durante la misma cantidad de horas que otros trabajadores. El ritmo para fabricar los bienes generalmente era más rápido que el ritmo al que estaban acostumbrados la mayoría de los trabajadores. En su mayoría, las fábricas se construían en ciudades o nuevos pueblos fabriles. Esos pueblos fabriles crecieron a medida que los trabajadores migraron del campo para trabajar en las fábricas. En los pueblos fabriles también aumentó la cantidad de inmigrantes que llegaban a los pueblos o las ciudades en busca de trabajo.

"Hilanderas" tejiendo en una fábrica textil de Massachusetts en la década de 1850

En el interior de una fábrica textil

En algunas de las primeras fábricas estadounidenses se producían tejidos, o tela de algodón. Samuel Slater, un habilidoso mecánico de Gran Bretaña, lo hizo posible. La Revolución Industrial comenzó en Gran Bretaña a fines del siglo XVIII. Los británicos habían inventado máquinas para hilar y convertir el hilado en telas. El proceso se mantenía en secreto. Slater aprendió cómo construir una máquina de hilar. Aunque era británico, trajo ese conocimiento secreto consigo cuando se mudó a los Estados Unidos.

En 1793, Slater ayudó a construir una fábrica en Rhode Island. Su diseño implicaba usar el caudal de agua de un río para hacer funcionar las máquinas. Esas máquinas hilaban fibras de algodón para convertirlas en hilo. Francis Cabot Lowell, de Massachusetts, aprendió a hacer máquinas tejedoras. En 1813, abrió una fábrica en la que se usaban máquinas de hilar y de tejer en un mismo lugar.

La fábrica de Lowell dependía principalmente de mujeres jóvenes de toda Nueva Inglaterra para trabajar en las máquinas. Conocidas como "hilanderas", trabajaban diez horas por día o más, con un descanso de media hora para desayunar y para cenar. La mayoría vivía lejos de sus familias, en habitaciones alquiladas cerca de la fábrica. El aumento de las fábricas en las ciudades atrajo a muchos habitantes de pequeños pueblos del campo. Durante toda la década de 1840, la población de las ciudades y los pueblos grandes cercanos a las fábricas aumentó.

2. ☑ **Revisar la lectura**
Analiza con un compañero la imagen del interior de una fábrica textil. **Explica** lo que ves; menciona un hecho y una opinión.

La mejora del transporte

Los Estados Unidos tenían muchos recursos naturales. Sus tierras, agua y minerales permitieron que la población creciera y las empresas prosperaran. A medida que la población en el Este aumentó, las tierras de cultivo disminuyeron. Algunas personas decidieron mudarse al Oeste. Las personas y los bienes viajaban por los caminos, pero los caminos eran difíciles. El viaje a través de montañas, bosques y praderas por los valles de los ríos Ohio y Mississippi era dificultoso. Las carretas cargadas avanzaban lentamente. Era costoso construir y mantener caminos nuevos.

El gobierno federal decidió construir la Carretera Nacional. La construcción comenzó en 1811 y finalizó en 1837. La carretera medía 66 pies de ancho e iba de Cumberland, Maryland, a Vandalia, Illinois. Se convirtió en la principal ruta que tomaban los viajeros, entre los que había muchos inmigrantes nuevos de Europa, camino a los montes Apalaches, hacia el valle del río Ohio.

3. ✓ **Revisar la lectura** **Analiza** el mapa y encierra en un círculo los nombres de los estados por los que pasaba la Carretera Nacional.

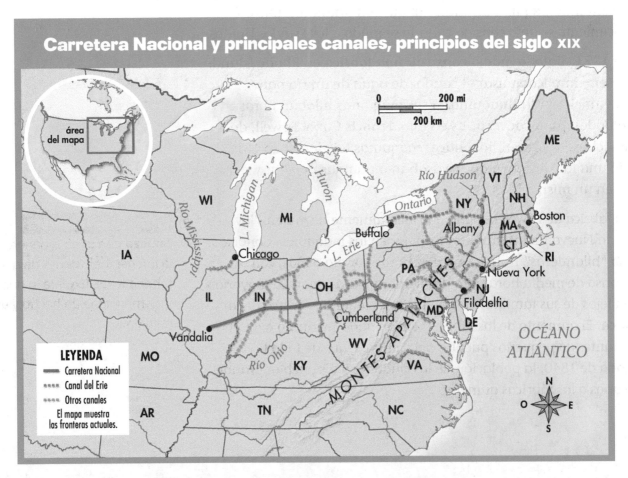

Carretera Nacional y principales canales, principios del siglo XIX

En el Oeste, los granjeros cultivaban algodón, tabaco, maíz y trigo. También criaban vacas y cerdos. Las ciudades del Este enviaban herramientas y otros bienes manufacturados hacia el Oeste. Esos bienes se enviaban en barcazas, o buques de carga con bases planas. Las barcazas navegaban por ríos que desembocan en el río Mississippi. Esos barcos llegaban a Nueva Orleans, Louisiana, en el golfo de México. Luego los buques de vela transportaban bienes del Oeste desde Nueva Orleans, rodeando el extremo de la Florida, y subían por la costa este. Esas travesías eran largas y costosas.

Las barcazas podían navegar río abajo fácilmente con la corriente de los ríos. Sin embargo, navegar río arriba era más difícil. Robert Fulton, un ingeniero estadounidense, descubrió una manera de resolver ese problema. Diseñó y construyó el *Clermont*, un barco con un motor de vapor. En agosto de 1807, el *Clermont* subió por el río Hudson desde la Ciudad de Nueva York hasta Albany en 32 horas. El mismo viaje de 150 millas en otros barcos tardaba cuatro días. Los barcos de vapor ahora podían transportar bienes con más rapidez.

El canal del Erie

A principios del siglo XIX, un viaje de la Ciudad de Nueva York a Chicago tardaba aproximadamente seis semanas a caballo y en carreta. En 1830, la creación del canal del Erie acortó el tiempo de viaje a la mitad. Un **canal** es una vía de navegación hecha por el hombre.

Los trabajadores comenzaron a cavar el canal del Erie en 1817. Estuvo listo para los viajeros en 1825. El canal iba de Albany a Buffalo, Nueva York, unas 363 millas. Los viajeros y los productos podían ir al Oeste desde la Ciudad de Nueva York, río arriba por el Hudson, a lo largo del canal del Erie y cruzar uno o más de los Grandes Lagos siempre por agua. Por el canal del Erie llegaron muchos colonos al Oeste.

Ahora los empresarios podían enviar cargas más rápido y por menos dinero que antes. Tomaba ocho días en lugar de 20 ir de la Ciudad de Nueva York a Buffalo. Enviar una tonelada de carga antes costaba $100 pero ahora costaba $10. Los granjeros del Oeste también aprovecharon el canal para enviar cereales y otros bienes a granel hacia el este. El éxito del canal del Erie llevó a la construcción de más canales. Durante un tiempo, el país sufrió una "fiebre de canales".

Un barco de vapor remolca una barcaza por el canal del Erie.

La invención de los ferrocarriles

El transporte seguía mejorando. La velocidad de los viajes aumentó y los costos bajaron. Cuando se inventaron los ferrocarriles, construirlos y mantenerlos era costoso, pero cambiarían la forma en que las personas y los bienes se transportaban.

Los primeros ferrocarriles eran similares a un carro tirado por caballos. Eran carritos tirados por caballos que circulaban por rieles. Aunque resultaban útiles, no podían competir con el canal del Erie. Por lo tanto, los caballos fueron reemplazados por la locomotora de vapor.

Baltimore & Ohio, o B&O, fue el primer ferrocarril verdadero de los Estados Unidos. Su primera sección de vías tenía 13 millas de longitud sobre una ruta empinada y zigzagueante. *Tom Thumb*, una pequeña locomotora de vapor, hizo el primer viaje en el verano de 1830. Cuarenta pasajeros viajaron a bordo del *Tom Thumb* cómodamente. Esa poderosa locomotora demostró que un motor de vapor podía funcionar por terrenos difíciles y montañosos.

4. ☑ **Revisar la lectura**
Identifica y completa la tabla con las ventajas y las desventajas del transporte a principios del siglo XIX.

Medios de transporte a principios del siglo XIX

Medio de transporte	Ventajas	Desventajas
Camino		• Los viajes eran lentos. • Construir nuevos caminos era costoso.
Canal	• Los viajes eran más rápidos. • Los bienes y las personas podían hacer todo el recorrido por agua.	
Ferrocarril		

Asentamientos de los ferrocarriles

Una ventaja de los ferrocarriles es que las vías se podían colocar casi en cualquier lado. Los ríos o los canales ya no determinaban a dónde podían viajar las personas y las cargas. Los bienes producidos en las granjas podían viajar directamente a su destino final. Los inversores comprendieron el valor de los nuevos ferrocarriles. Destinaron su dinero a las empresas ferroviarias con la esperanza de obtener grandes ganancias. Sus inversiones siguieron creciendo y sus ganancias aumentaron enormemente.

Al igual que sucedió con los pueblos fabriles, las nuevas vías de ferrocarril atrajeron a más migrantes y empresas hacia el Oeste. Para mediados del siglo XIX, las empresas ferroviarias habían colocado más de 9,000 millas de vías. Se colocaron vías que cruzaban el río Mississippi. Conectar el océano Atlántico con el Pacífico pronto sería una realidad.

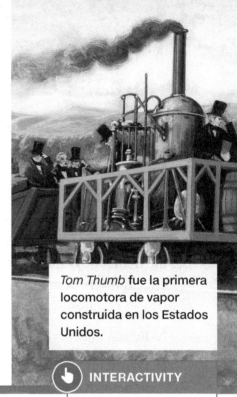

Tom Thumb fue la primera locomotora de vapor construida en los Estados Unidos.

INTERACTIVITY

Comprueba tu comprensión de ideas clave de esta lección.

Revisar la Lección 1

5. **Causa y efecto Explica** por qué el gobierno federal construyó la Carretera Nacional.

_____

_____

6. **Explica** de qué manera el invento de la segadora mecánica mejoró la vida de los granjeros.

_____

_____

_____

7. **Describe** de qué manera las mejoras en la tecnología y el transporte cambiaron las empresas de los Estados Unidos.

_____

_____

_____

Analizar costos y beneficios

Imagina que vives en un área rural de los Estados Unidos durante la década de 1830. Te enteraste de que hay trabajo en un nuevo pueblo fabril. ¿Deberías mudarte de la granja familiar a un nuevo y bullicioso pueblo industrial? ¿Qué tendrías que sacrificar? ¿Qué podrías ganar?

Analizar costos y beneficios es un proceso que te puede ayudar a tomar una decisión. Los costos pueden ser la cantidad de dinero que te cueste, el tiempo dedicado o el trabajo necesario. Los beneficios incluyen el dinero o la valiosa experiencia adquirida. Sigue estos pasos para decidir si algo justifica el costo en comparación con el beneficio que obtendrías.

1. Reúne información sobre los costos y sobre los beneficios.

2. Piensa en las listas. ¿Hay más costos o más beneficios? ¿Ciertos costos o beneficios son más importantes para ti que otros?

3. Identifica una solución a tu pregunta basada en los costos y los beneficios.

Lee el texto. Luego, usa el organizador gráfico para determinar los costos y los beneficios de la vida en un nuevo pueblo fabril.

El cambio de los productos hechos a mano por los productos hechos con máquinas implicó un cambio para los trabajadores del Este de los Estados Unidos. Con el aumento de la productividad, creció el estándar de vida de muchas personas. Los inventos modernos ayudaron a establecer pueblos fabriles con economías florecientes. También florecieron los centros de actividad social. En un pueblo fabril se podía encontrar trabajo estable por buenos salarios. Trabajar en una fábrica también implicaba pasar allí muchas horas haciendo trabajos a menudo tediosos. Es posible que mudarse a un pueblo fabril haya despertado una sensación de libertad. Pero el trabajo en el espacio limitado de la fábrica no siempre alimentaba el espíritu. Algunos trabajadores terminaban por extrañar su hogar.

Tu turno

1. ¿Te habrías mudado a un nuevo pueblo fabril? Completa el organizador para identificar los costos y los beneficios de la vida de un trabajador fabril a partir del párrafo. Luego, agrega otros costos y beneficios desde tu propia perspectiva.

VIDEO

Mira un video sobre el análisis de costos y beneficios.

¿Debería mudarme a un pueblo fabril?	
Costos	**Beneficios**

2. Escribe un párrafo breve en el que describas por qué te mudarías a un pueblo fabril o no. Usa los costos y beneficios que incluiste en la lista como evidencia para apoyar tu posición.

_____

_____

_____

_____

_____

_____

_____

_____

_____

_____

INTERACTIVITY

Participa en una discusión en clase para darle un vistazo al contenido de esta lección.

Descifra la
Pregunta principal

Aprenderé que lograr la independencia y la estadidad tuvo costos y beneficios para Texas y California.

Vocabulario

vaquero

anexar

destino manifiesto

Vocabulario académico

defender

declarar

¡En marcha!

En una hoja aparte, haz un dibujo que describa la frase "de océano a océano radiante", de la letra de la canción "America the Beautiful". Usa la imaginación y tu propia interpretación de la letra.

Al ver la oportunidad de crecer y tener tierras, los pioneros estadounidenses siguieron mudándose al Oeste a principios del siglo XIX. A pesar de las historias y relatos sobre las dificultades de la vida en la frontera, las personas no podían resistirse a las tierras fértiles y baratas que había en la frontera. Esas personas tenían el "espíritu de frontera" y muchos llevaron ese espíritu de aventura y determinación a Texas y California. Sus sentimientos fueron capturados en la canción "America the Beautiful", de Samuel A. Ward y Katharine Lee Bates.

Fuente primaria

¡Oh, hermosa por cielos espaciosos
Por olas doradas de granos
Por majestuosas montañas color púrpura
Sobre la llanura llena de frutos!
¡América! ¡América!
Que Dios derrame Su gracia sobre ti
Y corone tu bondad con hermandad
De océano a océano radiante.
—"America the Beautiful", 1913

Los estadounidenses se mudan a México

En la década de 1820, el gobierno mexicano le concedió a Stephen F. Austin el derecho de llevar familias estadounidenses a Texas. En esa época, Texas formaba parte de México. Sin embargo, allí vivían pocos mexicanos. La mayoría de las personas que vivían en esa vasta zona eran indígenas norteamericanos apaches y comanches. El gobierno de México quería poblar Texas con personas que cultivaran la tierra y se convirtieran en ciudadanos mexicanos.

No fue difícil para Austin y otros administradores de fincas hallar gente que quisiera poblar Texas. El costo de la tierra era menor que en muchas partes de los Estados Unidos. Para 1832, unos 20,000 colonos estadounidenses se habían mudado a Texas, mucho más que la cantidad de habitantes mexicanos e indígenas que vivían allí. Las personas que hablaban español y vivían en Texas se llamaban tejanos.

Los colonos aprovecharon las tierras de distintas maneras. La agricultura era más limitada en esa región que en el Este, porque el clima era más seco y el suelo era rocoso. Algunos cultivaban algodón mientras que muchos establecieron ranchos. Los pastos de las praderas eran excelentes para alimentar el ganado. Los **vaqueros**, o pastores de vacas, mexicanos eran famosos por sus destrezas para montar a caballo y manejar el ganado. Ellos les enseñaron a los colonos sus técnicas de ganadería.

INTERACTIVITY

Explora las ideas clave de esta lección.

Stephen F. Austin (de pie) llevó colonos estadounidenses a Texas.

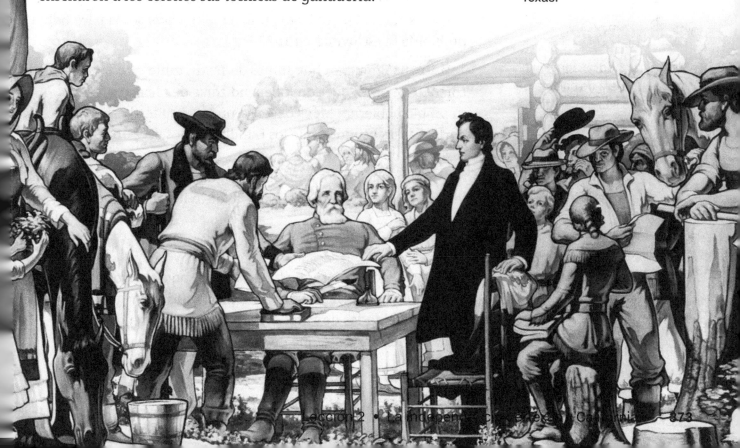

Norte de México, 1835

0 — 400 mi
0 — 400 km

área del mapa

ESTADOS UNIDOS

MÉXICO

OCÉANO PACÍFICO

TEXAS

N O E S

En 1835, Texas formaba parte de México. Compartía una frontera con los Estados Unidos.

Sobre palabras

Sufijos Cuando se agregan al final de una raíz de palabra o palabra, los sufijos cambian el significado de la palabra original. La palabra *habitar* es un verbo que significa "vivir, morar". Cuando se le agrega el sufijo *–nte* a la raíz del verbo *habitar*, la palabra se transforma en un sustantivo. El significado de la palabra es "el que habita".

Los colonos de Texas se dieron cuenta de que extrañaban las libertades que habían dejado atrás en los Estados Unidos. No les gustaba el control estricto que el gobierno mexicano tenía sobre sus ciudadanos. Querían un comercio más abierto con los Estados Unidos. Los colonos provenían principalmente del Sur y habían llevado consigo a miles de afroamericanos esclavizados. Querían que la esclavitud fuera legal en Texas. Sin embargo, México había prohibido la esclavitud en 1829.

Para 1835, muchos habitantes de Texas, tanto estadounidenses como los tejanos, querían independizarse de México y formar su propio gobierno. México quería proteger su territorio del norte. Les preocupaba que los Estados Unidos ocuparan Texas y la convirtieran en un estado. En el otoño de 1835, los enfrentamientos entre las tropas del gobierno mexicano y los texanos armados marcaron el inicio de la Revolución de Texas.

La Revolución de Texas

Los primeros disparos de la revolución sonaron cuando se desató una lucha en González entre soldados mexicanos y colonos y soldados de Texas. Los mexicanos emprendieron la retirada y los texanos, que no sufrieron bajas, lo consideraron una victoria.

El 10 de octubre de 1835, soldados texanos atacaron a soldados mexicanos que **defendían** un fuerte cerca de Goliad. Aproximadamente 120 texanos sorprendieron a los 27 mexicanos que había allí y los vencieron.

Hubo más batallas en la lucha de Texas por la independencia. La Batalla de El Álamo, sin embargo, se destacó como el punto de inflexión para Texas. El general Antonio López de Santa Anna era el presidente de México. A principios de 1836, condujo un ejército de varios miles de hombres hacia San Antonio. Allí había unos 180 texanos para defender el área en una misión fortificada llamada El Álamo.

Los soldados de Texas eran pocos pero resistieron al ejército de Santa Anna durante casi dos semanas. El 6 de marzo, las fuerzas mexicanas derribaron los muros. Hubo un sangriento combate. Al terminar la batalla, todos los soldados texanos habían muerto, incluidos Davy Crockett y James Bowie, dos famosos hombres de la frontera. Alrededor de 600 hombres de Santa Anna murieron o resultaron heridos.

Vocabulario académico

defender • *v.*, proteger de daño o peligro

Revolución de Texas

área del mapa

ESTADOS UNIDOS

Territorio no organizado

IL

MO

TN

MÉXICO

Territorio de Arkansas

MS

TEXAS

Río Brazos

LA

San Jacinto, 21 de abril de 1836

Gonzáles, 2 de octubre de 1835

Río Grande

El Álamo, 6 de marzo de 1836

San Antonio, 9 de diciembre de 1835

Goliad, 10 de octubre de 1835

LEYENDA
Victorias texanas
Victorias mexicanas

Río Nueces

Refugio, 12 de marzo de 1836

N O E S

0   400 mi
0   400 km

1. ☑ **Revisar la lectura** Tanto el ejército texano como el mexicano tuvieron victorias durante la Revolución de Texas. **Identifica** y encierra en un círculo la batalla que dio inicio a la Revolución de Texas.

Texas declara la independencia

La bandera de Texas tiene una sola estrella. Representa la República independiente de Texas, antes de que se convirtiera en un estado. En la actualidad, Texas todavía se conoce como el Estado de la Estrella Solitaria.

El 2 de marzo de 1836, los líderes texanos **declararon** la independencia. Crearon una constitución y formaron un gobierno. Sam Houston fue elegido para comandar el ejército de Texas, que incluía una unidad de soldados tejanos comandados por Juan Seguín. Houston pronto conduciría el ejército a una batalla importante.

El ejército de Santa Anna estaba ganando batallas y para abril, su ejército tenía a los hombres de Houston en retirada. Santa Anna pensaba que la Revolución de Texas pronto terminaría. Pero los texanos le tenían una sorpresa, cuando interrumpieron su retirada en el río San Jacinto, cerca de la bahía de Galveston. Ahí, el ejército de Houston lanzó un ataque sorpresa sobre Santa Anna.

El ejército mexicano fue derrotado. Santa Anna tuvo que firmar un tratado que otorgaba a Texas su independencia. Sam Houston se convirtió en presidente de la República de Texas en septiembre de 1836. Stephen F. Austin se convirtió en secretario de estado. Texas había ganado su independencia.

2. ☑ **Revisar la lectura** **Analiza** la imagen de la Batalla de San Jacinto. ¿Piensas que es una fuente primaria o secundaria? ¿Por qué?

_____

_____

_____

La independencia de Texas crea tensiones

Después de que Texas ganara su independencia, muchos texanos pensaban que los Estados Unidos la **anexarían**, es decir, ocuparían Texas y la convertirían en un estado. A muchos estadounidenses les preocupaba que si eso sucedía la esclavitud se extendería.

Como leíste en el Capítulo 7, el Congreso aprobó el Acuerdo de Missouri en 1820. Por él se incorporaron dos estados a la Unión, Maine y Missouri. Maine sería un estado libre, en el que no se permitiría la esclavitud. Missouri sería un estado esclavista. Esa ley también prohibía la esclavitud en el resto de la Compra de Louisiana. Las cuestiones relacionadas con la esclavitud causaban grandes desacuerdos entre los estados. El Sur no quería que se pusiera fin a la esclavitud. Muchos dependían del trabajo de los afroamericanos esclavizados en sus grandes plantaciones y granjas. Los estados del Norte querían poner fin a la esclavitud.

También se produjeron tensiones con respecto al **destino manifiesto**, o la idea de que los Estados Unidos tenían el derecho a adquirir territorio hasta llegar al océano Pacífico. En 1845, el Congreso votó por anexar Texas y convertirla en un estado. Para muchos estadounidenses, el suceso significó un paso adelante hacia la idea del destino manifiesto. Aunque Santa Anna había firmado un tratado por el que le otorgaba a Texas su independencia, el gobierno mexicano se opuso a que Texas fuera un estado. Los texanos afirmaban que su frontera con México terminaba en el río Grande. México también se opuso a afirmando que estaba más al norte.

3. ☑ **Revisar la lectura**
Analiza la línea de tiempo. **Identifica** cuántos años pasaron entre el momento en que Texas declaró su independencia y el momento en que se convirtió en un estado.

_____

Revolución de Texas

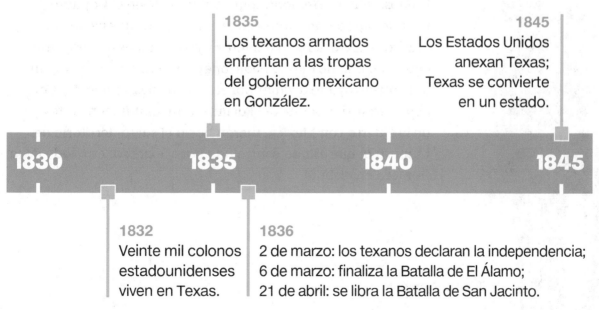

1835
Los texanos armados enfrentan a las tropas del gobierno mexicano en González.

1845
Los Estados Unidos anexan Texas; Texas se convierte en un estado.

1830   **1835**   **1840**   **1845**

1832
Veinte mil colonos estadounidenses viven en Texas.

1836
2 de marzo: los texanos declaran la independencia;
6 de marzo: finaliza la Batalla de El Álamo;
21 de abril: se libra la Batalla de San Jacinto.

El conflicto con México

Para defender lo que consideraba una frontera estadounidense, el presidente de los Estados Unidos, James Polk, envió un ejército a la región fronteriza del sur de Texas en enero de 1846. El general Zachary Taylor condujo ese ejército. En abril del mismo año, las tropas mexicanas cruzaron el río Grande y atacaron a los estadounidenses. La Guerra con México había comenzado.

Fuente primaria

México ha cruzado la frontera de los Estados Unidos, ha invadido nuestro territorio y ha derramado sangre estadounidense en suelo estadounidense.

—discurso de James Polk ante el Congreso, 11 de mayo de 1846

La guerra solo duró unos meses. Los soldados estadounidenses avanzaron por el territorio del norte de México y capturaron Santa Fe, Nuevo México. Para 1847, todo el norte de México estaba bajo control de los Estados Unidos. Sin embargo, la mayoría de las batallas ocurrieron en el sur. Otro general, Winfield Scott, fue enviado a invadir México por mar. El 14 de septiembre, las fuerzas de Scott capturaron la ciudad de México. Así finalizó el combate principal de la guerra. Las fronteras entre los Estados Unidos y México cambiaron para siempre.

California durante la Guerra con México

Después de la anexión de Texas, el deseo de explorar y poblar más territorios del Oeste era el principal interés de los Estados Unidos. John C. Fremont, sobre quien leíste en el Capítulo 7, fue una figura importante en la expansión. Fue enviado en muchas expediciones a explorar y crear mapas del territorio del Oeste. En una de esas expediciones, se le unió Kit Carson, un guía que lo ayudó a viajar por zonas difíciles. Fremont y Carson exploraron el noroeste del Pacífico. Inmediatamente antes de la Guerra con México, fueron hacia el sur, al territorio de California, que estaba controlado por México, al otro lado de la frontera en disputa.

John C. Fremont

En esa época, la mayoría de los colonos de California deseaban librarse del control mexicano. En la primavera de 1846, un pequeño grupo empezó su propia rebelión. Apoyados por Fremont, los colonos atacaron las tropas mexicanas y declararon a California una república independiente. Esto se conoció como la Rebelión de la Bandera del Oso, porque su bandera tenía un oso pardo. Poco después de ese suceso, las fuerzas navales de los Estados Unidos llegaron a la costa de California y declararon a todo el territorio parte de los Estados Unidos. La república independiente de California solo duró tres semanas, pero los colonos lograron su objetivo de independizarse de México.

Bandera estatal de California

4. ☑ Revisar la lectura Causa y efecto Completa la tabla para **identificar** las causas y los efectos de la expansión hacia el Oeste.

Asentamientos en el Suroeste

Causa	Efecto
_____ _____	John Fremont fue enviado a explorar y crear mapas.
conflicto por las fronteras	_____ _____
rebelión en California contra el gobierno mexicano	_____ _____
_____ _____	Terminó la guerra.

Un final pacífico

El Tratado de Guadalupe Hidalgo puso fin oficialmente a la Guerra con México en 1848. México dejó de reclamar Texas. También cedió la mayor parte del resto de sus territorios en el norte a los Estados Unidos.

Ese nuevo territorio era vasto. Incluía lo que hoy es California, Nevada y Utah. También incluía la mayor parte de Nuevo México y Arizona, y zonas más pequeñas de Wyoming y Colorado. Los Estados Unidos le pagaron a México $15 millones por más de 525,000 millas cuadradas.

En ese territorio vivían aproximadamente 75,000 mexicanos. Se les dio la oportunidad de mudarse a México o de convertirse en ciudadanos estadounidenses. A los que se quedaron y se volvieron ciudadanos se les prometió que se protegerían sus derechos, pero algunos descubrieron que esas promesas no se cumplieron. Otros siguieron entrando y saliendo libremente de la zona como lo hacían antes del tratado.

Expansión de los Estados Unidos, 1783–1853

En 1853, los Estados Unidos le pagaron $10 millones a México por otro territorio. Esto se conoció como la Compra de Gadsen y completó las fronteras del sur de Nuevo México y Arizona. Las tierras ganadas como consecuencia de la Guerra con México completaron el suroeste estadounidense. El destino manifiesto se concretó para los Estados Unidos. Con tierras que iban del océano Atlántico al océano Pacífico, los Estados Unidos ahora sí podían afirmar que se extendían "de océano a océano radiante".

5. ☑ **Revisar la lectura** Estudia el mapa. **Identifica** qué tratado fue el primero en dar acceso al océano Pacífico a los Estados Unidos. ¿Qué río forma la frontera entre Texas y México?

_____

INTERACTIVITY

Comprueba tu comprensión de ideas clave de esta lección.

☑ Revisa la Lección 2

6. **Distinguir los hechos de las opiniones** Identifica un hecho sobre el destino manifiesto. Luego, escribe una opinión sobre ese hecho.

_____

_____

_____

7. **Explica** cómo influyó el Tratado de Guadalupe Hidalgo en la expansión territorial de los Estados Unidos.

_____

_____

_____

8. **Describe** el rol de John C. Fremont en la Guerra con México.

_____

_____

_____

INTERACTIVITY

Participa en una discusión en clase para darle un vistazo al contenido de esta lección.

Vocabulario

caravana de carretas
goleta de la pradera
persecución

Vocabulario académico

desafío
permitir

Descifra la
Pregunta principal

Aprenderé que recorrer los caminos hacia el oeste tuvo costos y beneficios.

¡En marcha!

Haz una lista de medios de transporte de la actualidad. Luego, comenta con un compañero cuáles son los más eficientes.

Entre 1840 y 1860, cientos de miles de colonos estadounidenses siguieron los caminos hacia el oeste. Esos caminos habían sido usados por comerciantes de pieles, a veces llamados montañeses, durante años. Además de los montañeses, muchos grupos de indígenas norteamericanos, algunos británicos, rusos, chilenos, mexicanos y asiáticos de varios países fueron a establecerse al Oeste. La mayoría de los que llegaban del Este salían de la ciudad de Independence, Missouri. Allí se unían a caravanas de carretas. Una **caravana de carretas** es una fila de carretas que viajaban en grupo. La mayoría de las caravanas de carretas se dirigían a lugares como California y Oregón, donde el suelo era fértil, con antiguos bosques y abundantes valles. La travesía, de 2,000 millas por las Grandes Llanuras y a través de las montañas Rocosas, era una prueba de fuerza y valentía.

El camino hacia el Oeste

Los caballos, bueyes y mulas eran animales valiosos en el camino. Algunos pioneros montaban a caballo, pero muchos caminaban porque sus carretas iban cargadas de provisiones. Los bueyes y las mulas que tiraban de las carretas ya estaban cansados y los migrantes no querían sumar más peso a las cargas.

Otros animales también eran valiosos. Las vacas se usaban para la leche, y las gallinas, para los huevos. Los colonos cazaban animales silvestres para comer su carne. Las carretas iban cargadas con barriles de agua, mantequeras, palas, hachas y otros suministros.

Había distintos tipos de carretas en el camino. La carreta más común era la **goleta de la pradera**. Su nombre proviene de un tipo de barco y estaba diseñada para hacer el viaje hacia el oeste. La peligrosa travesía a menudo se hacía por caminos difíciles. La goleta estaba preparada para ese tipo de superficie. Su toldo la protegía del sol, el viento y la lluvia. Tenía ruedas grandes, que impedían que el carro de madera de la carreta tocara el barro. El carro mismo, igual que un barco, era hermético, no dejaba pasar el agua. Eso ayudaba a la carreta a flotar en los ríos de corriente lenta.

Algunos pioneros no sobrevivieron a la travesía. Las enfermedades, los accidentes y la naturaleza misma cobraron vidas. Los ríos caudalosos, los desiertos secos, las tormentas de arena y de nieve y la falta de agua o medicamentos eran solo algunas de las dificultades del camino.

El Camino de Oregón

El Camino de Oregón era la ruta hacia el Oeste que los colonos seguían para llegar al Territorio de Oregón. Esa región incluía los estados actuales de Oregón, Washington y Idaho, además de tierras al norte. En 1846, los Estados Unidos y Gran Bretaña dividieron la región. La parte sur, donde la mayoría de los estadounidenses se habían instalado, fue para los Estados Unidos. "¡Oregón o nada!" era una actitud común entre los pioneros. Significaba que llegarían al Territorio de Oregón o morirían en el intento.

INTERACTIVITY

Explora las ideas clave de esta lección.

1. ☑ **Revisar la lectura**
Las imágenes muestran una caravana de carretas por el Camino de Oregón y un primer plano de una goleta de la pradera. Encierra en un círculo algunas de las características de la goleta en el texto y en la imagen. Con un compañero, **comenta** de qué manera esas características hacían de la carreta un vehículo útil para recorrer el camino hacia el Oeste.

Medios de transporte: Antes y ahora		
	Goleta de la pradera	Vehículo utilitario deportivo (SUV)
Longitud	10 pies	16 pies
Ancho	4 pies	6 pies
Altura	10 pies	6 pies
Peso	1,300 pies	4,455 pies
Potencia	4–6 bueyes o 6–10 mulas	motor de gasolina de 210 caballos de fuerza

Fuente: Historic Oregon City

2. ☑ **Revisar la lectura**
Comparar y contrastar
Analiza la tabla sobre los medios de transporte en el pasado y compárala con la actualidad. Encierra en un círculo el vehículo que podría subir una montaña con más facilidad. Explica tu respuesta a un compañero.

Los pioneros comenzaban las travesías en la primavera. Por lo general, las carretas se encaminaban hacia el oeste en caravanas, o grupos. Una caravana de carretas a menudo medía varias millas de longitud. Capitanes, guías y otros oficiales ayudaban a mantener el orden durante el viaje. Cada persona o familia era responsable de llevar los suministros que necesitaran, incluidas sus propias goletas de la pradera. La mayoría de los migrantes que se dirigían al Oeste llevaban solo lo necesario para el viaje.

Cuando los pastos de la pradera tenían una altura suficiente para alimentar a los animales, los pioneros partían. Seguían el río Platte hacia el oeste, a través de las Grandes Llanuras, que era una región plana y seca. En las zonas en las que no había pastos, los animales debían comer arbustos, como artemisa. Luego, los pioneros llegaban a las montañas Rocosas, que eran escarpadas e irregulares. Cuanto más se acercaban a Oregón, más difícil y peligroso se volvía el camino. Las carretas debían avanzar lentamente por cornisas de precipicios y caminos de montaña. Una nevada temprana podía dejar a los pioneros atrapados en las montañas.

Una caravana de carretas típica recorría entre 12 y 15 millas por día. Si la caravana avanzaba rápidamente, podía hacer el viaje en unos cuatro meses. Sin embargo, la mayoría de los colonos pasaban seis meses en el Camino de Oregón.

Colonización del Territorio de Oregón

La mayoría de los colonos se mudaron al Oeste por varios motivos. Las parejas casadas podían reclamar 640 acres de tierra de cultivo gratis. La tierra estaba salpicada de ríos, montañas y bosques. Con sus tierras vírgenes, el área atraía a personas con espíritu aventurero que tenían la esperanza de tener una buena vida en la frontera.

Marcus y Narcissa Whitman estuvieron entre los primeros colonos que se dirigieron al oeste de los Estados Unidos. Eran misioneros cristianos que se establecieron en 1836 en lo que hoy es Washington. Los Whitman les enseñaron a los indígenas sobre el cristianismo. En 1843, después de volver al Este, Marcus Whitman condujo a unos 1,000 migrantes hacia Oregón. Esa fue la primera gran migración en caravana de carretas hacia Oregón. El éxito de la travesía por el Camino de Oregón hizo que miles más siguieran esa ruta.

Una vez establecidos, la vida en la frontera era todo un **desafío**. A menudo, había que talar bosques para usar las tierras para cultivo. Había que construir casas y refugios para los animales. Las mujeres solían trabajar codo a codo con los hombres. Ayudaban con la cosecha y guiaban tropillas de caballos. Las mujeres también hacían la ropa, cuidaban el jardín y preparaban la comida.

Misión Conexión

En una excavación arqueológica, ayudas a desenterrar una carreta abandonada en una parte del Camino de Oregón. Mide aproximadamente 10 pies de longitud, es más pequeña de lo que pensabas. ¿De qué manera conocer el tamaño de la carreta te ayuda a imaginar la travesía de los pioneros?

INTERACTIVITY

Busca más información sobre los costos y beneficios de mudarse al Oeste.

Vocabulario académico

desafío • *sust.*, situación difícil

Marcus Whitman y otros misioneros cristianos fueron por primera vez al Oeste en 1836, conducidos por comerciantes de pieles.

El Camino de los Mormones

Un grupo se mudó al Oeste en busca de libertad religiosa. Eran conocidos como mormones. Joseph Smith fundó la iglesia en 1830, en el estado de Nueva York. Smith y sus seguidores pronto se mudaron a Ohio. Algunos mormones establecieron sus hogares en Missouri e Illinois.

Muchas personas no aceptaban a los mormones ni a sus creencias religiosas. Los mormones enfrentaron una **persecución**, o trato injusto a causa de sus creencias. En 1844, una muchedumbre mató a Joseph Smith. Sus seguidores decidieron que era hora de hallar un lugar en el que pudieran practicar sus creencias con libertad.

En 1846, el nuevo líder de la iglesia, Brigham Young, condujo a 150 mormones al oeste de Illinois. Al igual que el Camino de Oregón, los mormones siguieron el río Platte a través de las Grandes Llanuras. Se detuvieron cerca del Gran Lago Salado, en lo que hoy es Utah. La ruta de 1,300 millas que siguieron se conoce como el Camino de los Mormones.

Fundaron Salt Lake City en Utah. Miles de personas migraron a la zona. La región era demasiado árida para cultivar, así que los mormones construyeron canales para llevar agua de los arroyos de las montañas Rocosas. Sus granjas prosperaron, lo cual **permitió** que más personas fueran a vivir allí. Para 1860, unos 40,000 colonos vivían en más de 150 comunidades.

Vocabulario académico

permitir • *v.*, dejar que algo ocurra

Colonos mormones se acercan al Gran Lago Salado.

Los caminos del Suroeste

Desde Independence, Missouri, tomaba aproximadamente dos meses recorrer lo que entonces era México por el Camino de Santa Fe. Ese camino se extendía por casi 900 millas, a través de un paisaje de praderas, desiertos y montañas. Pocos colonos siguieron esa ruta. La usaban principalmente los comerciantes que viajaban a Santa Fe con su carga. También se usó como una importante ruta militar durante la Guerra con México.

Los comerciantes usaban carromatos de carga para transportar bienes industriales. Estas carretas eran más grandes y más resistentes que las goletas de la pradera. Podían acarrear hasta cinco toneladas de carga.

Carretas cubiertas con bienes para comerciar en la Plaza en Santa Fe, Nuevo México

En Santa Fe, los comerciantes vendían telas, herramientas, joyas, objetos religiosos y otros artículos. Cuando los comerciantes volvían a Missouri, llevaban mulas, plata, pieles y otros productos con ellos. Esos primeros comerciantes podían tener grandes ganancias porque los mexicanos de Santa Fe pagaban mucho por los bienes estadounidenses. Las pieles y la plata que llevaban a Missouri desde México también se vendían bien. Cuando finalizó la Guerra con México, las grandes empresas de transporte de carga dejaron sin trabajo a muchos comerciantes más pequeños. En esa época, los indígenas norteamericanos aumentaron los ataques a los comerciantes en la ruta. Estaban resentidos por la pérdida de su territorio, que era atravesado por el Camino de Santa Fe.

3. ☑ **Revisar la lectura** **Usar evidencia del texto** ¿Qué bienes vendían los comerciantes en Santa Fe y qué llevaban a Missouri?

_____

_____

_____

_____

Los caminos hacia California

En 1829, el comercio con California se convirtió en una posibilidad. Un comerciante mexicano exploró un nuevo camino desde Santa Fe hasta la costa oeste. Los comerciantes vendían artículos de lana de Nuevo México y volvían con caballos y mulas de California. El camino, llamado Antiguo Camino Español, cruzaba los desiertos y las montañas del territorio del norte de México y finalizaba en el pequeño pueblo fronterizo de Los Ángeles.

Los colonos no usaban la misma ruta hacia California que los comerciantes. Viajaban a California desde Missouri por el Camino de California. Ese camino seguía la misma ruta que el Camino de Oregón por el este de las montañas Rocosas. El camino se separaba cerca del río Snake. El Camino de California iba hacia el suroeste y cruzaba las altas montañas de la Sierra Nevada. Finalizaba en Sacramento, que en la actualidad es la capital de California.

4. ☑ **Revisar la lectura**
Analiza el mapa de los caminos hacia el oeste. Encierra en un círculo los caminos que cumplen el concepto del destino manifiesto. **Comenta con un compañero** las similitudes y diferencias entre los Caminos de Oregón, de California y de los Mormones.

Caminos hacia el Oeste, década de 1840

CAMINO DE OREGÓN
Punto de partida: Independence, MO
Destino: Región del río Columbia, OR
Distancia: Aproximadamente 2,000 millas
Quiénes: Personas en busca de tierras de cultivo fértiles en el Territorio de Oregón

CAMINO DE CALIFORNIA
Punto de partida: Independence, MO
Destino: Sacramento, CA
Distancia: Aproximadamente 2,000 millas
Quiénes: Personas en busca de tierras de cultivo y oro

CAMINO DE LOS MORMONES
Punto de partida: Nauvoo, IL
Destino: Salt Lake City, UT
Distancia: Aproximadamente 1,300 millas
Quiénes: Mormones en busca de libertad religiosa

ANTIGUO CAMINO ESPAÑOL
Punto de partida: Santa Fe, NM
Destino: Los Ángeles, CA
Distancia: Aproximadamente 1,100 millas
Quiénes: Comerciantes

CAMINO DE SANTA FE
Punto de partida: Cerca de Independence, MO
Destino: Santa Fe, NM
Distancia: Aproximadamente 900 millas
Quiénes: Comerciantes de plata, pieles y bienes industriales

CANADÁ
Ft. Vancouver
MONTAÑAS ROCOSAS
SIERRA NEVADA
Valle Central
Gran Lago Salado
Salt Lake City
Sacramento
GRANDES LLANURAS
Río Missouri
Río Platte
Río Arkansas
Omaha
Nauvoo
St. Joseph
Independence
St. Louis
OCÉANO PACÍFICO
Río Colorado
Los Ángeles
Santa Fe
Río Grande
Río Mississippi
MÉXICO
Golfo de México

0   200 mi
0   200 km

LEYENDA
• Ciudad o asentamiento
El mapa muestra las fronteras actuales.

N O E S

Los indígenas norteamericanos y los colonos del Oeste

Algunos caminos hacia el Oeste cruzaban tierras ocupadas por indígenas. A veces, los estadounidenses comerciaban con ellos en sus viajes. Otras veces, los grupos indígenas atacaban a los colonos y comerciantes estadounidenses que ingresaban a su territorio. Algunos grupos indígenas hicieron acuerdos con el gobierno de los Estados Unidos para abandonar la zona cercana a los caminos. Pero, con el tiempo, el movimiento de los colonos hacia el oeste llevó a conflictos con los indígenas, que estaban siendo obligados a dejar su tierra natal.

INTERACTIVITY

Comprueba tu comprensión de ideas clave de esta lección.

☑ Revisar la Lección 3

5. **Comparar y contrastar Identifica** los motivos para mudarse al Oeste de las personas que siguieron el Camino de Oregón y las que siguieron el Camino de los Mormones.

_____

_____

_____

6. **Identifica** algunos de los costos y beneficios de viajar por el Camino de Santa Fe.

_____

_____

_____

7. **Comprender** *Misión* Conexión A partir de tu investigación del texto, describe algunos de los costos y beneficios de la travesía hacia el Oeste de un pionero.

_____

_____

_____

_____

Distinguir los hechos de la ficción

Voy a leer sobre una familia que viajó hacia el Oeste con Marcus Whitman en 1843.

¿Eso es un hecho?

VIDEO

Mira un video sobre cómo distinguir los hechos de la ficción.

Distinguir los hechos de la ficción te ayudará a comprender e interpretar mejor lo que lees. Ninguno de los capítulos de este libro es ficción, son textos informativos. Los textos informativos están repletos de *hechos*. Se puede demostrar si un hecho es verdadero. En la Lección 3, leíste que en 1843, Marcus Whitman lideró la primera gran migración en una caravana de carretas hacia Oregón. Puedes verificar esa información en fuentes de referencia o fuentes primarias.

Los textos de ficción son historias que tratan de personas y sucesos imaginarios. Las historias de ficción pueden basarse en sucesos reales y pueden incluir hechos, pero incluyen detalles inventados.

Lee los dos párrafos sobre unos niños que viajaron al Oeste con sus familias. Al leer, observa cómo dos ideas similares se presentan como hechos y como ficción. Para distinguir los hechos de la ficción, busca detalles que puedas verificar y otros que sean inventados.

Muchos niños se mudaron al Oeste con sus familias en carretas tiradas por caballos para establecerse en la frontera. A lo largo del camino, a menudo trabajaban para ayudar a la familia. Una de sus tareas era buscar agua para beber en los arroyos cercanos. Los niños también podían cuidar a los animales que viajaban con ellos.

Mientras su familia cruzaba las Grandes Llanuras, Thomas se quedaba bajo el toldo de la carreta durante los largos y calurosos días. Al llegar a un campamento cada noche, su papá lo dejaba llevar a los caballos a beber a alguna fuente de agua cercana. Thomas disfrutaba de ese momento lejos de la caravana de carretas. Estaba en un lugar nuevo cada día y prestaba mucha atención a las distintas vistas y ruidos al anochecer.

1. ¿Qué enunciados, basados en hechos y de ficción, aparecen en los párrafos sobre los niños que se establecieron en el oeste de los Estados Unidos con sus familias? Completa el organizador gráfico.

Los niños de la frontera	
Hechos	**Ficción**

2. Vuelve a leer la sección "Colonización del Territorio de Oregón" en la Lección 3.

   Escribe un hecho sobre la colonización del Territorio de Oregón.

   _____

   _____

   _____

   Inventa un personaje o suceso relacionado con el Territorio de Oregón y escribe un enunciado de ficción.

   _____

   _____

   _____

4 La fiebre del oro de California

INTERACTIVITY

Participa en una discusión en clase para darle un vistazo al contenido de esta lección.

Vocabulario

fiebre del oro
empresario
discriminación
Pony Express

Vocabulario académico

método
innovación

Descifra la Pregunta principal

Aprenderé que la fiebre del oro de California tuvo costos y beneficios.

¡En marcha!

Para hacer monedas, se fundía oro, se le daba forma y se le estampaba un diseño. Diseña y dibuja una moneda de oro de $5.

Mineros de oro de California hallaron polvo de oro y pequeños trozos de oro en los arroyos que bajaban de las montañas.

En la década de 1840, la tierra en California era abundante. Los granjeros cultivaban la tierra fértil y tenían poca competencia. La población de indígenas norteamericanos era de aproximadamente 150,000 y estaba disminuyendo. Sin contar a los indígenas, solo unas 14,000 personas vivían en la zona. Entonces, alguien encontró oro y todo cambió.

INTERACTIVITY

Explora las ideas clave de esta lección.

¡Oro!

El oro es un mineral único de mucho valor. No cambia de color ni pierde su brillo. También es difícil de hallar. Si se halla en gran cantidad, la gente se entusiasma, y eso fue lo que sucedió. La fiebre del oro de California fue una época de grandes posibilidades. Una **fiebre del oro** es una gran cantidad de personas que llegan en masa a un área donde se descubrió oro.

James Marshall descubrió oro en California en enero de 1848. Estaba construyendo un aserradero cuando halló escamas brillantes de oro en el río. Pronto, el descubrimiento se transformó en una gran noticia y los cateadores, es decir, personas que buscan minerales, llegaron en masa a California para buscar oro.

Antes de la fiebre del oro, la mayoría de las personas que vivían en California, aparte de los indígenas, eran mexicanos y británicos, con una pequeña cantidad de rusos y chinos. En la costa, había cazadores de ballenas. Los marineros de Nueva Inglaterra navegaban rodeando América del Sur y subían por la costa del Pacífico para intercambiar pieles de nutria y foca por ganado. Tras el descubrimiento del oro, unas 90,000 personas llegaron entre 1848 y 1849. Conocidos como *forty-niners* (los del 49), llegaron mineros de oro de todo el mundo. Chilenos, chinos, japoneses, coreanos, indios, filipinos, australianos, afroamericanos, americanos blancos y otros llegaron a California.

Afiches como este ofrecían llevar a las personas a San Francisco desde el Este de los Estados Unidos en barco.

Cada vez que se descubría oro en un lugar nuevo, los mineros se trasladaban allí y establecían un campamento de minería. A veces, esos campamentos se transformaban rápidamente en pueblos llamados *boomtowns*. La ciudad de San Francisco es un ejemplo de *boomtown* durante la fiebre del oro. Cuando se descubrió oro, San Francisco era un pequeño pueblo de aproximadamente 1,000 habitantes. Pocos años después, tenía más de 30,000 residentes. Para 1853, la fiebre del oro habría atraído a más de 250,000 personas a California.

La búsqueda de oro

Vocabulario académico

método • *sust.*, manera de hacer algo

Misión Conexión

Tu expedición arqueológica halló las ruinas de un pueblo de la época de la fiebre del oro. ¿Qué te dice este pueblo acerca de los costos y beneficios de buscar oro?

👆 **INTERACTIVITY**

Busca más información sobre la fiebre del oro y los costos y beneficios de ser un *forty-niner*

Al principio, se usaba un **método** bastante simple para buscar oro. De las laderas de las montañas bajaba un caudal de agua. El agua arrastraba buena parte del oro de las rocas. El oro se había asentado en el fondo de los arroyos al pie de las laderas. Los primeros mineros usaban bateas para buscar oro. Los mineros colocaban grava y agua en una batea y luego la agitaban hacia un lado y otro. Como el oro es pesado, finalmente queda en el fondo de la batea. Otros mineros usaban un canalón. Hacían correr agua por un cajón de madera largo con una pendiente. El material más liviano pasaba por las barras, pero el oro, que es más pesado, quedaba en el fondo del cajón. Luego, los mineros extraían el oro y lo apartaban.

A menudo los mineros enfrentaban situaciones peligrosas. Debían soportar arroyos congelados, enfermedades, una mala alimentación y accidentes. Algunos mineros se hicieron ricos, pero fueron muchos más los que no lo lograron.

Entre 1848 y 1849, los mineros de California extrajeron más de 50 toneladas de oro. Para 1850, se hallaba menos oro en el lecho de los arroyos. Pronto, las compañías mineras trajeron trituradoras de roca para buscar oro a gran escala. Los mineros que no se habían hecho ricos por su cuenta a menudo decidían trabajar para esas grandes compañías.

1. ☑ **Revisar la lectura** Analiza la imagen y **describe** el proceso que se muestra para hallar oro.

   _____

   _____

   _____

   _____

   _____

   _____

   _____

Cateadores de oro en California usando un canalón en 1852

Nuevos bienes y servicios satisfacen las necesidades de los Forty-Niners

Los mineros de oro querían una cosa: tener una ganancia. Sin embargo, personas que jamás tomaron una batea o un pico hicieron algunas de las fortunas más grandes de la fiebre del oro cubriendo las necesidades de los *forty-niners*. Los mineros necesitaban suministros, como bateas, picos, palas, hervidores, carpas, mantas, ropa y alimentos. Los comerciantes estaban felices de vender esos artículos tan necesarios a los mineros que buscaban hacer su propia fortuna. Los suministros eran difíciles de hallar en los territorios mineros. Como resultado, los comerciantes podían cobrar altos precios por sus productos. Una batea para buscar oro que costaba alrededor de 20 centavos en el Este podía costar $8 o más en California.

Otros ganaron dinero con la **innovación**, al ofrecer creativamente bienes y servicios nuevos para cubrir las necesidades de los mineros. Un **empresario** es alguien que toma riesgos para crear una empresa. Levi Strauss, un empresario judío, abrió una tienda en San Francisco en 1853. Strauss vendía telas, sábanas y ropa a los mineros y otras personas. Vio la necesidad de los mineros de un contar con pantalones de trabajo de buena calidad que fueran más duraderos. Produjo un par de pantalones con una lona azul con remaches, o pequeños pernos de bronce. Los llamó *jeans* Levi.

Otra empresaria brindaba a los mineros otro tipo de servicio. Luzena Stanley Wilson abrió un hotel en el que los mineros, además, podían comer. Usó el dinero que ganó para abrir una tienda exitosa.

Vocabulario académico

innovación • *sust.*, introducción de algo nuevo

Edificio original de Levi Strauss en San Francisco

2. ☑ **Revisar la lectura** **Resumir Analiza** la tabla. Comenta con un compañero lo que muestra.

Costo de los bienes en 1850		
	Wisconsin	**California**
queso	$0.62 por libra	$25 por libra
harina	$0.10 por bolsa	$13 por bolsa
carne	$0.14 por libra	$10 por libra

Fuente: Departamento de Parques y Recreación de California

El estado de California

Muchos buscadores de oro eligieron quedarse en California después de los primeros meses de dedicarse a la minería. La población de California aumentó drásticamente. En 1850, en California había suficientes habitantes como para que se convirtiera en el trigésimo primer estado de la nación.

Inmigrantes chinos trabajando en los campos de oro de California

Muchos de los residentes nuevos de California eran inmigrantes. Eso molestó a algunos estadounidenses, a los que no les gustaba la competencia por el oro. Los mineros mexicanos y chinos trabajaban duro y algunos hallaron mucho oro. Esos dos grupos sufrieron **discriminación**, o un trato injusto, por el lugar del que provenían.

Los mineros extranjeros sufrieron otros tratos injustos. En 1850, el gobierno de California aprobó una ley que obligaba a todos los que no fueran ciudadanos a pagar un impuesto de $20 por mes. Si no pagaban el impuesto, eran obligados a abandonar los campos de oro. Muchos de los mineros obligados a irse eran mexicoamericanos. Por el tratado que puso fin a la Guerra con México, eran ciudadanos estadounidenses, así que el impuesto a los mineros extranjeros no tendría que haberse aplicado a ellos. Más tarde, el estado aprobó un nuevo impuesto para mineros extranjeros dirigido a la gran cantidad de mineros inmigrantes chinos.

Con tantos residentes nuevos, se necesitaba una manera rápida de enviar y recibir correspondencia en California. El **Pony Express** era un sistema de transporte de correo a caballo. Los jinetes salían de St. Joseph, Missouri, a toda velocidad. De allí continuaban a la carrera hasta el siguiente objetivo, una estación que estaba a unas 70 a 100 millas hacia el oeste. Al llegar, pasaban la bolsa de correspondencia al siguiente jinete, que llevaba el correo a otra estación.

El correo tardaba unos diez días en llegar al estado de California. En 1861, cuando las líneas telegráficas llegaron a California, el servicio del Pony Express terminó.

La fiebre del oro tuvo un impacto duradero en California. Se establecieron madereras, ranchos y enormes granjas para cubrir las necesidades de los nuevos residentes. Así se crearon nuevos empleos. Para 1869, las empresas de California podían enviar sus productos al Este por tren. La economía del estado siguió creciendo.

3. **☑ Revisar la lectura** **Explica** cómo contribuyó el Pony Express a la expansión hacia el Oeste. ¿Por qué lo reemplazó el telégrafo?

_____

_____

_____

_____

☑ Revisar la Lección 4

INTERACTIVITY

Comprueba tu comprensión de ideas clave de esta lección.

4. **Explica** por qué algunos estadounidenses no querían a los mineros mexicanos y chinos.

_____

_____

_____

5. **Analiza** los efectos de la fiebre del oro en el desarrollo económico de California.

_____

_____

_____

6. **Comprender** *Misión* Conexión Según lo que aprendiste, ¿cuáles fueron los costos y los beneficios de mudarse a California durante la fiebre del oro?

_____

_____

Destino manifiesto

Como leíste, el destino manifiesto era la idea de que los Estados Unidos tenían el derecho de sumar territorio hasta llegar al océano Pacífico. Cuando el Congreso anexó Texas, se dio un importante paso hacia el destino manifiesto. En esas tierras vivían mexicanos e indígenas norteamericanos que se oponían a la expansión hacia el oeste de los Estados Unidos.

John Gast fue un pintor estadounidense que vivió a fines del siglo XIX. En 1872, pintó un retrato llamado *El progreso americano*. En la imagen, una mujer representa la expansión hacia el oeste de los Estados Unidos.

indígenas norteamericanos

colonos que se dirigen al oeste

comerciantes de pieles y cateadores de oro

línea telegráfica

granjeros

Lectura atenta

1. **Identifica** partes de la pintura que muestran tecnología estadounidense.

   _____

   _____

2. **Identifica** partes de la pintura que muestran la expansión hacia el oeste de los Estados Unidos.

   _____

   _____

3. **Describe** cómo representa la imagen de la mujer la idea del progreso estadounidense.

   _____

   _____

   _____

4. **Infiere** por qué la pintura es más clara del lado derecho y más oscura del lado izquierdo.

   _____

   _____

   _____

En resumen

¿Qué piensas acerca de la pintura? Escribe un párrafo de tu interpretación de su significado. Incluye tu interpretación de los indígenas en la pintura. Apoya tu respuesta con información del capítulo.

_____

_____

_____

_____

_____

_____

★ Civismo

Atributo:
Determinación

Narcissa Whitman (1808 –1847)
Pionera

¿Qué se necesita para ser pionero en un lugar nuevo? Cuando Narcissa Prentiss Whitman llegó al Territorio de Oregón ella fue una de las primeras mujeres blancas en viajar ahí. Nacida en Prattsburg, Nueva York, se casó con el Dr. Marcus Whitman en 1836. Partieron para el Territorio de Oregón ese mismo año. Construyeron una misión en el fuerte Walla Walla en lo que ahora es Walla Walla, Washington.

La vida en el Territorio de Oregón era muy solitaria para la familia Whitman. A pesar de eso, Narcisa no abandonó sus metas. Trabajó para convertir a los indígenas norteamericanos cayuse al cristianismo y estableció una escuela para ellos. Ella no aprendió mucho sobre los cayuse y le causó frustración que ellos no adoptaran la religión con el entusiasmo que ella esperaba.

Cuando llegaron más pobladores, se propagó la viruela entre los cayuse. Ellos no tenían inmunidad, o resistencia, natural contra la enfermedad. Y a pesar de los cuidados de Narcisa, muchos cayuse murieron. Enojados por esas muertes, los cayuse atacaron la misión, eso resultó en la muerte de Narcissa, Marcus y otros.

Descubre más

1. ¿De qué manera Narcissa demostró Determinación?

_____

_____

_____

_____

2. ¿Qué significa la determinación para ti y tus compañeros? Trabaja con un compañero y compartan alguna ocasión cuando establecieron una meta y estuvieron determinados en cumplirla.

Repaso visual

Usa estas gráficas para repasar algunos términos, personas e ideas clave del capítulo.

Expansión hacia el Oeste

1825
Se termina
el canal del Erie.

1845
Texas se convierte
en un estado.

1848
Comienza la fiebre
del oro de California.

1810   **1830**   **1850**

1811
Comienza la
construcción de la
Carretera Nacional.

1835
Comienza la
Revolución
de Texas.

1846
Se crea el
Territorio
de Oregón.

1850
California se
convierte en
un estado.

Avances tecnológicos

1793 Se abre la primera fábrica de los Estados Unidos.	1831 cosechadora mecánica
1807 El *Clermont* es el primer barco de vapor.	1837 Finaliza la Carretera Nacional.
1825 Finaliza el canal del Erie.	1844 telégrafo eléctrico
1830 primer viaje en ferrocarril	1846 máquina de coser

Capítulo 8 · ☑ Evaluación

Vocabulario e ideas clave

1. Completa las siguientes oraciones. Escoge entre estas palabras: Revolución Industrial, Stephen F. Austin, Acuerdo de Missouri, caravana de carretas.

_____ cambió la forma en que se fabricaban los bienes.

Las personas viajaban en _____ en la travesía hacia el Oeste.

_____ fue el responsable de llevar colonos estadounidenses al territorio mexicano.

_____ permitió la esclavitud en algunos estados pero no en otros.

2. **Describe** la idea del **destino manifiesto**. _____

_____

_____

3. **Explica** en qué consiste la **producción en masa**. _____

_____

_____

4. **Analizar una gráfica** ¿Qué sucedió con la población de San Francisco entre 1847 y 1850?

_____

_____

¿Por qué la población aumentó tanto después de 1848?

_____

_____

Población de San Francisco, 1847–1852

Año	Población
1847	460
1848	850
1849	5,000
1850	25,000
1852	36,000

Fuente: *San Francisco Genealogy*

5. **Inferir** ¿Cómo influyó la lucha de Texas por la independencia en otras partes de los Estados Unidos?

_____

_____

_____

6. **Analizar** ¿Cuáles eran las ventajas de la goleta de la pradera?

_____

_____

_____

_____

7. **Aplicar** ¿De qué manera los inventos de la desmotadora de algodón, el telégrafo y la segadora mecánica cambiaron la vida en el siglo XIX? ¿Cómo influyen esos inventos en la vida de los Estados Unidos en la actualidad?

_____

_____

_____

_____

8. **Volver a la Pregunta principal** ¿Cuáles son los costos y los beneficios del crecimiento?

_____

_____

_____

_____

_____

_____

9. **Taller de escritura: Texto informativo** En una hoja aparte, escribe dos párrafos breves sobre el conflicto por la tierra entre los colonos estadounidenses y los mexicanos que vivían en Texas y California.

Analizar fuentes primarias

Pa decía que había demasiadas personas en los bosques ahora. A menudo, Laura escuchaba el sordo ruido de un hacha que no era la de Pa, o el eco de un disparo que no provenía de su arma. El sendero que pasaba por la pequeña casa se había convertido en un camino. Casi todos los días, Laura y Mary dejaban de jugar y miraban con sorpresa una carreta que lentamente pasaba por ese camino.

Los animales salvajes no se quedarían en un lugar donde había tanta gente. Pa tampoco quería quedarse. Él quería un lugar donde los animales salvajes vivieran sin tener miedo.
—*La pequeña casa en la pradera*, de Laura Ingalls Wilder

10. Laura Ingalls Wilder viajó al Oeste con su familia a fines del siglo xix. Escribió libros sobre sus aventuras. ¿Cómo te ayudan sus palabras a comprender los motivos por los que algunas personas se mudaban al Oeste?

Distinguir los hechos de la ficción

11. Imagina que escribes un cuento sobre un *forty-niner* durante la fiebre del oro de California. ¿Sobre qué tipo de personaje escribirías? ¿Qué sucesos podrían ocurrirle a tu personaje?

Misión Hallazgos

¿El Oeste es lo mejor?

Has leído las lecciones de este capítulo y ahora estás listo para el debate. Recuerda usar hechos para apoyar tu opinión. Sigue estos pasos:

👆 **INTERACTIVITY**

Aprende más sobre cómo evaluar los costos y los beneficios con una actividad en línea.

1 Forma tu opinión

Piensa en los motivos por los que los colonos querían mudarse al Oeste. Piensa también en los motivos por los que algunas personas no querrían viajar hacia el oeste. Escribe esas ideas en una lista. Luego, escribe tus opiniones sobre esas ideas. Usa esas notas como ayuda para prepararte para el debate.

2 Reúne evidencia

Usa tus notas y la evidencia de tus Misión: Conexión para pensar ideas que puedas comentar durante el debate. Responde las siguientes preguntas como ayuda para prepararte:

- ¿Por qué los colonos querían mudarse al Oeste?
- ¿Qué tipo de sacrificios tuvieron que hacer los pioneros?
- ¿Qué tipo de riesgos enfrentaron?
- ¿Cuáles eran los beneficios de vivir en el Oeste durante el siglo XIX?

3 Participa en el debate

Comenta con tus compañeros lo que aprendiste sobre los costos y los beneficios de mudarse al Oeste. Comunica tu opinión tus razones. Escucha las opiniones y las razones de tus compañeros. Sé receptivo a las ideas nuevas.

4 Revisa

Modifica tus ideas después del debate. ¿Algunos de tus compañeros tuvieron ideas diferentes de las tuyas? ¿Estuviste de acuerdo con algunas de ellas?

El eText está disponible en español.

- 📖 eTEXT
- ▶ VIDEO
- 👆 INTERACTIVITY
- 🔊 AUDIO
- 🎮 GAMES
- ☑ ASSESSMENT

Pregunta principal ¿Por qué cosas vale la pena luchar?

▶ VIDEO

¡En marcha!

👆 INTERACTIVITY

Formen grupos pequeños y comenten las ideas para una actividad de recreo para toda la clase. Luego de que cada grupo presente sus ideas a la clase voten por la actividad que más les guste. ¿Cuál fue la actividad que escogió tu grupo? ¿La actividad que ganó interesó a todos los compañeros de clase?

_____

_____

_____

_____

Lección 1

La lucha contra la esclavitud

Lección 2

Comienza la guerra

Lección 3

La vida durante la guerra

Lección 4

Termina la guerra

Lección 5

La Reconstrucción

♫ Rapeemos ♫

Luchemos por la libertad y la Unión

Dale un vistazo al **vocabulario** del capítulo rapeando.

Entre el Norte y el Sur creció la división
cuando nuevos estados entraron en la Unión.
La elección de Lincoln llevó a la secesión;
y en el Sur se formó la Confederación.

Disparos en un fuerte fueron la ocasión
en que comenzó la Guerra y el horror,
¡nadie imaginó su larga duración!
ni lo que pasó en Gettysburg y Bull Run.

Lincoln, con una **proclamación**,
a los miles de esclavos liberó:
la esclavitud no terminó con la **emancipación**,
pero el rumbo de la guerra si cambió y entonces con valor
muchos afroamericanos lucharon por la Unión.

9 La Guerra Civil y la Reconstrucción

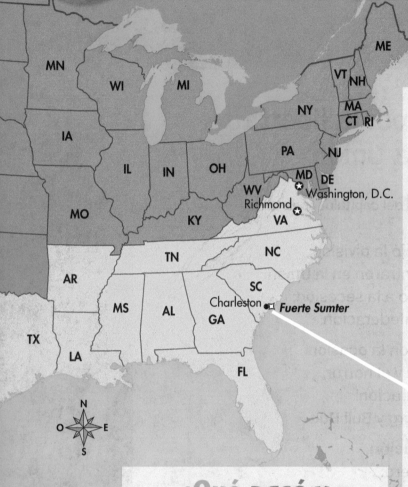

MN
WI
MI
IA
IL
IN
OH
MO
KY
AR
TN
MS
AL
GA
TX
LA
FL
ME
VT
NH
NY
MA
CT RI
PA
NJ
MD
DE
WV
VA
NC
SC

Washington, D.C.
Richmond
Charleston ⚓ *Fuerte Sumter*

N
O E
S

¿Dónde comenzó la Guerra Civil?

La Guerra Civil comenzó el 12 de abril de 1861, cuando tropas confederadas del sur dispararon contra el fuerte Sumter. Ubica el fuerte Sumter en el mapa.

Fuerte Sumter

EN LA ACTUALIDAD

Puedes recorrer el monumento nacional del fuerte Sumter en Carolina del Sur.

¿Qué pasó y cuándo?

Lee la línea de tiempo para conocer los sucesos que ocurrieron antes y después de la Guerra Civil.

1850

1855

1860

1850
El congreso aprobó el Acuerdo de 1850.

1854
La Ley de Kansas-Nebraska divide el territorio de Nebraska.

¿A quién conocerás?

Abraham Lincoln
Decimosexto presidente de los Estados Unidos que lideró a la nación durante la Guerra Civil

Sojourner Truth
Activista afroamericana y ex esclava que recolectaba provisiones para los regimientos afroamericanos durante la Guerra Civil

Jefferson Davis
Presidente de los Estados Confederados durante la Guerra Civil

Clara Barton
Enfermera de hospital durante la Guerra Civil y fundadora de la Cruz Roja Americana

 INTERACTIVITY

Completa la actividad digital interactiva.

1865

1870

1861
Comienza la Guerra Civil.

1863
Se libra la Batalla de Gettysburg.

1865
Termina la Guerra Civil.

1868
Se aprobó la Decimocuarta Enmienda.

EN LA ACTUALIDAD
Puedes visitar los campos de batallas de la Guerra Civil en varios estados.

Misión

Aprendizaje basado en proyectos

¡Cantemos!

La música durante la Guerra Civil tuvo una función importante tanto para los soldados como para sus familias. Mientras estaban en los campamentos y en los hospitales, los soldados cantaban baladas, canciones divertidas, patrióticas y sentimentales que inspiraban los sentimientos hacia el hogar, el orgullo y los seres queridos.

Una manera de inspirar o entretener a las personas es escribir una canción. Una canción es un grupo de palabras o un poema que tiene música.

Misión Arranque

Tu misión como soldado nuevo del ejército es escribir una canción para los soldados que brinde consuelo, entretenimiento o que muestre patriotismo.

1 Haz preguntas

¿Cómo te gustaría que hagan sentir a los soldados la letra y la música de tu canción? ¿Qué clase de canción crees que les gustaría a los soldados? Escribe tres ideas para una canción.

....

....

....

2 Investiga

Sigue las instrucciones de tu maestro para buscar las canciones que eran populares entre los soldados durante la Guerra Civil. Lee la letra de varias canciones. ¿Cómo te hacen sentir?

👆 INTERACTIVITY

Completa la actividad para aprender más sobre la música durante la Guerra Civil.

....

....

....

....

....

3 Busca

Misión Conexión

En la siguiente página, comienza a buscar las Misión: Conexión que te ayudarán a escribir tu canción.

4 Misión Hallazgos
Escribe tu canción

Usa la página de Misión: Hallazgos al final del capítulo como ayuda para escribir tu canción.

La lucha contra la esclavitud

Vocabulario

plantación

Unión

derechos de los estados

acuerdo

Tren Clandestino

abolicionista

secesión

Confederación

Vocabulario académico

obtener

según

Descifra la
Pregunta principal

Aprenderé las causas de la Guerra Civil.

¡En marcha!

Quieres ir a ver una película y tu amigo quiere hacer una caminata. ¿Cómo deciden qué hacer? Comparte tus ideas sobre cómo hacer un acuerdo. Con un compañero de clase representa una idea.

Orgullosos soldados de la Unión marchan frente a la Casa Blanca mientras el presidente Lincoln los observa.

La canción "El grito de batalla de la libertad" fue popular durante la Guerra Civil.

Fuente primaria

"Sí, nos agrupamos alrededor de la bandera, muchachos, lo haremos otra vez, exclamando el grito de batalla de la libertad".

—George F. Root, 1862

Ambos bandos luchaban por la libertad, pero no estaban de acuerdo en lo que significaba *libertad*. Su lucha fue la más sangrienta de la historia de los Estados Unidos. ¿Qué causó una división tan profunda en nuestra nación? Lee para descubrirlo.

El Norte y el Sur se separan

Gran parte del territorio del Sur es bajo y plano y el suelo es muy fértil. El clima es cálido y soleado la mayor parte del año. Muchas personas vivían en grandes granjas llamadas **plantaciones**. La economía se basaba principalmente en la agricultura, proveían de materias primas al Norte. Muchos de los trabajadores eran esclavos afroamericanos y el Sur dependía de ellos.

La geografía del Norte es diferente. Tiene colinas, montañas y lagos. El clima es frío y nieva en invierno. Un recurso del noreste es carbón para hacer acero y combustible para las máquinas de las fábricas. En el siglo XIX, la Revolución Industrial cambió la vida del Norte. Muchas personas se mudaron a zonas urbanas para trabajar en las fábricas. Allí se usaban materias primas del Sur, como algodón, para fabricar productos.

El puerto sureño de Nueva Orleans era importante para ambas regiones. Para satisfacer la demanda de productos manufacturados, los bienes se enviaban desde el Norte por el río Mississippi hasta Nueva Orleans. Las diferencias geográficas e industriales modelaron la cultura y la economía del Norte y del Sur y dividieron ambas regiones. Esto se llamó seccionalismo, y causó tantos conflictos que muchos temieron que conllevara a una guerra civil.

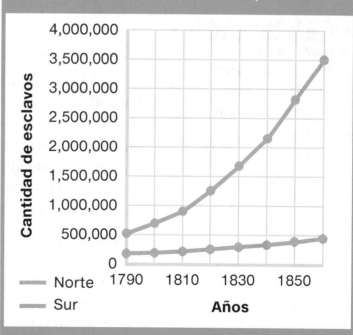

Esclavitud en los Estados Unidos, 1790–1860

Cantidad de esclavos — Años

— Norte
— Sur

Fuente: Biblioteca de la Universidad de Virginia

Lección 1 • La lucha contra la esclavitud **413**

Acuerdos difíciles

Luego de la Guerra de Independencia, los Estados Unidos **obtuvieron** la región llamada territorio del Noroeste. Esta era el área que llamamos Medio Oeste y duplicó el tamaño del país. El Congreso aprobó una ley llamada Decreto del Noroeste de 1787. Detallaba cómo formar nuevos estados cuando el país creciera. Una vez anexado por la **Unión**, o los Estados Unidos, un nuevo estado tendría los mismos derechos que los otros.

La esclavitud estaba prohibida en este territorio y esto generó discusiones. Muchos querían que hubiera la misma cantidad de estados esclavistas, que permitían la esclavitud, y estados libres, en los que era ilegal. Temían que si había más representantes de algún bando en el Congreso, eso amenazaría los **derechos de los estados**, es decir, el derecho de los estados a crear sus propias leyes locales.

En 1819, Missouri solicitó unirse a la Unión como un estado esclavista. Eso perturbaría el equilibrio en el Congreso. Se llegó a un acuerdo. Un **acuerdo** se produce cuando todas las partes ceden un poco para poder convenir algo. Una ley conocida como Acuerdo de Missouri se aprobó en 1820.

Según este acuerdo, Missouri podía ser un estado esclavista y Maine se sumaría a la Unión como estado libre. Además, se usó una línea imaginaria llamada línea Mason-Dixon. Los que estaban al norte de esa línea serían estados libres. Los que estaban al sur podrían permitir la esclavitud si querían.

1. **☑ Revisar la lectura**
Habla con un compañero. Comenta las tres partes del Acuerdo de Missouri.

Más estados nuevos

En 1845, se anexó (se unió, o se sumó) a los Estados Unidos la República de Texas. Parte de la república se convirtió en el estado de Texas, un estado esclavista. El resto del territorio se dividiría en cuatro nuevos estados. De los otros cuatro nuevos estados, aquellos que estaban al norte de la línea establecida por el Acuerdo de Missouri serían estados libres. Aquellos que estaban al sur podrían votar si querían permitir la esclavitud.

La tensión volvió a estallar en 1849, cuando California solicitó sumarse a la Unión como estado libre. El país llegó a otro difícil trato llamado Acuerdo de 1850. Para satisfacer al Norte, California fue admitido como estado libre. Para satisfacer al Sur, el Norte aceptó la Ley de Esclavos Fugitivos.

Un fugitivo es alguien que se fuga y escapa. La Ley de Esclavos Fugitivos decía que los afroamericanos esclavos que escapaban debían ser devueltos a sus dueños, aun si ya habían llegado a un estado libre. El congreso esperaba que esta ley mantuviera unido al país.

En 1854, Nebraska se dividió en el estado de Nebraska y el territorio de Kansas. De acuerdo a la Ley Kansas-Nebraska, sus habitantes podían votar si permitirían la esclavitud.

"Kansas sangrienta"

El voto de la mayoría determinaría si Kansas sería un estado libre o permitiría la esclavitud. Los dos lados fueron a Kansas a votar. Tras el recuento de votos, los que estaban a favor de la esclavitud habían ganado. En el territorio de Kansas se permitiría la esclavitud.

Los norteños exigieron que se rechazara la votación. Los sureños sostenían que la votación debía ser válida. La mayoría de los habitantes de Kansas querían la paz. Hubo enfrentamientos en todo el territorio de Kansas. En 1856, esta violencia había hecho que el territorio se ganara el triste nombre de "Kansas sangrienta".

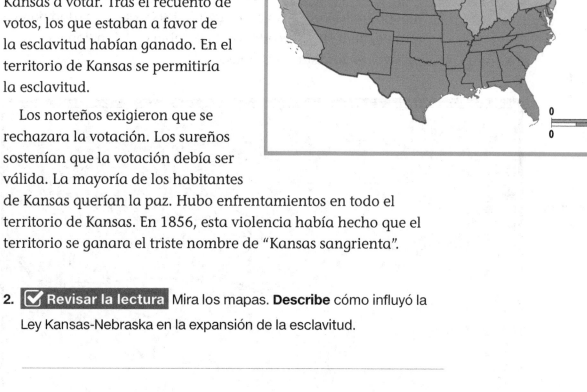

Cambios en los territorios y estados libres y esclavistas, 1820–1854

Acuerdo de Missouri, 1820

Ley Kansas-Nebraska, 1854

LEYENDA
- Estados y territorios libres
- Territorio de Oregón
- Estados y territorios esclavistas
- Posesiones españolas

0   800 mi
0   800 km

2. ✓ Revisar la lectura Mira los mapas. **Describe** cómo influyó la Ley Kansas-Nebraska en la expansión de la esclavitud.

_____

_____

_____

Escape a la libertad

$100 REWARD.

Ranaway from the subscriber's farm, near Washington, on the 11th of October, negro woman SOPHIA GORDON, about 24 years of age, rather small in size, of copper color, is tolerably good looking, has a low and soft manner of speech. She is believed to be among associates formed in Washington where she has been often hired.

I will give the above reward, no matter where taken and secured in jail so that I got her again.
GEORGE W. YOUNG.

November 16th, 1858.

R. Polkinborn's Steam Job Printing Office, D street, bet. 6th & 7th sts., Washington, D.C.

folleto en el que se ofrecen 100 dólares de recompensa por una afroamericana esclavizada que había escapado

La Ley de Esclavos Fugitivos decía que los afroamericanos esclavos que escapaban debían ser devueltos a sus dueños, aun si ya estaban en un estado libre. Sin embargo, esto no impidió que miles de esclavos intentaran escapar. Normalmente, los fugitivos seguían distintas rutas en el Tren Clandestino.

El **Tren Clandestino** no era un tren verdadero. Era un sistema secreto que se organizó para ayudar a escapar a los afroamericanos esclavos, en su mayoría al Norte o al Canadá. Las "estaciones" del Tren Clandestino eran las casas, iglesias y otros lugares donde los fugitivos se escondían y descansaban.

Muchas personas ayudaban a los afroamericanos fugitivos. Se los conocía como "conductores". Harriet Tubman, una esclava que había escapado, fue una de las conductoras más famosas. Asumiendo un gran riesgo personal, Tubman hizo muchos viajes al Sur para guiar a más personas hacia la libertad. Su ruta era una de las tres más importantes que atravesaban Nueva Jersey.

Como el Tren Clandestino era secreto, nadie sabe cuántos afroamericanos esclavos escaparon, aunque quizá fueron solo algunos miles cada año entre 1840 y 1860. Esta cantidad parece grande, pero en la década de 1860 había casi 4 millones de esclavos en los Estados Unidos.

Los que escapaban usaban mapas como este.

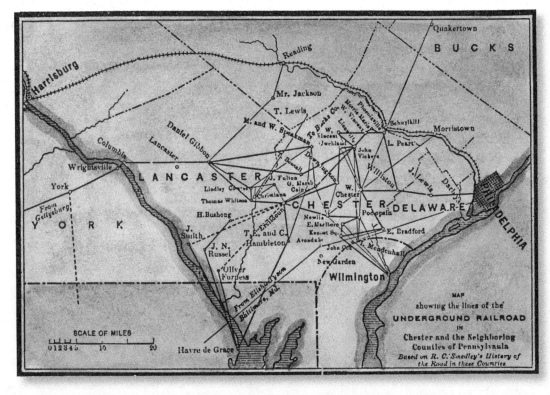

El comienzo del camino hacia la guerra

Las diferencias entre el Norte y el Sur crecieron. En Boston, William Lloyd Garrison comenzó a publicar un periódico llamado *The Liberator* (El Libertador). Frederick Douglass, un afroamericano que escapó de la esclavitud, publicaba un periódico antiesclavista llamado *The North Star* (La estrella del Norte). Garrison y Douglass eran **abolicionistas**, personas que querían abolir, o eliminar, la esclavitud. En el Sur, los escritores y los oradores hablaban de los derechos de los estados y la libertad de mantener su estilo de vida.

Las mujeres tuvieron un papel importante en la lucha contra la esclavitud. Sojourner Truth era una mujer afroamericana que había sido esclava en Nueva York, pero fue liberada cuando Nueva York prohibió la esclavitud. En 1843, se unió al movimiento abolicionista. Harriet Beecher Stowe publicó la novela *La cabaña del tío Tom*. Este libro describía la crueldad de la esclavitud y convenció a muchas personas de oponerse a ella.

Crece el descontento

Un suceso que irritó a mucha gente fue el caso de un esclavo de Missouri llamado Dred Scott. Su dueño lo había llevado a dos estados libres, Illinois y Wisconsin, antes de regresar a Missouri. Cuando su dueño murió, Scott sostuvo que era libre porque había vivido en estados libres. En 1857, el Tribunal Supremo dictaminó que Scott no tenía derechos porque los afroamericanos no eran ciudadanos.

Luego, en 1859, el abolicionista John Brown atacó Harper's Ferry, Virginia. Brown había luchado en Kansas sangrienta. Ahora quería atacar a quienes apoyaban la esclavitud de Virginia, pero necesitaba armas. Decidió robar las que el ejército guardaba en Harper's Ferry. Brown y otros 22 hombres asaltaron Harper's Ferry el 16 de octubre, pero los detuvieron. Brown fue capturado, sometido a juicio y ahorcado. Su asalto no tuvo éxito, pero mostró que la lucha por la esclavitud se estaba volviendo más feroz.

4. ☑ **Revisar la lectura** **Explica** por qué el asalto de John Brown pudo haber sido una señal de que la guerra era inevitable.

_____

_____

3. ☑ **Revisar la lectura**
Secuencia Completa los elementos que faltan para **mostrar la secuencia** de sucesos que llevaron a la Guerra Civil.

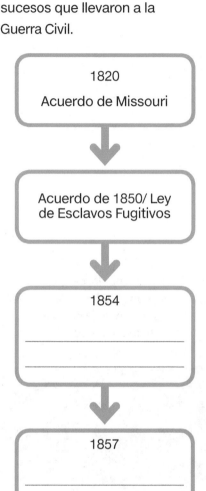

1820
Acuerdo de Missouri

↓

Acuerdo de 1850/ Ley de Esclavos Fugitivos

↓

1854
_____
_____

↓

1857
_____
_____

↓

1859
_____
_____

Las elecciones de 1860

Abraham Lincoln se oponía a la esclavitud y quería evitar que se expandiera a nuevos territorios y estados. "La odio por su monstruosa injusticia", dijo en 1854. En 1858, el Partido Republicano de Illinois eligió a Lincoln como candidato al Senado de los Estados Unidos. El contrincante de Lincoln, el senador demócrata Stephen Douglas, no estaba de acuerdo. Creía que cada estado tenía derecho a decidir si quería permitir la esclavitud. Douglas ganó esas elecciones, pero los argumentos de Lincoln en unos famosos debates con Douglas lo convirtieron en líder del nuevo Partido Republicano.

Las elecciones presidenciales de 1860 tuvieron cuatro candidatos. El partido demócrata se había dividido en dos. Los demócratas del Norte eligieron a Stephen Douglas. Los demócratas del Sur eligieron a John Breckenridge. Los republicanos eligieron a Abraham Lincoln. El partido de la Unión constitucional eligió a John Bell.

Las elecciones reflejaron la gran división entre el Norte y el Sur. Lincoln ganó, pero no obtuvo ningún voto en el Sur porque esos votantes temían que pusiera fin a la esclavitud si resultaba elegido.

Cuando era candidato al Senado de los Estados Unidos en 1858, Lincoln había dicho:

Abraham Lincoln, de pie, se pronunció a favor de detener la expansión de la esclavitud durante los debates Lincoln-Douglas.

Fuente primaria

"'Una casa dividida contra sí misma no puede mantenerse en pie'. Creo que este gobierno no puede permanecer mitad esclavo y mitad libre permanentemente. No espero que se disuelva la Unión… pero lo que sí espero es que deje de estar dividida. Se convertirá por completo en una cosa o la otra".

—Discurso de aceptación de Abraham Lincoln al Partido Republicano de Illinois, 16 de junio de 1858

Esta predicción fue aterradora. Pronto, Lincoln y todos los estadounidenses sabrían si la Unión podía sobrevivir.

5. ☑ **Revisar la lectura** **Analiza** lo que mostraron las elecciones de 1860 acerca de lo que estaba sucediendo en el país.

_____

_____

_____

El Sur se separa

Aun antes de las elecciones, algunos líderes sureños habían hablado de **secesión**, o separación, de la Unión. Muchos sureños querían tener su propio país. Después de la elección de Lincoln, Carolina del Sur fue el primer estado en separarse.

En marzo de 1861, Alabama, Florida, Mississippi, Georgia, Luisiana y Texas se habían separado. Formaron su propio gobierno, llamado Estados Confederados de América, también conocido como la **Confederación**. *Confederación*, al igual que *Unión*, significa "unidos".

Los líderes confederados redactaron una constitución y eligieron a Jefferson Davis como presidente. Tomaron fuertes en todo el Sur.

Los estados que seguían siendo leales al gobierno de los Estados Unidos aún se llamaban Unión. En ese momento, una guerra civil parecía segura. La palabra *civil* hace referencia a los ciudadanos, por lo tanto, una guerra civil es una guerra entre ciudadanos del mismo país.

Presidente confederado
Jefferson Davis

INTERACTIVITY

Comprueba tu comprensión de ideas clave de esta lección.

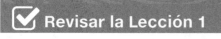

Revisar la Lección 1

6. **Describe** una de las diferencias que hicieron que fuera necesario el Acuerdo de Missouri.

_____

_____

7. Escribe una oración desde el punto de vista del candidato a presidente Abraham Lincoln en la que **describa** por qué cosas estará dispuesto a luchar.

_____

_____

8. **Misión** Conexión **Identifica** las palabras en la canción "El grito de batalla de la libertad" que servían para entusiasmar a las personas y fortalecer sus sentimientos patrióticos.

_____

_____

Tomar decisiones

▶ VIDEO

Mira un video sobre tomar decisiones.

Imagina que vives en los Estados Unidos en la década de 1860. Piensa en las decisiones que el presidente tuvo que tomar a medida que los estados del Norte y el Sur se dividían más y más. ¿Cómo creó el Congreso los acuerdos que mantuvieron los estados libres y los estados esclavistas en equilibrio? ¿Cómo llegaban las personas a tomar decisiones que podían cambiar su vida?

Tomar decisiones es un proceso. Si sigues estos pasos en orden, tienes más posibilidades de tomar la decisión correcta.

1. **Identifica la situación que necesita una decisión.** Para tomar una buena decisión, primero debes reconocer la pregunta o el problema con el que te enfrentas. Identifica el objetivo y el resultado que quieres.

2. **Piensa en las opciones.** Reúne información sobre cómo resolver el problema o responder las preguntas. Estas son tus opciones.

3. **Predice los resultados.** Enfócate en las opciones. Pregúntate: ¿Qué pasaría si escojo esta opción? ¿Cuáles son los posibles resultados buenos y malos?

4. **Entra en acción.** Escoge la opción que tiene más posibilidades de alcanzar tus objetivos. Cuando escoges la opción que crees que es la mejor, tomaste una decisión.

Una vez que tomaste una decisión, puedes actuar según la decisión que tomaste. Desarrolla un plan para llevar a cabo la opción que escogiste. Sin embargo, mantén tu mente abierta. Tal vez quieras cambiar tu decisión si lo que estás haciendo no funciona como esperabas.

Tomas decisiones cada vez que escoges qué comida comprar.

Lee las secciones de tu libro tituladas "Acuerdos difíciles", "Más estados nuevos" y "Kansas sangrienta" de la Lección 1. El país enfrenta muchas decisiones difíciles que se tienen que tomar para mantener el país unido. ¿Cuáles eran los problemas? ¿Cómo hubieras tomado una decisión? Utiliza el proceso para tomar decisiones como ayuda para decidir qué hubieras hecho.

1. ¿Cuál es el problema o situación que requiere una decisión?

_____

_____

_____

2. ¿Cuáles son las opciones?

_____

_____

_____

3. ¿Cuáles son las consecuencias de cada opción?

_____

_____

_____

_____

_____

4. ¿Cuál es la mejor opción?

_____

_____

_____

2 Comienza la guerra

 INTERACTIVITY

Participa en una discusión en clase para darle un vistazo al contenido de esta lección.

Vocabulario

alistarse

bloqueo

Vocabulario académico

abrumado

horroroso

Descifra la Pregunta principal

Aprenderé sobre las estrategias y las batallas clave de los primeros años de la Guerra Civil.

¡En marcha!

Trabaja en grupos pequeños. Cada grupo sugiere una actividad para que la clase realice. Un grupo decide qué hacer. ¿Cómo se sienten los otros grupos por no poder escoger?

La mayoría de los líderes de la Confederación esperaban que la secesión fuera pacífica. Creían que la decisión de separarse era uno de los derechos de los estados. No pensaron que sus acciones llevarían a una guerra larga y sangrienta. Estaban muy equivocados.

El 12 de abril de 1861, tropas confederadas dispararon contra el fuerte Sumter. Este suceso desencadenó la Guerra Civil.

Los primeros disparos

Una fuerza de la Unión controlaba el fuerte Sumter, en Carolina del Sur. Como el fuerte estaba en un estado confederado, el presidente de la Confederación, Jefferson Davis, creía que la Unión debía entregarlo. Envió al gobernador de Carolina del Sur a pedir a los soldados de la Unión que abandonaran el fuerte, pero se negaron.

El 8 de abril de 1861, el gobernador se enteró de que Lincoln había mandado un barco para reabastecer el fuerte. Jefferson Davis envió soldados para ayudar al gobernador.

El 11 de abril, los confederados volvieron a pedir a los soldados de la Unión que se retiraran. Estos volvieron a negarse. A las 4:30 A.M. del 12 de abril, las fuerzas de la Confederación comenzaron a disparar contra el fuerte. Al día siguiente, ya sin suministros, la fuerza de la Unión entregó el fuerte a los confederados. No hubo muertos, pero la Guerra Civil había comenzado.

Comienza la Guerra Civil

La respuesta de Lincoln al ataque en el fuerte Sumter fue reclutar un ejército. Virginia, Arkansas, Tennessee y Carolina del Norte se unieron a la Confederación. Ahora, la Confederación tenía 11 estados, mientras que la Unión tenía 23. Los hombres de ambos bandos se alistaban con entusiasmo. **Alistarse** significa unirse al ejército. Después de todo, era por una causa importante. El Norte quería preservar la unidad de los Estados Unidos como un todo. Además, no quería perder el acceso al río Mississippi. El Sur luchaba por los derechos de los estados y por conservar su estilo de vida.

La Primera Batalla de Bull Run

Al comienzo, parecía que la guerra terminaría pronto y los confederados ganarían. Lincoln envió 35,000 soldados a la capital confederada en Richmond, Virginia. El 21 de julio de 1861, se encontraron con las tropas confederadas en un arroyo llamado Bull Run. Al principio, los soldados de la Unión llevaban cierta ventaja. Sin embargo, los confederados no cedieron terreno, inspirados por un general llamado Thomas Jackson. "Allí está Jackson, como una muralla de piedra", declaró otro general de la Confederación. Por esto, el general fue apodado "Muralla de Piedra" Jackson. Cuando llegaron los refuerzos del Sur, los soldados de la Unión, **abrumados**, huyeron.

INTERACTIVITY

Explora las ideas clave de esta lección.

Misión Conexión

La música se usaba a menudo para incentivar los sentimientos patrióticos. Subraya palabras y frases que podrías usar para escribir una canción.

INTERACTIVITY

Aprende más sobre la música de la Guerra Civil conectándote en línea.

Vocabulario académico

abrumado • *adj.*, vencido; derrotado

Lincoln contra Davis

Tanto Abraham Lincoln, el presidente de la Unión, como Jefferson Davis, el presidente de la Confederación, eran líderes muy capaces. Ambos habían nacido en Kentucky, pero Davis se había mudado a Mississippi, y Lincoln, a Illinois. Lincoln era abogado y Davis, oficial del ejército, graduado en West Point. Ambos tuvieron cargos en Washington, D.C.

Cuando comenzó la guerra, Lincoln y Davis enfrentaban desafíos diferentes. El Sur tenía menos recursos que el Norte, pero tenía mejores líderes militares y motivos más firmes por los que luchar.

Los dos hombres también se diferenciaban en sus estrategias de guerra. Lincoln le pidió consejos al general Winfield Scott, un veterano de la Guerra con México.

1. ☑ **Revisar la lectura** **Comparar y contrastar** Completa esta tabla para **comparar** la Unión y la Confederación.

Esta pintura de Abraham Lincoln se basa en una fotografía de Matthew Brady justo antes de que Lincoln se convirtiera en presidente.

La Unión y la Confederación		
	Estados Unidos de América	**Estados Confederados de América**
Presidente		
Estrategia		
Fortalezas	• Producían el 90% de las armas, la ropa, los zapatos y el hierro del país. • Producían la mayor parte de los alimentos del país. • Tenían más ferrocarriles y caminos. • Tenían más habitantes.	• Tenían más cazadores y soldados experimentados. • Tenían una tradición de grandes líderes militares. • Creían que luchaban por la libertad. • Luchaban por su propio territorio (y en él).
Desafíos	• No tenían muchos veteranos de guerra. • No tenían tantos líderes militares talentosos.	• Les faltaban grandes centros de producción. • Tenían menos ferrocarriles.

Scott planeó una estrategia de tres partes. Primero, la Unión formaría un bloqueo naval de las costas. Un **bloqueo** es una barrera de tropas o barcos colocada con el fin de evitar que las personas y los suministros entren o salgan de una zona. Con el bloqueo, el Sur no podría enviar algodón a Europa y no tendría dinero para solventar la guerra.

Como segunda parte, Scott planeaba tomar el control del río Mississippi. Esto partiría a la Confederación en dos. La tercera parte del plan era atacarla por el este y el oeste. Llamó a esta estrategia Plan Anaconda porque apretaría a la Confederación como una anaconda, una serpiente enorme.

Davis tenía su propia estrategia. Primero, planeaba defender el territorio confederado hasta que el Norte se rindiera. Los sureños pensaban que la Unión dejaría de combatir porque no estaba defendiendo su propio territorio. Además, Davis pensaba que los británicos lo ayudarían porque necesitaban el algodón del Sur. Estaba equivocado. Gran Bretaña no ayudó a ninguno de los dos bandos.

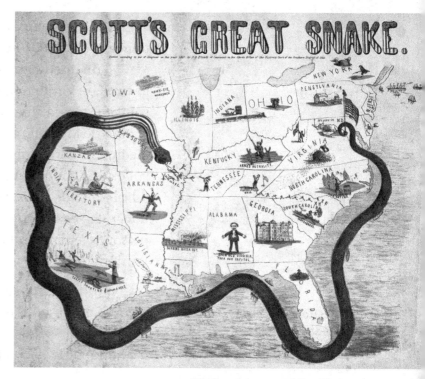

El plan del general Scott era envolver el Sur y "apretarlo" como una gran serpiente.

Nuevos instrumentos de guerra

Es común que, debido a las guerras, se inventen nuevos instrumentos y tecnologías. Durante la Guerra Civil, las armas mejoraron. Con las nuevas armas se podía disparar a más distancia y con mayor precisión. Tanto los soldados de la Unión como los de la Confederación usaron las primeras versiones de la granada de mano. La Confederación construyó un submarino, un barco que podía viajar debajo del agua.

Los confederados crearon otra arma: el acorazado. Era un barco cubierto, o revestido, de hierro, al que las balas de cañón le rebotaban. Para fabricarlo, los confederados cubrieron un viejo barco de la Unión, el *Merrimack*, con placas de hierro. Lo llamaron el *Virginia*. El *Virginia* hundió varios barcos de la Unión. Esta construyó su propio acorazado, el *Monitor*, que luchó contra el *Virginia*. Como ambos barcos eran acorazados, no podían hacerse mucho daño.

2. ☑ **Revisar la lectura**
Habla con un compañero sobre qué hacía al *Monitor* y al *Virginia* especiales.

Los brillantes generales confederados

Mientras que la Unión tenía más recursos que la Confederación, el Sur tenía generales brillantes, como Thomas "Muralla de Piedra" Jackson y Robert E. Lee. Estos generales solían tener más astucia que las fuerzas de la Unión, que eran mucho más numerosas.

En 1862, el general de la Unión George McClellan esperaba tomar la capital de la Confederación, Richmond, Virginia. McClellan quería navegar con sus tropas hasta un lugar de la costa de Virginia para evitar encontrarse con el ejército confederado en el norte de Virginia. Al principio, parecía que el plan de McClellan funcionaría. Sin embargo, Muralla de Piedra Jackson estaba teniendo tanto éxito en la batalla en el valle de Shenandoah, en Virginia, que hubo que enviar tropas adicionales de la Unión. McClellan no tuvo ayuda. Entonces, Robert E. Lee lo derrotó claramente en Richmond. Algunas personas temieron que las fuerzas confederadas se trasladaran a Washington, D.C.

Con cada triunfo de los confederados, la presión sobre Lincoln crecía. Los norteños esperaban una victoria rápida y fácil. Comenzaba a parecer que la guerra podía ser larga y se empezó a cuestionar la decisión de Lincoln de ir a la guerra.

El general Robert E. Lee comandaba el ejército confederado del norte de Virginia.

La Batalla de Fredericksburg en Virginia, en diciembre de 1862, fue una gran victoria de los confederados.

La Batalla de Antietam

La Unión necesitaba una victoria. Obtuvo una el 17 de noviembre de 1862, en la Batalla de Antietam. Esta batalla fue el día más sangriento de la guerra. Cuando terminó, alrededor de 23,000 hombres, repartidos en partes iguales entre el Norte y el Sur, habían muerto o estaban heridos. Esta **horrorosa** batalla hizo que Lincoln tomara una decisión que cambiaría la guerra y el país.

Vocabulario académico

horroroso • *adj.*, que tiene la capacidad de horrorizar; que asusta o estremece

3. ☑ **Revisar la lectura** **Habla** con un compañero. Comenta las razones de por qué una victoria de los norteños era tan importante.

INTERACTIVITY

Comprueba tu comprensión de ideas clave de esta lección.

☑ **Revisar la Lección 2**

4. **Idea principal y detalles** Completa la tabla. **Identifica** el propósito, o la idea principal, del Plan Anaconda. Luego, completa los detalles que muestran cómo funcionaría el plan.

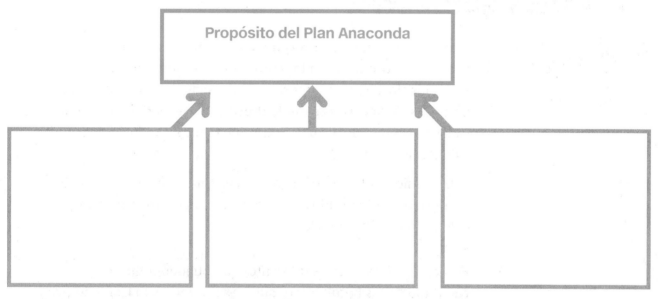

Propósito del Plan Anaconda

5. **Describe** por qué Davis estaba dispuesto a luchar.

_____

_____

6. **Comprender la** *Misión* **Conexión** ¿Por qué muchas canciones de la Guerra Civil apelan a los sentimientos de patriotismo de las personas?

_____

_____

_____

Clasificar y categorizar

Me gustó leer sobre las fortalezas de la Unión y los estados Confederados.

A mí también. ¿Cuál fue tu parte favorita? ¿Puedes clasificar y categorizar la información para mí?

 VIDEO

Mira un video sobre clasificar y categorizar.

Cuando **clasificas** y **categorizas** información o cosas, las acomodas basándote en las características que comparten. Podemos clasificar y categorizar libros según el tema. Además podemos clasificarlos según lo difícil que fue leerlos. Podemos clasificar y categorizar información o cosas según dos o más categorías, o grupos.

Lee el siguiente párrafo sobre las fortalezas de la Unión y de los estados confederados. Piensa en cómo podrías clasificar y categorizar la información.

Existen muchos factores diferentes que pueden influir en el resultado de las batallas y la guerra. La Unión y la Confederación tenían distintas fortalezas durante la Guerra Civil. Los estados de la Unión tenían una población mayor y más ferrocarriles y caminos. Producían la mayor parte de los alimentos, las armas, la ropa, los zapatos y el hierro del país. Por otro lado, los estados confederados tenían cazadores y soldados experimentados, y una tradición de grandes líderes militares. Además, luchaban en su propio territorio y creían que luchaban por la libertad.

Tu turno

1. ¿Cuáles eran las fortalezas de los estados de la Unión? ¿Cuáles eran las fortalezas de los estados confederados? Completa el organizador gráfico para clasificar y categorizar las fortalezas de cada país.

Fortalezas de la Unión y la Confederación	
Estados Unidos de América	Estados Confederados de América

2. Lee la sección titulada "Lincoln contra Davis" de la Lección 2. Escribe varios hechos sobre el presidente Lincoln y el presidente Davis que te ayuden a clasificar y categorizar a los dos presidentes. En una hoja aparte, escribe un párrafo para resumir los hechos sobre los dos líderes.

_____

_____

_____

_____

_____

_____

La vida durante la guerra

Lección **3**

INTERACTIVITY

Participa en una discusión en clase para darle un vistazo al contenido de esta lección.

Vocabulario

proclamación
emancipación
fiesta del 19 de junio

Vocabulario académico

resultar
exposición

Soldados afroamericanos del 107° regimiento de color de los Estados Unidos

Descifra la *Pregunta principal*

Aprenderé la importancia de la Proclamación de Emancipación y el papel que tuvieron diferentes grupos en la Guerra Civil.

¡En marcha!

En un grupo pequeño, haz una lista de los objetos que seguro a los soldados les gustaría tener de sus hogares. Comenta cómo los objetos levantarían el ánimo de los soldados. Comparte la lista de tu grupo con la clase.

La Guerra Civil de los Estados Unidos no comenzó como una guerra para poner fin a la esclavitud. El presidente Lincoln solo quería mantener unido al país. Sin embargo, hacia 1862, había cambiado de parecer. Dijo: "La esclavitud debe morir para que la nación pueda vivir".

La Proclamación de Emancipación

Algunos asesores de Lincoln le dijeron que poner fin a la esclavitud dividiría al Norte y uniría al Sur. Estaban en lo cierto. Sin embargo, Lincoln estaba decidido. El 1 de enero de 1863, emitió una **proclamación**, es decir, un anuncio oficial. Pedía la **emancipación**, o la liberación, de los esclavos afroamericanos de los estados que estaban en guerra con la Unión.

La proclamación no puso fin a la esclavitud en los estados fronterizos, los estados esclavistas que seguían siendo leales a la Unión. Estos estados eran Delaware, Kentucky, Maryland, Missouri y Virginia Occidental. Decretó la liberación de los esclavos afroamericanos de la Confederación, pero solo las áreas controladas por la Unión se beneficiaron. Así, la mayoría de los afroamericanos seguían siendo esclavos.

Cuando la Guerra Civil terminó, el general Gordon Granger fue enviado al estado de Texas. El 19 de junio de 1865, leyó a los habitantes de Galveston: "Se informa al pueblo de Texas que... todos los esclavos son libres". Los afroamericanos de Texas celebraron ese día como el día de su libertad. La tradición de celebrar este día se conoce ahora como **fiesta del 19 de junio**.

INTERACTIVITY

Explora las ideas clave de esta lección.

Un ejército diverso

El abolicionista afroamericano Frederick Douglass apoyaba a Lincoln y alentó a otros afroamericanos a contribuir con la Unión. Muchos lo hicieron alistándose en el ejército de la Unión. Para el final de la guerra, alrededor de 179,000 hombres afroamericanos habían servido como soldados.

Muchos inmigrantes recién llegados también se alistaban en el ejército. Muchos soldados alemanes, irlandeses, británicos y canadienses se unieron a la lucha.

Aproximadamente 20,000 indígenas norteamericanos formaron parte del ejército confederado o del de la Unión. El general Ely S. Parker, un seneca, escribió el documento de rendición que firmó el general Robert E. Lee al final de la guerra. Más adelante, Parker contó que durante la rendición, Lee le dijo: "Me alegra ver un verdadero estadounidense aquí". Parker le respondió: "Todos somos estadounidenses".

Ejército de la Unión

Inmigrantes

Nativos

Gráfica circular que muestra la composición del ejército de la Unión

Hubo canciones escritas sobre el aburrimiento, la marcha e incluso la comida. Encierra en un círculo dos o tres palabras o frases que podrías usar en tu canción.

Vocabulario académico

resultar • *v.*, descubrir que algo es difícil, que es un problema

---

INTERACTIVITY

Averigua más sobre cómo usar las experiencias de los soldados para componer tu canción.

La vida de un soldado

La edad promedio de un soldado de la Guerra Civil era 25 años. Sin embargo, había niños de solo 12 años que iban a la batalla como tamborileros. Tanto para los soldados jóvenes como para los viejos, la vida en los campos de batalla de la Guerra Civil era sucia, peligrosa y difícil.

Las batallas eran horribles, pero las esperas largas y aburridas entre las batallas también eran difíciles. La mayoría de las batallas se libraban en el Sur, donde los veranos eran calurosos. Los soldados casi siempre viajaban a pie y podían llegar a caminar hasta 25 millas por día. Las provisiones de sus mochilas podían pesar hasta 50 libras. La marcha **resultó** más difícil para los soldados de la Confederación. El bloqueo de la Unión impedía que les llegaran suministros y los soldados no podían reemplazar los zapatos gastados. Era común que marcharan y combatieran descalzos.

La comida también era un problema. Rara vez era fresca. Los ejércitos daban carne de res y de cerdo, que se preservaban para que no se echaran a perder. La carne fresca de cerdo se salaba y se convertía en "cerdo salado". La carne de res se preparaba como encurtido, con agua y especias. Las tropas también tenían frijoles y galletas. Estas galletas duras hechas de harina y agua se llamaban galletas de marinero. Para sobrevivir, las tropas saqueaban granjas locales para robar frutas y verduras.

1. ☑ **Revisar la lectura** Para la mayoría de los soldados, la vida era muy distinta en el ejército. **Habla** con un compañero para comentar qué te hubiera parecido lo más difícil de ser un soldado durante la Guerra Civil.

Soldados de la Unión sentados fuera de su tienda de campaña

Los enfermos y los heridos

A mediados del siglo XIX, la idea de que los gérmenes provocaban enfermedades era una teoría nueva sin comprobar. La mayoría de los médicos no habían oído hablar de ella. Muchos médicos no se lavaban las manos ni lavaban sus instrumentos.

En un hospital, un soldado herido podía ser puesto en una cama en la que alguien acababa de morir de fiebre sin siquiera cambiar las sábanas. Las infecciones eran comunes y las enfermedades se expandían con rapidez. Había pocas medicinas y no había antibióticos. Murieron el doble de soldados por enfermedades que por heridas de bala.

El cuidado de los soldados

En esta época, casi no había escuelas de enfermería en los Estados Unidos. La mayoría de las enfermeras aprendían trabajando y casi todas eran voluntarias. Una enfermera describió así un hospital de campaña:

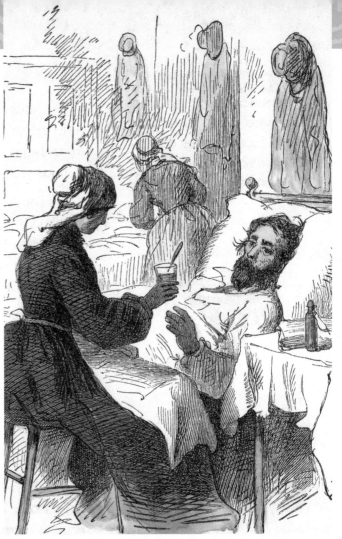

Una enfermera de la Guerra Civil cuida a un soldado herido.

Fuente primaria

"…del otro lado del césped están algunos de los peores casos, y lo que vemos y oímos todos los días es angustiante. Tengo mucho miedo de que haya algún tipo de fiebre contagiosa aquí; es imposible mantener limpio el lugar y hay un horrible olor por todos lados".

Clara Barton fue la más famosa de las enfermeras voluntarias. Salía al lugar en el que se encontraban los soldados. Barton decía que su lugar era "cualquier lugar entre la bala y el campo de batalla". En la Batalla de Antietam, ella sostuvo la mesa de operaciones durante las cirugías para que no se moviera mientras los cañones retumbaban. Se hizo conocida como "el ángel del campo de batalla". Después de la guerra, en 1881, fundó la Cruz Roja Americana.

Había cientos de mujeres que ayudaban a ambos bandos. Juliet Opie Hopkins, de Alabama, cuidaba de los soldados confederados. En 1861, vendió todas sus propiedades y donó el dinero a la Confederación para la construcción de hospitales. Recibió dos disparos mientras rescataba heridos en el campo de batalla.

2. ✓ **Revisar la lectura**
Escribe dos cosas que harías para ayudar a cuidar a los soldados.

_____

_____

_____

_____

3.

☑ Revisar la lectura

Identifica tres cosas que te llevarías contigo si tuvieras que escapar antes de la llegada de un ejército enemigo.

_____

_____

_____

_____

En el frente doméstico

No todas las mujeres trabajaban en el campo de batalla. La mayoría se quedaba en su hogar y cuidaba de la familia. Hacían los trabajos que antes eran de los hombres. Se ocupaban de las tiendas y cultivaban la tierra.

Era común que las mujeres del Sur tuvieran que trasladar a su familia y sus pertenencias porque su casa y su ciudad estaban destruidas. También tenían que soportar la escasez de provisiones debido al bloqueo del Norte. Los precios aumentaron mucho. El promedio del dinero que gastaba mensualmente en alimentos una familia del Sur subió de $6.65 antes de la guerra a $68 para 1863. Casi nadie tenía dinero para comprar alimentos. En abril de ese año, en Richmond, Virginia, cientos de mujeres causaron disturbios para protestar por el aumento de los precios. En otras ciudades del Sur, las mujeres también protestaron por el precio del pan.

Si podían, las mujeres escondían su ganado cuando los ejércitos pasaban por su hogar. Los soldados, hambrientos, mataban y se comían todas las gallinas y los cerdos. También se llevaban cualquier otro alimento que encontraban. Después del paso de un ejército, los civiles pasaban mucha hambre. Esto ocurrió cuando el ejército de la Unión marchó a través del Sur.

Las mujeres también escondían sus posesiones de los soldados enemigos. Entre estas posesiones había objetos que habían estado en sus familias por generaciones.

Las personas del Norte leían sobre la guerra. Muchas familias enviaban a sus esposos y sus hijos a luchar. En el Sur, las familias sufrían los efectos directos de la destrucción de la guerra

Una familia se prepara para escapar del ejército que se acerca.

Las mujeres en tiempo de guerra

En ambos bandos, las mujeres contribuyeron a la campaña de guerra. Además de trabajar como enfermeras en el campo de batalla o mantener en pie las granjas o los negocios de la familia, cosían ropa y fabricaban vendas. Vendían sus posesiones para juntar dinero y enviaban alimentos a los ejércitos.

Algunas mujeres viajaban con sus esposos o sus hijos soldados y les cocinaban, los atendían y los ayudaban. Incluso, algunas se convirtieron en soldados. Frances Clalin, por ejemplo, se disfrazó de hombre para poder combatir en el ejército de la Unión.

Sojourner Truth, una mujer afroamericana y ex esclava, había luchado por la abolición antes de la guerra y lucharía por los derechos de las mujeres después de ella. Durante la guerra, recolectaba provisiones para los regimientos afroamericanos. Era una oradora popular y a menudo contaba historias de su vida como afroamericana esclava.

Sobre palabras

Palabras compuestas
Algunas palabras están compuestas de dos palabras que ya conoces, como *parachoques* y *telaraña*. Si no estás seguro del significado de la palabra, piensa sobre las dos palabras que forman la palabra. Piensa sobre el significado de *afro* y *americano* para ayudarte a comprender el significado de *afroamericano*.

Fuente Primaria

Di a luz a trece hijos y vi cómo vendían a casi todos para convertirlos en esclavos; y cuando lloré con mi dolor de madre, ¡solo me escuchó Jesús!

—Sojourner Truth

Algunas mujeres se convirtieron en espías. Bajo las largas faldas que usaban, se podían esconder documentos y hasta armas.

Belle Boyd, que tenía el apodo de "La Belle Rebelle", fue una de las espías mujeres más famosas de la Confederación. Los soldados de la Unión la arrestaron seis veces, pero ella siguió espiando para los confederados. ¡Después de un arresto, Boyd se comunicó con un confederado escondiendo mensajes en bolas de goma que tiraba por entre las barras de la ventana de su celda!

Sojourner Truth contaba historias sobre su propia vida mientras luchaba para terminar con la esclavitud.

Llevar la guerra a los hogares

Las nuevas tecnologías cambiaron la forma en que se combatía en la guerra, pero también cambiaron la manera en que las personas que estaban en sus hogares la vivían. Las personas aún recibían las noticias sobre la guerra mediante la "vieja" tecnología de los periódicos y las cartas de los soldados.

Por primera vez, la gente que estaba en su hogar también veía algunas de las cosas que estos soldados estaban viviendo. Una nueva tecnología, la fotografía, hizo que esto fuera posible. La Guerra Civil fue la primera guerra que se "llevó a los hogares" en imágenes. Mathew Brady pensaba que era importante fotografiar la guerra.

Aún hoy, las personas obtienen información de las fotografías de Brady que muestran los detalles de la guerra. Tomaba fotografías de los soldados posando, descansando y cocinando. Brady y otros fotógrafos también tomaban fotos de los hospitales de campaña, las armas y los cadáveres en el campo de batalla. Sus fotos aparecían en periódicos y **exposiciones** especiales.

Vocabulario académico

exposición • *sust.*, colección de objetos dispuestos para que las personas puedan verlos

4. ☑ **Revisar la lectura** **Describe** qué leyenda escribirías si fueras el fotógrafo de esta fotografía.

_____

_____

Esta fotografía de Mathew Brady muestra a soldados heridos descansando entre batallas debajo de un árbol.

En esa época, la tecnología de las cámaras no estaba muy desarrollada. Las cámaras eran grandes y pesadas. Toda la preparación y el revelado tenían que hacerse a oscuras, por eso, los fotógrafos transportaban un carro "cuarto oscuro". Las fotografías de la época se tomaban en placas de vidrio con un tratamiento especial. Las placas de vidrio se debían manipular con cuidado cuando el carro saltaba por los desniveles del campo y los del campo de batalla. Algunos dicen que como resultado de todas las cartas y todas las fotografías, los civiles tuvieron más información sobre la Guerra Civil que sobre cualquier otra guerra anterior.

Mathew Brady compró un equipo fotográfico y contrató asistentes con su propio dinero para captar la guerra en fotografías.

INTERACTIVITY

Comprueba tu comprensión de ideas clave de esta lección.

✔️ Revisar la Lección 3

5. **Secuencia Organiza** estos sucesos en la secuencia correcta: Proclamación de Emancipación, creación de la fiesta del 19 de junio, Primera Batalla de Bull Run, Clara Barton funda la Cruz Roja, Batalla de Antietam.

_____

_____

_____

6. Escribe una carta desde el punto de vista de un soldado confederado en la que le **describa** sus experiencias a su familia. Usa una hoja aparte si es necesario.

_____

_____

_____

_____

7. **Comprender la Misión Conexión** ¿Por qué para marchar a los soldados les gustaban las canciones?

_____

_____

La Proclamación de Emancipación

El presidente Lincoln leyendo la Proclamación de Emancipación a su gabinete.

Cuando comenzó la Guerra Civil, el presidente Lincoln fue cauto al establecer que la guerra era para preservar a la Unión. No apoyaba la esclavitud y le hubiera gustado abolirla, pero Lincoln temía que por terminar con la esclavitud perdiera el apoyo para la guerra.

A medida que los afroamericanos se unían al ejército de la Unión, Lincoln decidió entrar en acción. Le dijo a un miembro de su gabinete que "la emancipación se había convertido en una necesidad militar... El gobierno debe dar el ejemplo".

El presidente Lincoln emitió la Proclamación de Emancipación el 1 de enero de 1863. No liberó a todos los afroamericanos esclavos. Liberó a los afroamericanos esclavos de las áreas controladas por la Confederación y a los que escaparan a un estado libre. Ahora la guerra era sobre liberar a los afroamericanos esclavos.

Apoyo del vocabulario

Los estados de la Confederación se rebelan contra los Estados Unidos.

no se detendrán ni interferirán

entonces *adv.*, en ese tiempo o momento

siempre *adv.*, todo el tiempo

"... todas las personas detenidas como esclavos dentro de cualquier estado o parte designada de un estado, cuyas personas estarán entonces en rebelión contra los Estados Unidos, serán entonces, de allí en adelante, y para siempre libres; y el Gobierno Ejecutivo de los Estados Unidos, incluidas sus autoridades militares y navales, reconocerán y mantendrán la libertad de esas personas, y no harán nada ni actuarán para reprimir a esas personas, o a ninguna de ellas, en ningún esfuerzo que puedan realizar por su libertad real".

-Proclamación de Emancipación

Lectura atenta

1. **Identifica** y encierra en un círculo las organizaciones o grupos que no interferirían con la libertad de los afroamericanos esclavos y sus esfuerzos por obtener la libertad.
2. **Explica** qué establece la Proclamación de Emancipación sobre los afroamericanos esclavos y qué significa en relación con la Ley de Esclavos Fugitivos. Con tus palabras, explica cómo se sentirían los afroamericanos esclavos cuando escucharan esto.

_____

_____

_____

_____

_____

_____

_____

_____

En resumen

Describe cómo la Proclamación de Emancipación es distinta de otros acuerdos y leyes que habían sido creados hasta ese momento. ¿Qué indica sobre una creencia distinta en la Unión?

_____

_____

_____

_____

_____

_____

_____

Termina la guerra

Vocabulario

sitio

guerra total

magnicidio

Vocabulario académico

estilo

estrategia

Descifra la **Pregunta principal**

Aprenderé sobre las personas, las batallas y los sucesos que llevaron al final de la Guerra Civil.

¡En marcha!

En un grupo pequeño, haz una lista de varias acciones que puedes realizar para que vuelva la paz entre dos amigos que han estado peleando.

Las personas querían que la Guerra Civil terminara, y ambos bandos se volvieron más agresivos. En julio de 1863, por primera vez, Lee condujo a sus fuerzas al norte de la línea Mason-Dixon. Esta línea representaba la división entre los estados libres y los esclavistas. Los confederados marcharon hacia Gettysburg, Pennsylvania.

Campos de batalla de la Guerra Civil

LEYENDA
- Estados de la Unión
- Estados confederados
- Estados fronterizos
- Campos de batalla importantes
- Otros campos de batalla

IA
MI
NY
MA
CT
IN
OH
PA
Gettysburg MD
NJ
Antietam
DE
Valle de Shenandoah
Bull Run
Fredericksburg
MO
The Wilderness
Cold Harbor
IL
KY
WV VA
Campaña peninsular
Appomattox Court House
Richmond
Prairie Grove
TN
NC
Memphis
Shiloh
AR
Chickamauga
SC
OCÉANO ATLÁNTICO
MS
AL
Atlanta
Vicksburg
Fuerte Sumter
Campaña del río Red
GA
Baton Rouge
LA
Bahía de Mobile
FL

0   200 mi
0   200 km

La victoria de la Unión en Gettysburg

La Batalla de Gettysburg fue una de las más importantes de la guerra. Duró tres días brutales y fue decisiva para la guerra.

El general George Meade lideraba las tropas de la Unión. El 1 de julio de 1863, después de un ataque exitoso de los confederados, los soldados de la Unión se replegaron. Sin embargo, los confederados, muy cansados, no pudieron seguirlos ni obtener la victoria.

El 2 de julio, llegaron refuerzos de la Unión. Los confederados volvieron a atacar; pero esta vez, las tropas de la Unión no cedieron terreno. El combate fue feroz.

El 3 de julio, las fuerzas confederadas dispararon más de 150 cañonazos. Los cañones del Norte también tronaron en respuesta. Bajo el comando del general George Pickett, miles de soldados confederados fueron al ataque. Sin embargo, la "carga de Pickett", como se llamó al ataque, fue un desastre. Para cuando terminó, más de 5,000 soldados confederados habían muerto o estaban heridos. La Unión había ganado.

La Batalla de Gettysburg fue una victoria clave para la Unión, pero tuvo un costo muy alto. Más de 23,000 soldados de la Unión y 28,000 soldados confederados murieron o resultaron heridos.

INTERACTIVITY

Explora las ideas clave de esta lección.

La victoria de la Unión en Vicksburg

Los confederados habían rechazado todos los ataques previos de la Unión en Vicksburg, Mississippi. Pero controlar Vicksburg significaba controlar el río Mississippi, por lo tanto, la Unión quería tomar la ciudad.

El general de la Unión Ulysses S. Grant atacó Vicksburg una y otra vez desde el este y luego, cruzando el río, desde el sur. Sin embargo, los ataques directos fracasaban. Entonces, Grant ordenó el sitio de la ciudad.

Un **sitio** es un bloqueo militar diseñado para hacer que una ciudad se rinda. El sitio duró 48 días. Las personas de Vicksburg hacían cuevas en la ladera de la colina para escapar del fuego de los cañones de la Unión. Los soldados confederados y los civiles tuvieron que enfrentar el hambre. Vicksburg se rindió el 4 de julio de 1863. Finalmente, las cosas se inclinaban en favor de la Unión.

El presidente Lincoln visita a soldados y oficiales del ejército de la Unión en Antietam, campo de batalla de Maryland, octubre de 1862.

Ulysses S. Grant

Grant y Lee		
	Ulysses S. Grant	**Robert E. Lee**
Lugar de nacimiento	Ohio	Virginia
Educación	Academia militar de los Estados Unidos en West Point	Academia militar de los Estados Unidos en West Point
Servicio militar anterior	Guerra con México	Guerra con México
Rango militar	General	General
Bando	Norte	Sur

Robert E. Lee

Grant contra Lee

El presidente Lincoln dijo alguna vez sobre Ulysses S. Grant: "No puedo prescindir de este hombre. Lucha de verdad". En marzo de 1864, Lincoln ascendió a Grant y le dio el control de todo el ejército de la Unión. Grant era famoso por su **estilo** agresivo de combate y porque era implacable.

Cuando estalló la Guerra Civil, Robert E. Lee, el comandante en jefe de las tropas confederadas, tuvo que tomar una terrible decisión. Lee amaba los Estados Unidos y era oficial del ejército. Sin embargo, Lee se sentía muy vinculado a Virginia. Renunció al ejército de la Unión y se puso del lado del Sur.

Como general, Lee se hizo famoso por sus brillantes tácticas militares. Era experimentado, inteligente y audaz en el campo de batalla. También era conocido como un caballero. Era un soldado con modales refinados. Prefería la **estrategia** a la fuerza bruta. Inspiraba a sus tropas porque lo respetaban mucho.

Grant y Lee eran parecidos en muchos aspectos. Ambos habían recibido su entrenamiento militar en la Academia Militar de los Estados Unidos en West Point. Ambos habían participado en la Guerra con México. Ambos eran líderes militares brillantes.

Vocabulario académico

estilo • *sust.*, una característica particular o distintiva, una manera de actuar o de moverse

estrategia • *sust.*, un plan pensado para lograr un objetivo a largo plazo

1. ☑ **Revisar la lectura** **Habla** con un compañero sobre las diferencias y las similitudes entre los enfoques militares de Lee y Grant.

Sherman en Georgia

El general de la Unión William Tecumseh Sherman fue de mucha importancia para poner fin a la guerra. La idea de Sherman era que la guerra tenía que ser lo más horrorosa posible para que el enemigo dejara de combatir. No atacaba solo objetivos militares; intentaba destruir la economía del Sur para que no pudiera seguir financiando un ejército. El enfoque de Sherman se conoció como **guerra total**.

Al frente de 100,000 soldados de la Unión, Sherman comenzó su invasión de Georgia en mayo de 1864. Primero, se dirigió a Atlanta. Las tropas confederadas intentaron detener su avance, pero tuvieron que retroceder por la gran cantidad de soldados de la Unión.

Sherman ordenó un sitio en la ciudad de Atlanta. El 2 de septiembre, las fuerzas de Sherman ya controlaban la ciudad. Destruyeron el centro ferroviario de Atlanta para desbaratar el sistema de transporte del Sur.

Sherman ordenó que todos se fueran y luego incendió gran parte de la ciudad. Los soldados de la Unión también tomaron todos los alimentos y suministros que encontraron. Atlanta ya no podría ofrecer ayuda al ejército confederado.

De Atlanta, Sherman se dirigió hacia Savannah, en la costa. Junto con 62,000 soldados, abrió un camino de destrucción a través de Georgia. Esta campaña se llamó la "Marcha de Sherman hacia el mar". Las tropas de la Unión destruían todo aquello que podía ayudar al Sur a seguir luchando. Sherman daba solo pan a sus soldados para obligarlos a saquear pueblos para obtener alimentos.

Los soldados confederados seguían a las fuerzas de Sherman y combatían contra ellas. No podían vencer, pero reducían el daño que hacían las fuerzas de la Unión.

El 21 de diciembre de 1864, Savannah cayó sin luchar. En su marcha por Georgia, los soldados de la Unión habían provocado daños por $100 millones. Luego se dirigieron al norte para marchar hacia Carolina del Sur y en ese estado donde había comenzado la guerra causaron aun más destrucción.

Sobre palabras

Homógrafos Dos palabras que se escriben igual pero tienen significados diferentes son homógrafos. *General* significa "común, frecuente, usual" y también "oficial del ejército". Puedes reconocer el significado de la palabra en una oración por el contexto.

En Georgia, las fuerzas de Sherman dejaron destrucción en su paso hacia el mar.

El camino a Appomattox

Las fuerzas de la Unión estaban acercándose al ejército de Lee en Virginia. El 2 de abril de 1865, el general Lee envió un mensaje a Jefferson Davis diciendo que los confederados debían abandonar Richmond, Virginia. Al día siguiente, las tropas de la Unión entraron en la ciudad. ¡La Unión había tomado la capital de la Confederación! Cuando el presidente Lincoln llegó para recorrer Richmond, los antiguos afroamericanos esclavos de la ciudad lo vitorearon.

Exhausto y hambriento, el ejército de Lee, compuesto por 55,000 hombres, intentó escapar hacia el oeste. El ejército de Grant, de aproximadamente 113,000 soldados, lo emboscó. Grant se enfrentó con Lee en una última batalla cerca del pueblo de Appomattox Court House, Virginia, y volvió a derrotar a los cansados soldados de la Confederación. Había llegado el final. La Guerra Civil había terminado.

El 9 de abril de 1865, el general Grant y el general Lee se reunieron en una hacienda de Appomattox para discutir los términos de la rendición. Entre los muchos oficiales de la Unión que presenciaron la rendición estaba Ely S. Parker. Él, un abogado seneca y oficial de la Unión, había ayudado a redactar los términos de la rendición.

2. ✓ **Revisar la lectura**
Identifica y rotula a los generales Lee y Grant en la pintura.
Habla con un compañero sobre qué sugiere la postura de cada general.

Grant quería que la recuperación de la nación comenzara de inmediato. No tomó soldados confederados como prisioneros. Dejó a los soldados de Lee en libertad. Además, la Unión permitió que los sureños conservaran sus armas personales y sus caballos. Grant también ofreció dar a los hombres de Lee alimentos de los suministros de la Unión. Lee aceptó. Mientras Lee regresaba a reunirse con sus hombres, los soldados de la Unión gritaban y disparaban sus rifles para celebrar su victoria sobre el Sur. Grant los hizo callar diciéndoles: "La guerra terminó; los rebeldes vuelven a ser nuestros compatriotas".

El costo de la Guerra Civil

La Guerra Civil fue la guerra más destructiva de nuestra historia. Los costos humanos fueron muy altos. Alrededor de 620,000 personas perdieron la vida. Se separaron familias cuando algunos miembros se pusieron del lado de la Unión y otros, del de la Confederación. Los gobiernos de ambos bandos gastaron miles de millones durante la guerra. Después de la guerra, muchos estaban de luto. Tiempo después se creó un día feriado nacional, el Día de los Caídos, para conmemorar a los soldados caídos de la nación.

Hubo otros costos económicos que también fueron demoledores. Las ciudades, las granjas y las industrias del Sur estaban arruinadas. Las fábricas del Norte que dependían del algodón del Sur tenían problemas. Sin embargo, la economía del Sur sufrió pérdidas mucho más grandes, especialmente porque los esclavos de los que dependía la economía habían sido liberados.

Niños sentados en las ruinas de edificios de Charleston, Carolina del Sur.

A pesar de la destrucción, Lincoln tenía esperanzas de recuperar la nación. Después de que las noticias de la rendición del Sur llegaron a Washington, D.C., Lincoln se presentó ante una multitud y pidió a una banda que tocara "Dixie", una de las canciones de batalla de la Confederación. "Siempre he pensado que 'Dixie' es una de las mejores canciones que he escuchado", dijo a la multitud.

El presidente Abraham Lincoln dando el Discurso de Gettysburg.

El Discurso de Gettysburg

En 1863, miles de estadounidenses habían muerto en Gettysburg, por lo que el campo de batalla se convirtió en un cementerio nacional para honrarlos. El 19 de noviembre de 1863, alrededor de 15,000 personas se reunieron para la ceremonia de inauguración del cementerio. En la ceremonia, el presidente Lincoln dio el que se ha convertido en uno de los discursos más famosos de los Estados Unidos.

El discurso de Lincoln, ahora conocido como Discurso de Gettysburg, comenzó con las palabras "Hace ochenta y siete años, nuestros padres crearon en este continente una nueva nación". Lincoln estaba recordando al pueblo que habían pasado 87 años desde la Declaración de Independencia. La lucha era por proteger la nación y por el autogobierno.

En el discurso, Lincoln también elogiaba a los soldados que habían dado su vida para mantener vivo el sueño de la existencia de los Estados Unidos. El discurso recordaba a los estadounidenses que aún había más trabajo por hacer, pero también por qué el trabajo era importante.

Fuente primaria

3. ☑ **Revisar la lectura**
Subraya las palabras de este pasaje que **describen** la democracia.

"Declaramos aquí solemnemente que estos muertos no han fallecido en vano, que esta nación, bajo la guía de Dios, verá renacer la libertad y que el gobierno del pueblo, por el pueblo y para el pueblo no desaparecerá de la faz de la Tierra".

—Abraham Lincoln, del Discurso de Gettysburg

Una gran pérdida para la nación

El viernes 14 de abril de 1865, por la tarde, el presidente Lincoln y su esposa, Mary, asistieron a una obra en el teatro Ford. Durante la obra, ¡le dispararon al presidente Lincoln! Murió unas horas después, en la mañana del 15 de abril.

Lincoln fue víctima de un **magnicidio**, es decir, un asesinato por razones políticas, a manos de John Wilkes Booth, un actor de 26 años que apoyaba a la Confederación. Booth escapó del teatro. Sin embargo, las tropas federales lo encontraron más tarde en un granero de Virginia. Como se negó a rendirse, los soldados le dispararon y lo mataron. Booth no había trabajado solo, y Lincoln no era el único objetivo. Todo el grupo de conspiradores fue capturado, juzgado y ahorcado.

Médicos rodeando al presidente Lincoln luego del disparo.

Un tren funerario llevó el cuerpo de Lincoln a la ciudad de Springfield, Illinois, para el entierro. Fue una pérdida trágica para la nación. Sin embargo, antes de morir, Lincoln había logrado su objetivo. Había salvado la Unión.

INTERACTIVITY

Comprueba tu comprensión de ideas clave de esta lección.

☑ Revisar la Lección 4

4. **Idea principal y detalles** Haz una lista de tres detalles que apoyan la idea principal: La guerra se inclinó en favor de la Unión. Luego explica a un compañero cómo los detalles apoyan la idea principal.

_____

_____

5. **Explica** por qué los líderes de la Unión como el general Grant y el presidente Lincoln no quisieron castigar al Sur.

_____

_____

_____

6. Haz una lista de al menos tres grandes acciones por las que se recuerda a Lincoln.

_____

_____

5 La Reconstrucción

INTERACTIVITY

Participa en una discusión en clase para darle un vistazo al contenido de esta lección.

Vocabulario

Reconstrucción
enmienda
juicio político
carpetbaggers
segregación
códigos negros
aparcería

Vocabulario académico

hacer cumplir
crear

Descifra la Pregunta principal

Aprenderé sobre los distintos planes de Reconstrucción y los efectos de las nuevas enmiendas a la Constitución.

¡En marcha!

En un grupo de dos o tres compañeros, representa cómo personas de distintos bandos en una pelea podrían reaccionar cuando se encontraran en la calle o el patio de recreo. ¿Podría una persona ayudar a que sean amigos otra vez?

Después del magnicidio del presidente Lincoln, el vicepresidente Andrew Johnson asumió la presidencia. Johnson quería continuar con el plan de **Reconstrucción** que tenía Lincoln para reparar las edificaciones y volver a unir el país. Sin embargo, Johnson no tenía la habilidad de Lincoln para tratar con las personas. Tuvo discusiones muy fuertes con el Congreso.

Al igual que gran parte del Sur, Richmond, Virginia había sido destruida durante la Guerra Civil.

El plan de Lincoln era indultar a los sureños que juraran lealtad a los Estados Unidos y prometieran obedecer las leyes del país. También querían permitir que los estados volvieran a la Unión si abolían la esclavitud y pedían que se los volviera a aceptar. Los miembros del Congreso pensaban que este plan era demasiado suave y que el Sur debía recibir un castigo por haberse separado. Sin embargo, el Congreso sí quería ayudar a los afroamericanos recién liberados, llamados libertos.

INTERACTIVITY

Explora las ideas clave de esta lección.

El Congreso y la Reconstrucción

Los republicanos que controlaban el Congreso no confiaban en Johnson. Era sureño y, antes de ser el vicepresidente de Lincoln, había sido demócrata. Los miembros del Congreso comenzaron a desarrollar un nuevo plan de Reconstrucción. Aprobaron la Ley de los Derechos Civiles de 1866 para otorgar igualdad legal total a los libertos. Luego el Congreso aprobó varias leyes de Reconstrucción entre 1867 y 1868.

Las leyes dividieron los antiguos estados confederados en distritos militares. El presidente envió tropas federales al Sur para mantener el orden y **hacer cumplir** la emancipación de los afroamericanos esclavos. Las leyes obligaban a los estados sureños a redactar nuevas constituciones estatales que otorgaran el derecho al voto a los hombres afroamericanos. Las leyes impedían que los antiguos líderes confederados votaran y se desempeñaran en cargos públicos. El Congreso también aprobó tres enmiendas a la Constitución. Una **enmienda** es un cambio o un agregado. Leerás sobre estas enmiendas más adelante en la lección.

Vocabulario académico

hacer cumplir • *v.*, hacer que las personas obedezcan una ley o norma

Johnson decía que las Leyes de Reconstrucción eran ilegales porque se habían aprobado sin que los estados sureños tuvieran representación en el Congreso. Decía que aprobar leyes cuando la mitad del país no tenía representación era inconstitucional. Johnson usó su poder de veto para intentar detener al Congreso. Sin embargo, el Congreso pudo anular los vetos de Johnson.

Enojados por los intentos de Johnson de impedir sus leyes, los republicanos del Congreso intentaron someter a Johnson a un juicio político. Un **juicio político** se produce cuando la Cámara de Representantes presenta cargos por mal desempeño contra un funcionario elegido. Si en un juicio en el Senado se declara culpable a un presidente llevado a juicio político, puede ser removido de su cargo. En mayo de 1868, el Senado declaró inocente a Johnson. Sin embargo, la capacidad de Johnson para comandar el país se había debilitado mucho.

1. ☑ **Revisar la lectura**
   Habla con un compañero. **Explica** por qué la educación es importante para la libertad.

Se abrieron escuelas para enseñar a los afroamericanos jóvenes a leer y escribir.

Reconstruir el Sur

La Reconstrucción tuvo muchos éxitos. El presidente Lincoln había **creado** la Oficina de Libertos para ayudar a los esclavos liberados y a los refugiados de la guerra. La Oficina de Libertos construyó escuelas y hospitales. Contrató maestros afroamericanos y blancos del Sur y del Norte. Los nuevos líderes subieron los impuestos para reconstruir caminos y vías férreas y para establecer un sistema de educación gratuita. Se expandieron muchas industrias para generar puestos de trabajo.

Por primera vez había afroamericanos elegidos para cargos públicos. En Mississippi, dos afroamericanos fueron elegidos para el Senado de los Estados Unidos. En 1870, Hiram R. Revels obtuvo el asiento que había ocupado Jefferson Davis. En 1874, Blanche K. Bruce fue también elegido. Otros veinte afroamericanos resultaron elegidos para la Cámara de Representantes.

A algunos sureños no les gustaban los nuevos gobiernos estatales que les habían impuesto. A otros les caían mal los norteños que se trasladaban al Sur para abrir negocios. Como muchos llevaban sus posesiones en maletas de tela llamadas *carpetbags*, llamaron a estos recién llegados *carpetbaggers*. Algunos *carpetbaggers* llegaban para ayudar, pero muchos llegaban para sacar ventaja del Sur deteriorado. Los sureños que estaban a favor de la Reconstrucción recibían el apodo ofensivo de "pillos".

Las personas también estaban descontentas con los nuevos impuestos. A muchos sureños les costaba pagar estos impuestos porque estaban intentando reconstruir sus granjas y sus hogares.

La Reconstrucción también tenía algunas fallas; una de ellas era la segregación. La **segregación** es la separación de las personas, a menudo por su raza. Las escuelas, los hospitales, los teatros, los trenes y hasta ciudades enteras estaban segregadas.

Al terminar la guerra, algunos estados del Sur aprobaron los **códigos negros**. Estas leyes les negaban el derecho a votar a los hombres afroamericanos. También les impedían poseer armas y realizar ciertos trabajos. La Ley de los Derechos Civiles se diseñó para proteger a los afroamericanos de estos códigos.

Las nuevas enmiendas

Poner fin a la esclavitud fue uno de los primeros pasos de la Reconstrucción y el más importante. La Proclamación de Emancipación no había terminado con la esclavitud por completo. Ahora, los miembros republicanos del Congreso querían que la esclavitud fuera ilegal en todo el territorio de los Estados Unidos.

El Congreso aprobó la Decimotercera Enmienda el 31 de enero de 1865. Abolió la esclavitud. La Decimocuarta Enmienda se aprobó en julio de 1868. Garantizaba la igualdad ante la ley de todos los ciudadanos y daba al Congreso facultades para hacer que se cumpliera esa garantía. También decretaba que los líderes confederados importantes no podían ocupar cargos políticos.

Afroamericanos votando

La Decimoquinta Enmienda, aprobada por el Congreso en 1869 y aceptada por los estados en febrero de 1870, daba a todos los ciudadanos hombres el derecho a votar sin importar su raza. Fue un gran paso para los afroamericanos, que anteriormente habían sido esclavizados.

Antes de que se les permitiera regresar a la Unión, los antiguos estados confederados debían aceptar las tres enmiendas. Finalmente, todos las aceptaron. El 15 de julio de 1870, la Unión había aceptado el regreso de todos los antiguos estados confederados.

2. ✅ **Revisar la lectura** Resumir Con tus palabras, **describe** cómo cada una de estas enmiendas ampliaba los derechos de los ciudadanos estadounidenses.

La Decimotercera Enmienda	La Decimocuarta Enmienda	La Decimoquinta Enmienda
Puso fin a la esclavitud.		

Después de la Reconstrucción

Después de la Reconstrucción, el Sur siguió siendo un área pobre. La recuperación era lenta. Había mucha pobreza. Los afroamericanos perdieron gran parte del poder político que habían obtenido.

Aparceros recolectando algodón luego de la Guerra Civil.

En el Sur, muchos afroamericanos y blancos pobres quedaron atrapados en la aparcería. La **aparcería** es un sistema en el que alguien que posee tierra le permite a otra persona "alquilar" la tierra para cultivarla. El que alquila, o el granjero arrendatario, paga su alquiler con una parte de la producción de la granja. Destina el resto de la cosecha a alimentar a su familia o la vende para generar un ingreso.

Con frecuencia, la aparcería mantenía a las personas endeudadas. Los dueños de las tierras cobraban intereses altos por el dinero que les prestaban a los arrendatarios para comprar semillas y herramientas. Era común que no pudieran pagar la deuda.

3. ☑ Revisar la lectura Analiza la foto. ¿Qué puedes inferir acerca de la vida de un aparcero?

_____

_____

_____

Reacciones negativas

Durante la Reconstrucción, algunos sureños blancos se oponían a los derechos de los afroamericanos. Algunos formaron un grupo llamado Ku Klux Klan. Este grupo usaba el terror para devolver el control a los blancos. Incendiaba escuelas y hogares afroamericanos. Atacaba a los afroamericanos que intentaban votar. También lincharon, o mataron, a muchos de ellos. Linchar es cuando una multitud mata a una persona sin tener autoridad legal.

En 1877, el gobierno retiró las últimas tropas federales del Sur. Los demócratas sureños blancos retomaron el control de los gobiernos estatales. Aprobaron nuevas leyes, llamadas Leyes de Jim Crow, que reforzaban la segregación. Otras leyes impedían que los afroamericanos votaran. Algunos estados cobraban un impuesto al sufragio, es decir, un pago a cambio de votar.

Algunos estados requerían que los afroamericanos tomaran un examen de lectura antes de votar. Durante la esclavitud, a muchos no se les había permitido aprender a leer ni escribir, por lo que reprobaban el examen.

En algunas constituciones estatales se agregó una "cláusula del abuelo", que establecía que los hombres solo podían votar si su padre o su abuelo había votado antes de 1867. Esta cláusula impedía que la mayoría de los afroamericanos votaran, ya que no habían obtenido el derecho al voto hasta 1870. Pasaría mucho tiempo hasta que todos los afroamericanos disfrutaran de los derechos civiles que debían tener como ciudadanos.

En algunos lugares se crearon exámenes u otras medidas para impedir que los afroamericanos votaran.

 INTERACTIVITY

Comprueba tu comprensión de ideas clave de esta lección.

Revisar la Lección 5

4. **Explica** cómo la lucha de los afroamericanos liberados cambió después del final de la Guerra Civil y cómo las enmiendas que se agregaron a la Constitución los ayudaron.

_____

_____

_____

_____

5. Como resultado de la guerra, te liberan de la esclavitud. En una carta a un amigo, **describe** cómo han cambiado las cosas para ti debido a la guerra.

_____

_____

6. **Identifica** tres efectos que la Guerra Civil tuvo en la Constitución.

_____

_____

★ Civismo

Atributo:
Valentía

Harriet Tubman (aproximadamente 1820-1913)
Luchar por la libertad

Cerca de 1820, Harriet Tubman nació como esclava (con el nombre de Araminta Ross) en Maryland. Harriet servía a otros y sufrió condiciones de vida difíciles y frecuentes castigos físicos. Cuando era adolescente, Harriet, con mucha valentía, defendió a un trabajador del campo y la castigaron con un golpe en la cabeza; nunca se recuperó del todo de esta herida.

En 1844 Harriet se casó con John Tubman, un afroamericano libre. Por temor a ser vendida, Tubman escapó a Canadá en 1849. Cambió su nombre a Harriet para que su identidad se mantuviera en secreto. En su travesía, se estableció en Pennsylvania y conoció a miembros de la Sociedad Antiesclavista de Filadelfia. Aprendió todo sobre el Tren Clandestino.

Luego de su huida, Tubman trabajó mucho para ahorrar dinero para poder liderar misiones de rescate. En 1851 volvió a Maryland. En los siguientes seis meses Tubman arriesgó su vida y con éxito condujo al Norte, hacia la libertad, a aproximadamente 300 afroamericanos, incluso a miembros de su familia. John Brown, un líder abolicionista, describió a Tubman como "una de las personas más valientes del continente".

Durante la Guerra Civil, Tubman sirvió a la Unión como exploradora, enfermera e incluso como espía. Se le pagó poco por sus servicios en época de guerra y tuvo que vender productos horneados en casa para sobrevivir. Después de la guerra, Tubman se ganó la vida dando discursos en contra de la esclavitud.

Descubre más

1. ¿Por qué crees que Harriet Tubman arriesgó su vida y su libertad para ayudar a otros?

_____

_____

2. Harriet Tubman era una mujer valiente que corrió grandes riesgos para dar libertad a las personas. Trabaja con un compañero para averiguar sobre otros afroamericanos que ayudaron a esclavos, como Harriet Jacobs, Nat Turner, Denmark Vesey y Gabriel Prosser.

Usa estas gráficas para repasar algunos términos e ideas clave de este capítulo.

Fuerzas y bajas de la Unión y de la Confederación

137,000 heridos

258,000 muertos

total de confederados 750,000 (cantidad estimada)

total de la Unión 2,000,000 (cantidad estimada)

275,000 heridos

360,000 muertos

◼ Confederación
◼ Unión

Fuente: Estadísticas de bajas durante la guerra de la Biblioteca del Departamento de Marina

Estados en los que hubo 15 o más batallas de la Guerra Civil

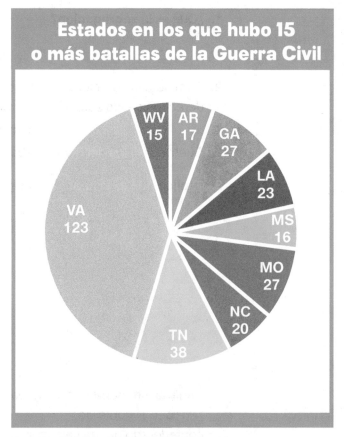

WV 15 · AR 17 · GA 27 · LA 23 · MS 16 · MO 27 · NC 20 · TN 38 · VA 123

Fuente: Servicio de Parques Nacionales

Leyes y enmiendas

1820 — Acuerdo de Missouri
1850 — Acuerdo de 1850
1854 — Ley Kansas-Nebraska
1863 — Proclamación de Emancipación
1865 — Decimotercera Enmienda

1866 — Ley de los Derechos Civiles
1867 — Primera Ley de Reconstrucción
1868 — Decimocuarta Enmienda
1870 — Decimoquinta Enmienda

☑ Evaluación

🎮 GAMES

Juega el juego de vocabulario.

Vocabulario e ideas clave

1. ¿Qué es la **segregación**?

_____

2. Completa las oraciones. Escoge entre estas palabras: sitio, alistarse, enmienda, derechos de los estados, acuerdo. Para mantener el país unido, el Congreso hizo

_____ y cada bando perdió algo para ganar algo. Al comienzo de la

Guerra Civil, los del Sur luchaban por _____.

3. Explica qué es la aparcería y algunos de los problemas que causó.

_____

_____

_____

_____

_____

4. Analizar un mapa Mira el mapa. ¿Por qué el gobierno confederado quería capturar el fuerte Sumter? ¿Por qué el gobierno de la Unión quería conservarlo?

_____

_____

_____

_____

_____

_____

_____

Fuerte Sumter

MI · NY · CT · PA · OH · NJ · MD · Washington, D.C. · DE · WV · KY · Richmond · VA · OCÉANO ATLÁNTICO · TN · NC · N O E S · SC · Charleston · GA · Fuerte Sumter · 0 · 100 mi · 0 · 100 km

Razonamiento crítico y escritura

5. **Analiza** las diferencias económicas y geográficas entre el Norte y el Sur que ayudaron a que hubiera sentimientos de seccionalismo.

_____

_____

_____

_____

_____

_____

6. **Interpretar** Completa el círculo al lado de la respuesta correcta. ¿Cuál de las siguientes opciones fue parte del Acuerdo de 1850?

(A) Maine se unió a la Unión como un estado libre.

(B) La Ley de Esclavos Fugitivos se convirtió en ley.

(C) Se les permitió votar a los hombres afroamericanos.

(D) El Tribunal Supremo de los Estados Unidos declaró que los afroamericanos no eran ciudadanos.

7. **Analizar** ¿Qué logró la Proclamación de Emancipación? ¿Cómo se limitó?

_____

_____

_____

_____

8. **Volver a la Pregunta principal** ¿Por qué muchos creían que valía la pena pelear en la Guerra Civil?

_____

_____

_____

_____

9. **Taller de escritura: Escribir una opinión** Imagina que escuchas al presidente Lincoln dar el Discurso de Gettysburg. En una hoja aparte, escribe una carta a una amiga y explica cómo te sentiste sobre el discurso y cómo reaccionó el público. Incluye detalles del texto para apoyar tu opinión.

Analizar fuentes primarias

"Son épocas difíciles. Aquí todo escasea y cuesta mucho dinero... el maíz cuesta diez dólares; el tocino, 45 centavos por libra... no podemos conseguir una yarda de percal por menos de un dólar".

—En una carta del 23 de agosto de 1862, una mujer de Virginia se quejaba con su hermana de las épocas difíciles y los precios altos

10. Esta carta fue escrita por una mujer que vivía en Virginia durante la Guerra Civil. Durante la guerra cuando pasaban los ejércitos a menudo tomaban comida de las granjas. ¿Cómo te ayuda esta carta a entender las necesidades que experimentaron las personas que vivían en el Sur?

_____

_____

_____

_____

Tomar decisiones

11. Eres médico en la época de la Guerra Civil y el ejército de la Unión necesita médicos. Quieres apoyar a tu país y a los soldados. Sin embargo, los pacientes de tu pueblo también necesitan un médico. ¿Qué debes considerar mientras tomas la decisión?

_____

_____

_____

_____

_____

_____

Misión Hallazgos

Escribe tu canción

Has leído las lecciones de este capítulo y ahora estás listo para planificar y escribir tu canción. Recuerda que los objetivos de la canción son ofrecer consuelo, entretener o inspirar a los demás.

1 Prepárate para escribir

Organiza la información que aprendiste sobre la Guerra Civil. Decide qué tipo de canción quieres escribir. ¿Debería ser una marcha, una balada o una canción divertida? Escoge el tipo de canción que quieres escribir.

2 Escribe un borrador

Usa tus notas y la música que reuniste de tu Misión: Conexión para escribir un borrador. Algunas ideas para considerar mientras estás escribiendo son:

- ¿Sobre qué tema trata la canción?
- ¿Cómo quieres que se sienta la audiencia cuando la escuche?
- ¿Hay un estribillo en tu canción? ¿Con qué frecuencia debería usarse?

3 Escribe tu canción

Une la letra y la música para crear tu canción. Comparte tu canción con un compañero u otro grupo. Escucha lo que otros tienen para decir. ¿Pudiste transmitir tu mensaje?

4 Revisa

Haz cambios a la letra y la música de tu canción para mejorarla. ¿Tus compañeros usaron estilos musicales distintos? ¿Cómo te hace sentir cada estilo?

La Declaración de Independencia

En el Congreso, el 4 de julio de 1776
La Declaración unánime de los trece
Estados Unidos de América

La primera parte de la Declaración de Independencia se llama el Preámbulo. Un preámbulo es una introducción, es decir, una parte que viene antes del mensaje principal. El Preámbulo establece por qué se escribió la Declaración.

El segundo párrafo hace una lista de los derechos básicos que deben tener todas las personas. Los fundadores llamaron a estos derechos **nalienables**, que quiere decir que no se pueden quitar ni se puede renunciar a ellos. Si un gobierno no puede proteger estos derechos, las personas deben cambiar de gobierno o formar uno nuevo.

1. Según la Declaración, ¿cuáles son tres "derechos inalienables"? **Encierra** en un círculo esas palabras en el texto.

El tercer párrafo presenta la Lista de agravios. Cada parte de la lista tiene la palabra "ha". Esta palabra se refiere a las acciones del rey George III en las colonias. Para probar que el rey había abusado de su poder sobre las colonias, esta lista de 27 quejas describía cómo el gobierno británico y el rey habían tratado a los colonos.

Cuando en el curso de los acontecimientos humanos se hace necesario para un pueblo disolver los vínculos políticos que lo han ligado a otro y tomar entre las naciones de la tierra el puesto separado e igual a que las leyes de la naturaleza y el Dios de esa naturaleza le dan derecho, un justo respeto al juicio de la humanidad exige que declare las causas que lo impulsan a la separación.

Sostenemos como evidentes estas verdades: que todos los hombres son creados iguales; que son dotados por su Creador de ciertos derechos inalienables; que entre estos están la vida, la libertad y la búsqueda de la felicidad; que para garantizar estos derechos se instituyen entre los hombres los gobiernos, cuyos poderes legítimos derivan del consentimiento de los gobernados; que cuando quiera que una forma de gobierno se haga destructora de estos principios, el pueblo tiene el derecho a reformarla o abolirla e instituir un nuevo gobierno que se funde en dichos principios, y a organizar sus poderes en la forma que a su juicio ofrecerá las mayores probabilidades de alcanzar su seguridad y felicidad. La prudencia, claro está, aconsejará que no se cambie por motivos leves y transitorios gobiernos de antiguo establecidos; y, en efecto, toda la experiencia ha demostrado que la humanidad está más dispuesta a padecer, mientras los males sean tolerables, que a hacerse justicia aboliendo las formas a que está acostumbrada. Pero cuando una larga serie de abusos y usurpaciones, dirigida invariablemente al mismo objetivo, demuestra el designio de someter al pueblo a un despotismo absoluto, es su derecho, es su deber, derrocar ese gobierno y establecer nuevos resguardos para su futura seguridad.

Tal ha sido el paciente sufrimiento de estas colonias; tal es ahora la necesidad que las obliga a reformar su anterior sistema de gobierno. La historia del actual Rey de la Gran Bretaña es una historia de repetidos agravios y usurpaciones, encaminados todos directamente hacia el establecimiento de una tiranía absoluta sobre estos estados. Para probar esto, sometemos los hechos al juicio de un mundo imparcial.

El rey se ha negado a aprobar las leyes más favorables y necesarias para el bienestar público.

Ha prohibido a sus gobernadores sancionar leyes de importancia inmediata y apremiante, a menos que su ejecución se suspenda hasta obtener su asentimiento; y, una vez suspendidas, se ha negado por completo a prestarles atención.

Se ha rehusado a aprobar otras leyes convenientes a grandes comarcas pobladas, a menos que esos pueblos renuncien al derecho de ser representados en la asamblea legislativa; derecho que es inestimable para el pueblo y temible solo para los tiranos.

Ha convocado a los cuerpos legislativos en sitios desusados, incómodos y distantes del asiento de sus documentos públicos, con la sola idea de fatigarlos para cumplir con sus medidas.

En repetidas ocasiones, ha disuelto las Cámaras de Representantes, por oponerse con firmeza viril a sus intromisiones en los derechos del pueblo.

Durante mucho tiempo, y después de esas disoluciones, se ha negado a permitir la elección de otras cámaras; por lo cual, los poderes legislativos, cuyo aniquilamiento es imposible, han retornado al pueblo, sin limitación para su ejercicio; permaneciendo el Estado, mientras tanto, expuesto a todos los peligros de una invasión exterior y a convulsiones internas.

Ha tratado de impedir que se pueblen estos estados; dificultando, con ese propósito, las Leyes de Naturalización de Extranjeros; rehusando aprobar otras para fomentar su inmigración y elevando las condiciones para las nuevas adquisiciones de tierras.

Ha entorpecido la administración de justicia al no aprobar las leyes que establecen los poderes judiciales.

Ha hecho que los jueces dependan solamente de su voluntad para poder desempeñar sus cargos y en cuanto a la cantidad y pago de sus emolumentos.

Ha fundado una gran diversidad de oficinas nuevas, enviado a un enjambre de funcionarios que acosan a nuestro pueblo y menguan su sustento.

En tiempo de paz, ha mantenido entre nosotros ejércitos permanentes, sin el consentimiento de nuestras asambleas legislativas.

Ha influido para que la autoridad militar sea independiente de la civil y superior a ella.

Se ha asociado con otros para someternos a una jurisdicción extraña a nuestra constitución y no reconocida por nuestras leyes; aprobando sus actos de pretendida legislación:

Para acuartelar, entre nosotros, grandes cuerpos de tropas armadas;

Para protegerlos, por medio de un juicio ficticio, del castigo por los asesinatos que pudieren cometer entre los habitantes de estos estados;

En la Lista de agravios, los colonos se quejan de su falta de participación en la elección de las leyes que los gobiernan. Afirman que el rey George III no se preocupa por su seguridad y su felicidad. Enumeran las ocasiones en las que el rey les negó el derecho a representación. Los colonos establecen también que el rey ha interferido con los jueces, con los tribunales y con los extranjeros que quieren convertirse en ciudadanos.

2. Hay muchas palabras en la Declaración que pueden resultarte desconocidas. **Identifica** y encierra en un círculo tres palabras que no conozcas. Búscalas en el diccionario. Escribe una de las palabras y su significado en las líneas de abajo.

_____

_____

_____

_____

_____

_____

_____

_____

_____

En esta página continúa la larga Lista de agravios de los colonos.

3. Resume brevemente con tus propias palabras tres de los agravios.

_____

_____

_____

_____

_____

_____

4. Une cada palabra de la Declaración con su significado. Usa el diccionario si necesitas ayuda con una palabra.

abolir	intentado lograr
saqueado	cambiar
suspender	eliminar
alterar	detener por un tiempo
esforzado	robado

Enunciación de independencia
Después de enumerar los principales agravios, los firmantes prosiguen con la enunciación de independencia. Como el rey se ha negado a resolver los problemas, es un gobernante injusto. Por lo tanto, no es apto para gobernar al pueblo libre de los Estados Unidos.

Para suspender nuestro comercio con todas las partes del mundo;

Para imponernos impuestos sin nuestro consentimiento;

Para privarnos, en muchos casos, de los beneficios de un juicio con jurado;

Para transportarnos más allá de los mares, con el fin de ser juzgados por supuestos agravios;

Para abolir en una provincia vecina el libre sistema de las leyes inglesas, estableciendo en ella un gobierno arbitrario y extendiendo sus límites, con el objeto de dar un ejemplo y disponer de un instrumento adecuado para introducir el mismo gobierno absoluto en estas colonias;

Para suprimir nuestras cédulas, abolir nuestras leyes más valiosas y alterar en su esencia las formas de nuestros gobiernos;

Para suspender nuestras propias asambleas legislativas y declararse investido con facultades para legislarnos en todos los casos, cualesquiera que estos sean.

Ha abdicado de su gobierno en estos territorios al declarar que estamos fuera de su protección y al emprender una guerra contra nosotros.

Ha saqueado nuestros mares, asaltado nuestras costas, incendiado nuestras ciudades y destruido la vida de nuestro pueblo.

Al presente, está transportando grandes ejércitos de extranjeros mercenarios para completar la obra de muerte, desolación y tiranía, ya iniciada en circunstancias de crueldad y perfidia que apenas si encuentran paralelo en las épocas más bárbaras, y por completo indignas del jefe de una nación civilizada.

Ha obligado a nuestros conciudadanos, aprehendidos en alta mar, a que tomen armas contra su país, forzándolos así a convertirse en los verdugos de sus amigos y hermanos, o a morir bajo sus manos.

Ha provocado insurrecciones domésticas indígenas entre nosotros y se ha esforzado por lanzar sobre los habitantes de nuestras fronteras a los inmisericordes salvajes, cuya conocida disposición para la guerra se distingue por la destrucción de vidas, sin considerar edades, sexos ni condiciones.

En cada etapa de estas opresiones, hemos pedido justicia en los términos más humildes: a nuestras repetidas peticiones se ha contestado solamente con repetidos agravios. Un Príncipe, cuyo carácter está así señalado con cada uno de los actos que pueden definir a un tirano, no es digno de ser el gobernante de un pueblo libre.

Tampoco hemos dejado de dirigirnos a nuestros hermanos británicos. Los hemos prevenido de tiempo en tiempo de las tentativas de su poder legislativo para englobarnos en una jurisdicción injustificable. Les hemos recordado las circunstancias de nuestra emigración y radicación aquí. Hemos apelado a su innato sentido de justicia y magnanimidad, y los hemos conjurado, por los vínculos de nuestro parentesco, a repudiar esas usurpaciones, las cuales interrumpirían inevitablemente nuestras relaciones y correspondencia. También ellos han sido sordos a la voz de la justicia y de la consanguinidad. Debemos, pues, convenir en la necesidad, que establece nuestra separación y considerarlos, como consideramos a las demás colectividades humanas: enemigos en la guerra, en la paz, amigos.

Por lo tanto, los Representantes de los Estados Unidos de América, convocados en Congreso General, apelando al Juez Supremo del mundo por la rectitud de nuestras intenciones, en nombre y por la autoridad del buen pueblo de estas Colonias, solemnemente hacemos público y declaramos: Que estas Colonias Unidas son, y deben serlo por derecho, Estados Libres e Independientes; que quedan libres de toda lealtad a la Corona Británica, y que toda vinculación política entre ellas y el Estado de la Gran Bretaña queda y debe quedar totalmente disuelta; y que, como Estados Libres e Independientes, tienen pleno poder para hacer la guerra, concertar la paz, concertar alianzas, establecer el comercio y efectuar los actos y providencias a que tienen derecho los Estados independientes. Y en apoyo de esta Declaración, con absoluta confianza en la protección de la Divina Providencia, empeñamos nuestra vida, nuestra hacienda y nuestro sagrado honor.

En este párrafo, los firmantes señalan que han pedido ayuda a los británicos muchas veces. Los colonos esperaban que los británicos escucharan sus reclamos porque tienen mucho en común. Sin embargo, el pueblo británico no presta atención a su pedido de justicia. Este es otro motivo por el que las colonias deben separarse de Gran Bretaña.

En el último párrafo, los miembros del Congreso Continental declaran que las trece colonias dejan de considerarse colonias. Son ahora una nación libre sin vínculos con Gran Bretaña. Los Estados Unidos tienen ahora todos los poderes que tienen los países independientes.

5. **Identifica** tres de los nuevos poderes de la nación, según lo establecen los firmantes.

_____

_____

_____

_____

_____

_____

6. Los firmantes prometieron apoyar la Declaración de Independencia y a sus colegas empeñando su vida, su hacienda y su honor. En una hoja aparte, escribe lo que crees que significa esto. Luego **explica** por qué esta es una actitud valerosa.

New Hampshire:
Josiah Bartlett
William Whipple
Matthew Thornton

Massachusetts Bay:
John Hancock
Samuel Adams
John Adams
Robert Treat Paine
Elbridge Gerry

Rhode Island:
Stephan Hopkins
William Ellery

Connecticut:
Roger Sherman
Samuel Huntington
William Williams
Oliver Wolcott

New York:
William Floyd
Philip Livingston
Francis Lewis
Lewis Morris

New Jersey:
Richard Stockton
John Witherspoon
Francis Hopkinson
John Hart
Abraham Clark

Delaware:
Caesar Rodney
George Read
Thomas M'Kean

Maryland:
Samuel Chase
William Paca
Thomas Stone
Charles Carroll of
    Carrollton

Virginia:
George Wythe
Richard Henry Lee
Thomas Jefferson
Benjamin Harrison
Thomas Nelson, Jr.
Francis Lightfoot Lee
Carter Braxton

Pennsylvania:
RobЕrt Morris
Benjamin Rush
Benjamin Franklin
John Morton
George Clymer
James Smith
George Taylor
James Wilson
George Ross

North Carolina:
William Hooper
Joseph Hewes
John Penn

South Carolina:
Edward Rutledge
Thomas Heyward, Jr.
Thomas Lynch, Jr.
Arthur Middleton

Georgia:
Button Gwinnett
Lyman Hall
George Walton

El **Preámbulo** explica los motivos para redactar y tener una Constitución. La Constitución formaría una nación más fuerte y más unida. Promoverá la paz, la justicia y la libertad y defenderá a los ciudadanos estadounidenses. Además, mejorará la vida de las personas.

Sección 1. El Congreso

El poder legislativo del gobierno crea las leyes de un país. Se lo llama Congreso y se compone de dos partes, es decir, cámaras: la Cámara de Representantes y el Senado.

Sección 2. La Cámara de Representantes

Los miembros de la Cámara de Representantes se escogen cada dos años. Los representantes deben tener al menos 25 años de edad y deben ser ciudadanos estadounidenses. También deben vivir en el estado que los escogió.

La cantidad de representantes por estado se basa en su población, es decir, el número de personas que viven en él.

1. **Explica** por qué algunos estados tienen más representantes en el Congreso que otros.

_____

_____

_____

_____

Con los años, la Constitución sufrió modificaciones, es decir, cambios. Las partes que se modificaron se muestran aquí en gris.

PREÁMBULO

Nosotros, el Pueblo de los Estados Unidos, a fin de formar una Unión más perfecta, establecer Justicia, afirmar la tranquilidad interior, proveer la Defensa común, promover el bienestar general y asegurar para nosotros mismos y para nuestros descendientes los beneficios de la Libertad, estatuimos y sancionamos esta Constitución para los Estados Unidos de América.

ARTÍCULO I

Sección 1.

Todos los poderes legislativos otorgados en la presente Constitución corresponderán a un Congreso de los Estados Unidos, que se compondrá de un Senado y una Cámara de Representantes.

Sección 2.

1. La Cámara de Representantes estará formada por miembros elegidos cada dos años por los habitantes de los diversos Estados, y los electores deberán poseer en cada Estado las condiciones requeridas para los electores de la rama más numerosa de la legislatura local.
2. No será representante ninguna persona que no haya cumplido 25 años de edad y sido ciudadano de los Estados Unidos durante siete años, y que no sea habitante del Estado en el cual se le designe, al tiempo de la elección.
3. Los representantes y los impuestos directos se prorratearán entre los distintos Estados que formen parte de esta Unión, de acuerdo con su población respectiva, la cual se determinará sumando al número total de personas libres, inclusive las obligadas a prestar servicios durante cierto término de años y excluyendo a los indios no sujetos al pago de contribuciones, las tres quintas partes de todas las personas restantes. El recuento deberá hacerse efectivamente dentro de los tres años siguientes a la primera sesión del Congreso de los Estados Unidos y en lo sucesivo cada 10 años, en la forma que dicho cuerpo disponga por medio de una ley. El número de representantes no excederá de uno por cada 30 mil habitantes con tal que cada Estado cuente con un representante cuando menos; y hasta que se efectúe dicho recuento, el Estado de Nueva Hampshire tendrá derecho a elegir tres; Massachusetts, ocho; Rhode Island y las Plantaciones de Providence, uno; Connecticut, cinco; Nueva York, seis; Nueva Jersey, cuatro; Pennsylvania, ocho; Delaware, uno; Maryland, seis; Virginia, diez; Carolina del Norte, cinco; Carolina del Sur, cinco y Georgia, tres.

4. Cuando ocurran vacantes en la representación de cualquier Estado, la autoridad ejecutiva del mismo expedirá un decreto en que se convocará a elecciones con el objeto de llenarlas.
5. La Cámara de Representantes elegirá su presidente y demás funcionarios y será la única facultada para declarar que hay lugar a proceder en los casos de responsabilidades oficiales.

Sección 3.

1. El Senado de los EE. UU. se compondrá de dos Senadores por cada Estado, elegidos por seis años por la legislatura del mismo, y cada Senador dispondrá de un voto.
2. Tan pronto como se hayan reunido a virtud de la elección inicial, se dividirán en tres grupos tan iguales como sea posible. Las actas de los senadores del primer grupo quedarán vacantes al terminar el segundo año; las del segundo grupo, al expirar el cuarto año y las del tercer grupo, al concluir el sexto año, de tal manera que sea factible elegir una tercera parte cada dos años, y si ocurren vacantes, por renuncia u otra causa, durante el receso de la legislatura de algún Estado, el Ejecutivo de este podrá hacer designaciones provisionales hasta el siguiente período de sesiones de la legislatura, la que procederá a cubrir dichas vacantes.
3. No será senador ninguna persona que no haya cumplido 30 años de edad y sido ciudadano de los Estados Unidos durante nueve años y que, al tiempo de la elección, no sea habitante del Estado por parte del cual fue designado.
4. El Vicepresidente de los EE. UU. será presidente del Senado, pero no tendrá voto sino en el caso de empate.
5. El Senado elegirá a sus demás funcionarios, así como un presidente pro tempore, que fungirá en ausencia del Vicepresidente o cuando este se halle desempeñando la presidencia de los Estados Unidos.
6. El Senado poseerá derecho exclusivo de juzgar sobre todas las acusaciones por responsabilidades oficiales. Cuando se reúna con este objeto, sus miembros deberán prestar un juramento o protesta. Cuando se juzgue al Presidente de los EE. UU., deberá presidir el del Tribunal Supremo. Y a ninguna persona se le condenará si no concurre el voto de dos tercios de los miembros presentes.
7. En los casos de responsabilidades oficiales, el alcance de la sentencia no irá más allá de la destitución del cargo y la inhabilitación para ocupar y disfrutar cualquier empleo honorífico, de confianza o remunerado, de los Estados Unidos; pero el individuo condenado quedará sujeto, no obstante, a que se le acuse, enjuicie, juzgue y castigue con arreglo a derecho.

El gobernador de un estado convoca a elecciones especiales si se provoca una vacante en la Cámara de Representantes.

Los miembros de la Cámara de Representantes escogen a sus propios líderes. También tienen el poder de llevar a juicio político, es decir, acusar de un delito, a

Sección 3. El Senado
Cada estado tiene dos senadores. Un senador cumple un mandato de seis años.

Al principio, el cuerpo legislativo de cada estado escogía a los dos senadores. La Decimoséptima Enmienda lo modificó. Hoy en día, los votantes de cada estado escogen a sus senadores.

Los senadores deben tener al menos 30 años de edad y deben ser ciudadanos estadounidenses. También deben vivir en los estados que representan.

2. ¿En qué se diferencia la longitud del mandato de un senador de la de un miembro de la Cámara de Representantes?

_____

_____

El Vicepresidente es el funcionario a cargo del Senado pero vota solamente si hay un empate. Cuando el Vicepresidente no está, un líder temporario, (Presidente pro tempore) lidera el Senado.

El Senado puede llevar a cabo juicios políticos. Cuando se lleva a juicio político al Presidente, el juez es el Presidente de la Corte Suprema de Justicia. Es necesario un voto de dos tercios para lograr una condena. Una vez que se condena a un funcionario, este puede ser removido de su cargo. Otros tribunales de justicia pueden imponer penas adicionales.

Sección 4. Las elecciones y las sesiones del Congreso

El cuerpo legislativo de cada estado determina el momento, el lugar y la manera de llamar a elecciones para senadores y miembros de la Cámara de Representantes.

Sección 5. Reglas del Congreso

El Senado y la Cámara de Representantes decidirán si las elecciones fueron justas y evaluarán la capacidad legal de sus propios miembros. Al menos la mitad de los miembros deben estar presentes para sesionar. Cada cámara puede determinar las reglas de sus procedimientos y castigar a sus miembros por conducta indebida. Cada cámara del Congreso debe llevar un registro de las sesiones y publicarlo cada tanto.

3. Explica por qué es importante que el Congreso publique lo que hace.

_____

_____

_____

_____

_____

Sección 6. Derechos y restricciones de los miembros del Congreso

Los senadores y los miembros de la Cámara de Representantes recibirán una remuneración por sus servicios. El Tesoro de los Estados Unidos aportará el dinero. Los miembros del Congreso no pueden ser arrestados mientras participen en una sesión del Congreso, a menos que se trate de un delito grave. Tampoco se los puede arrestar por una cosa que digan en el Congreso. Ninguna persona puede tener simultáneamente un trabajo en el gobierno y en el Congreso.

Sección 4.

1. Los lugares, épocas y modo de celebrar las elecciones para senadores y representantes se prescribirán en cada Estado por la legislatura respectiva pero el Congreso podrá formular o alterar las reglas de referencia en cualquier tiempo por medio de una ley, excepto en lo tocante a los lugares de elección de los senadores.

2. El Congreso se reunirá una vez al año, y esta reunión será el primer lunes de diciembre, a no ser que por ley se fije otro día.

Sección 5.

1. Cada Cámara calificará las elecciones, los informes sobre escrutinios y la capacidad legal de sus respectivos miembros, y una mayoría de cada una constituirá el quórum necesario para deliberar; pero un número menor puede suspender las sesiones de un día para otro y estará autorizado para compeler a los miembros ausentes a que asistan, del modo y bajo las penas que determine cada Cámara.

2. Cada Cámara puede elaborar su reglamento interior, castigar a sus miembros cuando se conduzcan indebidamente y expulsarlos de su seno con el asentimiento de las dos terceras partes.

3. Cada Cámara llevará un diario de sus sesiones y lo publicará de tiempo en tiempo a excepción de aquellas partes que a su juicio exijan reserva, y los votos afirmativos y negativos de sus miembros con respecto a cualquier cuestión se harán constar en el diario, a petición de la quinta parte de los presentes.

4. Durante el período de sesiones del Congreso ninguna de las Cámaras puede suspenderlas por más de tres días ni acordar que se celebrarán en lugar diverso de aquel en que se reúnen ambas Cámaras sin el consentimiento de la otra.

Sección 6.

1. Los senadores y representantes recibirán por sus servicios una remuneración que será fijada por la ley y pagada por el tesoro de los EE. UU. En todos los casos, exceptuando los de traición, delito grave y perturbación del orden público, gozarán del privilegio de no ser arrestados durante el tiempo que asistan a las sesiones de sus respectivas Cámaras, así como al ir a ellas o regresar de las mismas, y no podrán ser objeto en ningún otro sitio de inquisición alguna con motivo de cualquier discusión o debate en una de las Cámaras.

2. A ningún senador ni representante se le nombrará, durante el tiempo por el cual haya sido elegido, para ocupar cualquier empleo civil que dependa de los Estados Unidos, que haya sido creado o cuyos emolumentos hayan sido aumentados durante dicho tiempo, y ninguna persona que ocupe un cargo de los Estados Unidos podrá formar parte de las Cámaras mientras continúe en funciones.

Sección 7.

1. Todo proyecto de ley que tenga por objeto la obtención de ingresos deberá proceder primeramente de la Cámara de Representantes; pero el Senado podrá proponer reformas o convenir en ellas de la misma manera que tratándose de otros proyectos.

2. Todo proyecto aprobado por la Cámara de Representantes y el Senado se presentará al Presidente de los Estados Unidos antes de que se convierta en ley; si lo aprobare lo firmará; en caso contrario lo devolverá, junto con sus objeciones, a la Cámara de su origen, la que insertará íntegras las objeciones en su diario y procederá a reconsiderarlo. Si después de dicho nuevo examen las dos terceras partes de esa Cámara se pusieren de acuerdo en aprobar el proyecto, se remitirá, acompañado de las objeciones, a la otra Cámara, por la cual será estudiado también nuevamente y, si lo aprobaren los dos tercios de dicha Cámara, se convertirá en ley. Pero en todos los casos de que se habla, la votación de ambas Cámaras será nominal y los nombres de las personas que voten en pro o en contra del proyecto se asentarán en el diario de la Cámara que corresponda. Si algún proyecto no fuera devuelto por el Presidente dentro de 10 días (descontando los domingos) después de haberle sido presentado, se convertirá en ley, de la misma manera que si lo hubiera firmado, a menos de que al suspender el Congreso sus sesiones impidiera su devolución, en cuyo caso no será ley.

3. Toda orden, resolución o votación para la cual sea necesaria la concurrencia del Senado y la Cámara de Representantes (salvo en materia de suspensión de las sesiones), se presentará al Presidente de los Estados Unidos y no tendrá efecto antes de ser aprobada por él o de ser aprobada nuevamente por dos tercios del Senado y de la Cámara de Representantes, en el caso de que la rechazare, de conformidad con las reglas y limitaciones prescritas en el caso de un proyecto de ley.

Sección 8.

El Congreso tendrá facultad:

1. Para establecer y recaudar contribuciones, impuestos, derechos y consumos; para pagar las deudas y proveer a la defensa común y bienestar general de los Estados Unidos; pero todos los derechos, impuestos y consumos serán uniformes en todos los Estados Unidos.

2. Para contraer empréstitos a cargo de créditos de los Estados Unidos.

3. Para reglamentar el comercio con las naciones extranjeras, entre los diferentes Estados y con las tribus indias.

4. Para establecer un régimen uniforme de naturalización y leyes uniformes en materia de quiebra en todos los Estados Unidos.

Sección 7. Cómo se hacen las leyes

Todos los proyectos de ley sobre recaudación de dinero deben originarse en la Cámara de Representantes. El Senado puede sugerir o concordar con las enmiendas a estos proyectos de ley sobre impuestos y con cualquier otro proyecto de ley.

Los proyectos de ley aprobados por la Cámara de Representantes y el Senado se presentarán al Presidente de los Estados Unidos antes de que se conviertan en ley. Si el Presidente aprueba el proyecto de ley, lo firma. Si no está de acuerdo, veta el proyecto y lo devuelve a la cámara en la que se originó, junto con una explicación de sus objeciones. La cámara las incorpora a sus registros y luego reconsidera el proyecto. Si dos tercios de cada cámara acuerdan aprobar el proyecto, se convierte en ley. Si el Presidente no firma ni veta un proyecto en un plazo de diez días (excluyendo el domingo) desde el momento en que lo recibe, el proyecto se convierte en ley. Si el Congreso suspende las sesiones antes de que se cumpla el plazo de diez días, el proyecto no se convierte en ley.

Sección 8. Los poderes del Congreso

Algunos de los poderes del Congreso enumerados en la Sección 8 son:

- establecer y recaudar impuestos sobre los bienes importados y exportados y sobre los bienes que se venden dentro del país. Además, el Congreso debe pagar las deudas y proveer a la defensa y el bienestar general del país. Todos los impuestos deben ser iguales en todo el territorio estadounidense;

- contraer empréstitos a cargo de créditos de los Estados Unidos;

- crear leyes sobre el comercio con otros países, entre los estados y con las tribus de indígenas;

- establecer un procedimiento que permita a una persona de otro país convertirse en un ciudadano legal de los Estados Unidos;

- proteger el trabajo de los artistas, científicos, autores e inventores;

- crear tribunales federales inferiores a la Corte Suprema;

- declarar la guerra;
- establecer y mantener al Ejército y and navy;
- organizar y entrenar a la Guardia Nacional y llamar a filas en momentos de emergencia;
- gobernar la capital y los emplazamientos militares de los Estados Unidos; y
- crear todas las leyes necesarias para poder ejercer los poderes del Congreso.

4. La última cláusula de la Sección 8 se denomina "cláusula elástica" porque amplía el poder del Congreso. **Explica** por qué crees que se agregó a la Constitución.

_____

_____

_____

_____

_____

_____

5. Para acuñar monedas y determinar su valor, así como el de la mone da extranjera. Fijar los patrones de las pesas y medidas.

6. Para proveer lo necesario al castigo de quienes falsifiquen los títulos y la moneda corriente de los Estados Unidos.

7. Para establecer oficinas de correos y caminos de posta.

8. Para fomentar el progreso de la ciencia y las artes útiles, asegurando a los autores e inventores, por un tiempo limitado, el derecho exclusivo sobre sus respectivos escritos y descubrimientos.

9. Para crear tribunales inferiores al Tribunal Supremo.

10. Para definir y castigar la piratería y otros delitos graves cometidos en alta mar y violaciones al derecho internacional.

11. Para declarar la guerra, otorgar patentes de corso y represalias y para dictar reglas con relación a las presas de mar y tierra.1

12. Para reclutar y sostener ejércitos, pero ninguna autorización presupuestaria de fondos que tengan ese destino será por un plazo superior a dos años.

13. Para habilitar y mantener una armada.

14. Para dictar reglas para el gobierno y ordenanza de las fuerzas navales y terrestres.

15. Para disponer cuándo debe convocarse a la milicia nacional con el fin de hacer cumplir las leyes de la Unión, sofocar las insurrecciones y rechazar las invasiones.

16. Para proveer lo necesario para organizar, armar y disciplinar a la milicia nacional y para gobernar aquella parte de esta que se utilice en servicio de los Estados Unidos; reservándose a los Estados correspondientes el nombramiento de los oficiales y la facultad de instruir conforme a la disciplina prescrita por el Congreso.

17. Para legislar en forma exclusiva en todo lo referente al Distrito (que no podrá ser mayor que un cuadrado de 10 millas por lado) que se convierta en sede del gobierno de los Estados Unidos, como consecuencia de la cesión de algunos Estados en que se encuentren situados, para la construcción de fuertes, almacenes, arsenales, astilleros y otros edificios necesarios.

18. Para expedir todas las leyes que sean necesarias y convenientes para llevar a efecto los poderes anteriores y todos los demás que esta Constitución confiere al gobierno de los Estados Unidos o cualquiera de sus departamentos o funcionarios.

Sección 9.

1. El Congreso no podrá prohibir antes del año de mil ochocientos ocho la inmigración o importación de las personas que cualquiera de los Estados ahora existentes estime oportuno admitir, pero puede imponer sobre dicha importación una contribución o derecho que no pase de 10 dólares por cada persona.
2. El privilegio del habeas corpus no se suspenderá, salvo cuando la seguridad pública lo exija en los casos de rebelión o invasión.
3. No se aplicarán decretos de proscripción ni leyes ex post facto.
4. No se establecerá ningún impuesto directo ni de capitación, como no sea proporcionalmente al censo o recuento que antes se ordenó practicar.
5. Ningún impuesto o derecho se establecerá sobre los artículos que se exporten de cualquier Estado.
6. Los puertos de un Estado no gozarán de preferencia sobre los de ningún otro a virtud de reglamentación alguna mercantil o fiscal; tampoco las embarcaciones que se dirijan a un Estado o procedan de él estarán obligadas a ingresar por algún otro, despachar en él sus documentos o cubrirle derechos.
7. Ninguna cantidad podrá extraerse del tesoro si no es como consecuencia de asignaciones autorizadas por la ley, y de tiempo en tiempo deberá publicarse un estado y cuenta ordenados de los ingresos y gastos del tesoro.
8. Los Estados Unidos no concederán ningún título de nobleza y ninguna persona que ocupe un empleo remunerado u honorífico que dependa de ellos aceptará ningún regalo, emolumento, empleo o título, sea de la clase que fuere, de cualquier monarca, príncipe o Estado extranjero, sin consentimiento del Congreso.

Sección 10.

1. Ningún Estado celebrará tratado, alianza o confederación algunos; otorgará patentes de corso y represalias; acuñará moneda, emitirá papel moneda, legalizará cualquier cosa que no sea la moneda de oro y plata como medio de pago de las deudas; aprobará decretos por los que se castigue a determinadas personas sin que preceda juicio ante los tribunales, leyes ex post facto o leyes que menoscaben las obligaciones que derivan de los contratos, ni concederá título alguno de nobleza.
2. Sin el consentimiento del Congreso ningún Estado podrá imponer derechos sobre los artículos importados o exportados, cumplir sus leyes de inspección, y el producto neto de todos los derechos e impuestos que establezcan los Estados sobre las importaciones y exportaciones se aplicará en provecho del tesoro de los Estados Unidos; y todas las leyes de que se trata estarán sujetas a la revisión y vigilancia del Congreso.

Sección 9. Poderes negados al Congreso

El Congreso no podrá:
- impedir el ingreso de esclavos a los Estados Unidos antes de 1808;
- arrestar y encarcelar a las personas sin acusarlas de un delito; excepto en situaciones de emergencia;
- castigar a una persona sin un juicio previo; castigar a una pers ona por un acto que no se consideraba un delito cuando se lo realizó;
- aprobar un impuesto directo, como el impuesto sobre la renta, a menos que sea proporcional a la población;
- cobrar impuestos sobre los bienes enviados fuera de un estado;
- otorgar a los puertos de un estado una ventaja sobre los puertos de otro estado; permitir que un estado cobre impuestos sobre los barcos de otro estado;
- gastar dinero sin aprobar una ley que lo convierta en una acción legal; gastar dinero sin llevar un registro adecuado;
- otorgar títulos, como rey y reina, a nadie; permitir a los funcionarios federales que acepten regalos o títulos de gobiernos extranjeros.

5. **Explica** por qué crees que se incluyó la última cláusula en la Sección 9.

_____

_____

_____

_____

_____

_____

Sección 10. Poderes negados a los estados

A continuación, se enumeran los poderes que se les niegan a los estados.

Los gobiernos de los estados no tienen el poder de
- hacer tratados con países extranjeros; emitir moneda; hacer cualquier cosa que la Sección 9 de la Constitución establezca que no puede hacer;
- cobrar impuestos sobre los bienes que se transportan hacia o fuera de un estado a menos que el Congreso esté de acuerdo;
- mantener fuerzas armadas o declarar la guerra; hacer acuerdos con otros estados o gobiernos extranjeros a menos que el Congreso esté de acuerdo.

6. Si un estado le declarara la guerra a un país extranjero, ¿qué podría ocurrir?

_____

_____

_____

_____

_____

En el artículo 2 se describe el poder ejecutivo.

Sección 1. Mandato del Presidente y del Vicepresidente

El Presidente tiene el poder de ejecutar, es decir, hacer cumplir, las leyes de los Estados Unidos.

Los electores de cada estado escogen al Presidente. Hoy en día se llama Colegio Electoral a los electores y los eligen los votantes.

Antes de 1804, la persona que obtenía la mayor cantidad de votos electorales se convertía en Presidente. La persona con el siguiente número mayor se convertía en Vicepresidente. La Decimosegunda Enmienda modificó esta manera de elegir presidentes.

3. Sin dicho consentimiento del Congreso ningún Estado podrá establecer derechos de tonelaje, mantener tropas o navíos de guerra en tiempo de paz, celebrar convenio o pacto alguno con otro Estado o con una potencia extranjera, o hacer la guerra, a menos de ser invadido realmente o de hallarse en peligro tan inminente que no admita demora.

ARTÍCULO II

Sección 1.

1. Se deposita el poder ejecutivo en un Presidente de los Estados Unidos. Desempeñará su encargo durante un término de cuatro años y, juntamente con el Vicepresidente designado para el mismo período, será elegido como sigue:

2. Cada Estado nombrará, del modo que su legislatura disponga, un número de electores igual al total de los senadores y representantes a que el Estado tenga derecho en el Congreso, pero ningún senador, ni representante, ni persona que ocupe un empleo honorífico o remunerado de los Estado Unidos podrá ser designado como elector.

3. Los electores se reunirán en sus respectivos estados y, por escrutinio secreto, elegirán a dos personas, una de las cuales, cuando menos, no será habitante del mismo estado que ellos. Los electores formularán una lista de todas las personas por quienes han votado, indicando el número de votos que obtuvo cada uno, la firmarán y certificarán, remitiéndola sellada a la sede del gobierno de los Estados Unidos, dirigida al Presidente del Senado, quien, en presencia de esa cámara y de la Cámara de Representantes, abrirá todos los certificados y procederá a contar los votos. Será presidente la persona que reúna el mayor número de votos, siempre que este número represente la mayoría de los electores nombrados. Si reunieren dicha mayoría más de una persona, con igual número de votos, la Cámara de Representantes elegirá inmediatamente de entre ellas, por escrutinio secreto, una para presidente; pero si ninguna persona alcanza esa mayoría, la cámara elegirá, de entre las cinco personas que hubiesen obtenido más votos, al Presidente. Al hacer la elección de presidente, los votos se contarán por estados, teniendo un voto la representación de cada estado; para este objeto, el quórum se integrará de un miembro o los miembros de las dos terceras partes de los estados, y será necesaria la mayoría de todos los estados para decidir la elección. En cualquier caso, y una vez elegido el presidente, la una vez hecha la elección del presidente, será vicepresidente la persona que tenga el mayor número de votos de los electores. Pero si hubiese dos o más que tuvieren igual número de votos, el Senado elegirá de entre ellas al vicepresidente, por escrutinio secreto.

4. El Congreso podrá fijar la época de designación de los electores, así como el día en que deberán emitir sus votos, el cual deberá ser el mismo en todos los Estados Unidos.

5. Solo las personas que sean ciudadanos por nacimiento o que hayan sido ciudadanos de los Estados Unidos al tiempo de adoptarse esta Constitución, serán elegibles para el cargo de Presidente; tampoco será elegible una persona que no haya cumplido 35 años de edad y que no haya residido 14 años en los Estados Unidos.

6. En caso de que el Presidente sea separado de su puesto, de que muera, renuncie o se incapacite para dar cumplimiento a los poderes y deberes del referido cargo, este pasará al Vicepresidente y el Congreso podrá prever por medio de una ley el caso de separación, muerte, renuncia o incapacidad, tanto del Presidente como del Vicepresidente, y declarar que funcionario fungirá como Presidente hasta que desaparezca la causa de incapacidad o se elija un Presidente.

7. El Presidente recibirá una remuneración por sus servicios, en las épocas que se determinarán, la cual no podrá ser aumentada ni disminuida durante el período para el cual haya sido designado y no podrá recibir durante ese tiempo ningún otro emolumento de parte de los Estados Unidos o de cualquiera de estos.

8. Antes de entrar a desempeñar su cargo prestará el siguiente juramento o protesta: "Juro (o protesto) solemnemente que desempeñaré legalmente el cargo de Presidente de los Estados Unidos y que sostendré, protegeré y defenderé la Constitución de los Estados Unidos, empleando en ello el máximo de mis facultades".

Sección 2.

1. El Presidente será comandante en jefe del ejército y la marina de los Estados Unidos y de la milicia de los diversos Estados cuando se la llame al servicio activo de los Estados Unidos; podrá solicitar la opinión por escrito del funcionario principal de cada uno de los departamentos administrativos con relación a cualquier asunto que se relacione con los deberes de sus respectivos empleos, y estará facultado para suspender la ejecución de las sentencias y para conceder indultos tratándose de delitos contra los Estados Unidos, excepto en los casos de acusación por responsabilidades oficiales.

El Congreso decide cuándo se escogen los electores y cuándo votan al presidente. Los estadounidenses votan en la actualidad a los electores el Día de elecciones, el martes que sigue al primer lunes de noviembre.

Para ser presidente, una persona debe haber nacido en los Estados Unidos y ser un ciudadano. Debe tener al menos 35 años de edad y haber vivido en los Estados Unidos al menos durante 14 años.

Si un presidente muere o abandona su cargo por cualquier motivo, el vicepresidente se convierte en presidente. Si no hay un vicepresidente, el Congreso determina al próximo presidente. (En 1967, la Vigesimoquinta Enmienda cambió la manera en que se deben ocupar estos cargos).

7. **Explica** por qué es importante estar de acuerdo en la manera de reemplazar al Presidente o al Vicepresidente si muere repentinamente o abandona su cargo.

_____

_____

_____

_____

Mientras se encuentre en funciones, el presidente recibirá un sueldo que no aumentará ni disminuirá y no podrá aceptar dinero o regalos.

Antes de comenzar su mandato, debe jurar que sostendrá, protegerá y defenderá la Constitución.

Sección 2. Los poderes del Presidente

El Presidente está a cargo de las fuerzas armadas y la Guardia Nacional. Puede pedir consejo a los líderes de las secretarías del poder ejecutivo. (Hoy se los llama "gabinete presidencial"). El Presidente puede perdonar a las personas condenadas por delitos federales.

El Presidente puede celebrar tratados, pero dos tercios del Senado deben aprobarlos.
El Presidente puede, con la aprobación del Senado, designar a los jueces de la Corte Suprema, los embajadores y otros funcionarios importantes.

8. ¿De qué es ejemplo la capacidad del Senado de aprobar o rechazar tratados?

_____

_____

_____

Sección 3. Los deberes del presidente
Cada cierto tiempo, el Presidente debe describir al Congreso las condiciones en que se encuentra la nación. (Hoy en día se lo llama "Discurso del Estado de la Unión". El Presidente lo da una vez al año a finales de enero). En caso de emergencia, el Presidente puede llamar a una sesión del Congreso. Además, el Presidente se reúne con los líderes extranjeros, se asegura de que se cumplan las leyes de la nación y firma las órdenes de los oficiales militares.

Sección 4. Remoción del cargo
El Presidente, el Vicepresidente y otros funcionarios de alto mando pueden quedar sometidos a juicio político. Si se demuestra su culpabilidad, deben abandonar su cargo.

2. Tendrá facultad, con el consejo y consentimiento del Senado, para celebrar tratados, con tal de que den su anuencia dos tercios de los senadores presentes, y propondrá y, con el consejo y sentimiento del Senado, nombrará a los embajadores, los demás ministros públicos y los cónsules, los magistrados del Tribunal Supremo y a todos los demás funcionarios de los Estados Unidos a cuya designación no provea este documento en otra forma y que hayan sido establecidos por ley. Pero el Congreso podrá atribuir el nombramiento de los funcionarios inferiores que considere convenientes, por medio de una ley, al Presidente solo, a los tribunales judiciales o a los jefes de los departamentos.

3. El Presidente tendrá el derecho de cubrir todas las vacantes que ocurran durante el receso del Senado, extendiendo nombramientos provisionales que terminarán al final del siguiente período de sesiones.

Sección 3.

Periódicamente deberá proporcionar al Congreso informes sobre el estado de la Unión, recomendando a su consideración las medidas que estime necesarias y oportunas; en ocasiones de carácter extraordinario podrá convocar a ambas Cámaras o a cualquiera de ellas, y en el supuesto de que discrepen en cuanto a la fecha en que deban entrar en receso, podrá suspender sus sesiones, fijándoles para que las reanuden la fecha que considere conveniente; recibirá a los embajadores y otros ministros públicos; cuidará de que las leyes se ejecuten puntualmente y extenderá los despachos de todos los funcionarios de los Estados Unidos.

Sección 4.

El Presidente, el Vicepresidente y todos los funcionarios civiles de los Estados Unidos serán separados de sus puestos al ser acusados y declarados culpables de traición, cohecho u otros delitos y faltas graves.

El Artículo 3 trata del poder judicial.

Sección 1.

Se depositará el poder judicial de los Estados Unidos en un Tribunal Supremo y en los tribunales inferiores que el Congreso instituya y establezca en lo sucesivo. Los jueces, tanto del Tribunal Supremo como de los inferiores, continuarán en sus funciones mientras observen buena conducta y recibirán en períodos fijos una remuneración por sus servicios que no será disminuida durante el tiempo de su encargo.

Sección 2.

1. El Poder Judicial entenderá en todas las controversias, tanto de derecho escrito como de equidad, que surjan como consecuencia de esta Constitución, de las leyes de los Estados Unidos y de los tratados celebrados o que se celebren bajo su autoridad; en todas las controversias que se relacionen con embajadores, otros ministros públicos y cónsules; en todas las controversias de la jurisdicción de almirantazgo y marítima; en las controversias en que sean parte los Estados Unidos; en las controversias entre dos o más Estados, entre un Estado y los ciudadanos de otro, entre ciudadanos de Estados diferentes, entre ciudadanos del mismo Estado que reclamen tierras en virtud de concesiones de diferentes Estados y entre un Estado o los ciudadanos del mismo y Estados, ciudadanos o súbditos extranjeros.

2. En todos los casos relativos a embajadores, otros ministros públicos y cónsules, así como en aquellos en que sea parte un Estado, el Tribunal Supremo poseerá jurisdicción en única instancia. En todos los demás casos que antes se mencionaron el Tribunal Supremo conocerá en apelación, tanto del derecho como de los hechos, con las excepciones y con arreglo a la reglamentación que formule el Congreso.

3. Todos los delitos serán juzgados por medio de un jurado excepto en los casos de acusación por responsabilidades oficiales, y el juicio de que se habla tendrá lugar en el Estado en que el delito se haya cometido; pero cuando no se haya cometido dentro de los límites de ningún Estado, el juicio se celebrará en el lugar o lugares que el Congreso haya dispuesto por medio de una ley.

Sección 1. El tribunal federal
Los jueces de la Corte Suprema y otros tribunales federales tienen el poder de tomar decisiones en los tribunales. Si se comportan adecuadamente, los jueces federales retienen el cargo de por vida.

9. ¿Crees que está bien que los jueces federales retengan el cargo de por vida?

_____

_____

_____

_____

_____

_____

Sección 2. Competencia de los tribunales federales
Los tribunales federales entienden en todos los casos
- de leyes creadas bajo la Constitución
- de tratados con naciones extranjera
- de delitos en el mar
- que impliquen al gobierno federal
- que involucren a los estados o a los ciudadanos de diferentes estados
- cque involucren a ciudadanos o gobiernos extranjeros

La Corte Suprema se ocupa de los casos en los que estén involucrados embajadores, funcionarios del gobierno o los estados. Los demás casos deben originarse en los tribunales inferiores, pero la Corte Suprema tiene la facultad de apelar o revisar los fallos.

En los casos de delitos penales fuera del juicio político, los juicios se llevan a cabo en el estado donde se cometió el delito. Un jurado decide la condena.

Sección 3. El delito de traición

Se considera traición librar la guerra contra los Estados Unidos o ayudar a sus enemigos. Para que se condene a una persona por traición, esta debe confesar su culpabilidad o debe haber dos testigos que declaren haber presenciado el delito.

10. Identifica los tres poderes del gobierno federal en los Artículos 1, 2 y 3.

_____

_____

_____

El Congreso determina la pena de un traidor. No se puede castigar a los familiares del traidor si son inocentes.

El Artículo 4 trata sobre las relaciones entre los estados.

Sección 1. Reconocimiento de cada estado

Cada estado debe respetar las leyes y las decisiones de los tribunales de los otros estados.

Sección 2. Derechos de los ciudadanos en otros estados

Los ciudadanos conservan sus derechos cuando visitan otros estados.

Una persona acusada de un delito que escapa a otro estado debe enviarse de regreso al estado donde se llevó a cabo el delito.

Un esclavo que escapa a otro estado debe enviarse de regreso a su propietario. (La Decimotercera Enmienda eliminó la esclavitud).

Sección 3. Estados nuevos

El Congreso puede permitir que los estados nuevos se unan a los Estados Unidos. Los estados nuevos no pueden formarse en el territorio de los estados existentes a menos que el Congreso lo apruebe.

El Congreso tiene la facultad de dictar leyes para gobernar los territorios de los Estados Unidos.

Sección 3.

1. La traición contra los Estados Unidos solo consistirá en hacer la guerra en su contra o en unirse a sus enemigos, impartiéndoles ayuda y protección. A ninguna persona se le condenará por traición si no es sobre la base de la declaración de los testigos que hayan presenciado el mismo acto perpetrado abiertamente o de una confesión en sesión pública de un tribunal.

2. El Congreso estará facultado para fijar la pena que corresponda a la traición; pero ninguna sentencia por causa de traición podrá privar del derecho de heredar o de transmitir bienes por herencia, ni producirá la confiscación de sus bienes más que en vida de la persona condenada.

ARTÍCULO IV

Sección 1.

Se dará entera fe y crédito en cada Estado a los actos públicos, registros y procedimientos judiciales de todos los demás. Y el Congreso podrá prescribir, mediante leyes generales, la forma en que dichos actos, registros y procedimientos se probarán y el efecto que producirán.

Sección 2.

1. Los ciudadanos de cada Estado tendrán derecho en los demás a todos los privilegios e inmunidades de los ciudadanos de estos.

2. La persona acusada en cualquier Estado por traición, delito grave u otro crimen, que huya de la justicia y fuere hallada en otro Estado, será entregada, al solicitarlo así la autoridad ejecutiva del Estado del que se haya fugado, con el objeto de que sea conducida al Estado que posea jurisdicción sobre el delito.

3. Las personas obligadas a servir o laborar en un Estado, con arreglo a las leyes de este, que escapen a otros, no quedarán liberadas de dichos servicios o trabajo a consecuencia de cualesquiera leyes o reglamentos del segundo, sino que serán entregadas al reclamarlo la parte interesada a quien se deba tal servicio o trabajo.

Sección 3.

1. El Congreso podrá admitir nuevos Estados a la Unión, pero ningún nuevo Estado podrá formarse o erigirse dentro de los límites de otro Estado, ni un Estado constituirse mediante la reunión de dos o más Estados o partes de Estados, sin el consentimiento de las legislaturas de los Estados en cuestión, así como del Congreso.

2. El Congreso tendrá facultad para ejecutar actos de disposición y para formular todos los reglamentos y reglas que sean precisos con respecto a las tierras y otros bienes que pertenezcan a los Estados Unidos, y nada de lo que esta Constitución contiene se interpretará en un sentido que cause perjuicio a los derechos aducidos por los Estados Unidos o por cualquier Estado individual.

Sección 4.

Los Estados Unidos garantizarán a todo Estado comprendido en esta Unión una forma republicana de gobierno y protegerán a cada uno en contra de invasiones, así como contra los disturbios internos, cuando lo soliciten la legislatura o el ejecutivo (en caso de que no fuese posible reunir a la legislatura).

ARTÍCULO V

Siempre que las dos terceras partes de ambas Cámaras lo juzguen necesario, el Congreso propondrá enmiendas a esta Constitución, o bien, a solicitud de las legislaturas de los dos tercios de los distintos Estados, convocará una convención con el objeto de que proponga enmiendas, las cuales, en uno y otro caso, poseerán la misma validez que si fueran parte de esta Constitución, desde todos los puntos de vista y para cualesquiera fines, una vez que hayan sido ratificadas por las legislaturas de las tres cuartas partes de los Estados separadamente o por medio de convenciones reunidas en tres cuartos de los mismos, según que el Congreso haya propuesto uno u otro modo de hacer la ratificación, y a condición de que antes del año de mil ochocientos ocho no podrá hacerse ninguna enmienda que modifique en cualquier forma las cláusulas primera y cuarta de la sección novena del artículo primero y de que a ningún Estado se le privará, sin su consentimiento, de la igualdad de voto en el Senado.

ARTÍCULO VI

Sección 1.

Todas las deudas contraídas y los compromisos adquiridos antes de la adopción de esta Constitución serán tan válidos en contra de los Estados Unidos bajo el imperio de esta Constitución, como bajo el de la Confederación.

Sección 2.

Esta Constitución, y las leyes de los Estados Unidos que se expidan con arreglo a ella, y todos los tratados celebrados o que se celebren bajo la autoridad de los Estados Unidos, serán la suprema ley del país y los jueces de cada Estado estarán obligados a observarlos, a pesar de cualquier cosa en contrario que se encuentre en la Constitución o las leyes de cualquier Estado.

Sección 4. Garantías a los estados
El gobierno federal garantiza que cada estado tiene derecho a elegir a sus líderes. Además, el gobierno federal protegerá a los estados de la invasión y los disturbios violentos.

11. Los estados eran 13 cuando se redactó la Constitución. ¿Crees que los autores suponían que el tamaño del país aumentaría? **Explica** tu respuesta.

_____

_____

_____

_____

_____

El Artículo 5 describe dos formas de enmendar la Constitución. Dos tercios del Senado y la Cámara de Representantes pueden sugerir una enmienda, o dos tercios del cuerpo legislativo de los estados pueden organizar una convención especial para sugerir una enmienda. Una vez que se sugiere una enmienda, tres cuartos de los cuerpos legislativos de los estados o tres cuartos de las convenciones especiales deben aprobar la enmienda.

El Artículo 6 trata sobre las leyes nacionales y la deuda pública. El gobierno federal promete pagar todas las deudas y mantener todos los acuerdos realizados bajo los Artículos de la Confederación.
La Constitución y las leyes federales son la ley suprema de la nación. Si las leyes estatales las contradicen, se deben obedecer las leyes federales.

Sección 3. Apoyo a la Constitución

Los funcionarios federales y estatales deben prometer apoyo a la Constitución. La religión de una persona no es motivo para impedirle ocupar un cargo. Nueve de los trece estados deben aprobar la Constitución para que se convierta en la ley del territorio.

El Artículo 7 trata sobre la ratificación de la Constitución. El 17 de septiembre de 1787, doce años después de la Declaración de Independencia, todos en la Convención Constitucional acordaron que la Constitución estaba completa.

Los delegados de la Convención Constitucional firmaron con su nombre debajo del texto para demostrar su apoyo.

12. El poder de la Constitución residirá siempre en el pueblo", escribió George Washington en 1787. **Explica** lo que crees que quiso decir.

_____

_____

_____

_____

_____

_____

_____

Sección 3.

Los Senadores y representantes ya mencionados, los miembros de las distintas legislaturas locales y todos los funcionarios ejecutivos y judiciales, tanto de los Estados Unidos como de los diversos Estados, se obligarán mediante juramento o protesta a sostener esta Constitución; pero nunca se exigirá una declaración religiosa como condición para ocupar ningún empleo o mandato público de los Estados Unidos.

ARTÍCULO VII

La ratificación por las convenciones de nueve Estados bastará para que esta Constitución entre en vigor por lo que respecta a los Estados que la ratifiquen.

Dado en la convención, por consentimiento unánime de los Estados presentes, el día 17 de septiembre del año de Nuestro Señor de mil setecientos ochenta y siete y duodécimo de la Independencia de los Estados Unidos de América. En testimonio de lo cual suscribimos la presente

Dan fe:
William Jackson, Secretario
George Washington, Presidente y Representante de Virginia

New Hampshire
John Langdon
Nicholas Gilman

Massachusetts
Nathaniel Gorham
Rufus King

Connecticut
William Samuel Johnson
Roger Sherman

Nueva York
Alexander Hamilton

Nueva Jersey
William Livingston
David Brearley
William Paterson
Jonathan Dayton

Pennsylvania
Benjamin Franklin
Thomas Mifflin
Robert Morris
George Clymer
Thomas FitzSimons
Jared Ingersoll
James Wilson
Gouverneur Morris

Delaware
George Read
Gunning Bedford, Jr.
John Dickinson
Richard Bassett
Jacob Broom

Maryland
James McHenry
Dan of St. Thomas Jenifer
Daniel Carroll

Virginia
John Blair
James Madison, Jr.

Carolina del Norte
William Blount
Richard Dobbs Spaight
Hugh Williamson

Carolina del Sur
John Rutledge
Charles Cotesworth Pinckney
Charles Pinckney
Pierce Butler

Georgia
William Few
Abraham Baldwin

ENMIENDAS

Enmienda 1

El Congreso no hará ley alguna por la que adopte una religión como oficial del Estado o se prohíba practicarla libremente, o que coarte la libertad de palabra o de imprenta, o el derecho del pueblo para reunirse pacíficamente y para pedir al gobierno la reparación de agravios.

Enmienda 2

Siendo necesaria una milicia bien ordenada para la seguridad de un Estado Libre, no se violará el derecho del pueblo a poseer y portar armas.

Enmienda 3

En tiempo de paz a ningún militar se le alojará en casa alguna sin el consentimiento del propietario; ni en tiempo de guerra, como no sea en la forma que prescriba la ley.

Enmienda 4

El derecho de los habitantes de que sus personas, domicilios, papeles y efectos se hallen a salvo de pesquisas y aprehensiones arbitrarias, será inviolable, y no se expedirán al efecto mandamientos que no se apoyen en un motivo verosímil, estén corroborados mediante juramento o protesta y describan con particularidad el lugar que deba ser registrado y las personas o cosas que han de ser detenidas o embargadas.

Enmienda 5

Nadie estará obligado a responder de un delito castigado con la pena capital o con otra infamante si un gran jurado no lo denuncia o acusa, a excepción de los casos que se presenten en las fuerzas de mar o tierra o en la milicia nacional cuando se encuentre en servicio efectivo en tiempo de guerra o peligro público; tampoco se pondrá a persona alguna dos veces en peligro de perder la vida o algún miembro con motivo del mismo delito; ni se le compelerá a declarar contra sí misma en ningún juicio criminal; ni se le privará de la vida, la libertad o la propiedad sin el debido proceso legal; ni se ocupará la propiedad privada para uso público sin una justa indemnización.

Las primeras diez enmiendas a la Constitución se llaman Declaración de Derechos.

Primera Enmienda: 1791
Libertad de culto y de expresión
El Congreso no puede establecer una religión oficial o impedir a las personas la práctica de una religión. El Congreso no puede impedir a las personas o los periódicos que expresen lo que quieran. Las reuniones pacíficas para quejarse al gobierno están permitidas.

Segunda Enmienda: 1791
Derecho a tener armas
Las personas tienen derecho a poseer y portar armas.

Tercera Enmienda: 1791
Derecho a negar alojamiento a soldados
En los tiempos de paz, alojar a los soldados no es una obligación.

Cuarta Enmienda: 1791
Órdenes judiciales de allanamiento y arresto
No está permitido registrar personas o casas sin motivo. Para eso, se necesita una orden de allanamiento.

Quinta Enmienda: 1791
Derechos de las personas acusadas de un delito
Solo un gran jurado puede acusar a una persona de un delito grave. No se puede juzgar a una persona dos veces por el mismo delito si se lo declara inocente. No se puede obligar a las personas a atestiguar contra sí mismas.

13. **Identifica** el número de la enmienda que protege cada derecho.

_____ hablar libremente

_____ impedir un registro sin razón

_____ evitar dos juicios por el mismo delito

Sexta Enmienda: 1791
Derecho a un juicio por jurados

Las personas tienen derecho a un juicio rápido por jurados y a oír los cargos y las pruebas en su contra. También tienen derecho a un abogado y a llamar testigos que presten declaración en su defensa.

Séptima Enmienda: 1791
Derecho a un juicio por jurados en una causa civil

En una causa civil, es decir, que no es penal, una persona también tiene derecho al juicio por jurados.

Octava Enmienda: 1791
Protección ante una pena injusta

No se puede obligar a una persona acusada de un delito a pagar una fianza muy alta. No se puede exigir a una persona condenada por un delito que pague una multa injustamente alta o que cumpla un castigo cruel o inusual.

Novena Enmienda: 1791
Otros derechos

Las personas tienen otros derechos que no se mencionan específicamente en la Constitución.

Décima Enmienda: 1791
Los poderes de los estados y el pueblo

Algunos poderes no se entregan al gobierno federal ni se le niegan a los estados. Estos derechos pertenecen a los estados o al pueblo.

Undécima Enmienda: 1795
Limitaciones al derecho de demandar a los estados

Las personas de otro estado o de un país extranjero no pueden demandar a un estado.

Enmienda 6

En toda causa criminal, el acusado gozará del derecho de ser juzgado rápidamente y en público por un jurado imparcial del distrito y Estado en que el delito se haya cometido, Distrito que deberá haber sido determinado previamente por la ley; así como de que se le haga saber la naturaleza y causa de la acusación, de que se le caree con los testigos que depongan en su contra, de que se obligue a comparecer a los testigos que le favorezcan y de contar con la ayuda de un abogado que lo defienda.

Enmienda 7

El derecho a que se ventilen ante un jurado los juicios de derecho consuetudinario en que el valor que se discuta exceda de veinte dólares, será garantizado, y ningún hecho de que haya conocido un jurado será objeto de nuevo examen en tribunal alguno de los Estados Unidos, como no sea con arreglo a las normas del derecho consuetudinario.

Enmienda 8

No se exigirán fianzas excesivas, ni se impondrán multas excesivas, ni se infligirán penas crueles y desusadas.

Enmienda 9

No por el hecho de que la Constitución enumera ciertos derechos ha de entenderse que niega o menosprecia otros que retiene el pueblo.

Enmienda 10

Los poderes que la Constitución no delega a los Estados Unidos ni prohíbe a los Estados, quedan reservados a los Estados respectivamente o al pueblo.

Enmienda 11

El poder judicial de los Estados Unidos no debe interpretarse que se extiende a cualquier litigio de derecho estricto o de equidad que se inicie o prosiga contra uno de los Estados Unidos por ciudadanos de otro Estado o por ciudadanos o súbditos de cualquier Estado extranjero.

Enmienda 12

Los electores se reunirán en sus respectivos Estados y votarán mediante cédulas para Presidente y Vicepresidente, uno de los cuales, cuando menos, no deberá ser habitante del mismo Estado que ellos; en sus cédulas indicarán la persona a favor de la cual votan para Presidente y en cédulas diferentes la persona que eligen para Vicepresidente, y formarán listas separadas de todas las personas que reciban votos para Presidente y de todas las personas a cuyo favor se vote para Vicepresidente y del número de votos que corresponda a cada una, y firmarán y certificarán las referidas listas y las remitirán selladas a la sede de gobierno de los Estados Unidos, dirigidas al Presidente del Senado; el Presidente del Senado abrirá todos los certificados en presencia del Senado y de la Cámara de Representantes, después de lo cual se contarán los votos; la persona que tenga el mayor número de votos para Presidente será Presidente, siempre que dicho número represente la mayoría de todos los electores nombrados, y si ninguna persona tiene mayoría, entonces la Cámara de Representantes, votando por cédulas, escogerá inmediatamente el Presidente de entre las tres personas que figuren en la lista de quienes han recibido sufragio para Presidente y cuenten con más votos. Téngase presente que al elegir al Presidente la votación se hará por Estados y que la representación de cada Estado gozará de un voto; que para este objeto habrá quórum cuando estén presentes el miembro o los miembros que representen a los dos tercios de los Estados y que será necesaria mayoría de todos los Estados para que se tenga por hecha la elección. Y si la Cámara de Representantes no eligiere Presidente, en los casos en que pase a ella el derecho de escogerlo, antes del día cuatro de marzo inmediato siguiente, entonces el Vicepresidente actuará como Presidente, de la misma manera que en el caso de muerte o de otro impedimento constitucional del Presidente.

La persona que obtenga el mayor número de votos para Vicepresidente será Vicepresidente, siempre que dicho número represente la mayoría de todos los electores nombrados, y si ninguna persona reúne la mayoría, entonces el Senado escogerá al Vicepresidente entre las dos con mayor cantidad de votos que figuran en la lista; para este objeto habrá quórum con las dos terceras partes del número total de senadores y será necesaria la mayoría del número total para que la elección se tenga por hecha.

Pero ninguna persona inelegible para el cargo de Presidente con arreglo a la Constitución será elegible para el de Vicepresidente de los Estados Unidos.

Duodécima Enmienda: 1804 Elección del Presidente y el Vicepresidente

Esta enmienda cambió la manera en que el Colegio Electoral escogía al Presidente y al Vicepresidente. Antes de esta enmienda, los candidatos se postulaban por separado y cada elector tenía dos votos: uno para presidente y uno para vicepresidente. El candidato que recibía la mayor cantidad de votos se convertía en el Presidente y el segundo, en el Vicepresidente.

Gracias a esta enmienda, el candidato a presidente y el candidato a vicepresidente deben postularse juntos. Cada elector tiene solo un voto y la pareja de candidatos que obtiene más de la mitad de los votos electorales se convierte en Presidente y Vicepresidente. Si nadie obtiene la mayoría de los votos electorales, la Cámara de Representantes vota al Presidente de una lista de los tres candidatos que obtuvieron la mayor cantidad de votos. En este caso, cada estado tiene un voto y el candidato debe obtener más de la mitad de los votos para convertirse en el Presidente.

Si los representantes no logran elegir al Presidente al día 4 de marzo (más adelante se cambió la fecha al 20 de enero), el Vicepresidente oficiará de Presidente. Si ningún candidato recibe al menos la mitad de los votos electorales para convertirse en Vicepresidente, el nombre de los dos candidatos que obtuvieron la mayor cantidad de votos se envía al Senado. Luego, los senadores votan y la persona que obtiene más de la mitad de los votos se convierte en el Vicepresidente.

Decimotercera Enmienda: 1865
Abolición de la esclavitud

Los Estados Unidos prohíben la esclavitud.

El Congreso puede aprobar todas las leyes necesarias para hacer cumplir esta enmienda.

Decimocuarta Enmienda: 1868
Derechos de los ciudadanos

Las personas que nacieron en los Estados Unidos son ciudadanos tanto de los Estados Unidos como del estado donde viven. Los estados deben ofrecer un trato igualitario a sus ciudadanos. Los estados no pueden negar a sus ciudadanos los derechos enumerados en la Declaración de Derechos.

Esta sección de la enmienda convirtió a los antiguos esclavos en ciudadanos de los Estados Unidos y de su estado de origen.

Según su población, cada estado tiene un número determinado de representantes en el Congreso. El número de representantes de un estado puede disminuir si no se permite el voto a determinados ciudadanos.

El objetivo de esta sección era obligar a los estados del Sur a permitir el voto de los antiguos esclavos.

14. Explica por qué un estado puede no querer que se reduzca el número de representantes que tiene en el Congreso.

_____

_____

_____

_____

_____

Enmienda 13

Sección 1. Ni en los Estados Unidos ni en ningún lugar sujeto a su jurisdicción habrá esclavitud ni trabajo forzado, excepto como castigo de un delito del que el responsable haya quedado debidamente convicto.

Sección 2. El Congreso estará facultado para hacer cumplir este artículo por medio de leyes apropiadas.

Enmienda 14

Sección 1. Todas las personas nacidas o naturalizadas en los Estados Unidos y sometidas a su jurisdicción son ciudadanos de los Estados Unidos y de los Estados en que residen. Ningún Estado podrá dictar ni dar efecto a cualquier ley que limite los privilegios o inmunidades de los ciudadanos de los Estados Unidos; tampoco podrá Estado alguno privar a cualquier persona de la vida, la libertad o la propiedad sin el debido proceso legal; ni negar a cualquier persona que se encuentre dentro de sus límites jurisdiccionales la protección de las leyes, igual para todos.

Sección 2. Los representantes se distribuirán proporcionalmente entre los diversos Estados de acuerdo con su población respectiva, en la que se tomará en cuenta el número total de personas que haya en cada Estado, con excepción de los indios que no paguen contribuciones. Pero cuando a los habitantes varones de un Estado que tengan veintiún años de edad y sean ciudadanos de los Estados Unidos se les niegue o se les coarte en la forma que sea el derecho de votar en cualquier elección en que se trate de escoger a los electores para Presidente y Vicepresidente de los Estados Unidos, a los representantes del Congreso, a los funcionarios ejecutivos y judiciales de un Estado o a los miembros de su legislatura, excepto con motivo de su participación en una rebelión o en algún otro delito, la base de la representación de dicho Estado se reducirá en la misma proporción en que se halle el número de los ciudadanos varones a que se hace referencia, con el número total de ciudadanos varones de veintiún años del repetido Estado.

Sección 3. Las personas que habiendo prestado juramento previamente en calidad de miembros del Congreso, o de funcionarios de los Estados Unidos, o de miembros de cualquier legislatura local, o como funcionarios ejecutivos o judiciales de cualquier Estado, de que sostendrían la Constitución de los Estados Unidos, hubieran participado de una insurrección o rebelión en contra de ella o proporcionando ayuda o protección a sus enemigos no podrán ser senadores o representantes en el Congreso, ni electores del Presidente o Vicepresidente, ni ocupar ningún empleo civil o militar que dependa de los Estados Unidos o de alguno de los Estados. Pero el Congreso puede derogar tal interdicción por el voto de los dos tercios de cada Cámara.

Sección 4. La validez de la deuda pública de los Estados Unidos que esté autorizada por la ley, inclusive las deudas contraídas para el pago de pensiones y recompensas por servicios prestados al sofocar insurrecciones o rebeliones, será incuestionable. Pero ni los Estados Unidos ni ningún Estado asumirán ni pagarán deuda u obligación alguna contraídas para ayuda de insurrecciones o rebeliones contra los Estados Unidos, como tampoco reclamación alguna con motivo de la pérdida o emancipación de esclavos, pues todas las deudas, obligaciones y reclamaciones de esa especie se considerarán ilegales y nulas.

Sección 5. El Congreso tendrá facultades para hacer cumplir las disposiciones de este artículo por medio de leyes apropiadas.

Enmienda 15

Sección 1. Ni los Estados Unidos, ni ningún otro Estado, podrán desconocer ni menoscabar el derecho de sufragio de los ciudadanos de los Estados Unidos por motivo de raza, color o de su condición anterior de esclavos.

Sección 2. El Congreso estará facultado para hacer cumplir este artículo mediante leyes apropiadas.

Los funcionarios que hayan participado en la Guerra Civil en contra de los Estados Unidos no podrán ocupar cargos públicos en la administración federal o estatal. El Congreso puede eliminar esta disposición a través del voto positivo de dos tercios de sus miembros.

Los Estados Unidos devolverán el dinero que pidieron prestado para luchar en la Guerra Civil. El dinero que pidió prestado el Sur para luchar en la Guerra Civil no se devolverá a los prestamistas. Los antiguos propietarios de esclavos no recibirán dinero para compensar la liberación de los esclavos.

El Congreso puede aprobar las leyes que sean necesarias para hacer cumplir este artículo.

15. Identifica dos maneras en que la Decimocuarta Enmienda tendía a castigar a los que se rebelaban en contra de los Estados Unidos.

_____

_____

_____

_____

_____

_____

_____

_____

Decimoquinta Enmienda: 1870 Derecho al voto
Ni el gobierno federal ni el gobierno estatal pueden impedir el voto basándose en la raza o el color. Los antiguos esclavos pueden votar.

Decimosexta Enmienda: 1913 Impuesto sobre los ingresos

El Congreso puede recaudar un impuesto sobre los ingresos independientemente de la población de un estado. (Originalmente, la Sección 9 del Artículo I de la Constitución había negado esta facultad al Congreso).

Decimoséptima Enmienda: 1913 Elección directa de los senadores

Los votantes de cada estado elegirán directamente a sus senadores. (Originalmente, el Artículo I, Sección 3, establecía que los cuerpos legislativos de los estados elegían a los senadores).

Un estado puede llamar a elecciones extraordinarias para ocupar una banca vacía en el Senado. Mientras, el gobernador puede designar a un senador que ocupe la banca.

Decimoctava Enmienda: 1919 La Prohibición

La fabricación, importación y venta de bebidas alcohólicas es ilegal en los Estados Unidos. Esto se llamó "Prohibición" porque la enmienda prohibió el uso de alcohol.

El Congreso y los estados pueden aprobar leyes de cualquier tipo para prohibir el alcohol.

Esta enmienda pasará a integrar la Constitución si obtiene la aprobación dentro de un plazo de siete años.

La enmienda se derogó, es decir, se anuló, en 1933 mediante la Vigesimoprimera Enmienda.

16. Identifica la enmienda:

_____ gobierno federal puede recaudar impuesto sobre ingresos

_____ derecho al voto de los afroamericanos

_____ prohibir venta de alcohol

_____ abolir la esclavitud

_____ votantes pueden elegir senadores

Enmienda 16

El Congreso tendrá facultades para establecer y recaudar impuestos sobre los ingresos, sea cual fuere la fuente de que provengan, sin prorratearlos entre los diferentes Estados y sin atender a ningún censo o recuento.

Enmienda 17

El Senado de los Estados Unidos se compondrá de dos senadores por cada Estado, elegidos por los habitantes del mismo por seis años, y cada senador dispondrá de un voto. Los electores de cada Estado deberán poseer las condiciones requeridas para los electores de la rama más numerosa de la legislatura local..

Cuando ocurran vacantes en la representación de cualquier Estado en el Senado, la autoridad ejecutiva de aquel expedirá un decreto en que convocará a elecciones con el objeto de cubrir dichas vacantes, en la inteligencia de que la legislatura de cualquier Estado puede autorizar a su Ejecutivo a hacer un nombramiento provisional hasta tanto que las vacantes se cubran mediante elecciones populares en la forma que disponga la legislatura.

No deberá entenderse que esta enmienda influye sobre la elección o período de cualquier senador elegido antes de que adquiera validez como parte integrante de la Constitución.

Enmienda 18

Sección 1. Un año después de la ratificación de este artículo quedará prohibida por el presente la fabricación, venta o transporte de licores embriagantes dentro de los Estados Unidos y de todos los territorios sometidos a su jurisdicción, así como su importación a los mismos o su exportación de ellos, con el propósito de usarlos como bebidas.

Sección 2. El Congreso y los diversos Estados poseerán facultades concurrentes para hacer cumplir este artículo mediante leyes apropiadas.

Sección 3. Este artículo no entrará en vigor a menos de que sea ratificado con el carácter de enmienda a la Constitución por las legislaturas de los distintos Estados en la forma prevista por la Constitución y dentro de los siete años siguientes a la fecha en que el Congreso lo someta a los Estados.

Enmienda 19

El derecho de sufragio de los ciudadanos de los Estados Unidos no será desconocido ni limitado por los Estados Unidos o por Estado alguno por razón de sexo.

El Congreso estará facultado para hacer cumplir este artículo por medio de leyes apropiadas.

Enmienda 20

Sección 1. Los períodos del Presidente y el Vicepresidente terminarán al medio día del veinte de enero y los períodos de los senadores y representantes al medio día del tres de enero, de los años en que dichos períodos habrían terminado si este artículo no hubiera sido ratificado, y en ese momento principiarán los períodos de sus sucesores.

Sección 2. El Congreso se reunirá, cuando menos, una vez cada año y dicho período de sesiones se iniciará al mediodía del tres de enero, a no ser que por medio de una ley fije una fecha diferente.

Sección 3. Si el Presidente electo hubiera muerto en el momento fijado para el comienzo del período presidencial, el Vicepresidente electo será Presidente. Si antes del momento fijado para el comienzo de su período no se hubiere elegido Presidente o si el Presidente electo no llenare los requisitos exigidos, entonces el Vicepresidente electo fungirá como Presidente electo hasta que haya un Presidente idóneo, y el Congreso podrá prever por medio de una ley el caso de que ni el Presidente electo ni el Vicepresidente electo satisfagan los requisitos constitucionales, declarando quien hará las veces de Presidente en ese supuesto o la forma en que se escogerá a la persona que habrá de actuar como tal, y la referida persona actuará con ese carácter hasta que se cuente con un Presidente o un Vicepresidente que reúna las condiciones legales.

Sección 4. El Congreso podrá prever mediante una ley el caso de que muera cualquiera de las personas de las cuales la Cámara de Representantes está facultada para elegir Presidente cuando le corresponda el derecho de elección, así como el caso de que muera alguna de las personas entre las cuales el Senado está facultado para escoger Vicepresidente cuando pasa a él el derecho de elegir.

Sección 5. Las secciones 1 y 2 entrarán en vigor el día quince de octubre siguiente a la ratificación de este artículo.

Sección 6. Este artículo quedará sin efecto a menos de que sea ratificado como enmienda a la Constitución por las legislaturas de las tres cuartas partes de los distintos Estados, dentro de los siete años posteriores a la fecha en que se les someta.

Decimonovena enmienda: 1920 Derecho al voto femenino

Ningún gobierno puede impedir el voto a las personas basándose en su sexo.
El Congreso puede aprobar las leyes necesarias para hacer cumplir esta enmienda.

Vigésima Enmienda: 1933 Duración de los mandatos

El mandato de un Presidente comienza el 20 de enero. Esta fecha se conoce como Día de la toma de posesión. Los miembros del Congreso pueden ocupar su cargo el 3 de enero. (Originalmente, su mandato comenzaba el 4 de marzo).

El Congreso debe sesionar al menos una vez al año. Deben realizar la primera sesión el 3 de enero a menos que se designe un día diferente.

Si un candidato a Presidente no obtiene la mayoría de los votos en el Colegio Electoral y muere mientras se resuelve la elección en la cámara, el Congreso tiene la facultad de crear leyes que resuelvan el conflicto. El Congreso tiene una facultad similar si el candidato a Vicepresidente muere mientras se resuelve la elección en el Senado.

Las secciones 1 y 2 de esta enmienda entran en vigencia el 15 de octubre posterior a la fecha en que la enmienda se convierte en parte de la Constitución.

Esta enmienda debe obtener el voto a favor de tres cuartos de los estados dentro de un plazo de siete años.

Vigesimoprimera Enmienda: 1933 Derogación de la Prohibición

La Decimoctava Enmienda, que prohibió el alcohol, quedó sin efecto.

Cualquier estado puede crear leyes que prohíban el alcohol.

17. ¿Durante cuánto tiempo estuvo en vigencia la Decimoctava Enmienda en los Estados Unidos?

_____

Vigesimosegunda Enmienda: 1951 Límite del mandato del

PresidenteEl Presidente puede ocupar el cargo durante dos mandatos como máximo (ocho años). Si un Presidente ocupa más de dos años el mandato que dejara el Presidente anterior, solo podrá ser reelecto una vez.

18. ¿Crees que está bien limitar la tarea de un Presidente a solo dos mandatos? **Explica** por qué.

_____

_____

_____

_____

_____

_____

_____

Enmienda 21

Sección 1. Queda derogado por el presente el decimoctavo de los artículos de enmienda a la Constitución de los Estados Unidos.

Sección 2. Se prohíbe por el presente que se transporte o importen licores embriagantes a cualquier Estado, Territorio o posesión de los Estados Unidos, para ser entregados o utilizados en su interior con violación de sus respectivas leyes.

Sección 3. Este artículo quedará sin efecto a menos de que sea ratificado como enmienda a la Constitución por convenciones que se celebrarán en los diversos Estados, en la forma prevista por la Constitución, dentro de los siete años siguientes a la fecha en que el Congreso lo someta a los Estados.

Enmienda 22

Sección 1. No se elegirá a la misma persona para el cargo de Presidente más de dos veces, ni más de una vez a la persona que haya desempeñado dicho cargo o que haya actuado como Presidente durante más de dos años de un período para el que se haya elegido como Presidente a otra persona. El presente artículo no se aplicará a la persona que ocupaba el puesto de Presidente cuando el mismo se propuso por el Congreso, ni impedirá que la persona que desempeñe dicho cargo o que actúe como Presidente durante el período en que el repetido artículo entre en vigor, desempeñe el puesto de Presidente o actúe como tal durante el resto del referido período.

Sección 2. Este artículo quedará sin efecto a menos de que las legislaturas de tres cuartas partes de los diversos Estados lo ratifiquen como enmienda a la Constitución dentro de los siete años siguientes a la fecha en que el Congreso los someta a los Estados.

Enmienda 23

Sección 1. El distrito que constituye la Sede del Gobierno de los Estados Unidos nombrará, según disponga el Congreso:

Un número de electores para elegir al Presidente y al Vicepresidente, igual al número total de Senadores y Representantes ante el Congreso al que el Distrito tendría derecho si fuere un Estado, pero en ningún caso será dicho número mayor que el del Estado de menos población; estos electores se sumarán al número de aquellos electores nombrados por los Estados, pero para fines de la elección del Presidente y del Vicepresidente, serán considerados como electores nombrados por un Estado; celebrarán sus reuniones en el Distrito y cumplirán con los deberes que se estipulan en la Enmienda xii.

Enmienda 24

Sección 1. Ni los Estados Unidos ni ningún Estado podrán denegar o coartar a los ciudadanos de los Estados Unidos el derecho al sufragio en cualquier elección primaria o de otra clase para Presidente o Vicepresidente, para electores para elegir al Presidente o al Vicepresidente o para Senador o Representante ante el Congreso, por motivo de no haber pagado un impuesto electoral o cualquier otro impuesto.

Sección 2. El Congreso queda facultado para poner en vigor este artículo por medio de legislación adecuada.

Enmienda 25

Sección 1. En caso de que el Presidente sea depuesto de su cargo, o en caso de su muerte o renuncia, el Vicepresidente será nombrado Presidente.

Sección 2. Cuando el puesto de Vicepresidente estuviera vacante, el Presidente nombrará un Vicepresidente que tomará posesión de su cargo al ser confirmado por voto mayoritario de ambas Cámaras del Congreso.

Sección 3. Cuando el Presidente transmitiera al Presidente pro tempore del Senado y al Presidente de Debates de la Cámara de Diputados su declaración escrita de que está imposibilitado de desempeñar los derechos y deberes de su cargo, y mientras no transmitiere a ellos una declaración escrita en sentido contrario, tales derechos y deberes serán desempeñados por el Vicepresidente como Presidente en funciones.

Vigesimotercera Enmienda: 1961 Elecciones presidenciales en el Distrito de Columbia

Los habitantes de Washington, D.C., tienen derecho a votar en las elecciones presidenciales. Washington, D.C., no podrá jamás poseer más votos electorales que el estado con la población menor.

Vigesimocuarta Enmienda: 1964 Eliminación del impuesto electoral

No se puede impedir el voto en elecciones federales a una persona que no haya pagado un impuesto electoral o de otro tipo.

El Congreso puede crear leyes para implementar esta enmienda.

Vigesimoquinta Enmienda: 1967 Sucesión presidencial

Si el Presidente muere o renuncia, el Vicepresidente será Presidente.

Si el cargo de Vicepresidente queda vacío, el Presidente designará uno nuevo.

Cuando el Presidente no esté capacitado para desempeñar su cargo, lo informará al Congreso. En ese caso, el Vicepresidente ocupará la presidencia. El Presidente puede retomar sus tareas después de notificar al Congreso.

Si el Vicepresidente y la mitad del gabinete le informan al Congreso que el Presidente no puede desempeñar sus funciones, el Vicepresidente se convierte en Presidente en funciones. Si el Presidente le informa al Congreso que es capaz de desempeñar sus funciones, vuelve a ocupar su cargo. Sin embargo, al cabo de cuatro días, si el Vicepresidente y la mitad del gabinete le informan al Congreso que el Presidente no puede desempeñar sus funciones, el Presidente no podrá volver a ocupar su cargo. El Congreso deberá decidir en un plazo de 21 días si el Presidente es capaz de desempeñar sus funciones. Si dos tercios del Congreso votan que el Presidente no puede continuar, el Vicepresidente se convierte en el Presidente en funciones. Si dos tercios votan de manera diferente, el Presidente retiene su cargo.

Las personas que tengan dieciocho
años tienen derecho a votar en
elecciones federales y estatales.

El Congreso puede aprobar
leyes para implementar esta
enmienda.

Con el tiempo, las enmiendas
a la Constitución han mejorado
nuestra democracia, ampliando los
derechos al voto de cada vez más
ciudadanos.

19. Identifica el número de
la enmienda que:

_____ les otorgó el voto a
las mujeres.

_____ les otorgó el voto
a los ciudadanos de
Washington, D.C.

_____ les otorgó el voto a
los mayores de dieciocho
años.

_____ eliminó los
impuestos que limitaban
el voto.

Las leyes que aumentan el salario
de los senadores y los miembros
de la Cámara de Representantes
no entran en vigencia de inmediato.
Se implementan luego de la
siguiente elección en la Cámara de
Representantes.

Sección 4. Cuando el Vicepresidente y la mayoría de los principales funcionarios de los departamentos ejecutivos o de cualquier otro cuerpo que el Congreso autorizara por ley trasmitieran al Presidente pro tempore del Senado y al Presidente de Debates de la Cámara de Diputados su declaración escrita de que el Presidente está imposibilitado de ejercer los derechos y deberes de su cargo, el Vicepresidente inmediatamente asumirá los derechos y deberes del cargo como Presidente en funciones.

Por consiguiente, cuando el Presidente transmitiera al Presidente pro tempore del Senado y al Presidente de Debates de la Cámara de Diputados su declaración escrita de que no existe imposibilidad alguna, asumirá de nuevo los derechos y deberes de su cargo, a menos que el Vicepresidente y la mayoría de los funcionarios principales de los departamentos ejecutivos o de cualquier otro cuerpo que el Congreso haya autorizado por ley transmitieran en el término de cuatro días al Presidente pro tempore del Senado y al Presidente de Debates de la Cámara de Diputados su declaración escrita de que el Presidente está imposibilitado de ejercer los derechos y deberes de su cargo. Luego entonces, el Congreso decidirá qué solución debe adoptarse, para lo cual se reunirá en el término de cuarenta y ocho horas, si no estuviera en sesión. Si el Congreso, en el término de veintiún días de recibida la ulterior declaración escrita o, de no estar en sesión, dentro de los veintiún días de haber sido convocado a reunirse, determinará por voto de las dos terceras partes de ambas Cámaras que el Presidente está imposibilitado de ejercer los derechos y deberes de su cargo, el Vicepresidente continuará desempeñando el cargo como Presidente Actuante; de lo contrario, el Presidente asumirá de nuevo los derechos y deberes de su cargo.

Enmienda 26

Sección 1. El derecho a votar de los ciudadanos de los Estados Unidos, de dieciocho años de edad o más, no será negado o menguado ni por los Estados Unidos ni por ningún Estado a causa de la edad.

Sección 2. El Congreso tendrá poder para hacer valer este artículo mediante la legislación adecuada.

Enmienda 27

Ninguna ley que varíe la remuneración de los servicios de los senadores y representantes tendrá efecto hasta después de que se haya realizado una elección de representantes.

Estados Unidos de América: Mapa político

Washington
★Olympia

★Salem
Oregón

★Boise
Idaho

Montana
★Helena

Dakota del Norte
★Bismarck

Dakota del Sur
Pierre★

Wyoming

Cheyenne ★

Nebraska

Lincoln★

Carson City★
★Sacramento
Nevada

Salt Lake City★
Utah

Denver ★
Colorado

Topeka★
Kansas

California

Arizona
★Phoenix

Santa Fe ★
Nuevo México

Oklahoma
Oklahoma City★

Texas

★Austin

Alaska

Juneau★

Honolulu
★
Hawái

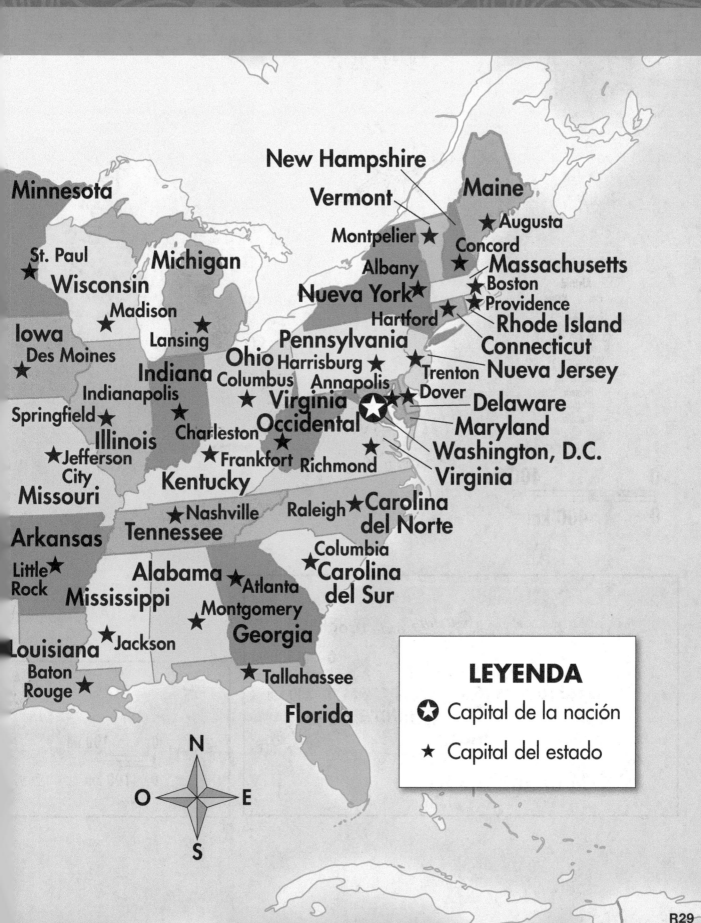

Minnesota

St. Paul

Wisconsin

Michigan

Madison

Lansing

Iowa

Des Moines

Indiana

Indianapolis

Springfield

Illinois

Jefferson City

Missouri

Arkansas

Little Rock

Mississippi

Louisiana

Baton Rouge

Ohio

Columbus

Charleston

Frankfort

Kentucky

Nashville

Tennessee

Alabama

Atlanta

Montgomery

Jackson

Georgia

Tallahassee

Florida

New Hampshire

Vermont

Montpelier

Albany

Nueva York

Hartford

Pennsylvania

Harrisburg

Annapolis

Virginia Occidental

Richmond

Maine

Augusta

Concord

Massachusetts

Boston

Providence

Rhode Island

Connecticut

Nueva Jersey

Trenton

Dover

Delaware

Maryland

Washington, D.C.

Virginia

Carolina del Norte

Raleigh

Columbia

Carolina del Sur

N

O

E

S

LEYENDA

⭐ Capital de la nación

★ Capital del estado

140°O
130°O

N
O
E
S

LEYENDA
Altitud

Pies	Metros
10,000	3,048
6,000	1,829
3,000	914
1,000	305
500	152
0	0

— Frontera internacional
▲ Montaña

40°N

Río Columbia

Río Snake

Gran Lago Salado

MONTAÑAS ROCOSAS

SIERRA NEVADA

Río Colorado

OCÉANO PACÍFICO

0   400 mi
0   400 km

120°O

30°N

CÍRCULO POLAR ÁRTICO

160°O

Cordillera de Brooks

Denali
20,310 pies (6,190 m) ▲

Cordillera de Alaska

0   300 mi
0   300 km

180°
60°N

Mar de Bering

Islas Aleutianas

140°O

22°N

OC PAC

20°N

0   100 mi
0   100 km

160°O

R30

Río Missouri

Río Platte

GRANDES LLANURAS

Río Red

Río Grande

Lago Superior

Grandes Lagos

Lago Huron

Lago Michigan

Lago Ontario

Lago Erie

LLANURAS CENTRALES

Río Ohio

Río Mississippi

MONTES APALACHES

LLANURA COSTERA DEL ATLÁNTICO

OCÉANO ATLÁNTICO

80°O

70°O

Golfo de México

90°O

TRÓPICO DE CÁNCER

20°N

ANO FICO

awái

154°O

área del mapa

América del Norte: Mapa político

OCÉANO ÁRTICO

GROENLANDIA
(Dinamarca)

Vizcon de
Melville
Sound

estrecho de Bering

mar de
Bering

bahía de
Baffin

ALASKA
(EE.UU.)

Fairbanks •

Anchorage •

Golfo de
Alaska

Gran Lago
del Oso

cuenca
de Foxe

estrecho de Davis

mar
Labrador

Juneau •

Gran Lago
del Esclavo

CANADÁ

bahía de
Hudson

estrecho de Hudson

150° O

Edmonton •

Calgary •

Lago
Athabasca

bahía
James

golfo de
San Lorenzo

Vancouver •

Regina •

Lago
Winnipeg

Winnipeg •

Quebec •

OCÉANO
ATLÁNTICO

estrecho de Puget

• Seattle

Grandes
lagos

Ottawa ✪ • Montreal

• Boston

Portland •

Toronto •

Detroit •

Ciudad de Nueva York •

Gran Lago
Salado

Salt Lake
City •

Chicago •

Filadelfia •

Washington, D.C. ✪

San Francisco •

Denver •

St. Louis •

30° N

Las Vegas •

ESTADOS UNIDOS

Atlanta •

60° O

Los Ángeles •

Phoenix •

San Diego •

Dallas •

Savannah •

TRÓPICO DE CÁNCER

San Antonio •

Houston •

Nueva
Orleans

BAHAMAS

REPÚBLICA
DOMINICA

Miami •

• Nassau

PUERTO
RICO (L

OCÉANO
PACÍFICO

México

Golfo de
México

Havana •

CUBA

Santo Domingo •

Ciudad
de México ✪

BELIZE

Kingston

Port-au-Prince ✪

JAMAICA ✪

HAITI

Mar Caribe

LEYENDA

— Frontera internacional

✪ Capital de la nación

• Otra ciudad

GUATEMALA

Belmopan ✪

HONDURAS

Ciudad de Guatemala ✪

Tegucigalpa ✪

San Salvador ✪

Managua ✪

EL SALVADOR

NICARAGUA

San José ✪

Ciudad de Panamá ✪

COSTA RICA

PANAMÁ

América del Norte: Mapa físico

OCÉANO ÁRTICO

Punta Barrow
Vizconde Melville Sound
isla Ellesmere
GROENLANDIA
Islas de la Reina Isabel
Melville I. Devon I.
bahía de Baffin
Cordillera de Brooks
mar de Beaufort
Banks Island
Isla Victoria
bahía de Baffin
estrecho de Davis
cabo Farewell
mar de Bering
Denali 20,310 ft (6,190 m)
río Yukón
cuenca de Foxe
islas Aleutianas
Cordillera de Alaska
Meseta del Yukón
Gran Lago del Oso
estrecho de Hudson
mar Labrador
OCÉANO ATLÁNTICO
Península de Alaska
Isla Kodiak
Mt. Logan 19,524 ft (5,951 m)
río Mackenzie
Gran Lago del Esclavo
bahía de Hudson
Labrador
Terranova
Golfo de Alaska
río Liard
río de la Paz
Lago Athabasca
Haida Qwaii (Islas de la Reina Carlota)
Montañas Costeras
río Athabasca
río Saskatchewan
James Bay
río San Lorenzo
golfo de San Lorenzo
Isla de Vancouver
Lago Winnipeg
Grandes lagos
Nueva Escocia
estrecho de Puget
Coast Ranges
cordillera de las Cascadas
Gran Lago Salado
río Mississippi
río Missouri
bahía de Fundy
cabo Cod
Long Island
Sierra Nevada
colinas Black
Platte
Arkansas
INTERIOR PLAINS
MONTES APALACHES
GRAN CUENCA
meseta Ozark
río Ohio
cabo Hatteras
Mt. Whitney 14,495 ft (4,418 m)
Valle de la Muerte (punto más bajo de América del Norte) –282 ft (–86 m)
Baja California
Desierto de Sonora
Río Colorado
Río Grande
LLANURA COSTERA
Bahamas
TRÓPICO DE CÁNCER
Sierra Madre Occidental
Sierra Madre Oriental
Golfo de México
Puerto Rico
Antillas Menores
Cuba
Antillas Mayores
Hispaniola
Península de Yucatán
Citlaltépetl 18,701 ft (5,700 m)
Jamaica
mar Caribe
Lago Nicaragua
istmo de Panamá
OCÉANO PACÍFICO

LEYENDA
Elevation

Pies	Metros
10,000	3,048
6,000	1,829
3,000	914
1,000	305
500	152
0	0

▲ montaña
▼ bajo el nivel del mar

ECUADOR

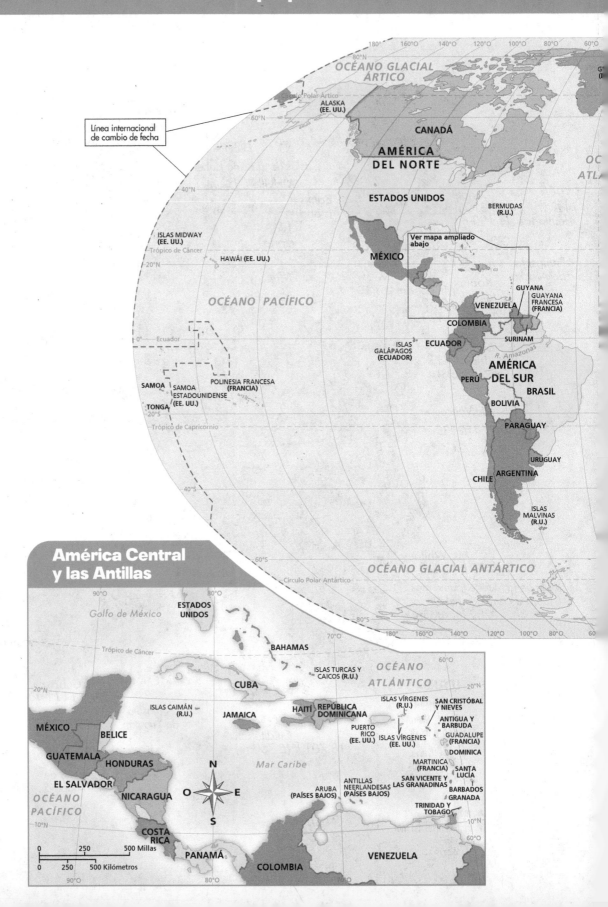

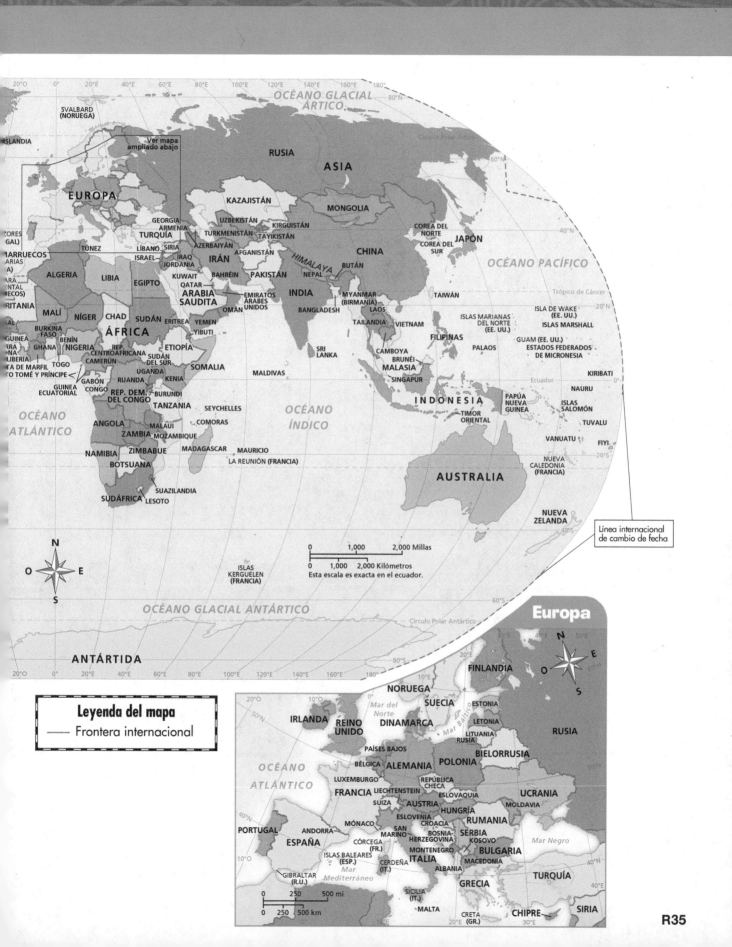

OCÉANO GLACIAL ÁRTICO

SVALBARD (NORUEGA)

ISLANDIA

Ver mapa ampliado abajo

RUSIA

ASIA

Círculo Polar Ártico

EUROPA

KAZAJISTÁN

MONGOLIA

ORES GAL)

GEORGIA ARMENIA
TURQUÍA

UZBEKISTÁN

KIRGUISTÁN

COREA DEL NORTE

JAPÓN

TÚNEZ

TURKMENISTÁN
TAYIKISTÁN

COREA DEL SUR

OCÉANO PACÍFICO

MARRUECOS
ARIAS
A)

LÍBANO SIRIA
ISRAEL IRAQ
JORDANIA

AZERBAIYÁN
AFGANISTÁN

CHINA

RA
NTAL
ECOS)

ALGERIA

LIBIA

EGIPTO

KUWAIT
QATAR

BAHRÉIN

IRÁN
PAKISTÁN

HIMALAYA
NEPAL

BUTÁN

Trópico de Cáncer

RITANIA

ARABIA SAUDITA

OMÁN

EMIRATOS ÁRABES UNIDOS

INDIA

MYANMAR (BIRMANIA)

TAIWÁN

ISLA DE WAKE (EE. UU.)

MALÍ

NÍGER CHAD

SUDÁN

ERITREA YEMEN

BANGLADESH

LAOS

ISLAS MARIANAS DEL NORTE (EE. UU.)

ISLAS MARSHALL

AL
GUINEA
RRA
NA
LIBERIA
TA DE MARFIL
TO TOMÉ Y PRÍNCIPE

BURKINA FASO
GHANA

BENÍN
NIGERIA

REP. CENTROAFRICANA

YIBUTI

ÁFRICA

ETIOPÍA

TAILANDIA

VIETNAM

FILIPINAS

GUAM (EE. UU.)

PALAOS

ESTADOS FEDERADOS DE MICRONESIA

CAMERÚN
SUDÁN DEL SUR
UGANDA

SRI LANKA

CAMBOYA
BRUNÉI
MALASIA

SOMALIA

MALDIVAS

SINGAPUR

KIRIBATI

GABÓN

GUINEA ECUATORIAL
CONGO

RUANDA
BURUNDI

KENIA

Ecuador

NAURU

REP. DEM. DEL CONGO

TANZANIA

SEYCHELLES

OCÉANO ÍNDICO

INDONESIA

PAPÚA NUEVA GUINEA

ISLAS SALOMÓN

OCÉANO ATLÁNTICO

ANGOLA

MALAUI
ZAMBIA MOZAMBIQUE

COMORAS

TIMOR ORIENTAL

TUVALU

VANUATU

FIYI

NAMIBIA

ZIMBABUE

BOTSUANA

MADAGASCAR

MAURICIO

LA REUNIÓN (FRANCIA)

AUSTRALIA

NUEVA CALEDONIA (FRANCIA)

SUDÁFRICA

SUAZILANDIA
LESOTO

NUEVA ZELANDA

Línea internacional de cambio de fecha

N
O   E
S

0   1,000   2,000 Millas

0   1,000   2,000 Kilómetros

Esta escala es exacta en el ecuador.

ISLAS KERGUELEN (FRANCIA)

OCÉANO GLACIAL ANTÁRTICO

Círculo Polar Antártico

ANTÁRTIDA

20°O   0°   20°E   40°E   60°E   80°E   100°E   120°E   140°E   160°E   180°

Leyenda del mapa

—— Frontera internacional

Europa

FINLANDIA

NORUEGA

SUECIA

ESTONIA

Mar del Norte

IRLANDA

REINO UNIDO

DINAMARCA

Mar Báltico

LETONIA

LITUANIA
RUSIA

RUSIA

PAÍSES BAJOS

BIELORRUSIA

OCÉANO ATLÁNTICO

BÉLGICA

LUXEMBURGO

ALEMANIA

POLONIA

REPÚBLICA CHECA

UCRANIA

FRANCIA LIECHTENSTEIN

ESLOVAQUIA

SUIZA

AUSTRIA

HUNGRÍA

MOLDAVIA

ESLOVENIA

CROACIA

RUMANIA

PORTUGAL

ANDORRA

MÓNACO

SAN MARINO

BOSNIA-HERZEGOVINA

SERBIA

KOSOVO

ESPAÑA

CÓRCEGA (FR.)

MONTENEGRO

BULGARIA

Mar Negro

ISLAS BALEARES (ESP.)

CERDEÑA (IT.)

ITALIA

ALBANIA

MACEDONIA

TURQUÍA

GIBRALTAR (R.U.)

Mar Mediterráneo

SICILIA (IT.)

GRECIA

MALTA

CRETA (GR.)

CHIPRE

SIRIA

0   250   500 mi

0   250   500 km

Glosario

A

abolición Movimiento para terminar con la esclavitud.

abolicionista Persona que apoyaba el movimiento para poner fin a la esclavitud.

academia Lugar para estudio o entrenamiento.

accidente geográfico Característica natural de la Tierra, como las montañas y los desiertos.

acuerdo Situación donde las personas de los dos lados de una disputa renuncian a algo para llegar a un acuerdo.

acumular Reunir una cantidad cada vez mayor de algo.

adaptarse Acostumbrarse a nuevas condiciones.

agricultura La plantación y el cultivo para obtener cosechas.

agrimensura Un registro muy detallado de una característica geográfica.

aliado Socio militar.

alianza Acuerdo o pacto.

alistarse Unirse al ejército.

alojar Dar albergue.

altitud Distancia o altura de la tierra sobre el nivel del mar.

anarquía Falta de ley; desorden causado por no haber reglas.

ancestro Pariente que vivió en el pasado.

anexar Ocupar un territorio.

anglicano Relacionado con la Iglesia de Inglaterra.

antifederalista Persona que apoyaba los Artículos de la Confederación.

anunciar Dar a conocer de forma oficial o pública.

aparcería Sistema en el que alguien que posee tierras se las alquila a otros a cambio de parte de sus cultivos.

arancel Impuestos a productos que entran en un país.

artefacto Objeto hecho y usado por personas que suele tener interés histórico o cultural.

artesano Persona especializada en un tipo de trabajo o comercio.

Artículos de la Confederación Acuerdo entre los 13 estados originales que sirvió como la primera Constitución de los Estados Unidos.

asesinar Matar a alguien famoso o poderoso, generalmente por razones políticas.

asesor Persona que da consejos o indicaciones.

asolado Dominado o vencido.

aspecto Una parte de algo.

astrolabio Instrumento usado en navegación que mide la posición del sol y las estrellas.

autobiografía El relato de la vida de una persona escrito por esa misma persona.

autoridad El poder de dar órdenes o tomar decisiones.

B

bien de consumo Bien de comercio que es una materia prima y no algo manufacturado.

biografía Libro acerca de la vida de una persona escrito por otra persona.

bloqueo Barrera de tropas o barcos colocada con el fin de evitar que las personas y los suministros entren o salgan de una zona.

boicot El rechazo a comprar un producto como parte de una protesta.

C

Cámara de los Burgueses El primer cuerpo legislativo representativo de América del Norte; fundado en la colonia de Virginia.

Camino de Lágrimas El viaje de los indígenas norteamericanos desde sus hogares en el este hasta el territorio indígena.

canal Vía de navegación hecha por el hombre.

capaz Que tiene la habilidad necesaria.

carabela Barco pequeño y veloz.

caravana de carretas Una fila de carretas que viajaban en grupo.

caravana Grupo de familias que se trasladaban juntas al Oeste.

carpet baggers Norteños que iban al Sur después de la Guerra Civil para empezar negocios.

Carta de Derechos Las diez primeras enmiendas de la Constitución de los Estados Unidos, que garantizan derechos básicos a todos sus ciudadanos.

carta real Documento de un rey o una reina que daba permiso para fundar y gobernar una colonia.

cazador-recolector Personas antiguas que vivían de la caza de animales y la recolección de nueces, semillas y frutas.

civilización Sociedad que tiene sistemas organizados de gobierno, religión y enseñanza.

clase Rango en una sociedad basado en riqueza o importancia.

clima El estado del tiempo habitual a lo largo del tiempo en un lugar.

códigos negros Conjunto de leyes aprobadas a finales del siglo XIX que les negaban el derecho a votar a los hombres afroamericanos y les impedían poseer armas y tomar ciertos tipos de empleo.

Colegio Electoral Grupo de personas elegidas por el pueblo en cada estado con el fin de que elijan a su vez al Presidente y al Vicepresidente de los Estados Unidos.

colonia País o zona que está bajo el control de otro país.

comerciante Persona que compra y vende bienes para obtener una ganancia.

comercio de esclavos Obtener, transportar y vender seres humanos como esclavos.

comercio Los negocios o transacciones entre países o estados.

comercio triangular Un patrón de comercio que se desarrolló en los siglos XVII y XVIII que tenía tres partes y unía las 13 colonias con Europa, África y el Caribe.

con el tiempo Después de que pase un tiempo.

con precisión Sin equivocaciones ni errores.

condición El estado físico de algo.

confederación Grupo en el que todos los miembros comparten las mismas metas; suelen tener una forma escrita u oral de alianza o pacto.

Confederación Otro nombre para los Estados Confederados de América, los estados sureños durante la Guerra Civil.

congregarse Reunirse.

congreso Cuerpo de gobierno para la creación de leyes.

conquistador Alguien que conquista un territorio, especialmente los españoles en América del Norte y América del Sur en el siglo XVI.

consejo Cuerpo de gobierno que toma decisiones y puede estar formado solo por el líder de un grupo o por un pequeño grupo de líderes.

constitución Plan de gobierno, generalmente escrito, pero puede ser oral.

construir Fabricar.

consultar Buscar información o consejo en algo o pidiéndolo a alguien.

contaminado Impuro, sucio.

convencer Hacer que alguien crea que algo es cierto.

coordinar Unir cosas diferentes; poner en el orden correcto.

costumbre Formas de vida que se practican a menudo.

crear Diseñar o inventar algo.

crucial De gran importancia.

cultivo comercial Cultivos que se venden en lugar de ser usados por el agricultor.

D

declarar Dar a conocer al público.

decreto Ley.

defender Proteger de daño o peligro.

defensor Persona que apoya una causa.

delegado Persona que representa a otros; suele ser un funcionario elegido por el voto.

demoler Destruir.

derechos de los estados Derecho de cada estado de los Estados Unidos a crear sus propias leyes locales.

desafío Situación difícil.

destino manifiesto La idea, muy popular en el siglo XIX, de que Estados Unidos tenía el derecho a adquirir territorio hasta llegar al Océano Pacífico.

determinar Decidir.

deuda Cantidad de dinero que se debe.

discriminación Tratamiento injusto a las personas; suele estar basado en raza, género o edad.

distinto Diferente.

distribuir Dividir algo entre varias personas.

diverso Que tiene mucha variedad.

Doctrina Monroe Política exterior de los Estados Unidos creada por el presidente James Monroe en 1823, que advertía a los líderes europeos que no establecieran colonias en el hemisferio occidental.

E

economía El sistema con el que un grupo produce, comparte y usa bienes.

ecosistema Todos los seres vivos que comparten un entorno e interactúan en él.

ecuador Línea imaginaria que corre alrededor del centro de la Tierra.

ejecutivo Poder del gobierno que ejecuta las leyes.

Ejército Continental Durante la Guerra de Independencia, el ejército autorizado por el Congreso Continental en 1775 y liderado por George Washington.

eliminar Quitar.

emancipación La liberación de los afroamericanos esclavizados.

empresario Alguien que toma riesgos para crear una empresa.

encomienda Sistema establecido por el gobierno español que daba a los colonos españoles el derecho a tomar tierras y controlar a los indígenas americanos en esa tierra.

enmienda Cambio o incorporación, especialmente a la

enorme De gran tamaño.

epidemia Una enfermedad muy difundida.

escasez Falta de provisiones necesarias.

esclavitud La acción de comprar y vender esclavos.

estilo Manera distintiva, particular o característica de actuar o moverse.

estrategia Plan bien pensado para alcanzar una meta durante un largo período de tiempo.

examinar Inspeccionar en detalle.

exhibición Colección de objetos que se muestra para que las personas la vean.

exhibir Mostrar.

expedición Un viaje.

exportación Producto que es vendido a otros países.

F

federalista Persona que apoyó la nueva Constitución de los Estados Unidos.

fiebre del oro Una repentina masa de personas que llega a un área donde se descubrió oro.

fiesta del 19 de junio Nombre de la celebración del día en que afroamericanos esclavizados en Texas supieron sobre la Proclamación de Emancipación.

financiar Dar dinero para algo.

folklore Costumbres, creencias y cuentos tradicionales.

frontera El límite con las tierras vírgenes.

fuente primaria Fuente que fue escrita o creada por alguien que fue testigo de un suceso.

fuente secundaria Fuente que fue escrita o creada por alguien que no fue testigo de un suceso.

fundamento La base o el apoyo de algo.

fundar Crear u organizar algo que es permanente.

G

Gabinete Grupo de asesores que suelen aconsejar al presidente o a otro líder.

ganancia Dinero que gana una empresa después de que sus deudas fueron pagadas.

ganancias excesivas Cobrar precios demasiado altos por bienes.

geografía La tierra y las masas de agua de un lugar.

globo terráqueo Un modelo de la Tierra.

gobierno Un sistema para crear reglas y tomar decisiones para ayudar a un grupo o una nación.

goleta de la pradera Un tipo de carreta común en el camino hacia el oeste; su nombre viene de un tipo de barco.

Guerra del Rey Philip Guerra entre los colonos y los indígenas norteamericanos en 1637, llevada a cabo por Metacom, también conocido como Rey Philip.

guerra total Método de guerra que busca destruir objetivos civiles y militares por igual para obligar al enemigo a rendirse.

H

hacer cumplir Hacer que las personas obedezcan una ley or regla.

hacer un trueque Intercambiar un bien por otro.

hambruna Una falta extrema de alimentos.

hemisferio La mitad de la esfera de la Tierra.

Hijos de la Libertad Grupo de colonos que protestaban por los impuestos injustos que debían pagar a los ingleses.

himno Una canción.

horrible Tener el poder de causar horror; espantoso o estremecedor.

I

igualdad La condición de tener los mismos derechos que todos los demás.

imperio de la ley La idea de que todos los ciudadanos deben obedecer las leyes y serán protegidos del abuso de poder por parte del gobierno.

imperio Un gran grupo de estados o países.

imponer Recaudar u obligar a algo.

importación Producto traído de otro país.

inauguración Ceremonia que marca el comienzo de algo.

independencia Libertad.

indicar Señalar, mostrar.

inflación Cuando los precios de los bienes aumentan y el valor del dinero disminuye.

influir Ayudar a producir un efecto.

innovación La introducción de algo nuevo.

insertar Meter.

inspeccionar Mirar algo con detenimiento.

interactuar Hablar o trabajar con otros.

intercambio colombino El movimiento de personas, animales, plantas y culturas entre el hemisferio oriental y el occidental.

intérprete Persona que traduce idiomas extranjeros.

investigar Estudiar con mucha atención.

irrigación El uso de tecnología para llevar agua a los cultivos.

J

judicial Poder del gobierno que está formado por cortes y jueces, y decide lo que significan las leyes.

juicio político Proceso por el cual cargos son presentados contra un funcionario.

L

latitud Líneas en un mapa separadas por distancias regulares que se extienden alrededor del globo al norte y al sur del ecuador.

leal al rey Persona que se mantuvo leal a Inglaterra durante la Guerra de Independencia.

legislativo Poder del gobierno que crea las leyes.

levantamiento Revuelta.

Ley del Timbre Ley aprobada por el gobierno inglés que establecía un impuesto a todo el papel usado por los colonos.

ley marcial Colocar al ejército a cargo del gobierno.

Leyes Townshend Una serie de actas que establecían impuestos sobre los productos que eran vendidos a los colonos.

liga Grupo cuyos miembros comparten las mismas metas.

límite Línea que divide un área de otra.

llanura Zona abierta o tierra plana.

longitud Líneas en un mapa separadas por distancias regulares que se extienden hacia el norte y hacia el sur entre el Polo Norte y el Polo Sur.

M

mantener Continuar con algo o hacerlo seguir sin cambios.

mapa de altitud Mapa que compara y contrasta las elevaciones de diferentes áreas.

mapa de regiones Mapa que muestra zonas donde existen las mismas características físicas o humanas.

mapa físico Mapa que muestra información como accidentes geográficos y masas de agua.

mapa histórico Mapa que muestra un punto particular del pasado.

masacre La matanza intencional de muchas personas.

materia prima Recurso que se usa para hacer otros productos.

mercantilismo Idea económica popular en los siglos XVII y XVIII, que sugería que los gobiernos deberían limitar las importaciones pero aumentar la fabricación y las exportaciones, especialmente a las colonias.

mercenario Soldado contratado por un país extranjero.

método Una manera de hacer algo.

migrar Trasladarse desde un lugar a otro.

milicia Ejércitos locales formados por colonos.

misionero Persona enviada a otro país para convencer a otros de que crean en una religión.

moneda corriente Dinero.

monopolio Control exclusivo del comercio en un área determinada.

N

nacionalismo Sentimiento de orgullo por tu país.

navegación El proceso de planificar una ruta y encontrar la propia ubicación.

negociar Discutir algo para llegara un acuerdo.

neutral Que no se pone de uno de los lados en un conflicto.

nómada Persona que viaja por una región específica para seguir grupos de animales y recoger comida.

O

obtener Conseguir o adquirir.

organizado Formal u ordenado.

P

Pacto del Mayflower Acuerdo hecho por los peregrinos para gobernarse a sí mismos.

partido político Grupo de personas que tienen las mismas opiniones políticas en general.

paso del noroeste Ruta de navegación al norte desde el océano Atlántico hasta el océano Pacífico que acortaría el trayecto entre Europa y Asia.

patriota Colono que estaba en contra de las acciones y políticas de Inglaterra antes y durante la Guerra de Independencia.

patrocinador Persona que da apoyo financiero a otra.

península Zona de tierra rodeada de agua.

peregrino Alguien que hace un viaje muy largo, generalmente por motivos religiosos.

permitir Dejar que algo ocurra.

persecución Trato injusto a causa de raza o creencias políticas o religiosas.

persuadir Convencer.

pionero Persona que construye una casa en el límite con las tierras vírgenes.

plantación Granja de gran tamaño en la que se suele cultivar solo un tipo de planta.

política exterior Políticas de un país para tratar con otros países.

Pony Express Sistema de transporte de correo a caballo usado en el oeste de los Estados Unidos desde 1860 a 1861.

preámbulo Introducción.

primer meridiano Línea de longitud marcada como 0 grados.

proceso Sistema con el que se hace algo.

proclamación Anuncio oficial, generalmente del gobierno.

producción en masa Sistema para producir una gran cantidad del mismo artículo al mismo tiempo.

propietario Alguien que posee tierra o propiedad.

proponer Sugerir.

propuesta Plan o sugerencia que se presenta ante otros para que lo consideren.

provincia real Zona controlada y gobernada por un rey o una reina.

puritano Alguien que quería cambiar la Iglesia de Inglaterra y se trasladó a América del Norte para practicar su religión libremente en el siglo XVII.

R

ratificado Firmado o hecho oficial.

recluir Impedir la salida de alguien; encarcelar.

reclutamiento forzado La práctica de capturar soldados extranjeros y obligarlos a trabajar para un país que no es el suyo.

reconocer Admitir la autoridad de alguien.

Reconstrucción Nombre del plan del presidente Lincoln para ayudar a reconstruir y sanar el país después de la Guerra Civil.

recuperar Volver a tener algo, recobrar.

red de comercio Sistema de rutas de rutas de comercio que conectaban zonas diferentes.

reflejado Mostrado.

reformar Cambiar.

refuerzos Más personas, provisiones o armas.

región Zona donde existen las mismas características físicas o humanas.

regular Controlar o ajustar.

relación Manera en la que personas o cosas están conectadas.

relieve Uso de colores y sombras en un mapa para mostrar lugares altos y bajos.

representante Persona elegida para actuar en nombre de otros.

república constitucional Gobierno en el que los funcionarios son elegidos para representar al pueblo y luego gobiernan según una constitución.

responsable Capaz de hacer lo correcto o lo que se espera.

retener Conservar.

retirada Movimiento de soldados para alejarse del enemigo.

rígido Que no cambia.

S

satélite Artefacto que entra en órbita alrededor de la Tierra para transmitir señales de radio, televisión y teléfono.

secesión Acto de separarse formalmente de algo.

segregación Separación de un grupo de personas, generalmente por su raza.

según Conforme a.

separación de poderes La idea de que las capacidades y las obligaciones de un gobierno se dividen en poderes separados.

separarse Apartarse o retirarse de algo.

sequía Período de tiempo largo con poca lluvia o sin lluvia.

siervo por contrato Persona que acepta trabajar sin pago durante cierto período de tiempo a cambio de comida, ropa y vivienda con la promesa de recibir tierras.

significativo Importante.

símbolo Acción u objeto que representa una idea o un sentimiento.

sistema de clases Método para clasificar a las personas, a menudo según su raza, poder o riqueza.

sistema de controles y equilibrios Sistema donde cada poder del gobierno tiene maneras de limitar las capacidades de los otros poderes.

sitio Bloqueo militar diseñado para hacer que una ciudad se rinda.

soberanía popular La idea de que el gobierno obtiene su poder del pueblo y necesita su consentimiento para crear leyes.

sucesos actuales Sucesos que están en las noticias.

suficiente Tan bueno como es necesario.

sufragio Derecho al voto.

surgir Aparecer.

T

tasa de aduana Impuestos a los productos que llegan a un país.

tecnología Uso de conocimiento o instrumentos científicos para hacer un trabajo.

tolerancia Actitud justa hacia personas cuyas opiniones, creencias y raza son distintas de las tuyas.

tradición Costumbre o creencia que se transmite de una generación a la siguiente.

traición La acción de intentar derrocar el gobierno del país propio.

tranquilidad doméstica Paz dentro de una nación.

transgredir Hacer algo en contra de la ley.

Tratado de París Tratado de paz entre Inglaterra y los Estados Unidos en 1783 que terminó con la Guerra de Independencia.

tratado Un acuerdo, generalmente entre naciones.

travesía intermedia El viaje forzado de africanos esclavizados en barco a través del océano Atlántico desde África Occidental hasta el Caribe, desde el siglo XVI hasta mediados del siglo XIX, como parte de la ruta de comercio triangular.

Tren Clandestino Organización secreta que ayudó a afroamericanos esclavizado a escapar y llegar al Norte o a Canadá.

U

ubicación absoluta La ubicación exacta de un lugar que no cambia.

ubicación relativa Descripción de un lugar en relación con otro lugar.

unificar Unir.

Unión Otro nombre para los Estados Unidos, especialmente los estados norteños durante la Guerra Civil.

unirse Lograr un acuerdo para alcanzar un objetivo común.

V

validar Encontrar que algo tiene particular valor o mérito.

vaquero Pastor de vacas mexicano.

veto Rechazo a firmar un proyecto de ley.

virrey Alguien que es enviado por un rey o una reina para gobernar una colonia.

Índice

El índice enumera las páginas en las que aparecen los temas de este libro. La *m* que sigue a los números de página se refiere a mapas. La *i* que sigue a los números de página se refiere a imágenes. La *t* que sigue a los números de página se refiere a tablas y gráficas. La *l* que sigue a los números de página se refiere a líneas de tiempo. Los números de página en **negritas** indican dónde aparecen las definiciones de vocabulario. *Ver* y *Ver también* dirigen al lector a entradas alternativas.

Reconocimientos

Text Acknowledgments

HarperCollins Publishers
LIttle House on the Prairie by Laura Ingalls Wilder.
Copyright © HarperCollins Publishers.

St.Martin's Press
Mankilller: A Chief and Her People by Wilma Mankiller.
Copyright © St.Martin's Press.

Scholastic Inc.
The Encounter by Jane Yolen. Copyright © Scholastic Inc.

Images

Cover
Dann Tardif/Getty Images

Front Matterr
SSH1BL: Jjwithers/iStock Unreleased/Getty Images;
SSH1BR: Jamie Pham/Alamy Stock Photo; SSH1TL: Li
Hui Chen/Shutterstock; SSH1TR: Jenny E. Ross/Corbis
Documentary/Getty Images; SSH11: Heritage Images/
Hulton Fine Art Collection/Getty Images; SSH12: Lambert/
Hulton Fine Art Collection/Getty Images; SSH14: Shalom
Ormsby/Blend Images/Alamy Stock Photo; SSH15: National
Museum of American History, Kenneth E. Behring Center;
SSH16: Beeboys/Shutterstock; SSH17: Hulton Fine Art
Collection/Fine Art Images/Heritage Images/Getty Images;
SSH19: Erich Lessing/Art Resource, NY; copyright page:
Rachid Dahnoun/Aurora Open RF/Alamy Stock Photo; i:
Chris Putnam/Alamy Stock Photo; iii: Camarillo Dr. Albert
M.; iii: Dr. James B. Kracht; iii: Dr. Kathy Swan; iii: Dr. Linda
B. Bennett; iii: Elfrieda H. Hiebert; iii: Jim Cummins; iii:
Kathy Tuchman Glass; iii: Paul Apodaca; iii: Steven Hackel;
iii: Warren J. Blumenfeld; iii: Xiaojian Zhao

Chapter 01
001: kravka/Shutterstock; 003BL: W. Langdon Kihn/
National Geographic Creative; 003BR: Stock Montage,
Inc./Alamy Stock Photo; 003TL: American Indian, desert
dewellers, 1992 (acrylic on board), Wood, Rob (b.1946)/
Private Collection/Wood Ronsaville Harlin, Inc. USA/
Bridgeman Art Library; 003TR: W. Langdon Kihn/National
Geographic Creative/Alamy Stock Photo; 005B: Ajlatan/
Shutterstock; 008: Walrus harpoon/Werner Forman Archive/
Bridgeman Art Library; 010: G. Dagli Orti/De Agostini
Picture Library/Getty Images; 011: Richard A. Cooke/Corbis
Documentary/Getty Images; 012: snow shoes, Mario
Bonotto/Age Fotostock; 016: FineArt/Alamy Stock Photo;
017: Jose Galvez/PhotoEdit; 018: Lawrence Migdale/PIX/
Alamy Stock Photo; 019: Werner Forman Archive/Heritage
Image Partnership Ltd/Alamy Stock Photo; 020B: Dan
Nourie/Glasshouse Images/Alamy Stock Photo;
020T: Charles Phelps Cushing/ClassicStock/Alamy Stock

Photo; 022: Jim Zuckerman/Alamy Stock Photo; 024:
Krasowit/Shutterstock; 027: MPI/Archive Photos/Getty
Images; 028: Photobucket; 029L: Chronicle/Alamy Stock
Photo; 029R: Carl Iwasaki/The LIFE Images Collection/
Getty Images; 030: North Wind Picture Archives/
Alamy Stock Photo; 031: Dani Simmonds/Alamy Stock
Photo; 031L: Gunter Marx/AT/Alamy Stock Photo; 031R:
Gary Warnimont/Alamy Stock Photo; 032BL: NativeStock/
North Wind Picture Archives; 032BR: Digitalfarmer/
Alamy Stock Photo; 032T: Nativestock/North Wind
Picture Archives; 034: BlueRingMedia/Shutterstock;
035: BioLife Pics/Shutterstock; 036B: Maggie Steber/
National Geographic Creative/Alamy Stock Photo; 036T:
Buddy Mays/Alamy Stock Photo; 037B: Randy Duchaine/
Alamy Stock Photo; 037CB: Edward Fielding/Alamy Stock
Photo; 037T: Gordon Wildman/Alamy Stock Photo; 037TC:
kravka/Shutterstock

Chapter 02
043: Dioscoro Teofilo de la Puebla Tolin/Getty Images; 044:
Peter Schickert/Westend61 GmbH/Alamy Stock Photo;
045BL: Heritage Images/Hulton Fine Art Collection/Getty
Images; 045BR: Science Source/Getty Images; 045TL:
Bartholemew Dias (1450-1500) (oil on cork), Portuguese
School (19th century)/Private Collection/Ancient Art
and Architecture Collection Ltd./Bridgeman Art Library;
045TR: Stock Montage/Archive Photos/Getty Images;
048-049: Bettmann/Getty Images; 051: DEA/G. Dagli Orti/
De Agostini/Getty Images; 053: Leemage/Universal Images
Group/Getty Images; 054: Antonio Figueiredo/Shutterstock;
056: Monkeybusinessimages/iStock/Getty Images; 058:
Universal History Archive/Universal Images Group/Getty
Images; 061: TopFoto/The Image Works; 063: North Wind
Picture Archives/Alamy Stock Photo; 064: Wendy Connett /
Robert Harding/Getty Images; 066: PHAS/Universal Images
Group/Getty Images; 070: Inga Spence/Photolibrary/Getty
Images; 071: North Wind Picture Archives; 072: Joel Blit/
Shutterstock; 076B: Phantom1311/iStock/Getty Images;
076T: Universal Images Group/Getty Images

Chapter 03
082: Print Collector/Hulton Archive/Getty Images; 084: Matt
Purciel/Alamy Stock Photo; 085BL: North Wind Picture
Archives/Alamy Stock Photo; 085BR: Stock Montage/
Archive Photos/Getty Images; 085TL: Prisma Archivo/Alamy
Stock Photo; 085TR: Stock Montage/Archive Photos/Getty
Images; 089: Lanmas/Alamy Stock Photo; 090: Tiziano
Vecelli/english.habsburger.net; 094L: Floridamemory.com;
094R: Glowimages/Getty Images; 095L: Floridamemory.
com; 095R: Prisma Archivo/Alamy Stock Photo; 098: North
Wind Picture Archives/Alamy Stock Photo; 100: Stock
Montage/Archive Photos/Getty Images; 102: National
Parks Service; 104: Hulton Archive/Getty Images; 108:
Lambert/Hulton Fine Art Collection/Getty Images; 112:
North Wind Picture Archives; 114: Stillman Rogers/Alamy

Stock Photo; 116: George Bernard/Science Source; 118L: Photo Researchers, Inc/Alamy Stock Photo; 118R: Lebrecht Music and Arts Photo Library/Alamy Stock Photo; 119: Robert Stanton/AFP/Getty Images; 121: North Wind Picture Archives/Alamy Stock Photo; 122: American Swedish Historical Museum; 125: Alexey Smolyanyy/Shutterstock; 126B: Branislavpudar/Shutterstock; 126T: Sarin Images/Granger, NYC

Chapter 04
132-133: Dennis Tarnay, Jr./Alamy Stock Photo; 134: Philip Scalia/Alamy Stock Photo; 135BL: North Wind Picture Archives/Alamy Stock Photo; 135BR: Interfoto/Personalities/Alamy Stock Photo; 135TL: North Wind Picture Archives/Alamy Stock Photo; 135TR: North Wind Picture Archives/Alamy Stock Photo; 137: Syda Productions/Shutterstock; 138-139: Mira/Alamy Stock Photo; 141: David Persson/Shutterstock; 143: JG Photography/Alamy Stock Photo; 145: North Wind Picture Archives; 146: Ad Oculos/Shutterstock; 147: African Americans picking cotton on a southern plantation. 1883/Universal History Archive/UIG/Bridgeman Art Library; 149: Mark Summerfield/Alamy Stock Photo; 153: Pat & Chuck Blackley/Alamy Stock Photo; 154: North Wind Picture Archives/Alamy Stock Photo; 155: North Wind Picture Archives/Alamy Stock Photo; 158: Pictorial Press Ltd/Alamy Stock Photo; 158: World History Archive/Alamy Stock Photo; 160: North Wind Picture Archives; 161: Photo Researchers, Inc/Alamy Stock Photo; 162: North Wind Picture Archives/Alamy Stock Photo; 163: Music Alan King/Alamy Stock Photo; 164: Nat Turner (1800-31) with fellow insurgent slaves during the Slave Rebellion of 1831 (coloured engraving 1863), Darley, Felix Octavius Carr (1822-88) (after)/Private Collection/Peter Newark American Pictures/Bridgeman Art Library; 166: Pictorial Press Ltd/Alamy Stock Photo; 168: North Wind Picture Archives/Alamy Stock Photo; 170-171: Michael Runkel Appalacheans/Alamy Stock Photo; 172: North Wind Picture Archives/Alamy Stock Photo; 175: Richard Nowitz/National Geographic Creative/Alamy Stock Photo; 177: North Wind Picture Archives/Alamy Stock Photo; 178: North Wind Picture Archives; 180B: Stock Montage/Archive Photos/Getty Images; 180T: Wim Wiskerke/Alamy Stock Photo

Chapter 05
186-187: Nancy Carter/North Wind Picture Archives/Alamy Stock Photo; 188: Daniel Dempster Photography/Alamy Stock Photo; 189BL: Photo Researchers, Inc/Alamy Stock Photo; 189BR: James Lafayette Armistead (engraving), Martin, John (1789-1854)/Virginia Historical Society, Richmond, Virginia, USA/Bridgeman Art Library; 189TL: GraphicaArtis/Archive Photos/Getty Images; 189TR: SuperStock/Getty Images; 192-193: Niday Picture Library/Alamy Stock Photo; 194B: Bettmann/Getty Images; 194T: JT Vintage/Glasshouse Images/Alamy Stock Photo; 195: Benjamin Franklin/Library of Congress Prints and Photographs Division[LC-USZC4-5315]; 196:

North Wind Picture Archives/Alamy Stock Photo; 200: Niday Picture Library/Alamy Stock Photo; 201B: North Wind Picture Archives/Alamy Stock Photo; 201T: Carol M. Highsmith/Library of Congress Prints and Photographs Division[LC-DIG-highsm-09900]; 203: Bettmann/Getty Images; 204L: John Singleton Copley/De Agostini Picture Library/Getty Images; 204R: Thomas Hutchinson (1711-80) 1741 (oil on canvas), Truman, Edward (18th century)/Massachusetts Historical Society, Boston, MA, USA/Bridgeman Art Library; 205: VCG Wilson/Fine Art/Corbis Historical/Getty Images; 206: North Wind Picture Archives/Alamy Stock Photo; 210: Barney Burstein/Corbis Historical/VCG/Getty Images; 212: Bettmann/Getty Images; 214: Fine Art Images/Heritage Images/Hulton Archive/Getty Images; 215: Universal History Archive/Universal Images Group/Getty Images; 216: Culture Club/Hulton Archive/Getty Images; 218B: EvgeniyQ/iStock/Getty Images; 218T: Stock Montage/Archive Photos/Getty Images; 220: North Wind Picture Archives/Alamy Stock Photo; 222: North Wind Picture Archives/Alamy Stock Photo; 224: VCG Wilson/Fine Art/Corbis Historical/Getty Images; 227C: Universal History Archive/Universal Images Group/Getty Images; 227L: Photo Researchers, Inc/Alamy Stock Photo; 227R: Lebrecht Authors/Lebrecht Music and Arts Photo Library/Alamy Stock Photo; 228: North Wind Picture Archives/Alamy Stock Photo; 229: Fotosearch/Archive Photos/Getty Images; 230: Edmund P. Restein/Ludwig Restein/Library of Congress Prints and Photographs Division[LC-DIG-pga-02468]; 233: World History Archive/Alamy Stock Photo; 235: Everett Collection Historical/Alamy Stock Photo; 236: North Wind Picture Archives/Alamy Stock Photo; 238B: JacobH/E+/Getty Images; 238T: Photos.com/Getty Images; 243: Kevin Dodge/Corbis/Getty Images

Chapter 06
244: Tim Mainiero/Shutterstock; 246: Kickstand/E+/Getty Images; 247BL: North Wind Picture Archives/Alamy Stock Photo; 247BR: North Wind Picture Archives/Alamy Stock Photo; 247TL: National Portrait Gallery, Smithsonian Institution/Art Resource; 247TR: Everett Historical/Shutterstock; 249: Tom Grill/JGI/Blend Images/Getty Images; 250-251: The Artchives/Alamy Stock Photo; 254: North Wind Picture Archives/Alamy Stock Photo; 258: Kali Nine LLC/E+/Getty Images; 260-261: GraphicaArtis/Archive Photos/Getty Images; 262: World History Archive/Alamy Stock Photo; 264: Kickstand/E+/Getty Images; 266: Peter Gridley/Stockbyte/Getty Images; 269: Mark Wilson/Getty Images; 270: Duplessis, Joseph-Siffrède/Library of Congress Prints and Photographs Division[LC-USZC4-7214]; 273L: Albert Knapp/Alamy Stock Photo; 273R: Everett Collection Historical/Alamy Stock Photo; 274: Everett Historical/Shutterstock; 275: Niday Picture Library/Alamy Stock Photo; 276: Brooks Kraft/Corbis Historical/Getty Images; 277B: Max Herman/SIPPL Sipa USA/AP Images; 277T: Jim West/Alamy Stock Photo; 280L: Pictorial Press Ltd/Alamy Stock

Photo; 280R: Bettmann/Getty Images; 282: Justin Sullivan/ Getty Images; 284: Chuck Place/Alamy Stock Photo; 285: Omersukrugoksu/E+/Getty Images; 286: Francis Miller/The LIFE Picture Collection/Getty Images; 287: SU Archives/ Everett Collection Inc/Alamy Stock Photo; 288: Keystone Pictures USA/Alamy Stock Photo; 290B: Michael Neelon (tourism)/Alamy Stock Photo; 290T: Everett Historical/ Shutterstock; 295: Asiseeit/E+/Getty Images

Chapter 07
296-297: Rudi1976/Alamy Stock Photo; 298: Picsbyst/ Shutterstock; 299BL: North Wind Picture Archives/Alamy Stock Photo; 299BR: Niday Picture Library/Alamy Stock Photo; 299TL: Lewis and Clark with Sacagawea(colour litho)(detail), Paxson,Edgar Samuel (1852-1915)/Private Collection/Peter Newark American Pictures/Bridgeman Art Library; 299TR: B. Christopher/Alamy Stock Photo; 302-303: First in War,First in Peace and First in the Hearts of His Countrymen (colour litho), American School, (19th century) /©Collection of the New-York Historical Society, USA/Bridgeman Art Library.; 304: North Wind Picture Archives/Alamy Stock Photo; 305: Amble Design/ Shutterstock; 307: Nikreates/Alamy Stock Photo; 308: North Wind Picture Archives/Alamy Stock Photo; 310: Bettmann/Getty Images; 312: North Wind Picture Archives; 314: North Wind Picture Archives/Alamy Stock Photo; 316: North Wind Picture Archives/Alamy Stock Photo; 318: Andrew Molinaro/Alamy Stock Photo; 319: North Wind Picture Archives/Alamy Stock Photo; 320: GL Archive/ Alamy Stock Photo; 321L: North Wind Picture Archives/ Alamy Stock Photo; 321R: Backyard Productions/Alamy Stock Photo; 323: Niday Picture Library/Alamy Stock Photo; 324B: XAOC/Shutterstock; 324T: Bettmann/Getty Images; 325: World History Archive/Alamy Stock Photo; 326: A Hundred Years Peace, the signing of the Treaty of Ghent between Great Britain and the US Dec. 24, 1814, to end the War of 1812.Painting by Amedee Forestier (1854-1930) made in 1914, oil on canvas, 71.4 x102 cm.Belgium,19th century/De Agostini Picture Library/Bridgeman Art Library.; 328: Sarin Images/Granger, NYC; 329: Print Collector/ Hulton Archive/Getty Images; 330: North Wind Picture Archives; 333: Jackson slaying the many headed monster', 1828 (colour litho), American School, (19th century)/ Private Collection/Peter Newark American Pictures/ Bridgeman Art Library.; 334: Niday Picture Library/Alamy Stock Photo; 336: Granger, NYC; 337: North Wind Picture Archives/Alamy Stock Photo; 338: Aldo Liverani/Andia/ Alamy Stock Photo; 339: Everett Collection Historical/ Alamy Stock Photo; 340: North Wind Picture Archives/ Alamy Stock Photo; 342T: The Great Famine of Ireland in 1849 (gouache on paper), Nicolle, Pat (Patrick)(1907-95)/ Private Collection/Look and Learn/Bridgeman Art Library.; 344BL: Shutterstock; 344BR: Everett Collection Inc/Alamy Stock Photo; 344T: Encyclopaedia Britannica, Inc./Library of Congress/Universal Images Group North America LLC/ Alamy Stock Photo; 345: Pictorial Press Ltd/Alamy Stock Photo; 346: Everett Historical/Shutterstock; 347: Bettmann/

Getty Images; 348: Niday Picture Library/Alamy Stock Photo; 350: Niday Picture Library/Alamy Stock Photo; 351BC: IanDagnall Computing/Alamy Stock Photo; 351BL: World History Archive/Alamy Stock Photo; 351BR: Everett Collection Historical/Alamy Stock Photo; 351TC: IanDagnall Computing/Alamy Stock Photo; 351TL: Collection/Active Museum/Alamy Stock Photo; 351TR: Niday Picture Library/ Alamy Stock Photo; 642B: North Wind Picture Archives/ Alamy Stock Photo

Chapter 08
356-357: Charles Phelps Cushing/ClassicStock/ Archive Photos/Getty Images; 358: George Ostertag/Age Fotostock; 359BL: Everett Collection Historical/Alamy Stock Photo; 359BR: Fotosearch/Archive Photos/Getty Images; 359TL: Stock Montage/Hulton Archive/Archive Photos/ Getty Images; 359TR: Narcissa Whitman (1808-47) (litho) (see also 268168)0, American School, (19th century)/ Private Collection/Peter Newark American Pictures/ Bridgeman Art Library; 362: Photo Researchers, Inc/Alamy Stock Photo; 364: North Wind Picture Archives; 365: North Wind Picture Archives; 367: North Wind Picture Archives/ Alamy Stock Photo; 369: Bettmann/Getty Images; 372: Ricardo Reitmeyer/Shutterstock; 373: Bettmann/Getty Images; 376B: Ed Vebell/Archive Photos/Getty Images; 376T: T. Lesia/Shutterstock; 378: Bettmann/Getty Images; 379: Plan-B/Shutterstock; 383B: MPI/Archive Photos/ Getty Images; 383T: Gary Crabbe/Enlightened Images/ Alamy Stock Photo; 385: Presbyterian Historical Society; 386: North Wind Picture Archives/Alamy Stock Photo; 387: North Wind Picture Archives/Alamy Stock Photo; 390: Kali9/iStock/Getty Images; 391: Nata-Lunata/Shutterstock; 392: North Wind Picture Archives/Alamy Stock Photo; 393: Bettmann/Getty Images; 394: Gold prospectors using a 'long tom' sluice at Spanish Flat, California, 1852 (b/w photo), American Photographer, (19th century)/ Private Collection/Peter Newark American Pictures/ Bridgeman Art Library; 395: Granger, NYC; 396: Chinese Immigrants working on the gold fields, 1849 (coloured engraving), American School, (19th century)/Private Collection/Peter Newark American Pictures/Bridgeman Art Library; 398: George A. Crofutt/Library of Congress Prints and Photographs Division[LC-DIG-ppmsca-09855]; 400:Peter Stackpole/The Life Picture Collection/Getty Images; 401BCL: Ed Vebell/Archive Photos/Getty Images; 401BCR: MPI/Archive Photos/Getty Images; 401BR: Plan-B/ Shutterstock; 401TC: T. Lesia/Shutterstock; 401TL: North Wind Picture Archives/Alamy Stock Photo; 401TR: North Wind Picture Archives/Alamy Stock Photo

Chapter 09
408 Juanmonino/E+/Getty Images; 406-407 Karen Bleier/ AFP/Getty Images; 409TL Stocktrek Images, Inc./Alamy Stock Photo; 409TR Bettmann/Getty Images; 409BL Pictorial Press Ltd/Alamy Stock Photo; 409BR Stocktrek Images, Inc./Alamy Stock Photo; 412 North Wind Picture Archives/Alamy Stock Photo; 416T PF-(bygone1)/Alamy